MW01699511

THE CONCISE DICTIONARY OF MUSIC

# 简明
# 音乐小词典

王凤岐 编

SMPH
上海音乐出版社

# 凡　例

一、所收词目涉及古今中外常用的音乐术语(基本乐理、作曲技术理论、音乐体裁、音乐表演、音乐流派等)、音乐家、乐器、音乐作品、音乐学诸学科等约2500余条。

二、正文按汉语拼音排序。

三、外来词语均附原文。

四、释文中凡有*者,可参见本词典有关词条。

五、多义词条分别标以①②③……等。

六、正文后附录有《外文索引》《常用外来音乐表演术语》(附录一)和《常用略语》(附录二)。

七、正文中[英][德][意][法][西]等指语种而非国籍。

A

# A

**阿巴多** Claudio Abbado(1933～　) 意大利指挥家。曾就读于米兰威尔第音乐学院、维也纳国立音乐学院。1965年在萨尔茨堡音乐节指挥维也纳爱乐乐团一举成名。1968年任斯卡拉歌剧院首席指挥，1971年任维也纳爱乐乐团首席指挥，1979年任伦敦交响乐团首席指挥。1989年任柏林爱乐乐团指挥。2002年组建瑞士卢塞恩节日管弦乐团并任指挥至今。擅长指挥意大利歌剧及现代派音乐。

**阿巴拉契亚山区的春天** Appalachian Spring[英] *科普兰于1943～1944年所作舞剧音乐。于1944年首演，大获成功。该剧歌颂了19世纪阿巴拉契亚山区(位于美国宾夕法尼亚州)的拓荒者。1945年曲作者将其改编成管弦乐组曲，由连续演奏的八首乐曲组成。

**阿贝格变奏曲** Abegg Variationen[德] *舒曼于1830年所作钢琴曲(作品1)。题献给一位虚构的阿贝格(Abegg)伯爵夫人，并以其名为音名(使用的是德国*音名A、♭B、E、G、G)作成主题及其四个变奏和终曲。

**阿炳** 即*华彦钧。

**阿布特** Franz Wilhelm Abt(1819～1885) 德国作曲家。曾在莱比锡的托马斯学校学习神学和音乐。1852～1882年任布伦瑞克宫廷乐长。以所作富于旋律的歌曲和男声合唱曲著称于世。作有歌曲《森林的祈祷》(*Waldandacht*，作品211之3)等声乐曲三千余首(含七部*康塔塔)。

**阿恩** Reynaldo Hahn(1874～1947) 法国作曲家。1886年入巴黎音乐学院，师从马斯内。1945年任巴黎歌剧院院长。虽作有不少轻歌剧、康塔塔、芭蕾舞剧音乐、戏剧配乐、歌剧、室内乐等作品，但以具有*马斯内风格的、旋律恬美的歌曲著称于世。如1887年为V.雨果诗所作歌曲《如果我的诗长了翅膀》(*Si mes vers avaient des ailes*)、为P.威尔莱内诗所作歌曲《囚人》(*D'une prison*)等。

**阿尔卑斯山交响曲** Alpensinfonie Eine[德] *理夏德·施特劳斯于1915年所作标题交响曲，并于同年首演。

作品 64。作品生动地描绘了阿尔卑斯山的风景以及人们一天的登山活动。由二十三曲组成。

**阿尔贝蒂低音** Alberti Basses[英]　意大利作曲家阿尔贝蒂(D. Alberti，1710～1740)在低音声部所善用的分解和弦伴奏音型。

**阿尔贝尼斯** Isaac Albeniz(1860～1909)　西班牙钢琴家、作曲家。4 岁即登台演奏，8 岁入马德里音乐学院学习，12 岁赴美洲大陆演奏。后入布鲁塞尔音乐学院学习。其所作往往以西班牙民歌为素材，并深得近代作曲技法的精髓。以钢琴曲《西班牙之歌》(作品 232，作于 1897 年，由五首组成)*《伊贝里亚》著称。

**阿伐奈拉**　即*哈巴涅拉。

**阿赫里奇** Martha Argerich(1941～　)　阿根廷女钢琴家。8 岁即在其出生地布宜诺斯艾利斯登台独奏。14 岁随其父(外交官)赴欧，曾师从*米凯兰基利等人。16 岁获日内瓦国际钢琴比赛第一名后，巡演于东欧和西欧各地。1965 年获肖邦国际钢琴比赛第一名。

**阿拉伯风格曲** Arabesque[法、英]　指一些短小的富于想象的音乐小品。似阿拉伯建筑物上的线条装饰而得名。如*德彪西的《两首阿拉伯风格曲》。

**阿莱城姑娘** L'Arlésienne[法]　*比才于 1872 年所作管弦乐*组曲，同年首演于巴黎。原为法国剧作家都德(1840～1897)的同名三幕戏剧写的配乐，共二十七曲。后由曲作者改编成两部管弦乐组曲。以第二组曲(田园曲、间奏曲、小步舞曲、法朗多尔舞曲)著名，其中小步舞曲亦为长笛独奏名曲之一。

**阿劳** Claudio Arrau(1903～1991)　智利钢琴家。为 20 世纪著名钢琴家之一。7 岁入柏林斯特恩音乐学院学习，师从李斯特的学生克劳捷。11 岁举办个人独奏音乐会。1927 年获日内瓦国际钢琴比赛大奖。

**阿勒芒德** allemande[法]　德国舞曲。中庸速度，多为4/4拍子，弱起于一短时值的音符。常由两段组成，各重复一遍。18世纪上半叶，巴赫等人将其用于古典组曲第一乐章。

**阿马蒂家族** Amati Family[英]　16至18世纪意大利克雷莫纳的著名小提琴制作世家。其中以尼古拉(1596～1684)最为著名。

**阿门终止** amen cadence[英]　和声终止之一。即*变格终止。因"赞美歌"唱至最后"阿门"句时，用此终止，故名。

**阿姆斯特朗** Louis Armstrong(1900～1971)　美国黑人爵士小号演奏家、歌手。1925年在芝加哥自组乐队。1932年赴欧洲旅行演出。以卓越的即兴演奏著称于世。

**阿萨菲耶夫** Boris Vladimirovich Asafiev(1884～1949)　苏联音乐学家、作曲家。于圣彼得堡大学文学院毕业后，从利亚多夫学习作曲。曾于1920年代在艺术史研究所主持音乐理论研究工作，1925年任列宁格勒音乐学院教授。1943年当选为苏联科学院院士，1948年当选为苏联作曲家协会主席。他以弘扬俄罗斯古典音乐为己任，提出"音调"和"交响音乐在音乐中是艺术综合概括"等理论，并关注世界音乐的变化过程。撰有《交响音乐研究》(1922)、《论斯特拉文斯基》(1929)、《19世纪以来的俄罗斯音乐》(1930)等论著。他也是一位多产作曲家，所作以芭蕾舞剧音乐著称，并发表许多音乐评论文章。

**阿依达** Aida[意]　*威尔第应埃及总督之邀，为苏伊士运河通航庆典所作的四幕七场歌剧(基斯兰佐尼编剧)。1871年首演于埃及开罗意大利剧院。其舞台布景既精细又壮观，并拥有华丽的芭蕾舞场面。阿依达系埃塞俄比亚国王之女，被俘后沦为埃及公主的女奴，与卫队长拉达米斯相恋。当拉达米斯挂帅反击埃塞俄比亚的进攻时，阿依达为祖国的利益而刺探埃及军事情报，遂使拉达米斯受军法处置，阿依达入其所囚之石窟与其紧紧相拥而逝。

**阿依古丽**　石夫、乌斯满江所作八场歌剧(海啸编剧)。1966年首演于北京。阿依古丽是哈萨克族草原第一个当选女队长，在党的领导下，她克服种种困难并战胜反动分子

A

的阴谋破坏，取得了胜利。

**埃尔加** Edward William Elgar(1857～1934)　英国作曲家。幼从其父学习各种乐器。后自学成才。12岁作家庭剧音乐《青年指挥棒》。22岁从事指挥和管风琴演奏工作。42岁在伦敦以管弦乐曲《谜语变奏曲》一举成名，成为继*珀塞尔后的又一获得国际声誉的英国作曲家。其所作和声手法极为丰富，为英国民族乐派的发展作出很大的贡献，是20世纪复兴英国音乐的先驱者。代表作有两部交响曲、管弦乐曲《威仪堂堂进行曲》(作于1902～1903，作品39，共五首。其中以1902年为爱德华七世的加冕仪式而作的D大调最著名)、交响练习曲《法斯塔夫》(1913，作品68)、为弦乐而作的《引子与快板》，以及协奏曲、清唱剧、康塔塔等。

**埃尔曼** Mischa Elman(1891～1967)　俄裔美国小提琴家。曾在圣彼得堡音乐学院师从*奥尔。13岁即在柏林首次登台。以音色独特甜美著称，世称“埃尔曼音调”。

**埃科塞斯舞曲** écossaise[法]　18世纪末、19世纪初流行于欧洲的一种快速的二拍子舞曲。一译“苏格兰舞曲”，但与苏格兰传统民间舞曲无关，其称谓系习称而已。*舒伯特、*贝多芬、*韦伯、*肖邦均作有“埃科塞斯舞曲”。

**埃内斯库** Georges Enesco(1881～1955)　罗马尼亚作曲家、小提琴家。20世纪罗马尼亚代表作曲家。曾就学于维也纳音乐学院、巴黎音乐学院，师从*马斯内、*福雷。17岁在巴黎以其处女作《罗马尼亚音诗》成名；18岁获巴黎音乐学院小提琴比赛一等奖。1904年组建“埃内斯库四重奏团”；1912年在布加勒斯特创设埃内斯库作曲奖，创立罗马尼亚作曲家协会。后曾任纽约等交响乐团客座指挥，亦从事教学工作，*梅纽因等著名小提琴家皆出其门下。其创作深深植根于罗马尼亚民族民间音乐的土壤之中，感情深厚、技巧娴熟、气魄雄浑，体现了罗马尼亚人民的情怀，成为罗马尼亚民族音乐的奠基人。代表作有管弦乐曲《罗马尼亚狂想曲》(1901)、歌剧《俄狄浦斯》(1936)、第三管弦乐组曲《田园风组曲》(1937～1938)等。

**艾夫斯** Charles Edward Ives(1874～1954)　美国作曲家。其父为乐队队长。14岁任当地教堂管风琴手。1891

年即作有多调性作品《美国变奏曲》。20岁入耶鲁大学学习作曲,其间作有《第一交响曲》。毕业后在保险业界取得成功,但业余时间仍从事作曲。是美国最早采用复节奏、多调性、无调性、四分之一音等技法的作曲家。所作生前演出、出版者甚少。代表作有《节日》(1904～1913)、《三个屋外的情景》(1899～1911)、《第二钢琴奏鸣曲》(1909～1915)等。

**艾捷克** 中国维吾尔族拉弦乐器。音箱木制。张二至三根主奏弦和五根共鸣弦。置于膝上演奏。改革艾捷克则不用共鸣弦,代之以四根金属弦。

**艾伦贝格** Richard Eilenberg(1848～1925) 德国通俗音乐作曲家。擅长创作进行曲和舞曲。作有芭蕾舞剧音乐《西勒斯的玫瑰》、管弦乐曲《森林水车》(*Die Mü Hle in Schwarzwald*,作品52)等。

**艾内姆** Gottfried von Einem(1918～1996) 奥地利作曲家。曾任柏林国家歌剧院指挥。作有歌剧《丹东之死》(作于1944～1946年,二场,作品6)、《审判》(二幕,作于1950～1952年,作品14),芭蕾舞剧《图兰朵特公主》。

**艾斯勒** Hanns Eisler(1898～1962) 德国作曲家。曾入维也纳市立音乐学校学习,师从*勋伯格。后在马克思主义的影响下,积极从事工人合唱等音乐活动。1937年曾为西班牙反佛朗哥(西班牙独裁者,1939年在德、意法西斯支持下推行独裁制)的斗争谱写歌曲。纳粹上台后,被驱逐出境,于1938年定居美国好莱坞,从事电影音乐创作,后因从事进步活动于1948年被美国驱逐出境,1950年定居民主德国,任柏林音乐高等学校教授。是《德意志民主共和国国歌》(1949)的曲作者,作有为独唱四人、朗诵二人、合唱与管弦乐队而作的《德意志交响曲》(1939,作品50,以20世纪30年代德国反法西斯抵抗运动为题材),并撰有《音乐与政治》等论著。

**艾薇塔** Evita 又译《庇隆夫人》。*安德鲁·劳埃德·韦伯所作音乐剧,于1978年6月首演于伦敦。莱斯根据伊娃·庇隆的传记编剧。1981年上演于百老汇。艾薇塔(1919～1952)是阿根廷前总统庇隆的夫人,是阿根廷人民心目中伟大的女性，出身卑微，曾对阿根廷社会、劳工、教育作出突出贡献，死于癌症，年仅33岁。主要角色有艾薇塔、阿根廷学生彻（讲述人、旁观者和评论者）和庇隆。后被搬上银幕，由麦当娜主演。著名唱段有《阿根廷，不要为我哭泣》等。

**爱奥利亚调式** Aeolian Mode［英］ *教会调式之一。由相邻两音除二、三音级间和五、六音级间为半音外，其余均为全音的自然音列构成的调式。与*小调式同。*副爱奥利亚调式的构成方法见*正调式。

**爱的甘醇** Elisir D'amore，L［意］ 一译《爱情的灵药》。*多尼采蒂所作二幕喜歌剧。罗马尼根据史克里白的作品编剧。1832年首演于米兰。青年农民内莫里诺（男高音）向爱迪娜求爱不成而向江湖郎中购买爱之妙药，服后不灵，遂又讨一剂，适逢得其叔遗产，终于为爱迪娜所爱。其中《偷洒一滴泪》为著名的男高音咏叹调。

**爱格蒙特序曲** Egmont Ouvertüre［德］ *贝多芬于1809～1810年为歌德同名悲剧所作配乐之一。首演于1810年。爱格蒙特伯爵是16世纪荷兰反抗西班牙统治、争取独立斗争的统帅，后被西班牙总督处死。

**爱因斯坦** Alred Einstein（1880～1952） 德籍美国音乐学家。著名物理学家（Albert）爱因斯坦的堂兄弟。曾就读于慕尼黑大学。1918年任《音乐学杂志》主编，并为报刊撰写音乐评论。1947年获普林斯顿大学名誉博士称号。是20世纪具有代表性的音乐学家之一。著有《意大利牧歌》（1949）等著作和论文，并主持修订9～11版的《里曼音乐词典》（1910～1929）。

**爱之悲愁** Liebesleid［德］ 著名小提琴通俗名曲。*克莱斯勒以古老的维也纳舞歌为素材写成的一首恬美而略带伤感的圆舞曲。

**爱之欢乐** Liebesfreud［德］ 著名小提琴通俗名曲。*克莱斯勒以古老的维也纳舞歌为素材写成的一首明快热情的圆舞曲。

**爱之梦** Liebestraume［德］ *李斯特于1847年所作钢琴曲集（1885年出版）。副题为“夜曲三首”。据其所作

《崇高的爱》《幸福的死》(均为乌兰德诗)及《尽情地爱》(弗莱里格拉特诗)三首歌曲改编而成,并以第三首 ♭A 大调最著名。

**爱之夜曲** Notturno D'amore[意] 又名《小夜曲》。意大利指挥家、作曲家德里戈(Drigo, 1846～1930)于 1900 年所作舞剧《百万富翁的丑角》中的一首管弦乐曲。后被改编成各种器乐曲,其中以*奥尔改编的小提琴曲最为流传。

**安波**(1915～1965) 中国作曲家。青年时期曾投入抗日救亡运动。1938 年入延安鲁迅艺术学院音乐系学习。后长期从事革命音乐工作,曾任中国音乐学院院长。作有表演唱《拥军花鼓》(1943)、秧歌剧《兄妹开荒》;著有《秦腔音乐》(1950)。

**安布罗斯** August Wilhelm Ambros(1816～1876) 奥地利音乐学家。曾任检察官。艺术爱好广泛。初搞作曲、演奏、音乐评论,1850 年代起任教于布拉格大学,1869 年任该大学音乐史教授。1871 年任维也纳音乐学院教授。著有《音乐史》五卷,以及针对 19 世纪中叶的研究现状而作的音乐美学专著《音乐与诗的界限》(*Grenzen der Musik und Poesie*, 1856)等。

**安布罗斯圣咏** Ambrosian Chant[英] 圣咏之一。公元 374 年安布罗斯(Ambrosius ,约 339～397)任米兰主教后,促使基督教成为罗马帝国的国教,并利用东方曲调作成圣咏,盛行于米兰。并将赞歌和交替合唱形式引进罗马教仪之中,有“西方教会圣咏之父”之誉。

**安代** 流行于中国内蒙古东部哲里木盟的蒙古族民间歌舞。

**安魂曲** requies[拉]toten messe[德]requiem[法] 又译《追思曲》。罗马天主教超度亡灵所用的弥撒,因其第一句为“望主赐彼永息”,故名。*帕莱斯特里那、*莫扎特、*柏辽兹、*德沃夏克、*威尔第、*福雷、*布里顿、*布拉姆斯都作有安魂曲。一般均为拉丁文经文谱曲,但亦有非宗教性的安魂曲,如*戴留斯所作安魂曲采用哲学家尼采的语录为歌词。

**安来绪**(1895～1976) 中国民间音乐家。陕西西安人。

少年即在西安城隍庙出家,道号来绪。善击鼓与双云锣。为*西安鼓乐重要传人。

**安适** 即*《病中吟》。

**昂塞尔梅** Ernest Ansermet(1883～1969) 瑞士指挥家。中学毕业后在学习数学的同时学习音乐。后被聘为佳吉列夫领导的俄罗斯芭蕾舞团的指挥。以指挥首演斯特拉文斯基等人的现代音乐作品而著称。1918年组建瑞士罗曼德管弦乐团,并出任该团指挥达五十年。

**奥伯** Daniel-Francois-Esprit Auber(1782～1871) 法国歌剧作曲家。曾师事*凯鲁比尼。1842～1871年任巴黎音乐学院院长。其间曾兼任宫廷乐长。所作歌剧达四十余部,以1828年创作的*《波尔蒂契的哑女》著称,该作是法国大歌剧的开山之作。

**奥博林** Lev Nikolayevich Oborin(1907～1974) 苏联钢琴家。曾入莫斯科柴科夫斯基音乐学院学习,师事伊古姆诺夫。20岁获第1届国际肖邦钢琴比赛一等奖,翌年起执教于母校。

**奥尔** Leopold Auer(1845～1930) 匈牙利小提琴教育家。曾师从*约阿希姆。1863年起从事指挥活动。1878年起任圣彼得堡音乐学院小提琴教授。*埃尔曼、津巴里斯特、*海菲兹、米尔斯坦因均出自其门下。著有《我的小提琴演奏教学法》《怎样演奏小提琴的优秀作品》。

**奥尔夫,卡尔** Carl Orff(1895～1982) 德国作曲家、儿童音乐教育家。1914年毕业于慕尼黑音乐学院。以其创立的"奥尔夫音乐教育体系"著称。1950～1960年任慕尼黑音乐大学作曲教授。作有歌剧、康塔塔、音乐剧等作品,所作以"奥尔夫风格"(简洁、质朴)著称,作品中以清唱剧《卡尔米那·布拉那》最为著名。

**奥尔加农** organum[拉] 9世纪～13世纪欧洲初期的二声部复调音乐体裁。最早载于9世纪末的《音乐手册》(*Musica Enchiriadis*,作者不明),后在11世纪初*圭多所著《辨及微芒》(*Micrologus*)和约1100年约翰内斯·阿弗利杰美西斯(Johannes Affligemensis)所著的《论音乐》之中亦有所载,均为研究如何取得二声部的良好结合的理论。

即声部上方以圣咏作* 定旋律(或称主声部),下方附加一个奥尔加农声部,从而形成二声部结构,以一音对一音的平行四度(或五度)进行并一贯到底为其特征。12 世纪以西班牙的圣地亚哥和南法的圣马夏尔修道院(在利摩日附近)为中心,奥尔加农得到飞跃发展,以定旋律在下方声部,上方声部则以多音对下方声部的一个音、二声部间的音程主要为同度、五度、八度,亦用三度、六度等为其特征,史称"华丽奥尔加农"。12 世纪后半叶至 13 世纪,* 巴黎圣母院乐派的出现,遂取代了奥尔加农。

**奥菲克莱德号** ophicleide[英] 有键低音铜管乐器。管体似萨克管,并有多键,吹嘴同长号。发明于 19 世纪初,作为铜管乐器中的最低音乐器,被门德尔松等作曲家使用了近半个世纪之久,后被* 大号所代替。

**奥芬巴赫** Jacques Offenbach(1819～1880) 犹太籍法国喜歌剧作曲家。原名雅各布(Jacob)。原籍德国莱茵河畔的奥芬巴赫(其姓源于此城名)。曾从其父学习小提琴。14 岁入巴黎音乐学院学大提琴。翌年即退学任法兰西喜歌剧院大提琴演奏员,1849 年升任指挥。1855 年创立"巴黎意大利轻歌剧院",上演自作喜歌剧,遂成为法国轻歌剧的创始者。作有《地狱中的奥菲欧》(1859)以及浪漫歌剧*《霍夫曼的故事》(未完成,后由吉罗完成配器)等。

**奥卡利那** ocarina[意] 西欧古代吹奏乐器。陶制,椭圆形,八孔,大小不一。音域为一个八度。

**奥克冈** 即* 奥克赫姆。

**奥克赫姆** Johannes Ockeghem(约 1425～1497) 一译"奥克冈"。* 佛兰芒乐派代表作曲家。据说曾师从* 班舒瓦。1443 年成为安特卫普的诺多尔-达姆大教堂的歌手。约 1446～1448 年为法国穆兰波旁公爵查理一世家族小教堂圣歌队的一员。其后四十年一直服务于法国国王的皇家小教堂,其间于 1465 年曾受封为宫廷礼拜堂乐长,1470 与 1484 年曾先后赴西班牙、佛兰芒旅行。晚年在法国图尔度过,并逝于该地。作有经文歌、尚松(以《我的嘴在笑》*Ma bouche rit* 著称)、弥撒曲(十六首)等。主要体现在其弥撒曲创作方面。以擅长"通篇模仿"(durchimitation[德],

A

各声部具有同等价值关系的模仿进行，不同于以某声部为*定旋律的技法）这种多声部作曲技法著称。

**奥曼蒂** Eugene Ormandy（1899～1985） 美国指挥家。生于匈牙利布达佩斯。学于布达佩斯国立音乐学院。曾师从著名小提琴家*胡鲍伊学艺。1919年任布达佩斯音乐学院教授。1920年赴美任纽约卡皮特尔剧院管弦乐队小提琴首席。1924年由于该剧院指挥生病而使他得以操起指挥棒。1929～1936年任明利亚波利斯交响乐团指挥。1936年以来任费城管弦乐团指挥，1973年曾率该团来华演出。

**奥涅格** Arthur Honegger（1892～1955） 瑞士籍法国作曲家。学于巴黎音乐学院。在萨蒂影响下，与米约等人组成音乐史上著名的*六人团，力图开辟法国音乐的新途径。作有管弦乐曲*《太平洋231》《橄榄球》（1928），清唱剧《火刑堆上的贞德》（1934～1935）等。创作《火刑堆上的贞德》时正值欧洲处于法西斯的危机感之中，奥涅格则以该作热情歌颂了15世纪英法百年战争末期法国救国女英雄贞德（不满20岁的农家姑娘）的英雄事迹。

**奥伊斯特拉赫** David Oistrakh（1908～1974） 苏联小提琴家。是20世纪最著名的小提琴家之一。5岁学琴。1926年毕业于敖德萨音乐学院。1934年任教于莫斯科音乐学院。翌年获维尼亚夫斯基国际音乐比赛第二名。1937年获伊萨依国际小提琴比赛第一名。1957年曾来华演出。

# B



**八度** octave[英] 完全八度音程。其振动数比为 1∶2，属极完全协和音程。

**八度记号** all'ottava[意] 标以 8va………或 8………的省略记号。可记在所需提高或降低一个八度的音符的上方或下方。是避免增多*加线的省略记法。

**八度奏** 演奏法之一。间隔八度的相同旋律的奏法。

**八角鼓** 中国打击乐器。鼓框以八块木料镶嵌而成，呈八角形，故名。框上并置有小铜钹。为*单弦的主要伴奏乐器。

**八骏马** 原名《走马》，又名《八走马》。福建*南音大谱套曲之一。由八段组成，小标题分别为八匹骏马之名称。参见*梅花操。

**八路军进行曲** 见*中国人民解放军军歌。

**八音** 中国古代乐器分类法。《国语·周语》中伶州鸠(活动于公元前 544～前 520)按乐器制作材料的不同而将乐器分为金、石、丝、竹、匏、土、革、木八类。

**八音盒** The Music Box[英] *利亚多夫于 1893 年出版的钢琴曲，又称"诙谐圆舞曲"，作品 32，为世界通俗名曲之一。

**八重奏** oktett[德] 见*重奏。

**巴比特** Milton Babbitt(1916～ ) 美国作曲家。*电子音乐先驱者之一。生于费城。父为数学家。曾学多种乐器，且能即兴演奏爵士乐。1931 年入宾夕法尼亚大学学习数学，后转入纽约大学、普林斯顿大学学习作曲，师从鲍尔、塞欣斯等人。喜采用十二音技法进行创作。1938 年毕业于普林斯顿大学后留校任音乐教师。1959 年任普林斯顿大学电子音乐中心主任。初深受*勋伯格、*韦伯恩等人音乐的影响，倡导整体序列音乐，将创作与精确的科学相结合，是极端理性主义者，往往将理性凌驾于感性因素之上，并宣称"谁在乎你听不听"。所作不多，如为爵士组合而作《整体序列》(1957)、《为合成器而作的乐曲》(1960～1961)、

B

《幻想与祈祷者》(1961)、女高音与四轨磁带录音机《菲洛梅尔》(1963)、《为合成器而作的合奏》(1962～1964)等。

**巴比罗利** John Barbirolli(1899～1970)　英国指挥家。生于伦敦,原籍意大利。1917年以大提琴家的身份登上舞台。1924年组建室内管弦乐团,自任指挥。1927年客演于伦敦交响乐团。1929年任柯文特花园皇家歌剧院客座指挥。1936年任纽约爱乐乐团客座指挥,1937年继*托斯卡尼尼之后任该乐团常任指挥。1943年任英国曼彻斯特哈雷管弦乐团常任指挥,其间兼任美国休斯敦交响乐团常任指挥。晚年客演于世界各地。

**巴伯** Samuel Barber(1910～1981)　美国作曲家、男中音歌唱家。幼习钢琴和大提琴。1924年入费城柯蒂斯音乐学院学习作曲、钢琴和声乐。1936年获美国学院颁发的罗马大奖,得以赴罗马进修。回国后任教于母校(作曲和配器)。第二次世界大战期间服役于空军,战后在纽约基梭山中隐居,投身于创作。巴伯与*科普兰、*格什温齐名,其音乐颇具抒情性,在传统音乐风格之中有目的地吸收某些现代作曲技法,并具有浓厚的美国风格,深受美国人民喜爱。其弦乐合奏《弦乐柔板》(1937)是其所作之中最流行的一部作品,所作四幕歌剧《瓦内萨》(1958)和三幕歌剧《安东尼与克娄巴特拉》(1966)则是美国歌剧创作中的杰作。尚作有《钢琴与乐队协奏曲》(1962)、舞剧音乐、交响曲、管风琴曲、钢琴曲、合唱曲及歌曲等。

**巴赫,卡尔·菲利普·埃曼纽尔** Carl Philipp Emanuel Bach(1714～1788)　德国作曲家、羽管键琴家。约·塞·巴赫的次子。在世时曾被誉为"伟大的巴赫"。人称"柏林的巴赫"或"汉堡的巴赫"。他确立了古典奏鸣曲式,对维也纳古典乐派的形成有直接影响。所著《羽管键琴演奏法》(1759～1762)则对近代钢琴演奏法的形成有很重要的意义。

**巴赫,威廉·弗里德曼** Wilhelm Friedemann Bach(1710～1784)　德国作曲家。约·塞·巴赫的长子。人称"哈雷的巴赫"。在其兄弟之中才华居首,但生活放纵。其创作风格比其同辈的任何一个音乐家都更接近于其父的风格。

**巴赫,约翰·克里斯蒂安** Johann Christian Bach(1735～1782) 德国作曲家。约·塞·巴赫的幼子。人称"米兰的巴赫"或"伦敦的巴赫"。首创在管弦乐队中使用单簧管。曾在伦敦与德国羽管键琴家阿贝尔举办公开演奏会。所作钢琴协奏曲、钢琴奏鸣曲等作品给莫扎特以很大的影响。

**巴赫,约翰·塞巴斯蒂安** Johann Sebastian Bach(1685～1750) 德国作曲家。出生于爱森纳赫一音乐世家。10岁时,父母相继去世,遂寄住在奥尔德路夫的其兄处。15岁任吕纳堡的圣·米夏埃尔教堂歌手,其间曾数次步行到汉堡去听著名管风琴家兰肯的演奏,并师从管风琴家、作曲家伯姆。1703年前往魏玛任职,数月后又赴阿恩施塔特任教堂管风琴手。1708年返回魏玛任宫廷管风琴师,甚不得意,遂又于1717年出任科滕宫廷乐长。在魏玛期间主要创作管风琴曲,在科滕期间作有羽管键琴曲、管弦乐曲、室内乐曲等。后几经周折,才于1723年任莱比锡的圣·托马斯教堂及其附属歌唱学校的乐长和教师,直至逝世。巴赫是欧洲音乐史上承前启后的枢纽人物。不仅是欧洲中世纪发展起来的复调音乐的集大成者,而且积极发展了主调和声思维,把复调音乐提高到一个新的、更高的水平。其所作赋格曲是复调音乐的典范之作,并标志着大小调体系的完全成熟。是*巴洛克音乐后期最伟大的音乐家之一。作有声乐作品《b小调弥撒曲》《马太福音受难曲》《约翰福音受难曲》以及二百余部世俗及宗教康塔塔等;器乐作品有*《平均律钢琴曲集》,古钢琴曲《法国组曲》《英国组曲》《德国组曲(帕蒂塔)》各六套,《众赞歌前奏曲》《托卡塔与赋格》等大量管风琴曲,管弦乐曲《勃兰登堡协奏曲》六部,《半音阶幻想曲与赋格》《戈尔德堡变奏曲》,小提琴无伴奏奏鸣曲六部,大提琴无伴奏奏鸣曲六部,以及晚年所作的《音乐的奉献》《赋格艺术》等。其长子W.F.巴赫、次子C.P.E.巴赫、幼子J.C.巴赫均为作曲家,尤以四子著名。

**巴拉基列夫** Mily Alexeyevich Balakirev(1837～1910) 俄罗斯作曲家。原在喀山大学学习数学。1855年结识*格林卡后,立志从事音乐工作。翌年登上圣彼得堡乐坛。19

B

世纪60年代初与鲍罗丁等人结成*"强力集团",致力于发展俄罗斯民族音乐的工作。1883～1893年任宫廷教堂乐长。1897年主持俄罗斯地理协会民谣出版委员会的工作。作有两部交响曲、交响诗《塔马拉》(1867～1882)、钢琴曲《伊斯拉美(东方风格幻想曲)》(1869)等。

**巴拉莱卡琴** balalaika[俄]　又称"三角琴"。俄罗斯民间乐器。琴身呈三角形,琴颈上有品,张三弦。有高音、中音、低音数种。常用以伴奏歌唱。

**巴拉塔** ballata[意]　14世纪意大利主要的诗歌与音乐的形式之一。属世俗复调音乐体裁。通常为二或三声部。诗由"反复句"和"诗节"构成。"诗节"又由两个piede和一个volta[意]构成,原则上是三节。音乐则与其相对应,形成A(反复句)bba(诗节)A(反复句)。巴拉塔与13世纪意大利世俗的单声宗教歌曲拉乌达同属一种类型。*兰迪尼作有约一百四十首巴拉塔。巴拉塔与其同时代法国的*维勒莱也同属一种类型。

**巴黎国家歌剧院** Théâtre National de l'Opéra de Paris　法国歌剧院。于1671年建成,以公演康贝尔的五幕牧歌剧《波牟内》(*Pomone*)揭幕。因其破产,1672年吕利买下该剧院,并发展成皇家歌剧院(Académie Royale de Musique)。其后,因种种政治形势所致,其名称多变。1875年将其移至现址。在其兴盛时期曾上演了*拉莫、*格鲁克、*迈耶贝尔等作曲家的歌剧作品,并以女芭蕾舞艺术家塔廖尼(一译"塔利奥尼",Maria Taglioni,1804～1884)的名气甚高。该院至今仍为世界歌剧艺术中心之一。

**巴黎圣母院乐派** School of Notre Dame[英]　12世纪后半至13世纪以巴黎圣母院为中心的复调乐派。欧洲复调音乐在此期间得到飞跃发展,*节奏模式的运用更加广泛和丰富,数量可观,并完善了其音高和节奏的记谱。时称"最大的*奥尔加农作曲家"的该乐派代表人物莱奥南作有二声部奥尔加农曲集《奥尔加农大全》,"最大的*第斯康特作曲家"佩罗坦和其后继者则开创了三声部、四声部的复调音乐(*奥尔加农、*克劳苏拉、*孔杜克图斯、*经文歌),特别是为了记载*节奏模式而确立了模式记谱法(modal notation[英])。该乐派不仅在法国,也在意大利、西班牙、英国产生影响,对 14 世纪西欧各国的音乐的发展具有决定性的意义。



**巴洛克音乐** Baroque Music[英] 欧洲音乐史上称文艺复兴时期音乐与古典乐派之间(17 世纪初至 1750 年)的音乐为"巴洛克音乐"。是欧洲音乐从复调音乐向主调音乐过渡的时代,也是复调音乐臻于顶峰的时代。"巴洛克"一词系指当时西欧艺术中盛行的一种倾向于豪华、浮夸、追求新奇的非理性的艺术风格,它集中地表现在建筑艺术之中。巴洛克音乐则以*数字低音为特色,故又称"数字低音时代"。

**巴齐尼** Antonio Bazzini(1818～1897) 意大利小提琴家。擅长演奏*帕格尼尼的作品。1882 年任米兰音乐学院院长。所作*《妖精之舞》为著名小提琴独奏曲。

**巴塞特管** bassethorn[德] 单簧管系的木管乐器。为 F 调移调乐器。约 1770 年出现于德国。音色柔美。*莫扎特、*门德尔松、*理夏德·施特劳斯等人的作品中曾用此乐器。

**巴松** 即*大管。

**巴托克** Bela Bartok(1881～1945) 匈牙利作曲家。幼从其母学习钢琴。7 岁丧父,为生活与其母辗转于匈牙利各地,至 13 岁方定居下来。1899 年入布达佩斯皇家音乐学院学习。1930 年以毕业作品交响诗《科苏特》(匈牙利民族解放运动的英雄)一举成名。后与*科达伊一起从事匈牙利民间音乐的搜集、整理和研究工作。1907 年任其母校钢琴教授。第一次世界大战后进入创作旺盛期,并获得世界声誉。他一生始终以研究民间音乐为己任,并以此为素材进行创作。1940 年亡命美国,后逝世于纽约。创作具有强烈的个人风格和鲜明的匈牙利民族特色,如感人的力度、强烈的节奏等。是 20 世纪大作曲家之一。代表作有歌剧《蓝胡子公爵的城堡》(1911)、《为弦乐器、打击乐器和钢片琴而作的音乐》(1936)、《两架钢琴与打击乐器的奏鸣曲》(1937)、《第二小提琴协奏曲》(1938)、《乐队协奏曲》(1943),以及三部钢琴协奏曲(第三未完成)、六部弦乐四重奏曲、中提琴协奏曲(未完成)、钢琴曲集*《小宇宙》等。

B

**巴乌** 中国彝、苗、哈尼等民族有簧吹奏乐器。管身竹制，横吹，音量较小。改革后的巴乌扩大了音域，增大了音量，可用于独奏或伴奏。

**巴扬** bayan 19世纪末开始流行于俄罗斯的一种键钮式手风琴。相传以古代俄罗斯一位歌手的名字命名。

**芭托莉** Cecilia Bartoli(1966～ ) 意大利女中音歌唱家。生于罗马。从其母学习，并就读于罗马的圣塞西利亚音乐学院。9岁即登台饰演*《托斯卡》中的牧童。21岁登上欧洲歌剧舞台。她音域宽广、技巧高超，是难得的花腔女中音，擅演唱《塞维利亚理发师》等*罗西尼的作品，亦为优秀的音乐会演唱家。1992年同时获得《BBC音乐杂志》《时代》《美国音乐》授予的年度最佳古典艺术家奖。2000年在法国举办《万岁！维瓦尔迪》个人独唱音乐会，又成为优秀的巴洛克作品歌唱家。

**把位** position［英］ 演奏弦乐器时左手在指板上的部位。空弦开始为第一把位，按自然音阶移高一度，称第二把位；移高二度为第三把位；移高三度为第四把位，余类推。长号滑动伸缩管亦可获得七个把位，伸缩管整个缩入基本号管内部时为第一把位，逐渐向外伸出时，可顺次获得二、三、四、五、六、七把位，各把位的发音顺次降低半音。

**霸王卸甲** 中国传统琵琶曲。初载于华秋苹《琵琶谱》(刊于1818年)。题材取自西楚霸王项羽大败于垓下的故事。由十六段组成，基本上是一个主题的变奏。

**白毛女** ①歌剧。贺敬之、丁毅执笔编剧，*马可、张鲁、*瞿维、*李焕之、向隅、陈紫、*刘炽作曲。1945年4月首演于延安并获得巨大成功。剧情取自民间传说：佃户之女喜儿不堪恶霸地主黄世仁的凌辱，逃入深山，以果充饥，后发皆白，被村民误认为"白毛仙姑"，至八路军解放该地，喜儿才获新生。为中国民族新歌剧的奠基之作，对后来的歌剧创作产生了重大的影响。②芭蕾舞剧。严金萱、*瞿维、张鸿翔、陈本洪、陈燮阳、吕其明、马友道等人作曲，胡蓉蓉、林泱泱、傅艾棣、程代辉等人编舞。根据同名歌剧改编。1964年首演于上海。为中国初期芭蕾舞剧的代表作之一。

**白沙细乐** 又称"丽江古乐"。中国云南丽江纳西族传统器乐音乐(兼有歌舞)。相传为元代遗音。所用乐器有管乐器(竖笛、芦管),弹拨乐器(苏古笃),拉弦乐器(二簧、胡琴)等。乐曲缠绵悱恻、哀伤动人。现存有《笃》《一封信》等十余首乐曲。

**白石道人** 即*姜夔。

**白石道人歌曲** 见*姜夔。

**百鸟朝凤** ①中国传统唢呐曲。以艺术地模拟自然界中百鸟的啼鸣而著称于世。②作曲家王建中于1975年改编的同名钢琴独奏曲。

**柏辽兹** Louis Hector Berlioz(1803～1869) 法国作曲家。父为医生。少年时期未受过正规音乐教育。后不顾父母的反对,从师学乐。1826年入巴黎音乐学院学习作曲。1830年获罗马大奖,翌年赴罗马进修。在意大利期间与*门德尔松、*格林卡相识。回巴黎后创作进入旺盛期,并从事音乐评论工作。50岁后,接连丧妻丧子,在孤独寂寞中病逝于巴黎。柏辽兹是法国浪漫主义音乐的代表作曲家之一,首创标题交响曲,并采用固定乐思的手法贯穿全曲。是管弦乐法大师,以色彩斑斓的配器以及庞大的乐队编制,展现了音乐巨大的表现力和大胆的革新精神,给德国浪漫主义音乐家以强烈的影响。其音乐评论在19世纪欧洲音乐生活中也产生了强烈的影响。作有*《幻想交响曲》*《哈罗尔德在意大利》《罗马狂欢节序曲》《李尔王序曲》(1831)《安魂曲》(1837)附合唱的戏剧交响曲《罗密欧与朱丽叶》(1839)《葬礼与凯旋交响曲》(1840)、传奇剧《浮士德的沉沦》(1846)、歌剧《本维努托·契里尼》(1838)、清唱剧《基督的童年》(1854)、歌剧《特洛伊人》(1856～1858)等。尚著有《配器法》(1844),是管弦乐法的经典之作。

**拜厄** Ferdinand Beyer(1803～1863) 一译"拜尔"。以创作沙龙风的钢琴小品著名的德国作曲家、钢琴家。其所编《拜厄钢琴初级教程》(*Vorschule im Klavierspiel von Ferd Beyer*,作品101)流传于世。在中国,该教程至今仍被普遍使用。

**拜尔** 即*拜厄。

B

**拜罗伊特节日剧院** Bayreuther Festspielhaus　德国歌剧院。*瓦格纳于1872年在拜恩州路德维希二世的庇护下在拜罗伊特自筹资金构建，以供其所作乐剧的上演，并于是年4月移居该地主持建设。落成于1876年，舞台设施齐备，音响效果极佳。同年举办了首届音乐节，其后基本上每年或隔年均举办瓦格纳的歌剧音乐节。瓦格纳逝世后，则由其后人经营。

**班多纽手风琴**　即*南美式手风琴。

**班舒瓦** Gilles Binchois（约1400～1460）　*勃艮第乐派的代表作曲家。生于蒙斯（今属比利时），曾任蒙斯的杰尔曼教堂的合唱队员。青年时代从军。1420年代后半叶，参加勃艮第公爵菲利普的宫廷礼拜堂的圣歌队，此后长时间服务于勃艮第宫廷。1452年被任命为索瓦尼的圣凡桑教堂主任司祭。与*迪费、*邓斯坦布尔同为欧洲15世纪前半叶的代表作曲家。作有许多经文歌、赞美诗、圣母颂歌和单乐章的弥撒曲，尤以*尚松最有特色。

**班卓** banjo[美]　拨弦乐器。圆框上蒙以皮革，琴颈较长，张四至九弦（通常为五弦）。源于非洲，后随黑人带入美洲。在美国用于民间乐队或爵士乐队。

**板鼓**　中国打击乐器。又名单皮。鼓身木制，鼓腔呈喇叭形，一面蒙皮，以绳悬于鼓架之上，并以双签击之发声。为中国戏曲的重要伴奏乐器。

**板胡**　中国拉弦乐器。属胡琴类。琴筒蒙以木板，故名。发音高亢。用于独奏或合奏。

**板腔体**　又称“板式变化体”。中国传统音乐术语。戏曲、曲艺中唱腔的两大结构形式之一（另一为*曲牌体）。一般来说其特征为在上下句结构的曲调的基础上加以演变，派生出一系列不同*板式的唱腔，以及反调、不同行当的不同腔调，以此为素材构筑一个唱段，或一场戏，或整出戏的音乐。据研究，梆子腔率先形成这种结构体式，其后为皮黄腔所丰富和完善。其出现极大地推进了戏曲音乐的发展。

**板式**　中国传统音乐术语。一般指*板腔体中的节拍形式。随戏剧情节的发展和剧中人物思想感情的变化的需要，可形成各种不同的板式组合。如京剧中的西皮，其典型的组合为* 散板——* 慢板——* 原板·二六——* 流水·快板——散板。板腔体的剧种往往都具有一种基本板式——即相对稳定的格式。

**板类** 中国传统音乐术语。同属一类的板式称“板类”,如原板类、快板类、慢板类等。

**板眼** 中国传统音乐术语。即* 节拍。强拍称“板”,弱拍(包括次强拍)称“眼”。“一板一眼”即 2/4 拍,“一板三眼”即 4/4 拍。俗称“有板有眼”即指节拍准确。

**版画** Estampes[法] * 德彪西于 1903 年所作钢琴曲集。由《塔》《格拉纳达之夜》《雨中花园》三曲组成。是印象主义音乐的代表作,洋溢着梦幻般的美。

**半减七和弦** 以小七度和减三和弦为基础构成的小七和弦之一。

**半声** mezza voce[意] 唱法之一。用一半声音演唱的方法。即歌唱时适中控制音量,以获得具有柔美音色的弱声。

**半音** semitone[英] 除* 微分音程等外,一般为音乐中的最小的* 音程。为* 全音的 1/2 。在键盘上,则为无黑键相隔的两个白键(如 E—F)所发的音。一个八度内共有十二个半音。

**半音阶幻想曲与赋格** Chromatic Fantasia and Fugue[英] * 巴赫约作于 1720 年的 d 小调古钢琴曲(修订于 1730 年),BWV903,是 18 世纪钢琴音乐作品中的杰作。

**半音音阶** chromatic scale[英] 由十二个半音构成的音阶。即将一个八度中的音按照半音的距离排列而成的音列。通常不能如大、小音阶那样构成乐曲的基础,而只能部分地出现于乐曲之中。参见* 十二音音乐。其记法如下:

B

**半终止** half(imperfect) cadence[英]　*终止之一。从某一和弦(一般为主和弦)进行到属和弦的终止,或进行到下属和弦。前者称“正格半终止”,后者称“变格半终止”。一般用于乐曲的句逗处。

**伴唱**　音乐结构中的一部分,由人声唱出,用以衬托主旋律。

**伴奏** accompaniment[英]　音乐结构中的一部分,由一件或数件乐器奏出,用以衬托主旋律。所用乐器多为钢琴、手风琴、吉他,或管弦乐队。

**帮腔**　中国戏曲与说唱艺术中的一种演唱形式。一人独唱,旁人(其他演员或伴奏者)在前台或后台帮唱。可用于刻画人物的心理活动、描写景物、制造环境气氛,甚至对人物或事件加以评说。有单声部与支声体、有唱词与无唱词、有伴奏与无伴奏(干唱)之分。帮唱的演唱形式有独唱、换唱、叠唱、合唱等。是*高腔的重要特征之一。

**梆笛**　*笛之一。因用于中国北方梆子戏而得名。管身比*曲笛短,管径比曲笛略细。音域为$d^1$—$e^3$。代表曲目有《五梆子》《喜相逢》《放风筝》《荫中鸟》《扬鞭催马运粮忙》《我是一个兵》等。

**梆子**　中国打击乐器。有两种,一种为由一粗一细的两根木棒相击发声,其声清脆高亢,为梆子戏的重要伴奏乐器;另一种称“南梆子”,木制,长方形,中空,以苇签或竹签击奏,用于南方民间器乐合奏之中。

**梆子腔**　中国戏曲声腔之一。又称西秦腔、乱弹、秦腔等。因在伴奏中使用梆子击节、声响突出而得名。据推断兴起于明后期的陕西、山西,盛行于清初,并在流传过程中逐渐形成一种梆子声腔系统。属这一声腔系统中有秦腔、山西梆子、河北梆子、河南梆子、山东梆子等。以音乐风格粗犷激昂、音调高亢激越、节奏强烈急促、文辞通俗易懂,以及色彩浓厚的*板胡为主弦乐器等为其特征,并在音乐结构方法上首创*板腔体。

**包列罗** bolero[西]　即*波莱罗。

**包腔**　即*支声。

**宝莲灯**　中国现代民族舞剧。张肖虎(1914～1997)作曲，仲林、黄伯寿编导。1967年首演于北京。根据《劈山救母》这一民间神话故事编剧。二郎神之妹华山圣母私与书生刘彦昌相爱而被其兄镇于华山。其子沉香成人后，乃在仙人襄助之下，劈山救母，得以团圆。

**宝音德力格尔**（1934～　）　中国女高音歌唱家。内蒙古呼伦贝尔盟新巴尔虎左旗人。1955年获第5届世界青年联欢节民歌演唱金质奖章。1975年起任教于内蒙古艺术学校，后升任该校副校长。以演唱蒙古族长调著称。

**保持音** tenuto［意］　音的表现方式之一。即保持某些音的充分的长度（有时甚至可稍长些），同时力度亦稍予加强，使音具有饱满、充实之感。标记为一短横线（－），置于符头之上。或标其意大利文缩写：ten.

**保留曲目** rapertory［英］　指演奏（唱）家或演奏团体所拥有的常备的演奏曲目。

**抱琴**　即*里拉。

**鲍狄埃** Eugene Pottier（1816～1888）　法国工人诗人。1871年当选为巴黎公社委员，同年6月作*《国际歌》一词。

**鲍里斯·戈杜诺夫** Boris Godunov［英］　*穆索尔斯基于1868～1873年所作歌剧。曲作者根据普希金（1799～1837）的同名历史剧编剧。1874年首演于圣彼得堡。太医鲍里斯·戈杜诺夫谋杀了沙皇的儿子，篡夺了皇位，但心中却充满了不祥的预感。后在国家发生饥荒、贵族叛乱的形势下，死于精神错乱。

**鲍罗丁** Aleksandr Borodin（1833～1887）　俄罗斯作曲家。生于圣彼得堡，为格鲁吉亚公爵格德阿诺夫和俄罗斯平民安东诺娃的私生子。他在母亲的抚养下长大。曾入彼得堡外科医学院学习。终生从事化学研究，业余从事音乐。1862年结识*巴拉基列夫，后成为*“强力集团”成员之一。其音乐具有浓厚的东方民族色彩，并对其后的俄罗斯音乐创作有着深刻的影响。主要作品有歌剧*《伊戈尔王》，交响曲三部，交响音画*《在中亚细亚草原上》，两首弦乐四重奏曲，以及钢琴曲、歌曲等。

**暴风雨奏鸣曲** Tempest, The［英］　又称《戏剧奏鸣曲》。*贝多芬于1802年所作d小调钢琴奏鸣曲。作品31

B

之2。据称与莎士比亚的《暴风雨》有关,故后人冠以此名。

**悲惨世界** Les Misérables　*克劳德-米歇尔·勋伯格(Claude-Michel Schonberg)与鲍伯利(Alain Boublil)于1978年所作音乐剧,1980年在法国巴黎首演,英文版于1985年首演于伦敦获巨大成功(音乐剧制作人为*卡麦隆·麦金托什 Cameron Mackintosh,英文版歌词为克莱茨莫 Herberl Kretzmer 所作),1987年登台百老汇,2002年演出于上海。该剧根据法国浪漫主义作家雨果(Victor Hugo, 1802～1885)所作的同名长篇小说改编。失业者冉阿让为快饿死的两个外甥偷了一块面包而被罚做十九年苦役,假释后受一主教感化,一心向善,虽成为大企业主和市长也未能见容于统治者,最后死于孤独之中。作品反映了19世纪30年代左右法国的社会生活和革命斗争,再现底层人民的悲惨生活和命运,揭露资产阶级法律的残酷和虚伪,充满了人道主义思想。1987年获两项托尼奖,1986年获伦敦剧评人奖,1988年获格莱美奖。

**悲怆交响曲** Pathetique Symphonie[法]　*柴科夫斯基于1893年所作b小调第六交响曲。同年首演于圣彼得堡。作品74。据说该标题系其弟所出而为曲作者所认可。

**悲怆奏鸣曲** Pathetique Sonate[法]　*贝多芬于1799年所作c小调第八钢琴奏鸣曲。标题系曲作者自定。

**悲歌** elegy[英]　①具有悲哀色彩的歌曲或器乐小曲。②*马斯内约1869年所作的歌曲(L.格雷词)。③*刘天华所作二胡曲。

**悲剧序曲** Tragische Ouverture[德]　*布拉姆斯于1880年所作管弦乐曲。作品81。与其所作《学院节日序曲》为姊妹篇。

**北京喜讯到边寨**　郑路、马洪业所作铜管乐曲,后于1976年改编为管弦乐曲。1977年首演于北京。取材于西南地区少数民族音乐音调。

**北曲**　又称"元曲"。见*南北曲。

**贝多芬** Ludwig van Beethoven(1770～1827)　德国作曲家。出生于波恩的一个音乐世家。祖父曾任科隆选侯宫廷乐长,父为宫廷歌手。4岁在其父督导下学习钢琴和提琴，7 岁即登台演奏钢琴。13 岁任宫廷乐队管风琴手，其间师从乐队指挥内费。在波恩他与倾向于启蒙思想的勃洛宁一家结成亲密朋友，并自学希腊文、拉丁文的古典文学，阅读莎士比亚、歌德、席勒等人的作品，到波恩大学旁听哲学课，受启蒙主义的影响颇大。1789 年法国资产阶级革命的翌年，贝多芬即满怀热情创作了合唱《谁是自由人》、大合唱《约瑟夫二世之死》等作品。1792 年* 海顿访英归途路过波恩，贝多芬与其相识，并在其鼓励与支持下，于同年 11 月定居维也纳，师从海顿等人。1795 年在维也纳亲自演奏了自作《♭B 大调钢琴协奏曲》，同时出版作品 1 号（三首钢琴三重奏曲）。1798 年发现听觉受损，但仍积极参与音乐活动。1800 年其创作进入成熟期，1802 年耳疾加重，加之失恋，情绪极度消沉，写下了著名的“海利根施塔特遗嘱”，准备结束一切。但最后他却战胜了命运的打击，顽强地与命运进行抗争，创作了一系列传世之作。1810 年耳疾严重，坚持创作第七、第八、第九交响曲。后因为侄儿之事，染病卧床不起，病逝于维也纳。贝多芬是世界公认的最伟大的音乐家之一。他站在时代的最前列，以深刻的思想、锐利的眼光敏锐地把握住时代的脉搏，在作品中表现出深刻的社会内容和不屈不挠的斗争精神。在音乐上他勇于革新创造，拓展了奏鸣曲、交响曲、协奏曲和四重奏曲的范围，将声乐与器乐相结合，开创了交响曲的新形式。其创作集古典音乐之大成，开浪漫主义音乐之先河。作有*《英雄》（第三）*《命运》（第五）*《田园》（第六）*《合唱》（第九）等九部交响曲；《皇帝》（第五）等六部钢琴协奏曲（第六部未完成）；歌剧《菲岱里奥》（1805）；芭蕾舞剧音乐《普罗米修斯的生民》（1801）《为骑士芭蕾而创作的音乐》（1791，八首管弦乐曲）；戏剧配乐《爱格蒙特》（1810，由序曲和九曲组成）《雅典的废墟》（1811，由序曲和《土耳其进行曲》等八曲组成）等六部；管弦乐曲有《科里奥兰序曲》（1806）《莱奥诺雷序曲》（三首，分别作于 1805、1806、1807）《威灵顿的胜利》（1813）等十四首；吹奏乐曲八首；D 大调小提琴协奏曲（1806）C 大调小提琴协奏曲（约作于 1792，未完成）；*《悲怆》*《月光》《田园》*《黎明》*《热情》*《告别》等三十二首钢琴奏鸣曲;《拉祖莫夫斯基》等弦乐四重奏曲十六首;钢琴小品*《献给爱丽丝》以及钢琴四手联弹曲、歌曲《遥寄远方的爱人》等众多作品。

**贝尔格** Alban Berg(1885～1935) 奥地利作曲家。出身于维也纳一商人家庭。1904 年师从*勋伯格后,创作风格从后期浪漫派转而为无调性、十二音技法,成为 20 世纪上半叶的重要作曲家之一。与勋伯格、*韦伯恩一起被称作“第二维也纳乐派”的代表音乐家。后从事作曲教学工作。作有歌剧*《沃采克》《璐璐》(1929～1935),弦乐四重奏曲《抒情组曲》(1926)、《小提琴协奏曲——悼念一位安琪儿》(1935)等。

**贝加莫斯卡** Bergamasca[意] 源于意大利北部贝加莫(Bergamo)附近的农民舞蹈音乐。16～17 世纪曾风行意大利。19 世纪时则指急速的、6/8 拍子的舞曲,与原型关系不大。

**贝加莫斯卡组曲** Suite Bergamasque[英] *德彪西的钢琴组曲。作于 1890 年,修订于 1905 年。由四曲组成:前奏曲、小步舞曲、月光、帕斯比叶。其中以月光最著名,常单独演奏。是第一部展示印象主义音乐风格的作品。因德彪西在罗马进修时曾赴贝加莫游历,故名。参见*贝加莫斯卡。

**贝里奥** Luciano Berio(1925～2003) 第二次世界大战后意大利先锋音乐代表作曲家。出身于音乐世家。就学于米兰音乐学院。1950 年赴美,翌年获库谢维茨基奖学金入学马萨诸塞州坦格伍德的伯克郡音乐中心,师从 L.达拉皮科拉学习十二音技法。1954 年与 B.马代尔纳在米兰广播电台建立电子音乐播音室,创办音乐刊物,积极推进先锋派音乐。20 世纪 60 年代亦曾教学于美国朱利亚音乐学校等各大学。后曾任法国蓬皮杜艺术中心“音响、音乐、调试研究所”电子音响部主任。他精通各种现代音乐技法,且勇于探索新的音响-音色、音源;其创作带有“世界主义”倾向,但又不失意大利音乐所特有的抒情性和戏剧性。作有《民谣四首》(1947)、管弦乐曲《午后的祈祷》(1954,取材于英国现代派诗人奥登的同名长诗。以使用十三个音级序列为其特征)、独奏与独唱《系列Ⅰ—Ⅹ》(1958～1980)、磁带音乐《主题——乔伊斯颂》(1958,以朗诵乔伊斯小说《尤里西斯》的语调为音源素材制成)、《交响曲》(1968,为纽约爱乐乐团创建125年庆典而作),以及歌剧、芭蕾舞剧音乐等。

**贝里尼** Vincenzo Bellini(1801～1835)　19世纪初意大利歌剧的代表作曲家。幼从其祖父、父亲学习音乐。6岁开始作曲。1819年入那不勒斯的圣塞巴斯蒂阿诺音乐学院学习。1825年完成第一部歌剧《阿第尔逊与萨尔维纳》。1827年以歌剧《海盗》一举成名。1835年完成歌剧《清教徒》后逝于巴黎。尚作有歌剧《梦游女》(1831)《诺尔玛》(1831)等。

**贝司**　倍大提琴即*低音提琴。

**倍低音维奥尔琴**　见*维奥尔琴。

**倍减音程**　见*减音程。

**倍增音程**　见*增音程。

**本杰明,乔治** George Benjamin(1960～　)　英国作曲家。16岁赴巴黎师从*梅西昂,毕业后任教于英国皇家音乐学院。作有管弦乐曲《地平线上的钟声》(1980)、女高音与小乐队《冬日的记忆》(1981)、室内乐《破晓》(1982)以及《三首钢琴练习曲》(1982～1985)等。

**本位号** natura[英]　通称“还原记号”。标记为:♮。是将已升降的音恢复原来的高度的记号。为*临时记号之一。记于符头的左侧。在重升(或重降)的情况下,亦只用一个本位号。如变更调号,则记于*复小节线的右侧。

**比才** Georges Bizet(1838～1875)　法国作曲家。幼从其父学音乐。9岁被破例入巴黎音乐学院,师从*古诺、阿列维。1857年获罗马大奖,赴罗马进修。后相继作有歌剧《采珠者》(1863)、《珀思丽姝》(1867)。1875年作成歌剧《卡门》,虽该剧在歌剧史上开创了新的篇章,但首演却遭到责难。受此打击,比才一病不起,三个月后英年早逝,年仅37岁。是19世纪中叶最具才华的作曲家之一。尚作有戏剧配乐*《阿莱城姑娘》《C大调第一交响曲》(作于17岁)、小组曲《儿童的游戏》(1873)、序曲《祖国》等。

**比彻姆** Thomas Beecham(1879～1961)　英国指挥家。

生于爱好音乐的富豪之家。学于牛津大学。1898 年在故乡代人指挥哈莱管弦乐团而崭露头角。1909 年在其父的支持下,创建比彻姆交响乐团。1915 年创建比彻姆歌剧团。1932 年创建伦敦爱乐管弦乐团,并出任指挥,在较短时间即将该团培育成一流乐团。1947 年组建皇家爱乐管弦乐团,任首席指挥直至逝世。以海顿交响曲的权威演释者著称。

**比洛** Hans Guido von Bülow(1830～1894) 德国指挥家。9 岁开始学钢琴。后在莱比锡大学学习法律。1850 年聆听歌剧《罗恩格林》后即师事*瓦格纳,同年首次登台指挥。后从事钢琴演奏和教学工作。1857 年与李斯特之女结婚。1864 年任慕尼黑宫廷歌剧院指挥。曾指挥了瓦格纳的歌剧《特里斯坦与伊索尔德》和《纽伦堡的名歌手》的首演。并曾以钢琴家的身份首演了柴科夫斯基所作《第一钢琴协奏曲》。尚作有歌曲、钢琴曲以及管弦乐曲等。

**比斯努瓦** Antoine Busnois(约 1430～1492) *佛兰芒乐派代表作曲家。长期服务于教会和宫廷。所作大都为根据法语创作的*尚松,并以擅长旋律写作著称。

**彼得鲁什卡** Petrushka[英] *斯特拉文斯基于 1911 年所作芭蕾舞音乐。同年首演于巴黎。后曲作者将其改编成管弦乐组曲(由十四曲组成)。某日,木偶彼得鲁什卡(少年)、芭蕾舞女演员和摩尔人都有了生命,彼得鲁什卡爱上了女演员,女演员却和摩尔人相爱,少年欲破坏其爱情,而被摩尔人杀死。至此,魔术师出场将他们复回木偶。

**彼得与狼** Peter and the Wolf[英] *普罗科菲耶夫于 1936 年所作管弦乐曲。同年首演于莫斯科。曲中加入朗诵,生动地描绘了少先队员彼得在一些善良的动物协助下智擒大灰狼的童话故事。通俗易懂,艺术性高,是一部为儿童写的交响童话。

**毕肖普** Henry Bishop(1786～1855) 英国作曲家。曾先后任爱丁堡大学和牛津大学音乐教授。以歌曲《甜蜜的家庭》(Home Sweet Home)知名。

**毕业歌** 1934 年*聂耳为影片《桃李劫》所作的主题歌(作词陈瑜,即田汉)。为著名爱国歌曲。

**筚篥**　中国古代吹奏乐器。唐人称其由西域传入中原。即今之*管子。

B

**编磬**　中国古代打击乐器。即将数*磬按一定音列编组而成。

**编钟**　中国古代打击乐器。即将数*钟按一定音列编组而成。以*曾侯乙编钟最为著名。

**蝙蝠序曲** Ouvertüre“Die Fledermaus”[德]　*约翰·施特劳斯(小)于1874年所作轻歌剧《蝙蝠》中的序曲。蝙蝠系罗莎琳德之夫的绰号。在假面舞会上，蝙蝠对一戴假面具的匈牙利伯爵夫人大献殷勤、丑态百出，却不知此人为其夫人所扮。该剧有盛大的舞会场面，充溢着维也纳华风。

**变调管**　即*调音管。

**变格半终止**　见*半终止。

**变格终止** plagal cadence[英]　*终止之一。从下属和弦进行到主和弦的和声进行。与*正格终止相对而言。

**变宫**　中国传统音乐术语。宫音上方大七度即为变宫。

**变化半音**　由同一音名的两个音所构成的*半音。可一为基本音级，一为变化音级，如c和♯c；或二者均为*变化音级，如♯c和×c等。

**变化和弦** altered chord[英]　和弦中的一音或数音为*变化音的和弦。如*增六和弦、*那不勒斯六和弦等。其标记是在自然和弦标记的右上方附有“+”或“-”号的阿拉伯数字1、3、5、7等。“+”号表示升高半音，“-”号表示降低半音；阿拉伯数字表示根音、三音、五音、七音等。如$\mathrm{V}^{+5}$表示V音级上构成的三和弦的五音升高半音；$\mathrm{II}^{\substack{+3\\-5}}_{\substack{6\\5}}$表示Ⅱ音级上的五六和弦的三音升高半音，五音降低半音。变化和弦在大、小调中，各自可分为属系变化与下属系变化和弦两种。

**变化音** alteration[英]　调式或音阶的组成音之外的音，即非调式音(将*自然音升高或降低半音或全音的音)。

**变化音程** chromatic interval[英]　见*自然音程。

**变声** mutation[英]　①儿童的发声器官随着年龄的增长不断发育变化，女孩子多在十二三岁，男孩子多在十四五

B

岁，喉头迅速发育长大，声带也随之增厚、增长，致使声音发生变化。这期间称变声期。当儿童发生声音嗄哑，或唱歌时声音提不高，或唱不出声来的时候，就可能是进入变声期了。在变声期时，要特别注意保护嗓子，不要乱喊乱叫，要比平时少唱歌，或是闭着嘴哼唱。②见*正声。

**变声期** 见*变声。

**变音记号** 即标示基本音级升高或降低、还原的记号。有升记号♯、降记号♭、重升记号×、重降记号♭♭、还原记号♮。

**变徵** 中国传统音乐术语。宫音上方增四度为变徵。

**变奏** variation[英] 音乐展开手法之一。将最初陈述的一曲调(主题)进行变化的重复或展开。即在和声或节奏、拍子、速度、音区、调性上加以变化，或曲调加花、增时、减时，或利用倒影、逆行等技术进行变奏。

**变奏曲** variation[英] 欧洲音乐体裁之一。指以*变奏曲式构成的乐曲。

**变奏曲式** variation form[英] 欧洲音乐传统曲式之一。由一主题及其若干*变奏所构成的*曲式。图式为 A、$A_1$、$A_2$、$A_3$、$A_4$、$A_5$……等。

**标题音乐** programme music[英] 见*绝对音乐。

**标准音** standard pitch[英] 在音乐史上曾有过无数的标准音，19 世纪才以 $a^1=440$(表示 $a^1$ 的振动频率为一秒钟振动 440 次)作为国际通用的标准音。其他音可按十二平均律依次推算。中国古代以黄钟为标准音，但其*绝对音高常随度量衡的改变而改变。

**表情记号** expression marks[英] 在乐谱中以力度术语、速度术语以及语言等表示情感细微变化的提示，用以帮助演唱(奏)者、指挥者正确表现乐曲的内容。通用意大利文术语，亦可使用本国文种。

**表现主义音乐** Expressionism Music[英] 20 世纪初兴起于欧洲的音乐流派之一。该流派与*印象主义音乐背道而行，并破坏传统的调性音乐秩序，无视既往的一切美学原则，以追求新的技法为其特色。其代表作曲家为*勋伯格、*韦伯恩、*贝尔格等。代表作有勋伯格的歌剧《期待》

(1909)、配乐*《月光下的彼埃罗》、弦乐合奏曲*《升华之夜》(1917);贝尔格的歌剧*《沃采克》(1917~1921),以及*斯克里亚宾、*斯特拉文斯基、*韦伯恩、*巴托克等人的一部分作品。

**表演唱** 演唱形式之一。亦是可带表演动作的歌曲的称谓。如黎锦晖的《可怜的秋香》(1921),安波的《拥军花鼓》(1943)。

**病中吟** *刘天华于1930年所作的二胡独奏曲。又名《安适》,意为"人生向何处去"。

**拨弦乐器** plucked string instuments[英] 与拉弦乐器相对而言的一类弦乐器。乐器分类之一。即用手指或拨子拨奏的弦乐器。

**拨子** plectrum[英] 以角、木、金属、象牙等材料制成的小薄片,用以代替手指拨奏*拨弦乐器。

**拨奏** pizzicato[意] 弓弦乐器奏法之一。即不用弓而用手指拨弦的演奏方法。一般用右手指拨弦,记以"pizz"标明。恢复用弓时,则标以"arco"。亦可以左手指拨弦,标以"+"或"L. H."。

**波尔蒂契的哑女** Muette de Portici La[法] 又名《马赛尼埃罗》(*Masaniello*)。*奥伯所作大型五幕歌剧。斯克里布与德拉维涅编剧。1828年首演于巴黎。为"法国大歌剧"的开山之作,以选取重大历史题材、篇幅长大、布景华丽、场面恢宏、精致讲究的芭蕾舞、富于效果的管弦乐、无对白、重合唱等为其特征。写的是1647年意大利那不勒斯一哑女之兄——T. A. 马赛尼埃罗为首的渔民起义反抗西班牙统治者的历史故事。1830年在布鲁塞尔演出时,该剧受到反抗荷兰统治者的比利时人的热烈欢迎。哑女则由芭蕾舞演员扮演,充分发挥了芭蕾舞语汇的表现力。

**波尔卡** polka[捷] 约19世纪30年代起源于波希米亚的捷克民间舞蹈,并很快即风行全欧。舞步较小(半步),二拍子,前三个半拍由左右两脚轮流跳,最后半拍停顿一下。步法有五种,以足根和足尖步法最为典型。舞伴面对而舞。大致分为急速、徐缓和*马祖卡节奏三种类型。舞曲一般为2/4拍子,三部曲式。*斯美塔那最先将其用之于歌剧和

B

器乐创作之中，如歌剧《被出卖的新嫁娘》中的波尔卡。

**波吉与贝丝** Porgy and Bess[英] *格什温所作三幕歌剧。根据美国作家海沃德的小说《波吉》编剧。1935 年首演于波士顿。2001 年首演于北京。该剧反映了美国城市黑人区的贫困黑人的生活：痴情于贝丝（女高音）的波吉（男低音）杀死了贝丝的姘夫克隆而被捕，贝丝又被毒品贩子拐骗到纽约为娼等。作为以黑人生活为题材的爵士歌剧而取得空前的成功。

**波莱罗** ①即*包列罗。西班牙具有代表性的民族舞蹈（双人舞）。具有典型的节奏型：其音乐通常由三部分组成，除中段外，首尾两部分均反复一次，中庸速度，3/4 拍子。舞者手持*响板自击节奏，边唱边舞。②Bolero[法]*拉威尔于 1928 年受当时著名舞蹈家伊达·鲁宾斯坦之托而作的独幕芭蕾舞音乐（管弦乐曲）。同年首演于巴黎。曲中使用了波莱罗节奏，并使之一而贯之，力度与配器变化丰富，但均为两个主题的不断反复。

**波兰舞曲** 即*波洛奈兹。

**波洛奈兹** polonaise[法] 又译"波兰舞曲"。源出于波兰民间。16 世纪为波兰宫廷所采用，用于宫廷典礼中两人一组的行列行进的伴随音乐。庄重缓慢，气势宏大，3/4 拍子。典型结构为*复三部曲式。以乐句大都结束在第三拍上、短而明确的动机反复和经常使用三连音为其特征。18、19 世纪的作曲家*巴赫、*亨德尔、*贝多芬、*舒伯特、*韦伯、*瓦格纳等虽都作有波洛奈兹，但以*肖邦的具有高度艺术性的 A 大调*《军队波兰舞曲》最为著名。

**波切利，安德烈** Andrea Bocelli（1958～ ） 意大利男高音歌唱家。12 岁时因一场足球比赛中的意外事故而双目失明。拥有一副"被上帝亲吻过的"好嗓子。33 岁始从男高音歌唱家柯莱里学习声乐。1996 年与*莎拉·布莱曼在德国拳王亨利·马克斯告别赛上以美声唱法演唱《告别时刻》（*Time to Say Good-bye*，1996 年），获世界声誉。其嗓音淳美，充满热情，擅长演唱抒情歌曲、古典艺术歌曲、歌剧咏叹调和流行歌曲（出有流行歌曲演唱专辑）。具有迷人的持续高音 C。2004 年曾来华访问演出。

**波斯的市集** In A Pevsian Market[英] *凯特尔贝于1920年所作管弦乐曲。副题为表现场面的间奏曲。

**波希米亚人** 即*《绣花女》。

**波音** mordent[英] 又称"上波音""涟音"。装饰音之一。由主要音进到上方邻音再回到主要音的急速往复,用𝆗记号表示。由主要音向下方邻音进行后再回到主要音的急速往复,称"下波音"(又称"逆波音"),用𝆘记号表示。波音记号上面或下面的变音记号(♭、♯ 、♮ )属上方或下方邻音。如再反复一遍则称"复波音",其标记为𝆗𝆗。

**伯恩斯坦** Leonard Bernstein(1918～1990) 美国指挥家。是20世纪大指挥家之一。曾学于哈佛大学和柯蒂斯音乐学院。1943年任纽约爱乐乐团助理指挥,翌年代*瓦尔特救场指挥而一举成名。1958年任该团音乐指导。1968年起同时致力于作曲,以音乐剧*《西区故事》(1957)最著名。

**伯姆** Karl Bohm(1894～1981) 奥地利指挥家。是20世纪大指挥家之一。曾任格拉茨歌剧院见习指挥。1921年应*瓦尔特之邀任慕尼黑歌剧院第四指挥。1927年任达姆施塔特的音乐总指导,以大量介绍现代作品引人注目。1934年起任德累斯顿国家歌剧院总指导、维也纳国家歌剧院总指导等职。1967年被维也纳爱乐管弦乐团授予名誉指挥称号。

**伯牙** 中国先秦著名琴师。传有俞伯牙与其知音钟子期的佳话。又传有伯牙学琴三年不成,其师成连带他到东海蓬莱山悟其情境,始作成《水仙操》,即所谓的"移情"。

**勃艮第乐派** Burgundian School[英] 15世纪初至中叶的欧洲文艺复兴时期的代表性乐派。"勃艮第"位于法国东南罗纳河流域和瑞士西部，5世纪中叶日耳曼族勃艮第人曾在此建立勃艮第王国。音乐史上曾将该乐派隶属于*尼德兰乐派的第一期。由宫廷作曲家（包括长期任职该宫廷的外国作曲家）组成。所作多为三声部，并喜用三、六度，特别是其人文主义倾向和追求音乐的匀整性的审美观给予尼德兰乐派以很大影响。

**勃兰登堡协奏曲** Brandenburgische Konzerte[德] *J. S.巴赫于1718～1721年所作*大协奏曲。因题献给勃兰登堡选侯爵，故名。由六首器乐协奏曲组成。是欧洲管弦乐发展史上的里程碑，对古典交响乐的发展具有重要意义。

**钹** piatti[意]cymbals[英] 打击乐器之一。以铜等金属制成片状圆盘一副，手持相击发声。亦可将一片固定，以另一片扣击；或以槌敲击。

**不确定性音乐** 即*偶然音乐。

**不完全和弦** imperfect chord[英] 省略五音或其他和弦音的和弦。有时亦可省略根音。在七和弦中经常省略五音，形成不完全和弦。

**不完全小节** incomplete bar[英] 不足规定拍数的小节。乐曲开始如果是弱拍，一般来说第一小节和最后一小节的拍数合起来才成为规定的拍数，这种小节即为不完全小节。

**不完全音程** imperfect interval[英] 大音程、小音程、增音程、减音程统称为不完全音程。与*完全音程相对而言。

**不完全终止** imperfect cadence[英] 除*完全终止以外的*正格终止。其终止感较完全终止弱。

**不协和和弦** dissonant chord[英] 见*不协和音程。

**不协和音程** dissonant interval[英] 与*协和音程相对而言。呈不协和状态（其程度不等）的音程。大二度、小二度、大七度、小七度以及一切增、减音程均为不协和音程。不协和音程的不稳定性，要求进行到协和音程从而得到解决。含有不协和音程的和弦即为不协和和弦。

**布拉姆斯** Johannes Brahms（1833～1897） 德国作曲家。幼从其父学习音乐。10岁登台演奏钢琴，并尝试作曲。12岁师从马克逊学习古典大师的音乐。后结识小提琴家雷曼尼(1830～1898)、*约阿希姆。在杜塞尔多夫结识舒曼夫妇,*舒曼当即著文介绍布拉姆斯,遂与舒曼夫妇结成深厚的友谊。1857年任汉堡宫廷钢琴教师。1863年定居维也纳。1880年代起逐渐陷入孤独失望之中。晚年致力于室内乐和歌曲创作。1896年惊闻克拉拉去世,赶赴波恩参加葬礼,长跪克拉拉墓前不起。过度的悲痛,旅途的疲劳,使其病情加剧,于翌年辞世。是具有保守倾向的德国浪漫主义作曲家,亦是德国最后一位古典主义作曲家。所作《第一交响曲》被人称作是贝多芬九大交响曲的继续;浪漫曲则充满浪漫情感;歌曲创作为*舒伯特之后德国最出色的歌曲作曲家。作有《德语安魂曲》(1868),四部交响曲,管弦乐序曲*《学院节日序曲》*《悲剧序曲》,两部钢琴协奏曲,以及室内乐曲、钢琴曲、合唱曲、独唱曲等。

**布莱曼,莎拉** Sarah Brightman(1960～ ) 著名英国女高音歌唱家。出生伦敦,1981年参加音乐剧*《猫》在新伦敦剧院的首演。1984年首演音乐剧*《剧院魅影》里克莉斯汀一角出名,1985年同*多明戈一起担纲*安德鲁·劳埃德·韦伯的《安魂曲》首演,1992年与卡雷拉斯合唱当年巴塞罗那奥运会闭幕歌曲《永远的朋友》。2004年曾来华演出。CD全球销量达1 500万张。

**布朗热** Nadia Juliette Boulanger(1887～1979) 20世纪上半叶闻名世界的法国女音乐教育家,亦为作曲家、管风琴家、指挥家。生于巴黎。布朗热学于巴黎音乐学院,1909～1924年任母校和声班助教,1920～1939年任师范学校和声教师。1921～1950年任教于枫丹白露美国音乐学院,1950年任该院院长。第二次世界大战中曾滞留美国,任教于朱丽亚音乐学校(Juilliard School of Music)等名校。1946年曾任巴黎音乐学院钢琴伴奏法教师。其妹莉莉(Lili,1893～1918)也是很有才华的作曲家,不幸英年早逝。

**布里顿** Benjamin Britten(1913～1976) 英国作曲家。生于萨福克郡洛斯托夫特。父为牙医。自幼从其母学习钢琴,并从人道主义者布里奇学作曲。1830年入伦敦皇家音乐学院,师从本杰明和艾尔兰。1932年即出版为室内乐队

B

演奏的《小交响曲》。1935～1939年间所作多为电影、广播和戏剧配乐。1937年以《布里奇主题变奏曲》知名乐坛。第二次世界大战初期在美国，1942年回国，在英国各地演奏钢琴并作曲。1945年所作歌剧《彼得·格兰姆斯》为英国歌剧赢得国际声誉，被译成八国文字上演。战后其创作进入成熟期，作有《卢克莱修受辱记》(1946)等十四部歌剧，从而被誉为继*珀塞尔之后英国最佳歌剧作曲家。1948年创办阿尔德堡音乐节。1962年创作为独唱、合唱、童声合唱和乐队而作的《战争安魂曲》获得很大成功。尚作有著名的管弦乐曲*《青少年管弦乐队指南》等。他是一个多产作曲家，立足于英国传统音乐之上，音乐风格多样，充满温情和诗意，高度重视旋律的表现力，并广泛吸收各种现代主义音乐技法。

**布列舞曲** bourrée[法]　是一种快速而活泼的法国舞曲。17世纪盛行于法国宫廷。通常为快速的二拍子，以1/4拍弱起为其特征。在17世纪后半至18世纪初的古典组曲中一般为三部曲式，其中间部分称"第二布列"。

**布莱兹** Pierre Boulez(1925～　)　法国作曲家、指挥家。第二次世界大战后*先锋派音乐旗手之一。自幼酷爱数学。1943年入巴黎音乐学院师从*梅西昂。1946年任雷诺-巴罗特剧院音乐指导和指挥，后曾任BBC交响乐团、纽约爱乐乐团常任指挥。1954年创设"多梅纳音乐会"，指挥演奏先锋音乐。1955～1960年教授于达姆施塔特夏季音乐讲习班。1962年任哈佛大学客座教授。1972年任法国蓬皮杜艺术中心"音响、音乐、调试研究所"所长。与*施托克豪森、L.*诺诺并称"先锋音乐三杰"。曾倡导"整体序列技术"，进而提出"必然和偶然、自由和严格、数学和想象之间的互相统一"的音乐形式，是既严肃而又执著的现代音乐探索者。作有整体序列技术代表作《结构》(第一集，1952)，为女中音、长笛、吉他、颤音琴、木琴、中提琴和打击乐器而作的《无主之锤》(1952～1954，共九首歌曲，歌词选自法国超现实主义诗人R.夏尔的同名诗集)，为女高音和管弦乐队而作的《绰影——马拉美五肖像》(1960～1962，歌词选自马拉美的诗作，由五首组成：赠献、即兴1.

即兴 2.即兴 3.悼歌)，为八个乐器组而作的管弦乐曲《祭奠——追悼马代尔纳》(1973～1975)等。发表论文《勋伯格去世了!》(1952)，著有《今日音乐的思考》(1963)等。近年多从事指挥。

**布鲁赫** Max Bruch(1838～1920)　德国作曲家。幼从其母学习音乐。11 岁开始作曲，14 岁作交响曲、四重奏曲。1865 年任科布伦茨音乐指导。1867 年任松德斯豪森宫廷乐长。1880 年任英国利物浦交响乐团指挥。1891 年任柏林皇家音乐学院高级作曲班教授。1913 年成为柏林皇家艺术院名誉院士。其创作具有浪漫主义的叙事性和鲜明的民族风格，旋律优美动听。作有大提琴与管弦乐队《希伯来祷歌》(1881)、小提琴与管弦乐队*《苏格兰幻想曲》《g 小调小提琴协奏曲》(1866)等。

**布鲁克纳** Anton Bruckner(1824～1896)　奥地利作曲家。幼从其父(乡村教师兼管风琴手)学习音乐。13 岁丧父，入教堂唱诗班当歌童，兼学管风琴、小提琴和通奏低音。后任维多哈克村助理教师。1851 年起任林茨教堂管风琴师达十三年。1861 年才通过音乐学院的和声与对位法的考试，获得教师许可证。1863 年在瓦格纳所作乐剧的影响下，创作了其最初的几部重要作品《e 小调第一交响曲》等。1867 年任维也纳音乐学院和声、对位法及管风琴教授。后赴法国南希和巴黎(1869)、英国伦敦(1871)、瑞士(1880)等地演出，遂以管风琴家享誉欧洲。1884 年其所作《第七交响曲》在莱比锡首演大获成功，始确立其作曲家的地位。其一生笃信宗教，生活清贫，在和声和管弦乐法上深受瓦格纳的影响。其创作曾受到*汉斯利克的抨击。第一次世界大战后，其价值方为世人所赏识。主要作品有九部交响曲(之外尚有无编号一部《零号交响曲》)，其中著名的有第四*《浪漫》(1874～1880)、第五《悲剧》(1875～1877)、第六《哲学》(1879～1881)、第八《启示》(1884～1887)、第九《未完成》(1891～1896)。另有《感恩赞》及五首《弥撒曲》等宗教音乐。

**布鲁斯** blues[英]　其起源难于查考。一般指 1865 年《奴隶解放宣言》后，在美国南方黑人社会中形成的一种独特的黑人歌曲。以三行诗十二小节AAB为其基本曲式结构，以采用欧洲传统功能和声，在大调式中降低三音和七音（通称"布鲁斯音"），内容哀怨伤感，叙述黑人的艰苦生活与心情等为其特色，并具有非洲音乐中的调式、音型的影响，形成布鲁斯独特的风格。初期布鲁斯的作者不详，以口头代代相传、自弹自唱、以班卓或吉他伴奏为主。进入20世纪后，则演唱于各种娱乐场所或舞台，发展成为"城市布鲁斯"，但仍是与黑人生活分不开的一种娱乐音乐。后为爵士乐所采用，成为爵士乐的主要素材。20世纪20年代称之为"布鲁斯皇后"的贝西·斯密斯是最早在黑人中享有盛誉的女高音歌唱家。《圣路易斯》等许多布鲁斯名曲的作者W.C.汉迪被人尊称为"布鲁斯之父"。布鲁斯是美国黑人的生活之诗，是歌唱美好心灵的朴素的歌曲。

**布伦德尔** Alfred Brendel（1931～ ） 奥地利钢琴家。曾师从E.菲舍尔。1949年在布索尼国际钢琴比赛中获奖后，以维也纳为中心展开演奏活动。1962年在伦敦演奏了贝多芬全套钢琴奏鸣曲。1963年在美国获得国际声誉。以诠释德奥古典、浪漫主义音乐著称。1960～1970年任教于维也纳音乐节高级班。著有《短暂的乐思》（*Musical Thoughts and Afterthoughts*，1976），《布伦德尔谈音乐》（*Alfred Brendel on Music*，2000）。

**步步高** 吕文成所作*广东音乐名曲之一。出版于1938年。

**部分音** 即*分音。

# C



**才旦卓玛**(1937～ ) 中国女高音歌唱家。西藏日喀则人。曾师从著名西藏艺人穷布次仁学唱。1958 年入上海音乐学院师从王品素。其演唱风格具有浓郁的藏族特色。

**采茶** 中国南方民间歌舞之一。以反映茶农劳动生活为主,各地名称虽不一,但形式相似,一般由二人手持茶篮或花扇表演。

**彩云追月** *任光于 1935 年所作民族器乐曲。后经彭修文(中国民族管弦乐队指挥家,1931～1997)重新配器成著名的民族器乐合奏曲。

**蔡绍序**(1910～1974) 中国男高音歌唱家。四川安岳人氏。曾师从应尚能、克雷洛娃[俄]。曾任国立音乐学院、上海音乐学院声乐教授。20 世纪 50 年代曾在歌坛盛极一时。

**蔡琰**(177～ ?) 中国汉末著名琴家。字文姬,*蔡邕之女,作有《悲愤诗》,相传她曾作琴曲《大胡笳十八拍》《小胡笳十九拍》。

**蔡邕**(132～192) 中国汉代琴家。字伯喈。陈留圉(即今河南杞县)人。以琴艺高超著称于汉末。作有琴曲《蔡氏五弄》,并撰有《琴赋》《琴操》。

**蔡元定十八律** 中国古代律制之一。蔡元定是南宋律学家,建阳(今福建建阳)人,是理学家朱熹之门徒。著有多种乐律宫调著作,并在其所作《律吕新书》中提出"十八律"理论。即在三分损益法生成*十二律的基础上,再下生六律(变黄钟、变太簇、变姑洗、变林钟、变南吕、变应钟)而成,虽在十二正律为宫的条件下,可*旋宫转调,在当时有所突破,但仍未解决"黄钟还原"问题。

**曹东扶**(1898～1970) 中国筝演奏家。河南邓县人。为近代河南筝重要传人。曾任教于中央音乐学院。后人将其所传筝曲编为《曹东扶筝曲集》(1981)。

**曹刚** 中国唐代琵琶家。*曹善才之子。以右手运拨力若风雷而著称。

**曹火星**(1924～1999) 中国作曲家。河北平山人。14

岁即参加革命文艺工作。1940年入华北联大文艺部音乐系学习。后任天津歌舞剧院院长、中国音乐家协会常务理事等职。所作以群众歌曲《没有共产党就没有新中国》(1943)著名。

**曹妙达** 生卒不详。中国北齐至隋初的乐官。曾随其祖父学习龟兹琵琶。北齐文宣帝高洋曾为其击鼓和之。精通管弦,“新声奇变,朝改暮易”,且“能造曲”,盛极一时。

**曹善才** 生卒不详。中国唐代琵琶家。*曹刚之父。“善才”乃人之誉称。西域曹国人。主要活动于贞元年间(公元785～805年)。其演奏技艺高超,为当时文人所赞誉。曾任教坊乐师。

**曹正**(1920～1998) 中国筝演奏家。河北昌黎人(一说为辽宁新民县人)。幼从古筝名家娄树华学艺。曾任教于南京国立音乐学院,为高等音乐学府第一筝人。后任中国音乐学院教授。擅奏《高山流水》《渔舟唱晚》等曲,并著有《古筝演奏法》(1957)。

**草原上升起不落的太阳** 中国蒙古族作曲家美丽其格于1951年所作抒情歌曲(自作词)。1954年获全国群众歌曲评奖一等奖。后经常作为独唱歌曲演唱于音乐会上。

**草原之歌** 五幕歌剧。*罗宗贤曲,任萍编剧。1955年首演于北京。剧情为长期仇杀的两个藏族部落,在解放军的帮助下重归于好,而分别隶属于两个部落的一对恋人也终于结成眷属。

**插部** episode[英] 在乐曲中两个主要部分之间自由插入的部分。如*回旋曲式中主部重现之间出现的部分,即为“插部”。

**查拉图斯特拉如是说** Also Sprach Zarathustra [德] *理夏德·施特劳斯于1896年所作交响诗。同年首演于法兰克福。作品30。读德国哲学家尼采所著《查拉图斯特拉如是说》一书后而作。查拉图斯特拉(约公元前628～公元前551)是波斯宗教改革者,创始琐罗亚斯德教派。由连续演奏的八个部分组成,并附标题:山乡人;憧憬;喜悦与不幸;墓地之歌;科学;痊愈;舞曲;夜游者之歌。以三管或四管编制乐队演奏,并使用多种打击乐器。

**茶花女** La Traviata[意] *威尔第于1852年根据法国小仲马的同名小说(皮亚韦编剧)所作的三幕歌剧。故事发生在奢靡的法国巴黎社交界。名妓薇奥列塔(即茶花女)在纯情青年阿尔弗莱德的激情鼓舞下,放弃了上层社会的豪华生活,同到乡下隐居。阿尔弗莱德的父亲亚芒来到乡间恳请茶花女与其子断绝关系。茶花女忍痛作出牺牲,被迫重返社交界。阿尔弗莱德在不知情的情况下,赶赴巴黎,当众羞辱茶花女,致使茶花女病情加剧,危在旦夕。见此,亚芒才将真情告知阿尔弗莱德,但为时已晚。破镜重圆时,却是薇奥列塔离开人世之日。

**镲** 中国打击乐器。即小钹。见*钹。

**柴科夫斯基** Peter Ilitch Tchaikovsky(1840～1893) 俄罗斯作曲家。8岁在圣彼得堡开始学习音乐。后遵父命学习法律,1859年供职于司法部。1863年方入彼得堡音乐学院正规学习音乐,1865年任莫斯科音乐学院教授。当他得到富孀梅克夫人的资助后即辞去教职,专事创作。曾在瑞士、意大利、法国生活多年。在音乐学院期间受安东·鲁宾斯坦的影响很大。在创作风格上,人称其为“西欧派”或“折衷派”。其与强力集团所走的道路虽不同,但殊途同归,深刻地表现了俄罗斯的民族性,充满了强烈的时代精神。代表作有歌剧*《叶夫根尼·奥涅金》*《黑桃皇后》、芭蕾舞剧*《天鹅湖》《睡美人》和*《胡桃夹子》,交响曲*《悲怆》等六部、管弦乐曲*《罗密欧与朱丽叶》《暴风雨》(交响幻想曲,1873)*《里米尼的弗兰切斯卡》*《意大利随想曲》等多部、三部管弦乐组曲、《C大调弦乐小夜曲》、三部钢琴协奏曲、《小提琴协奏曲》、大提琴协奏曲《洛可可主题变奏曲》、三首《弦乐四重奏曲》、钢琴套曲*《四季》。另外有合唱、歌曲等大量声乐作品。

**颤弓** 又称“抖弓”。拉弦乐器演奏弓法之一。运弓时手腕作快速而均匀的抖动,使所奏之音有颤动感。

**颤音** trillo[意] *装饰音之一。由主要音和上方邻音迅速交替奏出。其音的数目不定,视速度快慢而异:慢就多;快就少。用tr记号(意文的缩写)标记,记号上方如有变音记号则属上方邻音。一般由主要音开始,如由上方邻

C

音开始，则应在主要音前标记* 短倚音。颤音的几种基本形式如下：

**颤音琴** vibraphone［英］　形似* 木琴，所用由大小不一的金属条块组成，以一槌或二槌击之发音。条块下设共鸣管，管内设置一圆盘以电马达带动，使之产生颤吟。音域约三个八度。* 贝尔格所作歌剧《璐璐》中曾使用此琴。

**颤指**　中国管弦乐器（如二胡、筝、笛等）的演奏指法术语。可奏出二度、三度、四度等* 颤音。颤音因乐器而异，管乐器一般为手指在按孔上做快速开闭动作，弦乐器则是手指在弦上做快速按抬动作。

**长城随想曲** ＊刘文金于1982年所作的二胡协奏曲。

**长笛** flute［英］ 高音木管乐器。初名横笛，木制。今为金属制。音域约三个八度。19世纪初，经改良后，发音清澈明朗，演奏流利。在独奏、合奏中均占有重要地位。在管弦乐队中属＊木管乐器组。

**长调** 中国蒙古族最具有代表性的牧歌体裁的民歌。流行于内蒙古自治区牧区。篇幅较长，气息宽广悠长，情感深沉忧郁；旋律进行多五、六、七、八度甚至八度以上的大跳，多为五声音阶，以羽调式最为常见，演唱多颤音，伴奏则以马头琴为主。如呼伦贝尔盟的长调牧歌《辽阔的草原》。参见＊短调。

**长鼓** 朝鲜和中国朝鲜族打击乐器。为“长鼓舞”的伴奏乐器。舞者身挎长鼓，一手以竹签击打一侧鼓面，一手以手掌拍击另一侧鼓面，边击边舞。

**长号** trombone［英、法］ 16世纪欧洲开始采用的一种有伸缩管的铜管乐器。演奏者用右手滑动伸缩管可奏出半音音阶和滑音。有中音长号、次中音长号和低音长号，后两者最常用。音量宏大，音色辉煌。

**长恨歌** 清唱剧。黄自曲，韦瀚章编词，取材于唐代诗人白居易的同名长诗，作于1932年。由十乐章组成：只完成1.仙乐风飘处处闻；2.七月七日长生殿；3.渔阳鼙鼓动地来；5.六军不发无奈何；6.宛转蛾眉马前死；8.山在虚无缥缈间；10.此恨绵绵无绝期等七个乐章。是中国近代音乐史上第一部清唱剧之作。后由黄自的学生林声翕（1914～1991）于1972年续完（4.惊破霓裳羽衣曲；7.夜雨闻铃肠断声；9.西宫南内多秋草）。

**长休止记号** lunga pausa［意］ ＊简记法之一。休止小节数目众多时，往往在五线谱的第三线上标记长休止记号，并以数字表示休止小节的数目。任何＊拍子都可以用这样的简记法。

**长倚音** appoggiatura lunga[意] *倚音之一。即附加在主要音之前的一个不大于四分音符时值的音。亦用小音符标记,但无短斜线。其时值计算在主要音之内:如主要音不是附点音符,其长倚音的时值一般是主要音时值的一半;如主要音为附点音符,那么长倚音的时值是主要音时值的2/3。长倚音在一百多年前即已废弃不用。

**长征** *丁善德于1959～1962年所作的以红军二万五千里长征为题材的五乐章标题交响曲。各乐章标题分别为:踏上征途、红军——各族人民的亲人、飞夺泸定桥、翻雪山,过草地、胜利会师。

**长征组歌** 正名为《红军不怕远征难》。*晨耕、生茂、唐诃、遇秋于1965年为纪念长征胜利30周年而作的组歌(肖华词)。同年由北京军区战友歌舞团首演于北京。由告别、突破封锁线、遵义会议放光辉、四渡赤水出奇兵、飞越大渡河、过雪山草地、到吴起镇、祝捷、报喜、大会师等十乐章组成。是中国近现代史上继《长恨歌》《黄河大合唱》之后的又一大型声乐套曲的优秀之作。曾被誉为"形象化的革命史诗"。

**唱名** syllable names[英] 用七个固定的拉丁文的音节do、re、mi、fa、sol、la、si来唱出自然音阶中的七个*基本音级,这七个拉丁文音节即为国际通用的"唱名"。*工尺谱中的上、尺、工、凡、六、五、乙,亦为"唱名"。在简谱中则用七个阿拉伯数字标记:1、2、3、4、5、6、7。应与*音名相区别。

**唱名法** solmization[英] 用*唱名视唱乐谱的方法。有*固定唱名法和*首调唱名法两种。

**唱腔** 中国戏曲音乐两大组成部分之一。即为声乐部分的称谓(另一为器乐部分)。在戏曲艺术中占有主导地位,并为区分剧种类别的重要标志。其结构有*板腔体和*曲牌体之分;其演唱形式以独唱为主,尚有合唱、齐唱、对唱、重唱、伴唱、帮腔等。



**唱诗班** choir[英] 指为教堂服务的附设合唱团。

**唱支山歌给党听** *践耳所作独唱歌曲(歌词源自雷锋日记中抄录的蕉萍所作之诗)。1963年春,由*才旦卓玛首演问世,迅即流传全国。

**超吹** überblasen[德]overblowing[英] 管乐器演奏法之一。即以唇部的张力(绷紧嘴唇)加强气息(速度和压力)获取泛音的技巧。主要运用在铜管乐器上。

**潮州音乐** 中国民间器乐种类之一。主要流行于广东潮州、汕头一带。可分为广场乐(潮州大锣鼓等)和室内乐(潮州细乐、弦诗乐等)。以二弦、唢呐、深波锣为其特色乐器。

**车尔尼** Karl Czerny(1791～1857) 19世纪著名奥地利钢琴音乐教育家。父为钢琴教师。4岁从*贝多芬学习钢琴。虽很有钢琴演奏才华,但因生性腼腆遂潜心研究胡梅尔、克莱门蒂的钢琴教学法,专事钢琴教学。*李斯特即出自其门下。编有从初学到高深技巧的钢琴练习曲多卷,并作有各种体裁的音乐作品千余首,尚改编有钢琴两手、四手、八手联弹曲等。其作品599《初步教程》、849《流畅练习曲》、299《快速练习曲》、740《手指灵巧技术练习曲》等钢琴技巧练习曲至今仍被广泛采用为钢琴教学的教材。

**陈钢**(1935～ ) 中国作曲家。生于上海。父为作曲家陈歌辛。1949年曾入部队文工团工作,1955年入上海音乐学院作曲系学习,师从丁善德、桑桐及苏联专家阿尔扎马诺夫。1959年与何占豪合作小提琴协奏曲*《梁山伯与祝英台》,遂一举成名。后留校任教。尚作有小提琴独奏曲《阳光照耀着塔什库尔干》《金色的炉台》《苗岭的早晨》,以及《双簧管协奏曲》、钢琴五重奏《京调》、小提琴协奏曲《王昭君》(1986)等。另有散文集《三只耳朵听音乐》(1997)等出版。

**陈培勋**(1921～2006) 中国作曲家。原籍广西合浦。1938年入上海国立音乐专科学校学习。长期从事音乐教育,后任中央音乐学院作曲系教授兼配器教研室主任。作有《第二交响曲·清明祭》(1980),交响诗《心潮逐浪高》,钢琴独奏曲《卖杂货》(1952)《思春》《双飞蝴蝶变奏曲》(1954)等。

C

**陈其钢**(1951～ ) 中国作曲家。幼习书法绘画,13岁入中央音乐学院附中学习单簧管。22岁任浙江省歌舞团乐队演奏员,1975年兼任指挥和作曲。1978年入中央音乐学院作曲系师从*罗忠镕。1984年公派赴法留学,成为*梅西昂的私淑弟子,同时进修于巴黎高等音乐学院。后毕业于巴黎高等音乐师范学校和巴黎大学。1989年任法国音乐电台和法国国际广播电台中文部音乐节目制作人。多次在国际作曲比赛中获奖(包括昔日的罗马大奖梅蒂茜斯庄园"墙外"奖)并获包括"布朗热基金"在内的多种创作基金及多项重要委约。所作以"中国人的思维方式与欧洲音乐构思的完美结合"(梅西昂语)为其特点。作有大型管弦乐曲《源》(1988),男中音与室内乐《水调歌头——为苏东坡同名词而作》(1991),大提琴协奏曲《逝去的时光》(1996),芭蕾舞剧音乐《大红灯笼高高挂》(2000)单簧管、双乐队协奏曲《蝶恋花》(2003),单簧管、女高音与乐队《一个法国女人的梦》(2005)等。

**陈田鹤**(1911～1955) 中国作曲家。浙江温州人。曾就读于上海国立音乐专科学校,师从黄自。后曾任重庆国立音乐学院教授、兼教务主任。20世纪50年代任中央实验歌剧院音乐创作员。所作以声乐曲著称。作有歌曲《哀挽一位民族解放战士》(原名《鲁迅悼歌》)《巷战歌》、艺术歌曲《山中》(徐志摩诗)、混声四部合唱《森林啊,绿色的海洋》以及歌舞曲《荷花舞》等。

**陈旸** 中国北宋音乐理论家。生卒不详。福州人。绍圣(1094～1098)进士,后官至礼部侍郎。于1100年完成中国第一部大型音乐百科全书式的音乐理论著作《乐书》二百卷(目录二十卷)的编纂工作,具有重要史料价值。

**陈怡**(1953～ ) 中国女作曲家。生于广州。幼习钢琴、小提琴。1970年任广州京剧团管弦乐队小提琴首席。1978年入中央音乐学院作曲系学习,师从*吴祖强,1986年毕业于该院,并获硕士学位,同年赴美深造,师从哥伦比亚大学*周文中。1998年任美国密苏里州堪萨斯音乐学院教授。所作突现了民族精神和现代气息。作有钢琴曲《多耶》(1984,“多耶”为侗族传统舞蹈,后改编为室内乐曲和大型管弦乐曲)《猜调》《第一交响曲》(1986)、中乐合奏《潮音》(1987)、长笛与乐队《金笛》(1997)等。



**陈振铎**(1905～1999) 中国二胡演奏家。山东临淄人。1928年入上海国立音乐学院,翌年转入国立北平大学艺术学院音乐系。曾师从*萧友梅、*刘天华等人。后任重庆国立音乐学院以及中央音乐学院、中央民族学院教授。以演奏《汉宫秋月》著称。二胡演奏家张锐、王国潼、陆修棠等均出自其门下。

**晨歌** alborada[西]aubade[法] 清晨所唱之歌。以风笛(或乡村簧管)、小鼓伴奏。后演变成一种节奏自由、富于田园风味的民间器乐曲,流行于西班牙北部地区。*拉威尔曾作有《丑角的晨歌》(1905, *Alborada del gracioso*),颇富特色。

**晨耕**(1923～ ) 中国作曲家。原名陈宝锷。河北完县人。满族。14岁参加革命文艺工作。18岁入华北联大文艺学院音乐系学习。后任冲锋剧社、前卫剧社音乐队队长兼合唱指挥。1947年参与创建中国人民解放军第一支军乐队(晋察冀军区军乐队)。曾赴朝参加抗美援朝,作有歌曲《英雄的阵地钢铁的山》《告诉我,来自祖国的风》。1954年入中央音乐学院作曲系进修,师从*江定仙。1958年任北京军区战友歌舞团团长。作有军乐曲《骑兵进行曲》(1948),独唱歌曲《两个小伙儿一般高》(1956),民族器乐曲《子弟兵和老百姓》(1960,与唐诃合作)。1964年参与大型音乐舞蹈史诗《东方红》的音乐创作。1965年与人合作大型声乐套曲*《长征组歌》。

**衬腔** 即*支声。

**呈示部** exposition[德]wxposion[英] 乐曲呈示主要乐思的开始部分。通常指奏鸣曲式中用来陈述对置的主题的第一部分。另外,赋格曲的第一部分亦称呈式部,即陈述的部分,其中主题在各声部依次进入完毕。

**乘风破浪圆舞曲** Vals “Sobre lds Olas”[西] 墨西哥沙

龙音乐作曲家罗萨斯(Juventino Rosas, 1868～1894)于1891年所作钢琴曲。后被改编成各种器乐曲,其中以管弦乐改编曲传世。又译作《在海波上》或《在波涛上》。

C

**乘着歌声的翅膀** Auf Flugeln des Gesanges[德] *门德尔松于1834年所作《歌曲六首》(作品34)中的第二首。海涅诗。后被改编成各种器乐曲。

**持续低音** drone bass[英] 指模仿*风笛般的持续延长的低音,而上方声部则可不断地变换和声。该低音可不是和弦音,亦可用于其他声部。

**篪** 中国古代吹奏乐器。竹制,横吹。后仅为雅乐使用。

**尺八** 中国古代吹奏乐器。初见于唐代文献。属箫类乐器。据传日本奈良正仓院藏有唐代尺八。现仍用于福建*南音。

**赤叶河** 高介云、梁寒光、葛光锐于1947年所作四幕一场歌剧(阮章竞编剧)。为中国*新歌剧早期优秀作品之一。以其唱段《燕燕下河洗衣裳》最为著名。

**重唱** 声乐演唱形式之一。由两人以上的演唱者演唱多声部声乐曲。按声部或人数分为二重唱、三重唱、四重唱等;按声种可分为混声重唱(男女声二重唱等)、同声重唱(女声二重唱、男声四重唱等)。重唱是歌剧艺术中的重要演唱形式之一。

**重归苏莲托** Torna a Surrierto[意] 埃尔内斯托·第·库尔蒂斯(1875～1937)所作歌曲。G.库尔蒂斯词。被公认为是一首地道的意大利那不勒斯民歌。

**重降记号** double flat[英] *变音记号之一。标记为并排书写的两个降号:♭♭。是使某音下降两个半音的记号,即等于下降一个全音。

**重升记号** double sharp[英] *变音记号之一。标记为×。是使某音连续升高两个半音的记号,即相当于升高一个全音。

**重属和弦** wechseldominanye[德] 属和弦的属和弦。即大小调式的第二音级上构成三音升高半音的和弦。如re—升fa—la和弦即为C大调中的重属和弦。其标记为DD或V/V。一般解决至属和弦。

**重奏** 器乐演奏形式之一。由数人同时各自演奏同一乐曲的不同声部。按声部或人数分为二重奏、三重奏、四重奏、五重奏等，并因所用乐器种类的不同，而有弦乐四重奏、管乐五重奏等区分。尚有钢琴三重奏、钢琴四重奏、钢琴五重奏等。亦指所奏的乐曲，即指三重奏曲、五重奏曲等。

C

**抽象音乐** 即 * 绝对音乐。

**丑末寅初** 曲艺京韵大鼓传统曲目。往往唱于收场之际。

**出水莲** 广东客家筝曲代表曲目之一。

**储师竹**(1901～1955) 中国二胡演奏家。曾师从 * 刘天华。后任国立音乐学院、中央音乐学院教授。门生有张韶等人。作有二胡曲《长夜曲》等。

**触键** anschlag[德]touch[英]tasto[意] 指键盘乐器演奏者用指击键，亦可指其击键的方法。

**川江船夫号子** 指中国四川境内长江流域上船工所唱的 * 号子。属多声部合唱。有“下水号子”“上水号子”之分。

**传奇曲** legende[法] 具有叙事性和史诗性的器乐曲，或根据传说故事写成的器乐曲。如李斯特的两首《钢琴传奇曲》，普罗科菲耶夫的钢琴套曲《老祖母的故事》。

**船歌** barcarolle[法] 原指意大利威尼斯的游览船的船夫之歌，后指仿此而作的器乐曲或声乐曲。一般为 6/8 拍子，均匀的伴奏音型模仿波浪运动和摇桨的律动，并具有如歌性。以门德尔松的钢琴曲集《无言歌》中的三曲(作品 19 之 6、作品 30 之 6、作品 62 之 5)、肖邦的同名钢琴曲(作品 60)、福雷同名钢琴曲和奥芬巴赫的歌剧《霍夫曼的故事》中的《船歌》最为著名。

**创世纪** Die Schöpfung[德] * 海顿于 1797 年所作清唱剧。翌年首演于维也纳。根据 J. 弥尔顿(1608～1674，英国诗人)的长诗《失乐园》(1667)，由英国诗人利德雷为亨德尔编的脚本，又由斯威滕译成德文脚本。由三部共三十三曲组成。演奏时间长达两个半小时。因其访英期间接触亨德尔所作清唱剧触发灵感而作。第一、第二部讲述了神在六天内创造天地的故事，第三部则描述了天使阿达姆和伊乌在伊甸园的相遇。

**创意曲** invention[英] 根据一个动机即兴发展的一种自由对位式的短曲。如* J.S.巴赫于1723年所作的钢琴曲集《二部创意曲》和《三部创意曲》,各由十五曲组成,并均用复调手法创作的,是一部重要的钢琴复调练习曲集。"创意"意在指出不仅供练习弹琴之用,而且也是一种学习作曲的入门途径。"创意曲"一词最早见于法国作曲家雅内坎(Janequin,CleméNt)于1555年所作的歌曲集《音乐创意曲集》。一般指创新之意的小型声乐、器乐作品,并以素材新颖、结构不定为其特征。



**吹奏乐** blasorchester[德] 以管乐器为主体,并加入打击乐器的合奏形式。较大编制时,亦可加入低音提琴。在表现的细腻上比管弦乐逊色,但音量大,适于郊外或行进中演奏。

**吹奏乐器** 即*管乐器。

**春** Printemps[法] *德彪西于1886～1887年所作交响组曲。1913年首演于巴黎。

**春江花月夜** 约1925年*大同乐会成员柳尧章和郑觐文等根据琵琶曲《夕阳箫鼓》(汪昱庭演奏本)改编的民族器乐合奏曲。由江楼钟鼓、月上东山、风回曲水、花影层叠、水深云际、渔歌唱晚、回澜拍岸、桡鸣远濑、欸乃归舟、尾声等十段组成。属具有展衍性的变奏体结构。

**春节序曲** 见*春节组曲。

**春节组曲** *李焕之于1956年所作管弦乐组曲。由序曲、情歌、盘歌、灯会四个乐章组成。同年首演于北京。其中的序曲(俗称《春节序曲》)经常独立演出于音乐会上。

**春天奏鸣曲** Spring Sonata[英] *贝多芬于1800～1801年所作小提琴曲。

**春之歌** Spring Song[英]Fruhlingslied[德] *门德尔松于1842年所作钢琴曲集《无言歌》第五卷中的第六首(A大调)。

**春之祭** Sacre du Printemps Le[法] *斯特拉文斯基于1912～1913年所作芭蕾舞音乐。1913年首演于巴黎。后曲作者将其改编为管弦乐组曲,由两大部分组成。第一大部分《对大地的崇拜》:序奏、春天的预兆、少女们的舞蹈、诱拐的游戏、春天的轮舞、敌对部落的游戏、智者的行列、智者、大地的舞蹈;第二大部分《祭献》:序奏、少女们神秘的圆圈舞、对当选少女的赞美、祖先的召唤、祭祖的仪式、当选少女的祭献舞。

C

**春之旅组曲** *丁善德于1945年所作钢琴独奏曲。由待曙、舟中、杨柳岸、晓风之舞四首组成。

**春之声** Fruhlingsstimmen[德] 圆舞曲。*约翰·施特劳斯(小)于1882年左右所作的钢琴曲。由格涅填词后,成为一首著名的花腔女高音独唱曲。后又改编成管弦乐曲。

**纯律** 律制之一。根据自然三和弦而定律,即以复合音的第二泛音、第三泛音、第五泛音为生律要素构成的音律。比较十二平均律和五度相生律,其E和F、B和C之间的半音大;其D和E、G和A之间的全音小。其C和D、A和B之间的全音则和五度相生律中的全音相等,但比十二平均律中的全音大。以和弦的纯正、和谐为其特点。

**纯一度** 即*同度。

**纯音** pure tone[英] 指单振动所产生的音,不含泛音。完全的纯音在实际是难以成立的。如收音机报时的音、音叉的音以及电子振荡器所发的一些音,都只能是近似纯音的音。纯音给人以纯粹透明的感觉,但欠缺丰满,表情空泛。

**纯音程** 即*完全音程。

**纯音乐** 见*绝对音乐。

**磁带录音机** tape recorder[英] 见*录音机。

**次女高音** mezzo soprano[意] 又称女中音。人声分类之一。介于女高音与女低音之间的女声。音域一般为♭b—♯$f^2$。或称女声中具有此音域的歌唱者。

**次中音谱表** tenor staff[英] 简称"次中音谱"。指标以*次中音谱号的*谱表。

**次中音谱号** tenor clef[英] 在五线谱第四线上的C谱号,标志着第四线为*中央C音。适用于男高音的声域,故又称"男高音谱号":

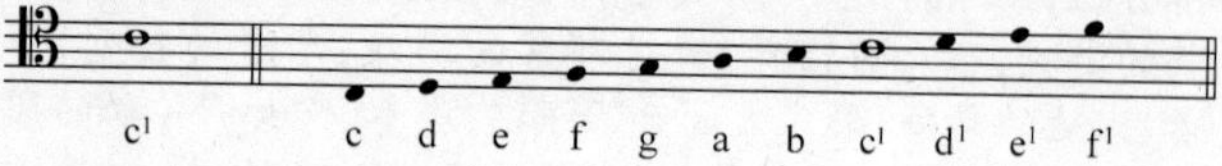


C

**催眠曲** 即*摇篮曲。

**翠湖春晓** *聂耳于 1934 年所作民族器乐合奏曲。取材于云南洞经音乐曲牌［宏仁卦］。

# D



**达卜** 即*手鼓。

**达尔戈梅日斯基** Alexander Sergeyevich Dargomizhsky (1813～1869) 俄罗斯作曲家。俄罗斯古典乐派的创始人之一。自幼在家庭接受音乐教育。1831～1843 年任职于司法部。1834 年与*格林卡结识,遂立意作曲。1839 年创作第一部歌剧《埃斯美拉达》。1855 年所作歌剧《水仙女》,是继格林卡的歌剧《鲁斯兰与柳德米拉》之后又一俄罗斯民族歌剧的经典之作。晚年致力于俄罗斯音乐协会的活动,协助创办了圣彼得堡音乐学院,并作有著名的划时期的实验作品——歌剧《石客》(1866～1869,未完成)。

**达夫尼斯与克罗埃** Daphnis et Chloe[法] *拉威尔于 1909～1911 年所作芭蕾舞音乐。受佳吉列夫的俄罗斯芭蕾舞团委托而作。首演于 1912 年。后改编为两部管弦乐组曲,第一部由夜曲、间奏曲、战争之舞组成;第二部由黎明、哑剧、群舞组成。剧情为牧羊少年达夫尼斯向少女克罗埃求爱遭拒后,以哀婉之箫音打动少女之心,遂成恋人。

**答题** risposta[意] 指*赋格曲中主题第二次在属调上模仿进入时的称谓。有完全答题和不完全答题之分。前者为严格模仿;后者为不严格模仿。

**打倒列强** 即*《国民革命歌》。

**打击乐器** percussion instrument[英] 乐器分类名称之一。敲击乐器本体发音的乐器的总称。有固定音高和无固定音高之分。分体鸣乐器(如锣、钹、三角铁等)和膜鸣乐器(或称革鸣乐器,如定音鼓等)两类。

**打谱** 由于中国古琴谱只记载弦位、指法和一些音色(如泛音)变化,无节奏、节拍、速度、力度等标记,故对现存古代琴谱,尚需琴家依据自己对习惯奏法(即一般规律)的掌握程度以及前人的经验(包括题解),将其演奏出来,称"打谱"。因此同一首乐曲可有不同的版本。

**打硪歌** *号子之一。用于建筑时夯实地基的劳动。"硪"为其所使用的一种工具。

D

**大八板体** 即*六十八板体。

**大刀进行曲** *麦新于1937年7月所作的歌曲(自作词)。曾在抗日战争中产生重大的影响。题为“献给二十九路军大刀队”的抗日英雄们。

**大得胜** 山西鼓吹乐唢呐套曲。由两大部分的十个曲牌联缀而成。

**大地之歌** Lied von der Erde Das[德] *马勒于1908～1909年所作附声乐的交响曲。歌词取自中国唐代诗人李白、孟浩然、王维、钱起等人的七首诗(德译为汉斯·贝特格德)。因悲其爱女病故(1907年)而作。作者逝世后于1911年方首演于慕尼黑。由六个乐章组成:哀愁大地的酒歌、寒秋孤影、青春、美人赞、春日醉者、送别。是一部厌世的唯美主义之作。

**大调** major[英] 即*大调式。

**大调式** major mode[英] 简称“大调”。*调式之一。以各相邻两音除三、四两音级间和第七音级与主音间为半音外,余均为全音,以及主音与其上方三度音构成大三度,并在主音上可构成大三和弦等为其特征。是大、小调体系中主要调式之一。通常称谓某大调(如C大调)的乐曲,即以某音作主音的大调式所作。前述称“自然大调”。尚有和声大调和旋律大调:前者将自然大调第六级音降低半音,从而在六、七级音间形成增二度;后者则将自然大调的第六、第七级音降低半音,但一般只适用于旋律下行,上行时均还原。

**大都会歌剧院** Metropolitan Opera House 美国歌剧院。是世界最著名的歌剧院之一。1883年建于纽约百老汇大街,以*古诺的《浮士德》为其揭幕剧。1966年迁入林肯表演艺术中心新剧场。

**大二度** major second[英] 度数为二,且含有两个半音的*音程。参见*度。

**大歌剧** grand opera[英] 歌剧体裁之一。19世纪初形成于法国。所取题材多为历史悲剧或史诗,演出场面浩大,布景豪华,并间有芭蕾。尤以剧中无道白,全部用歌唱为其特征。如*奥伯的《波尔蒂契的哑女》、*罗西尼的《威廉·

退尔》、* 迈耶贝尔的《恶魔罗勃》等均为大歌剧。

**大管** fagotto[意]bassoon[英] 又称“巴松”(英文的音译)。低音木管乐器。双簧。音域为三个半八度。音色极具表现力，是管弦乐队中的重要低音乐器。尚有低音大管，其体积比大管大一倍，音域比大管低一个八度，是音域最低的木管乐器。



**大海** La Mer[法] * 德彪西于 1903～1905 年所作管弦乐曲。1905 年首演于巴黎。由三部互为关联的交响素描组成：在海上(从黎明至中午)；波浪的嬉戏；风和海的对话。为印象主义音乐的代表作。

**大号** tuba[英] 最低音域铜管乐器。形制不一，大体分小、中、大三种。军乐队中还有圈形大号(一译“海力空”helicon)和苏萨大号(sousaphone)，均掮在肩上吹奏。音域为 $C_1$—$f^1$。

**大合唱** 由多乐章组成的大型声乐套曲。可采用声乐的各种演唱形式，亦可带有朗诵。如冼星海的*《黄河大合唱》等。

**大江东去** * 青主约于 1920 年以苏轼词《念奴娇・赤壁怀古》所作艺术歌曲。

**大军鼓** bass drum[英] 大型打击乐器。鼓框两面蒙皮，直径有 55～88 cm 不等尺寸，周围装有螺旋，用以松紧鼓皮。鼓槌木制，一端裹有毛毡。无固定音高。发音低沉宏大。用于军乐队或管弦乐队。

**大浪淘沙** * 华彦钧所传琵琶曲。

**大雷** 即* 雷琴。

**大锣** 中国打击乐器。铜制，以缠布木槌击之发音。

**大谱表** great staff[英] 将* 高音谱表和* 低音谱表用纵线和大括弧连接起来的谱表。两谱表间的加线为* 中央 C。为钢琴、风琴、竖琴及混声合唱曲等乐谱所采用。亦称联合谱表。

**大起板** 何彬根据“河南曲子”中的板头曲《小调大起板》移植改编的板胡曲(小乐队伴奏)。参见* 河南板头曲。

**大曲** 中国古代大型歌舞音乐。如汉、魏间的相和大曲及清商大曲，唐、宋大曲。有歌有舞，并具有特定的音乐形式。

**大全音** major whole tone[英]　见* 全音。

**大三和弦** major triad[英]　* 根音距三音为大三度、距五音为纯五度的三和弦。

**大提琴** violoncello[英]　意大利文缩写为"cello"。小提琴族系乐器。形状及构造与小提琴相似,但比* 小提琴长约一倍。下端有一支柱,便于演奏时支在地上。演奏时置于两膝之间,左手按弦,右手运弓。张四弦,定弦比* 中提琴低八度为 C、G、d、a。音域约四个八度。音色浑厚深沉。用于独奏、重奏、合奏,是管弦乐队中的重要乐器。

**大同乐会**　1920 年在上海由郑觐文等人发起成立的民族器乐演奏社团,并附设有民族乐队。因其宗旨为"专门研究中西音乐,筹备演作大同音乐,促进世界文化运动",故名。在演出、整理、改编、仿制中国古代雅乐器以及培养人才等诸方面成绩卓著。

**大卫同盟舞曲集** Davidsbundler Tanze[德]　* 舒曼于 1837 年所作钢琴套曲,作品 6。由十八首性格小曲组成。

**大峡谷组曲** Grand Canyon Suite[英]　* 格罗菲于 1931 年所作管弦乐组曲。同年由怀特曼乐队首演于芝加哥。标题指美国西南部亚利桑那州的科罗拉多大峡谷。由日出、瑰丽多彩的沙漠、山间小路、日落、暴风雨等五个乐章组成。

**大小七和弦**　由* 大三和弦和* 小七度构成的七和弦之一。

**大协奏曲**　concerto grosso[意]　17、18 世纪的协奏曲之一。由独奏乐器组与管弦乐队协同演奏的大型器乐曲。如* 巴赫的《勃兰登堡协奏曲》,柯雷利的《圣诞协奏曲》,亨德尔的十二首大协奏曲等。通常无华彩段。后逐渐确立了大协奏曲的"快、慢、快"三乐章的套曲结构。

**大音程** major interva[英]　比* 小音程多一个半音的音程。有大二度(含一个全音)、大三度、大六度、大七度等。如 C—E 为大三度音程。

**大音阶** major scale[英]　* 七声音阶之一。其构成同* 大调式。以其主音的音名(即音阶的第一个音)称之为 C 调大音阶、D 调大音阶、♯C 调大音阶、♭E 调大音阶等。

除C调大音阶仅使用*基本音级构成外，其他各种大音阶均有*变化音级。

**戴留斯** Frederick Delius(1862～1934) 英国作曲家。双亲为德国人(父为羊毛商)，生于英国。自幼学习钢琴、小提琴。18岁开始经商，22岁赴美在佛罗里达从事橙橘种植业，1885年起弃商从乐，在纽约等地教学和演奏管风琴。24岁赴莱比锡音乐学院学习作曲。1888年定居巴黎。早期创作受*格里格的影响较大，并多在德国首演；后又颇受印象主义音乐的影响。1929年英国指挥家比彻姆在伦敦为其举办戴留斯音乐节，其音乐遂在英国日益受到欢迎，得到公认。1918年后双目失明，且全身瘫痪，但仍依靠E.芬比的帮助，口授了最后一些作品(如1930年创作的管弦乐曲《夏之歌》)。其音乐好用变幻不定的变化音和声、庞大的乐队以及结构自由的风格，但在粗犷雄健之中又特别擅长表现内心情感。他的作品有对表现大自然诗情画意的歌剧《乡村的罗密欧与朱丽叶》(1907)，也有反映其宗教怀疑主义、并一时曾引起争论的合唱曲《生之弥撒》(歌词选自尼采的《查拉图斯特拉如是说》，1905)和合唱曲《安魂曲》(歌词出自尼采的作品，1916)等。尚作有协奏曲、管弦乐曲、室内乐、钢琴曲及歌曲等。

**戴维斯** Peter Maxwell Davies(1934～ ) 英国先锋派音乐代表作曲家。1952年入皇家曼彻斯特音乐学院学习，1957年在罗马师事意大利作曲家佩特拉西(Gottredo Petrassi)。1957年归国任职于塞伦西斯特中学。1962～1964年师事普林斯顿大学的美国作曲家塞欣斯(Roger Huntington Sessions，1896～1985)。曾与英国作曲家伯特威斯尔(Harrison Birtwistle，1934～ )等人组织“丑角演奏者”现代音乐团。20世纪70年代后，以英国奥克尼群岛为其创作基地。其创作熔文艺复兴时期音乐至现代主义音乐为一炉，形成多样化风格，技法复杂多变，乐队编制新颖。作有管弦乐曲《延伸》(*Prolation*，1958)、《根据约翰·塔弗纳所作器乐曲〈伊诺米内〉而作的幻想曲二首》(1962～1964)，歌剧《艾克斯》(1985)《塔弗纳》(1970)，以及芭蕾舞音乐、声乐曲等。

D

**黛敏郎**(1929～1997)　日本作曲家。生于横滨。1951年毕业于东京艺术大学音乐学部研究科,同年留学巴黎音乐学院。1953年与*团伊玖磨、*芥川也寸志组成“三人会”,强调民族气质,倡导并从事现代音乐创作,率先在日本创作*具体音乐、*电子音乐。曾参与创建“新音乐社”“20世纪音乐研究所”。作有具体音乐《X、Y、Z》(1953)、电子音乐《习作之一》(1955)、交响曲《涅槃》(1958,将佛教音乐和日本传统音乐有机融合在一起,并将梵钟的余音加以电子学的分析,其所含的音色由管弦乐各乐器来分担,作曲家称这种吟诵的效果和音色的效果为“钟学效应”,成为日本交响乐创作中的里程碑之作)、管弦乐曲《舞乐》(1962)、音乐剧《可爱的少女》、歌剧《金阁寺》(1976)《古事记》(1996)等。尚作有电影音乐一百五十余部。

**黛玉焚稿**　曲艺京韵大鼓传统唱段。是京韵大鼓表演艺术家、“白派”创始人白云鹏(1874～1952)的代表性唱段。

**丹第** Vincent D' Indy(1851～1931)　法国作曲家。自幼学习音乐。普法战争时曾参加巴黎守卫战。战后参加民族音乐协会的筹建。1873年入巴黎音乐学院师从*弗朗克。1875年获管风琴比赛一等奖。1886年据其所采塞文山区民歌而作*《法国山歌交响曲》。1890年继弗朗克之后任法国民族音乐协会主席。1892年任母校教授。晚年关注于民歌编辑。是法国交响乐派的代表作曲家之一。*杜卡斯等一批音乐家均出自其门下。作有歌剧《钟之歌》(1885)、交响变奏曲《伊斯塔尔》(1896)、管弦乐曲《山中夏日——小品三首》(1905)等,尚撰有四卷《作曲法教程》,以及有关*弗朗克、*贝多芬、*瓦格纳的论文若干。

**单对位** simple counterpoint[英]　是*复调音乐的最基本的技术。与*复对位相对而言。声部位置不可上下转换的一种结合方式。固定调(又称*定旋律、主题)均由全音符构成并不能改变,它与对位声部(又称对题)可有一音对一音(一个全音符)、一音对二音(两个二分音符)、一音对四音(四个四分音符)、一音对二分音符的切分节奏以及一音对混合节奏等五类。

**单二部曲式** simple binary form[英]　见*二部曲式。

**单赋格曲** 与*二重赋格、*三重赋格相对而言。即用一个单声部的主题写成的、没有固定对题的赋格曲。

**单簧管** clarinetto[意]clarinet[英] 俗称“黑管”。木管乐器,单簧。属移调乐器,常用有♭B调、A调和♭E调三种。音域较宽,音色浑厚多彩,富有表现力。虽然其历史较短,但已成为重要的*木管乐器之一,特别是在吹奏乐中,其地位相当于管弦乐队中的小提琴。

**单拍子** simple time[英] 只有一个强拍的拍子。是拍子中的基本拍子。与*复拍子相对而言。即指二拍子和三拍子。如2/2、2/4、2/8等均属二拍子;3/2、3/4、3/8等均属三拍子。

**单三部曲式** simple ternary form[英] 见*三部曲式。

**单弦** 流行于北京、天津和河北、东北地区的曲艺之一。历史悠久,*曲牌丰富。其演唱形式主要为一人手持*八角鼓击奏演唱,一人以三弦伴奏。

**单音程** simple interval[英] 在一个八度范围以内的音程的统称。与*复音程相对而言。

**导板** 中国戏曲音乐中的*板式之一。通常为*散板,一句结构,起引入唱腔的作用。

**导音** leading tone[英] 指*大音阶、*和声小音阶与*旋律小音阶的第七级音。即主音上方的大七度音,上行时与主音成小二度进行,故又称“上行导音”。*和声小调的第六音、*弗里吉亚调式的第二音则称为“下行导音”,分别下行解决到属音和主音。导音是调式中最不稳定的音,并有进行到主音的强烈倾向而常导致主音的出现,故名。一说凡上行或下行与主音成小二度进行的音,即为导音,如C大调的♭D音与B音均为导音。

**悼念公主的帕凡舞曲** Pavane Pour une Infante Defunte[法] *拉威尔于1899年所作钢琴曲。首演于1911年。后由其改编为管弦乐曲。

**倒影对位** 即反向对位。在进行对位时,每个旋律都以*倒影进行方式进入,即旋律中所有音程的方向均与原音程的方向相反,但其节奏完全不变。

**倒影进行** 主题再现时音程关系不变但作反向进行,形成倒影关系，故名。

**德彪西** Claude Achille Debussy(1862～1918)　法国作曲家。家境贫寒。幼年即开始学钢琴。11岁入巴黎音乐学院学习。1881年赴俄罗斯，任梅克夫人家庭钢琴师。22岁以所作大合唱《浪子》(*L' Enfant prodigue*)获罗马大奖，得以赴罗马进修、创作。回巴黎后，除曾赴伦敦、维也纳、拜罗伊特等地作短期旅行外，长期定居巴黎，从事作曲、音乐评论以及编辑工作。曾一度热衷于瓦格纳的音乐，后一转而为批判，认为瓦格纳的音乐已走到尽头，应探寻新路子。1889年在巴黎万国博览会上，爪哇的加美兰乐队和俄罗斯民族乐派的音乐给其留下深刻的印象。1893年曾在一修道院研究*格里高利圣咏。后与象征派诗人马拉美交往甚密，并列席马拉美举办的“周末午后座谈会”。亦很欣赏印象派的美术，热衷于收集东方艺术品。为印象主义音乐的创始人，并掀开了20世纪音乐的第一章。其创作初期的代表作有管弦乐曲*《牧神午后前奏曲》《夜曲》(1893～1899)，钢琴曲《两首阿拉伯风格曲》(1888)*《贝加莫斯卡组曲》以及一些新型的艺术歌曲。中期的创作对确立其为开一代乐风的大作曲家地位有着非常重要的意义，重要作品有歌剧*《佩利亚斯与梅丽桑德》、钢琴曲*《版画》《意象集》(1905)《前奏曲集》*《儿童乐园》、管弦乐曲*《大海》等。晚年，因患病创作力大为低落，风格亦有所变化，以明快淳朴的风格取代了印象主义的音响效果，驱散了印象主义的迷雾。1918年3月25日在德国人炮轰下的巴黎病逝，享年56岁。

**德国六和弦** German Sixth[英]　*增六和弦之一。即*七和弦中的根音升高半音的*五六和弦，故别名为增五六和弦。如降A—C—♭E—♯F。运用较广。通常在小调的第四级音上构成。该名称系习称而已。

**德国小(喜)歌剧**　即*歌唱剧。

**德利布** Clemént Philibert Leo Delibés(1836～1891)　法国作曲家。学于巴黎音乐学院。以所作芭蕾舞音乐*《葛蓓莉娅》最著名。尚作有芭蕾舞音乐《泉》(1866)《西尔维亚》(1876)，歌剧《拉克美》(三幕，1883年首演)等。

**德普拉** Albert Franz Doppler(1821～1883) 匈牙利长笛演奏家(一说为奥地利人)。长期从事音乐教学工作,并作有母语歌剧六部、芭蕾舞音乐十五部以及钢琴曲等。所作以长笛曲《匈牙利田园幻想曲》(作品 26)传世。

**德沃夏克** Antonin Dvorak(1841～1904) 捷克作曲家。生于布拉格近郊尼拉霍塞夫斯村。曾任*唱诗班歌手,当了两年屠夫学徒。1857 年违背父意,入布拉格管风琴学校学习,并开始独立生活。1859 年毕业后曾任餐厅乐队中提琴手。1862 年起任国家歌剧院中提琴手达十年之久,期间于 1866 年始在该院*斯美塔那的影响下,开始进行创作。1873 年任布拉格圣·阿德尔贝教堂管风琴师。37 岁时出版《斯拉夫舞曲集》(第一集),赢得国际声誉。1880 年代其创作进入盛期,并应邀访问德、俄等国。1891 年任布拉格音乐学院作曲教授,翌年赴纽约任国立音乐学院院长(至 1895 年)。1901 年任布拉格音乐学院院长。其创作题材多取自捷克民族历史、神话传说和民间生活,并在吸收捷克民间音乐素材的同时亦吸取斯拉夫民间音乐的素材,形成自己的音乐语言。在旅美期间的创作则吸收了黑人和印第安人的音乐,对 20 世纪美国音乐的发展产生了重大影响。所作以交响曲著称。作有编号作品百余部,以第九交响曲《自新大陆》(1893)、《b 小调大提琴协奏曲》(1895)、歌剧《水仙女》(1900)、管弦乐曲《狂欢节序曲》、钢琴曲《幽默曲》、《a 小调小提琴协奏曲》、歌曲*《母亲教我的歌》及弦乐四重奏《美国》等著称。

**等和弦** enharmonic chord[英] 将一和弦中的一音或数音作*同音异名的转换而成为另一调性中的和弦。即实际音响相同,而在乐曲中成为意义、记法不同的两个和弦。

**等和弦转调** enharmonic modulation[英] 远关系转调。即以一*等和弦(常为减七和弦)为中介的转调。

**等节奏** isorhythm[英] 14 世纪用以表示*经文歌的构成原理(曲式组织方式)而使用的词汇。以乐曲的各部分均为同型的节奏的重复为其特征。

**等速** 即*同速度。

**等音** enharmonic[英] 在十二平均律中,具有不同音名

D

而实际音高相同的音。如 $c^1$ 为 $^\sharp b$ 或 $^{\flat\flat}d^1$ 的等音。

**等音程** 孤立起来听时具有同样的音响效果,但在乐曲中则意义不同、记法也不同的两个音程。是以音程中的音的*同音异名变化为依据的。主要用于转调。

**等音转换** 即*同音异名的转换。

**邓斯泰布尔** Jon Dunstable(约 1385～1453) 英国 15 世纪具有代表性的*对位法作曲家。尚精于数学、天文。长期任英国贝德福德公爵的教堂歌手,1423 年公爵任巴黎总督时他亦随往,在法国生活多年,得以结识*迪费和*班舒瓦。现存有其所作*经文歌、*尚松等七十余首。所作以平行三、六度代替平行四、五度音程,并控制不协和音,以区别 14 世纪英国一些刺耳的音乐风格,灵活处理传统作曲技法,形成独自的和谐、悦耳、流畅的风格。尚促进了早期*弥撒曲的发展,是 15 世纪最早创作弥撒套曲的作曲家之一。

**低音大管** contrafagotto[意] 见*大管。

**低音单簧管** clarinetto basso[意] 属单簧管族系的*木管乐器。一般比*单簧管低一个八度。是 $^\flat$B 调移调乐器。实际音高比记谱低大九度;如用低音谱表记写,实际音高则比记谱低大二度。管身下端有一个向上弯曲的金属喇叭口,上端接一金属制的弯曲部分装吹嘴。是管弦乐队中的低音管乐器。

**低音古提琴** viola da gamba[意] 具有低音域的*维奥尔琴族系乐器。在 16 世纪至 18 世纪中叶占有重要地位。形似大提琴,张有六根弦。定弦同*琉特。演奏姿势同大提琴。

**低音谱表** bass staff[英] 简称"低音谱"。指标以*低音谱号的谱表。

**低音谱号** bass clef[英] 又称"F 谱号(F clef)"。指定 F 音位置的记号,表示*谱表中第四线音高为小字组 f。适用于低音域:

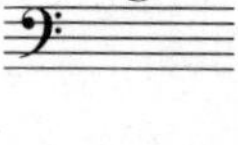

**低音提琴** kontrabass[德] 又称"倍大提琴"、"贝司"。为

小提琴族系乐器中体积最大、音域最低者。构造与大提琴相似。下端有一支柱，便于演奏时支撑在地上。上张四弦，按四度定弦，分别为：$E_1$、$A_1$、D、G。用于管弦乐队。为了扩展低音音域，尚可另加一弦，定弦为 $C_1$，但不常用。一般奏持续音和简单乐句，坐高凳上或站立演奏。实际应用音域为 $E_1$—♭b 或 $e^1$。

D

**狄盖特** Pierre Degeyter(1848～1932) 法国工人作曲家。长期从事工人运动，并领导工人合唱团。1888 年 6 月作歌曲*《国际歌》，该歌广为流传，成为最著名的国际无产阶级的战歌。

**迪亚贝利变奏曲** Diabelli Variations[英] *贝多芬于 1823 年所作钢琴变奏曲（主题与三十三首变奏）。作品 120。其主题出自维也纳作曲家兼出版商迪亚贝利(1781～1858)所作圆舞曲，故名。演奏技巧高超，是音乐史上的经典变奏曲之一。

**迪费** Guillaume Dufay(约 1400～1474) *勃艮第乐派的代表作曲家。童年在其生地康布雷大教堂的唱诗班当歌手并接受教育，变声后于 1413 年任该教堂的书记官。1420 年后活跃于意大利各地。1439 年起定居康布雷任神职。他对教会音乐、世俗音乐的对位法的发展作出了很大的贡献。其主要成就集中体现在其弥撒曲的创作之中，确立了定旋律弥撒曲的体裁风格。尚作有尚松、经文歌等。

**迪帕克** Henri Duparc(1848～1933) 法国著名歌曲作曲家。师从*弗朗克。作有歌曲《悲歌》(1868)、《哀歌》(1874)、管弦乐小夜曲《星星》(1910)。

**迪斯科** disco[英] 现代舞蹈音乐之一。法语"discothéque"一词的缩写，意为"唱片集萃"，即在舞厅以乐队伴奏变成以唱片伴奏。这与那个时代不少舞厅经费短缺，常用唱片代替乐队有关。20 世纪 60 年代兴起于欧洲，不久即传至美国形成第一个高潮，鼎盛于 70 年代后期，并遍及世界各地。是一种具有强烈而单一的节奏的轻松愉快的，将人声、乐器以及电子合成器等音响录制而成的舞蹈音乐。其特点是不注重旋律，不强调歌词内容，惯用重复的表现手法，并利用低音吉他和拉美的打击乐器，制造一种像节拍器那样机械般重击节拍的音乐。

**笛** 中国吹奏乐器。竹制，横吹。是中国民族器乐中重要的独奏乐器。有*梆笛（短，音域高，音色高亢，用于梆子戏）和*曲笛（长于梆笛，音域低，音色圆润，用于昆曲）之分。

D

**第二小提琴** 弦乐队和交响乐队中演奏第二声部或加强第一声部的一组小提琴。数目比第一小提琴少。

**第二新疆舞曲** *丁善德于1955年所作的钢琴独奏曲。曾被改编为管弦乐曲。

**第二主题** second theme[英] *奏鸣曲式中作为核心的两个主题之一。继*第一主题之后出现的主题。通常与第一主题性格相对，第一主题如为大调时，第二主题则为属调；第一主题如为小调时，第二主题则为其平行大调。

**第二转位** second inversion[英] 以*五音为低音的和弦。如三和弦中的*四六和弦，七和弦中的*三四和弦。

**第三潮流音乐** Third Stream Music[英] 在20世纪50年代末，由美国作曲家、圆号演奏家G.舒勒（Gunther Schuller，1925～ ，爵士乐手，自学作曲，后任新英格兰音乐学院院长）所倡导的一种新的音乐。即主张在古典音乐与流行音乐之间没有鸿沟，应将古典音乐、爵士乐以及一切现代技法融合使用，发表了为爵士乐队、四重奏和管弦乐队而作的《对话》（1959）、《变形》（*Ttansformation*，1957，运用*音色旋律、*点描技法为爵士乐队而作）等作品。属此风格流派的作品尚有*巴比特采用整体序列手法创作的《爵士乐八重奏》（题献给舒勒）、伯恩斯坦的歌剧*《西区故事》（1957）、M.古尔德的《推衍》（1954）、A.*戴维斯的歌剧《艾克斯》（1985），以及B.伊诺的《深思的音乐》（1957）等。

**第三转位** third inversion[英] 以*七音为低音的和弦。如七和弦中的*二和弦。

**第斯康特** discantus[拉] 该术语因时代而异。欧洲12世纪或13世纪初，指各声部均以相同节奏（*节奏模式）进行的多声部音乐体裁之一。一般将*素歌作为*定旋律（处于低声部），其他声部为对位声部而成。基本上是音对音的织体形态，具有分句结构特征，区别于*奥尔加农的松散结构和带有装饰音的华丽奥尔加农。

**第一小提琴** 弦乐队和交响乐队中常担任演奏主旋律的一组小提琴。通常位于乐队指挥的左侧。

**第一主题** first theme[英] 又称"正主题"。构成奏鸣曲式核心的两个主题之一,最初就被呈示出来。一般和第二主题对比具有阳刚之气。

**第一转位** firstinversion[英] 以*三音为低音的和弦。如三和弦中的*六和弦、*七和弦中的*五六和弦。

**蒂皮特** Michael Tippett(1905~1998) 英国作曲家。与*布里顿齐名。其父为企业家。1923年入伦敦皇家音乐学院学习,师从伍德和基特森。在大学期间曾任奥克斯克德合唱团指挥,从而加深了对英国传统牧歌的认识,熟悉了英国的传统歌剧。毕业后曾从莫里斯(R. Moris,1886~1946)学习赋格和自由作曲法两年。1940年任伦敦莫莱学院音乐指导。20世纪50年代在英、美广播和电视台任指挥。34岁时以充满活力的《双弦乐队协奏曲》成名。其创作基于英国的传统音乐,关注人类的命运,涉及社会重大题材,在现代主义音乐风行的状况下仍坚持音乐表现人的感情的音乐观,重视音乐与听众的交流,但又善于借鉴不同民族、不同时代的音乐风格和技法(如英国牧歌、黑人音乐、珀塞尔的羽管键琴音乐以及*斯特拉文斯基等20世纪的音乐等)。1939~1941年所作清唱剧《我们时代的孩子》(*A Child of Our Time*,脚本自撰)为反纳粹的题材,是英国20世纪最有代表性的合唱作品之一。费时六年(1946~1952)完成的他的第一部歌剧《仲夏之婚礼》,虽在二十年后才得到公认,但却标志着其早期创作风格的顶峰,亦是其创作进入成熟期的标志。后作有歌剧《普里阿摩斯国王》(1962)、《纠葛园》(1970),四部交响曲及被称为"核时代的创世纪七天"的人声与乐队《时代的面具》等。

**点描音乐** Punktuelle Musik[德] 20世纪音乐流派之一。所谓点描音乐是借用新印象画派(19世纪末从法国印象画派发展而成的一个绘画流派,代表画家有P.西涅克、G.修拉、H.克罗斯等)所使用的"点描"(pointillism[英],日译"点描",中译"点彩")用语而来,这个画派主张以科学的方法进行色彩分析,以色点这种密集的小笔触取代原印象画派表现光色效果的色块的大笔触的画法，即以不同的色点排列组合的一种机械性很强的绘画技巧。20世纪20年代末*韦伯恩发表了《钢琴变奏曲》《管弦乐变奏曲》等具有强烈的“点描主义”倾向的作品，特别在其于1943年所作的由快、慢、快三个乐章组成的《九件乐器的协奏曲》中得到集中的体现，是运用点描十二音技法的典范之作，乐曲全部演奏只有9分钟，但却把十二音音乐在精巧细致方面发展到一个新的阶段。这种抽象的音乐思维方式，对20世纪50年代及其以后的音乐发展产生了极为深远的影响。参见*序列音乐。

D

**电子琴** electronic organ［英］ 又称“电子风琴”。带键盘的电子乐器。1935年为美国人劳伦斯·哈蒙德(Laurens Hammond)所研制。随后，电子琴得到很大的发展，各种型号的电子琴齐备，今已甚为普及。可演奏各种和弦和多种音色，并存储有各种备用节奏，模仿各种常规乐器的音色以及某些特殊的音响效果(如哇音、回响、颤音等)。有单排键电子琴和双排键电子琴，后者又称“电子管风琴”，装有脚键盘，手脚并用演奏，可模仿乐队演奏效果。

**电子音乐** Electronic Music［英］ 电子音乐是用电子音(以电子手段产生的音)为素材，在实验室里运用电子设备和技术制成的音乐作品，制存于录音磁带中。不包括电声乐器演奏的音乐。其技法大致有音素材的制作、音素材的加工和变形、磁带编辑以及最终合成录音等四个步骤。广义来说，电子音乐的素材还包括以具体音响和乐器发出的音、人声等。后又发展为现场乐器和电子音响机器同时登台演奏的实况电子音乐。19世纪末即已有人开始尝试制作电子音响。其实验始于1950年，在科隆建成西德广播电台附设电子音乐播音室，由作曲家艾默特(Herbert Eimert，1897～1972)和波恩大学音声通讯研究所教授迈耶尔-埃普勒(Werner Myer Eppler)主持研究工作。翌年在达姆施塔特公开演示，成为电子音乐发展的重要里程碑。其后*施托克豪森也参加其研究工作，并于1953年发表了《习作Ⅰ、Ⅱ》，成为电子音乐初期的代表作。初期，电子音乐的技法与*序列音乐有着密切的联系，并受*具体音乐的影响。60年代后,随着电子音乐合成器的产生,技法就更加多样了。电脑技术的高度发展为电子音乐提供了更方便的手段,用以进行作曲设计并用以产生丰富多彩的电子音响,亦可用以分析作品、研究作品风格、发明各种记谱体系等。现在世界上不少广播电台和大学都设有电子音乐制作室。作为商业化的音乐,电子音乐在电影音乐、电视音乐以及剧场配乐、环境音乐等方面越来越显示其优越性。另一方面,也潜有庸俗化的倾向。电子音乐的记谱法不同于传统音乐的记谱法。其代表作尚有施托克豪森的《少年之歌》(人声与电子音,1955～1956),艾默特的《小品五首》(1955～1956),*瓦雷兹的《荒漠》(木管、铜管、打击乐和三种电子变调,1953～1954)和《夜》(交响诗,电子音响,1965),*巴比特的为女高音和电子合成器而作的《夜莺》(1964)等。



**调** key[英] 指主音的音高位置而言。如C调,即主音为C;A调,即主音为A等等。同一*调式因其主音音高的不同,而形成不同的调,如C大调的调高为C, B大调的调高为B等。在指称乐器为某调乐器时(如A调单簧管,♭B调小号,小工调笛子),则指其调域而言,以便以同一指法演奏。

**调关系** key relationship[英] 指*调与调之间的内在关系。有*近关系调和*远关系调之分。调的关系的远近,主要取决于两调之间的共同音和共同和弦的多寡,多则近,少则远。

**调号** key signature[英] *调的记号。在五线谱中调号位于谱号的右侧,由升、降记号组成;调号后各音均依照其所标升或降记号而唱奏,除非中途出现临时升降记号或新调调号。在简谱中位于曲谱的左上方,标以1＝C或1＝♭B等。

**调式** mode[英] 在一个八度范围内,若干乐音按一定的音程关系结合起来的音组织。实践中,即将乐曲全部或某一部分的音归纳在一个八度内按音高顺序排列起来,并有一音为*主音,其余各音分别与主音构成一定的音程关系的音列。其*主音之外的各音间虽各具倾向性,但均倾向于稳定感最强的主音。因时代、民族、地域的不同,调式各异,并赋予音乐作品以特色。有大、小调式体系,教会调式，中国五声、七声调式体系，日本调式体系，以及吉卜赛调式等特殊调式。参见*音阶。

D

**调式音级** 指*调式中的各音而言。一般用罗马数字标记：Ⅰ(主音)、Ⅱ(上主音)、Ⅲ(中音)、Ⅳ(下属音)、Ⅴ(属音)、Ⅵ(下中音)、Ⅶ(导音)。其中Ⅰ、Ⅳ、Ⅴ称“正音级”；Ⅱ、Ⅲ、Ⅵ、Ⅶ称“副音级”。

**调性** tonality[英] 乐曲的全部或某部分以何音为主音构成何调式，即为其调性。如以A为主音的大调式，称A大调；以A为主音的小调式，称a小调。有二重调性(同时使用两个调)、多调性(同时使用若干调)、*无调性(与调性相对而言)之分。

**丁善德**(1911～1995) 中国作曲家、音乐教育家。江苏昆山人。17岁入上海国立音乐学院学习钢琴，毕业于1935年。后曾任上海私立音乐专科学校校长、南京国立音乐学院教授。1946年赴法国巴黎音乐学院学习作曲，毕业于1949年。同年回国，曾任上海音乐学院教授、作曲系主任、副院长。作有钢琴曲《新疆舞曲第一号、第二号》*《儿童组曲》及交响曲*《长征》等。

**顶嘴** 中国冀中一带民间流行的笛子二重奏曲。颇富生活情趣。用两支同调*梆笛演奏。

**定旋律** cantus firmus[拉] 缩写为“c. f.”。是采用对位法作曲的基础旋律。源于12世纪初期的多声音乐。往往以*素歌作为定旋律，且多以长音符写成。现用于对位法的练习。

**定音鼓** timpani[意] 打击乐器。鼓身锅形，铜制，开口一面蒙皮，用两根一端各裹毛毡或海绵的木制鼓槌敲击发音。有固定音高，并可用螺旋松紧鼓皮，以调整音高。现今多装置踏板，可迅速调音。是管弦乐队中重要的打击乐器。一鼓发一音，同时可使用数个定音鼓。

**东不尔** 中国锡伯族弹拨乐器。似大三弦。

**东方红** ①中国著名歌曲。传为农民歌手李有源用陕北民歌《骑白马》填词而成。该歌庄严宏伟，热情歌颂了中国共产党及人民的领袖毛泽东。②中国音乐舞蹈史诗。集体创编于1964年。同年10月首演于北京。共八场。以三十余首在中国各个历史时期的著名革命歌曲(亦有新创作的歌曲),和二十余个舞蹈组成,并以朗诵贯穿全部史诗。

**东山魁夷画意** *汪立三于1979年所作钢琴曲。是其参观日本画家东山魁夷的画展后所作。由冬花、森林秋装、湖、涛声四乐章组成。

D

**冬不拉** 中国哈萨克族弹拨乐器。一般音箱为瓢形,张二弦,有品。

**冬风练习曲** Winter Wind The[英] *肖邦于1834年所作a小调钢琴练习曲。作品第25号的第十一首,因其右手部分反复弹奏一固定音型,犹如寒冬之风,故名。

**冬之旅** Winterreise Die[德] *舒伯特于1827年所作声乐套曲。作品89。由二十四首歌曲组成。

**董庭兰**(约695～765) 中国唐代琴师。在盛唐时期享有盛名,诗人高适在《别董大》一诗中称之:"莫愁前路无知己,天下谁人不识君。"

**动机** motive[英] 音乐结构中最小的单位。一般包括一个节拍重音的音组织,并应在旋律、节奏、和声上具有鲜明的独立性格。

**动物狂欢节** Carnaval des Animaux, Le[法] *圣-桑斯于1886年所作管弦乐组曲。由十四首小曲组成:序奏与狮子王进行曲、母鸡和公鸡、骡子、乌龟、大象、袋鼠、水族馆、长耳朵的角色、森林深处的杜鹃、大鸟舍、钢琴家、化石、天鹅、终曲。其中以天鹅最为著名,被改编成各种器乐曲。

**侗族琵琶** 中国侗族弹拨乐器。形制多种,大小不一。为"琵琶歌"的伴奏乐器。

**洞箫** 即*箫。

**斗牛士之歌** Air de Fleur "Votre Toast, Je Peux Vous Le Rendre" *比才的歌剧《卡门》中的著名男中音唱段。

**抖弓** 即*颤弓。

**独唱** solo[意] 声乐演唱形式之一。由一人演唱。一般均有乐器或乐队伴奏,亦可用人声伴唱或无伴奏。

**独它尔** 中国维吾尔族弹拨乐器。音量较小,用于自娱,亦用于合奏。

**独弦琴** 中国京族弹拨乐器。琴箱竹制或木制,上张一弦。右手弹拨琴弦，左手摇摆摇杆演奏。音为泛音。今有改革独弦琴。

**独奏** solo［意］　器乐演奏形式之一。由一人演奏一件乐器，常用钢琴或乐队伴奏。亦有无伴奏形式。



**杜鹃圆舞曲** Kuckuckswalzer［德］　瑞典作曲家约纳森(Johan Emanuel Jonasson，1886～1956)所作圆舞曲。据说是他在斯德哥尔摩的金杜鹃电影院为无声电影作钢琴配音工作期间所作钢琴曲。后被改编成管弦乐曲、手风琴曲等。

**杜卡斯，保罗** Dukas Paul（1865～1935）　法国作曲家。生于巴黎。早年就学于巴黎音乐学院，曾获罗马大奖二等奖。作品深受印象派影响但仍能保持自己的性格。主要作有管弦乐谐谑曲《魔法师的弟子》(1897)、歌剧《阿丽安与蓝胡子》(1907)、芭蕾舞剧《仙女》等。曾教过冼星海、张昊等中国学生。

**杜鸣心**(1928～　)　中国作曲家、音乐教育家。湖北潜江人。11岁入重庆育才学校学习音乐，师从贺绿汀、黎国荃、范继森、吴乐懿。1954年入莫斯科柴科夫斯基音乐学院从楚拉基学习作曲。1958年学成回国，先后任中央音乐学院教授、作曲系主任。曾与人合作芭蕾舞剧*《鱼美人》(1959)*《红色娘子军》(1964)，并作有交响曲多部、钢琴协奏曲三部、小提琴协奏曲两部、交响诗五部及各类室内乐、声乐作品多部。其中最著名的有歌曲《一个黑人姑娘在歌唱》(1956)、第一钢琴协奏曲《春之采》(1987)、交响曲《青年》(1979)《长城颂》、交响诗《春天的故事》、京剧交响曲《杨门女将》(2002)等。

**杜十娘**　①曲艺"单弦牌子曲"传统曲目。②由苏州弹词表演艺术家蒋月泉(1917～2001)演唱的曲艺"苏州弹词"开篇。是"蒋调"的代表性曲目之一。

**度** degree［英］　*音程的计算单位。音程度数由两音之间所包含的音级数目而定。如 $c^1$—$d^1$ 包含两个音级，称为二度；$c^1$—$a^1$ 包含六个音级，称为六度；从同音到同音，称为一度或同度……余类推。

**短笛** piccolo［英］　比*长笛高一个八度的木管乐器。构造同长笛，但体长仅及长笛的一半。音域为两个八度另六度。音色尖锐、透明。用于铜管乐队和管弦乐队。

**短调** 中国蒙古族民歌。流行于内蒙古自治区半农半牧区。篇幅较短，音域较窄，抒情优美，情感细腻，节奏鲜明，结构工整，旋律进行多为五、六、七、八度甚至八度以上的大跳，多为五声音阶，伴奏则以四胡为主。如典型的短调《龙梅》和蒙古族鄂尔多斯的《黑缎子坎肩》。参见*长调。

**短断音** staccatissimo［意］ 见*断音。

**短号** cornetto［意］ 高音铜管乐器。结构与小号相似，但管身较宽而短。1830 年前后出现于法国。音域为 e—$c^3$。分 ♭B 调、A 调两种，常用前者。管身上设三个活塞。

**短倚音** acciaccatura［意］ *倚音之一。即附加在主要音之前的一个时值非常短的音。其时值包括在它后面的主要音之内，或包含在它前面的音之内，视作品而异。用小的八分音符带一斜穿符干和符尾的短线标记。

**段善本** 中国唐代琵琶演奏家。曾与*康昆仑在长安街上竞技，使康惊愕，遂拜段为师。教授弟子达数十人。作有《西梁州》等曲。

**断音** staccato［意］ 与*连音相对而言，各音断隔唱奏，互相分离。依断隔程度分为三种，并各有其各自的记号和唱奏方法。下例依次为次断音、断音、短断音：

D

**断奏** 演奏*断音的技法。

**堆谢** 中国藏族民间歌舞之一。因表演时多用脚踢踏，故又名“踢踏舞”。

**对唱** antiphon［英］ 声乐演唱形式之一。指对答式的演唱。可二人，亦可两组人对唱，如*《黄河大合唱·河边对口曲》。

**对歌** 一种民歌演唱形式的称谓。多为一男一女，或集体对唱，一问一答，属*对唱形式。

**对题** counter subject［英］ 见*赋格。

**对位法** counterpoint［英］ 词源为拉丁文 punctum conyra punctum，意为“点对点”，即“音符对音符”。是研究*复调音乐技法的学科称谓。是研究两个或两个以上的、各具独立表情意义的声部作有机地结合成和谐*织体的学问。按声部相互联系可分为*单对位和*复对位；按历史时期可分为严格对位和自由对位两类，它也代表了两个不同历史时期的复调音乐，前者指 15、16 世纪的复调音乐，后者则指 18 世纪以来的新的复调音乐。其手法大体有对比和模仿（Imitation）两种，并以和声学的理论原则为其基础。又有可转换声部位置的转位对位（invertible counterpoint），二重对位（double counterpoint）、三重对位（triple counterpoint）、四重对位（quadruple counterpoint）、五重对位（quintuple counterpoint）等。

**对位声部** 对现有声部配以另一个声部与其构成对位，则该声部即为对位声部。

**对舞** contredanse［法］ 18 世纪后半叶以法国为中心所流行的一种舞蹈。由两组男女面向而舞，故名。

**对斜** false relation［英］ 又称交错关系、假关系。两个邻接和弦的不同声部产生增一度的变化，即两个邻接和弦的同一音名的音在不同声部出现半音变化（或升或降），而产生不协和的感觉，称作对斜。为调式和声中的一大禁忌。

**顿弓** martelé［法］ 弦乐器弓法之一。原文意为“锤击”。指弓不离弦的一组富有弹力的断奏。一般用弓尖演奏，用弓根时则应标以 martele du talon（弓根顿弓）。

**顿特** Jokob Dont（1815～1888） 奥地利著名小提琴教

师。曾学于维也纳音乐学院,师从伯恩、赫尔斯伯格。后长期任教于母校,* 奥尔即出自其门下。以所编小提琴教程著称于世。

**多调性** 见 * 调性。

**多利亚调式** Dorian Mode[英] * 教会调式之一。由相邻两音除二、三级音间和六、七级音间为半音外,其余均为全音的自然音列构成。其第六音级比自然小调高半音。构成副多利亚调式的方法见 * 正调式。

**多利亚六度** Dorian Sixth[英] 决定 * 多利亚调式的特性的音是其第六音级。与自然小调不同,此音与主音并不构成小六度而是大六度(与旋律小调上行出现的第六度音相同),故通称"多利亚六度"。

**多明戈** Placido Domingo(1941～ ) 西班牙男高音歌唱家。与 * 帕瓦罗蒂、* 卡雷拉斯齐名,同为 20 世纪后半叶杰出的男高音歌唱家。1960 年首次登台饰演 *《茶花女》中的阿尔弗莱德。擅长演唱抒情性、戏剧性角色,尤以悲剧性角色擅长。近年并常涉足歌剧指挥在世界巡演。曾多次来华访问演出。

**多瑙河之波** Valurile Dunarii[罗] * 伊凡诺维奇所作《a 小调圆舞曲》。旋律优美,略带一丝哀愁。

**多尼采蒂** Gaetano Donizetti(1797～1848) 意大利歌剧作曲家。与 * 罗西尼、* 贝里尼同为 19 世纪上半叶意大利歌剧代表作曲家,并发展了贝里尼歌剧的抒情风格。1835 年以所作歌剧 *《拉美莫尔的露契亚》一举成名。1837 年任那不勒斯音乐学院院长。1840 年歌剧《军中女郎》在巴黎上演成功。1842 年在维也纳被赐予宫廷作曲家和宫廷教堂乐长名誉称号。尚作有歌剧 *《爱的甘醇》《唐帕斯夸莱》(1843)等近七十部。

**多声部音乐** 与单声部音乐相对而言。指由数个声部组成的音乐。

D

# E

E

**俄罗斯四重奏曲** 即*拉祖莫夫斯基四重奏曲。

**鹅妈妈组曲** Ma Mère L' oye[法] *拉威尔于1908年所作供儿童演奏的钢琴四手联弹曲。取材于17世纪法国作家贝洛(1628～1703)所作同名童话。由五曲组成:林中睡美人的帕凡舞、小矮人、瓷女王、美女与野兽的对话、仙园。1911年曲作者又将其改编为管弦乐组曲。

**儿童歌舞表演曲** 20世纪20年代*黎锦晖所创的一种供儿童表演用的歌曲。如其所作《可怜的秋香》。

**儿童歌舞剧** 20世纪20年代在中国兴起的一种为儿童所作的歌舞剧,是为中国新歌剧的雏形。为黎锦晖所创。如黎所作《麻雀与小孩》(1920)、《葡萄仙子》(1922)、《小小画家》(1928)等。后邱望湘、沈醉了等人均作有儿童歌舞剧。

**儿童乐园** Children's Corner[英] *德彪西于1906～1908年为其小女所作的六首钢琴小曲集:朝圣进阶博士(意指克莱门蒂的钢琴教本)、金波(玩具小象名)摇篮曲、对洋娃娃唱的小夜曲、飞雪起舞、小牧羊人、黑怪人的糕饼舞(步态舞曲,cakewalk。19世纪末兴起于美国的一种社交舞蹈,后流行于欧洲。其节奏似探戈舞曲)。

**儿童组曲** *丁善德于1953年所作的钢琴组曲。由五首小曲组成:郊外去、扑蝴蝶、跳绳、捉迷藏、节日舞。

**二部曲式** binary form[英] *曲式之一。由两个互为对比而又互相对称的、同等重要的段落组成的曲式。有单二部曲式和复二部曲式之分。一般来说,前者是曲式的基础曲式之一,两个部分多为乐段结构;后者特征为两个部分均已分别构成单二部曲式或单三部曲式,亦可有一部分为乐段或相当于乐段的结构。

**二重唱** duet[英] 见*重唱。

**二重调性** 见*调性。

**二重对位** double counterpoint[英] 是关于两个声部的转位对位法,对位声部无论是在原声部之上或之下,都须符合对位的法则。常见的是八度或十度、十二度二重对位。

多用于*赋格之中。参见*复对位、*三重对位。

**二重赋格** double fugue[英] 即有两个各具独立品格的主题的*赋格。两个主题可同时出现,亦可分别呈示。参见*三重赋格。

**二重合唱** double chorus[英] 由两个合唱队组成的合唱。为*威尼斯乐派所喜用。

**二重协奏曲** double concerto[英] 即*复协奏曲。



**二重奏** duet[英] 见*重奏。

**二度和弦** 属现代和声中和弦形式之一。即按大、小二度叠置而成的和弦。

**二度音程** second[英] *音程之一。音级为二的音程。有大二度、小二度、增二度、减二度之分。

**二段体** 即*二部曲式。

**二二拍子** alla breve[意] 即以二分音符作一拍,一小节有两拍的*拍子。其拍号为2/2,或记作₵。

**二分休止符** half rest[英] *休止符之一。其时值为全休止符的一半。记写在谱表的第三线之上。

**二和弦** chord of the second[英] 以七音为低音的转位*七和弦。由于作为低音的七音,与上方的根音构成二度音程,故名。

**二胡** 中国拉弦乐器。属胡琴类。琴筒形制多种,木制,张二弦,弓毛在两弦之间拉奏,并置有千斤(调节音高的乐器部件)。为独奏乐器,亦为大型民族管弦乐队中的主要乐器。

**二连音** duplet[英] 节奏划分的特殊形式之一。见*三连音。

**二六** 中国戏曲音乐中的一种基本*板式。为二拍子(一板一眼)。

**二拍子** duple time[英] 见*单拍子。

**二全休止符** *休止符之一。为全音符时值的两倍长的休止符。记写在谱表的第三间。

**二全音符** breve[英]　*音符之一。为*全音符时值的一倍。现已很少采用，往往用带连线的两个全音符来代替。

**二泉映月**　①*华彦钧所作的二胡独奏曲。20 世纪 50 年代初杨荫浏将华彦钧演奏的该曲录音并记谱予以出版后，迅即流传全国。②弦乐合奏曲。20 世纪 70 年代*吴祖强将其改编为弦乐合奏曲，遂产生国际影响。

**二人转**　中国东北各地的民间歌舞之一。一般由二人对口演唱。亦有一人演唱的，则称“单出头”。

**二十四首前奏曲** Préludes, 24[法]　①*肖邦于 1836～1839 年所作的钢琴曲。作品 28。以二十四种大小调写成。是一部具有浓郁的感情色彩和高超艺术技巧的钢琴音乐名作。其中以第十五首 ♭D 大调《雨滴》(Raindrop[英])著称。②*肖斯塔科维奇所作钢琴曲，作品 34。

**二四和弦**　指七音为低音的*七和弦。亦即七和弦的第三转位和弦。

**二月里来**　*冼星海于 1939 年在延安所作《生产大合唱》中的一首歌曲(塞克词)。后成为音乐会独唱曲。

# F

**法伯顿** faburden[英]　15世纪英国流行的一种复调音乐技法。在三声部音乐中，中间声部为圣咏的*定旋律，下方声部与其成平行三度的关系(间有五度)，上方声部则与其呈平行四度的关系。参见*福布尔东。

**法国号** French horn[英]　又称“圆号”。铜管乐器。管身卷成圆形，喇叭口形似漏斗。初无活塞。19世纪30年代始置活塞，可奏半音音阶。音域约三个半八度。现在使用有F调、♭B调和F—♭B双调圆号三种，亦有F—♭B—A三调圆号。音色清澈柔美，是乐器中最富诗意的乐器。

**法国六和弦** French Sixth[英]　*增六和弦之一。即增三四六和弦。如♭A—C—D—♯F。又如♭D—F—G—B，在大调第Ⅱ音级的三四和弦上构成。“法国六和弦”系习称。

**法国山歌交响曲** Symphonie Sur Un Chant Montagnard Francais[法]　*丹第于1886年所作交响曲。翌年首演于巴黎。又名《赛文交响曲》。以赛文地区的山歌为素材写成。

**法国喜歌剧** opera comique[法]　见*喜歌剧。

**法国组曲** Franzosische Suiten[德]　*J. S. 巴赫于1720～1722年为其妻安娜·玛格塔妮娜所作古钢琴组曲。共六曲。标题并非巴赫所题。

**法朗多尔舞曲** farandole[法]　法国南部普罗旺斯地区始于古代的民间舞蹈。舞时男女携手联成长队，表演多种复杂动作。中速，6/8或2/4拍子。用笛和铃鼓类的民族乐器伴奏。如比才的《阿莱城的姑娘》组曲中的法朗多尔。

**法利亚，德** Manuel de Falla(1876～1946)　20世纪杰出的西班牙作曲家。幼即从其母学习钢琴。少年时代即立志作曲，并开始创作。1899年入马德里音乐学院学习，师从佩德雷尔(F. Pedrell，1841～1922)，受其影响甚深，使其受益于一个宽广质朴、建立在民间歌曲上的艺术。1905年以二幕四场歌剧《短暂的人生》一举成名。1907年赴巴黎，与德彪西等印象派音乐家过从甚密。1919年所作体现了新古典主义风格的芭蕾舞剧音乐《三角帽》在伦敦由佳吉列夫的俄罗斯芭蕾舞团上演，使其享誉世界。1939 年赴阿根廷主持西班牙音乐作品的演出。后因第二次世界大战的爆发而移居阿根廷。尚作有芭蕾舞剧音乐*《魔法师之恋》、管弦乐曲*《西班牙庭园之夜》、钢琴曲《西班牙小品四首》(1908)、歌曲集《西班牙民歌七首》(1914)等。



**翻身的日子**　①* 朱践耳所作民族管弦乐曲。改编自 1955 年作者的电影配乐；2005 年重新编配为管弦乐队更名为《欢欣的日子》。②储望华于 1964 年根据朱践耳的同名民族管弦乐曲改编的钢琴曲。

**凡丹戈舞曲** fandango[西]　西班牙舞曲。快速，三拍子的双人舞。以吉他、响板和铃鼓伴奏。格鲁克的芭蕾舞剧《唐璜》(1761)、莫扎特的歌剧《费加罗的婚礼》(1786)、里姆斯基-科萨科夫的交响组曲《西班牙随想曲》(1887)等作品中曾采用此种舞曲。

**反复** repetition[英]　是音乐发展的重要手法之一。起强化乐曲主要部分的印象、增强记忆、赋予乐曲以统一感的作用。可接续重复，亦可将乐曲中的动机、旋律、节奏型进行反复，或经过另一部分后再重复(称* 再现)。* 模进亦为反复的一种。

**反复记号** repeat mark[英]　省略记号之一。以‖: :‖标记。表示重复一遍。如第二遍结尾与第一遍结尾有所不同时，则用以下标记表明：

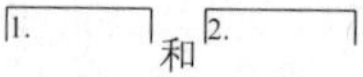


**反向进行** contrary motion[英]　见* 进行。

**返始** da capo[意]　从头反复的标记(缩写为 D. C.)。放在乐曲最后，表示从头反复到* 曲终(fine)处，或记有𝄐‖的双纵线处而终曲。

**返始咏叹调** da capo aria[意]　见* 咏叹调。

**泛调性** pantonality[英]　即含所有的调。与* 无调性有共性但有程度上的差别。使用该术语时往往以无调性代替。* 勋伯格厌用无调性，喜用泛调性。

**泛音** harmonic overtone[英] 发音体振动时,产生为*基音频率整倍数(二、三、四倍等)的音即为泛音。即发音体(弦线或空气柱等)的全段以及各部分(1/2、1/3、1/4……)的振动而同时发出不同音高的音,形成*复合音。全段所发的音称"*基音",各部分所发的音称"泛音"。其所发泛音形成一序列,称之为"泛音列"。泛音的多少和强弱程度是形成音色的主要条件。分*自然泛音和*人工泛音两种。

**泛音列** harmonic series[英] 由*复合音的*基音(谱例中的C音,也称第一泛音)与第二泛音、第三泛音……等泛音所组成的音列。泛音列上相邻两音所标示的数字精确地表示了各音之间的数理关系(比值)。即谱例中之号码表示该音是由发音体的某部分(1/2、1/3、1/4……)振动而形成的。

**范继森**(1917～1968) 中国钢琴教育家。江苏南京人。曾在上海国立音乐专科学校学习,师从查哈罗夫。毕业后从事钢琴演奏和教学工作。1955年任上海音乐学院钢琴系主任。洪腾、李其芳、许斐平等均出自其门下。

**方响** 中国古代打击乐器。由若干呈长方形的铁板组成,悬于架上,以一小铁锤击之发音。

**方阵舞** quadrille[法] 19世纪初法国宫廷舞蹈之一。属正方队形舞蹈。由五段不同节拍(3/8、6/8、2/4)的音乐构成,后又加一段*加洛普舞曲。

**纺织歌** Spinnlied[德] *门德尔松于1845年所作钢琴曲集《无言歌》第六集中的第四曲。作品67之4。音型似纺车旋转,故名。

**放驴** 流行于中国冀中地区的民间管子曲。

**费岱里奥** Fidelio Dieeheliche Liebe[德] 又名《夫妇之

爱》。于1805年首演于维也纳的*贝多芬所作唯一的一部歌剧(三幕)。作品72。根据法国剧作家布伊的剧作《莱奥诺拉》编剧。剧情为:莱奥诺拉化名费岱里奥充任狱吏助手,智斗典狱长,救出其无辜入狱的丈夫,得以团圆。是以歌颂女性的至爱为主题,反映市民革命时期的理想主义的一部歌剧。

**费加罗的婚礼** Nozze di Figaro, Le[法] *莫扎特所作四幕歌剧。达·蓬泰根据法国剧作家博马舍(1732~1799)的喜剧《费加罗三部曲》编剧。1786年首演于维也纳。剧情为:伯爵仆人费加罗与其恋人苏珊娜(女仆),在伯爵夫人的帮助下,设计捉弄放荡的伯爵,终成眷属。歌颂了启蒙时代第三等级的机智、勇敢和正直,批判了贵族阶级的无能和道德的堕落。拿破仑曾说此歌剧的上演已经是"在进行中的革命"了。

**费加罗的婚礼序曲** Ouverture Le Nozze di Figaro[法] 莫扎特所作歌剧*《费加罗的婚礼》中的管弦乐序曲。常用于音乐会独立演奏。

**菲舍尔-迪斯科** Dietrich Fischer-Dieskau(1925~ ) 德国男中音歌唱家。毕业于柏林高等音乐学校。1949年即开始他的职业歌唱艺术家生涯,1962年作为第一男中音参加布里顿《战争安魂曲》之首演。演唱音色厚实饱满、温暖而富于情感,是歌剧领域和艺术歌曲领域中的佼佼者,被誉为20世纪最伟大的男中音歌唱家之一。其费时三十年为DG公司录制的《舒伯特艺术歌曲全集》是世界唱片宝库中的珍品。尚有《舒伯特的歌曲》(1976)《回声》(1989)等专著。

**分弓** detache[法] 弦乐器*弓法之一。一音一弓的换弓演奏,使音与音之间清晰地断开的奏法。运弓用全弓时称"大分弓";用三分之一弓时称"小分弓"。

**分节歌** strophenlied[德] 具有同一格律的多段歌词配以同一旋律的歌曲。反之,则称*通谱歌曲。

**分解和弦** broken chord[英] 和弦中的各音非同时发声,而呈顺次奏出的形态。

**分句法** phrasing[英] 音乐表演者所需掌握的基本功之

一。不仅要正确地奏(唱)出完整的乐句,而且还需将乐句中的细节细腻地表现出来。其标记有连线和断奏记号等。是体现演奏(唱)者独特风格的重要手段。

**分谱** part[英] 与*总谱相对而言。指合奏时各个声部所用的乐谱。

**分音** partial tone[英] 又译“部分音”。即指*泛音列中的各音。基音称第一分音,其余依次称第二分音、第三分音等等。



**分奏** divisi[意] 某种乐器组分别演奏两个或两个以上声部称“分奏”。其时,标以其缩写“div.”即可。

**芬兰颂** Finlandia[英] *西贝柳斯于1899年所作交响诗。修订于1900年。原为募集基金而举办的游艺会中的场景音乐。因其充溢着反抗沙皇俄罗斯殖民统治的爱国主义热情,使之成为芬兰精神的象征。

**丰子恺**(1898～1975) 中国音乐家、美术教育家、画家、文学家。浙江崇德县石门湾(今桐乡县石门镇)人。曾师从*李叔同学习音乐和美术。曾留日。后长期从事音乐、美术教学工作。其所编译的《音乐入门》(1926)《近世十大音乐家》(1930)《西洋音乐楔子》(1932)等书,曾在中国近代音乐生活中起过重要的启蒙作用。曾任上海中国画院院长。

**风笛** bagpipe[英] 木管乐器。自古即流行于欧洲的民间乐器。由风囊、吹管和若干带有簧片的管子(簧管)组成。其中一或两根簧管有按孔,用以演奏旋律,其余各管仅发出持续的主音与属音,以衬托旋律。演奏时,通过吹管,将气吹入风囊,同时用力挤压挟在腋下的风囊,空气即流入管中使之发音。

**风笛舞曲** musette[法] 牧歌式三拍子舞曲。以具有较长的持续低音为其特征。因法国17、18世纪流行的同名乐器(*风笛)而得名。往往用于小步舞曲等体裁中的三声中部。

**风流寡妇** Lustige Witwe Die[德] *莱哈尔于1905年所作三幕轻歌剧。同年首演于维也纳。莱昂等根据法国剧作家梅亚克(1831～1897)的喜剧《大使的随员》编剧。剧情为:某公国驻巴黎大使遣其随员追求其公国之女富孀,终成卷属，遂使女富孀的巨额财产留存祖国。

**风琴** harmonium［英］ 又译“簧风琴”。带有簧片的键盘乐器。形似钢琴，但以双脚踩动踏板鼓风使簧片振动而发音。音域为四至五个八度。亦可设置音栓若干，用以变换音色。

**冯亚雄** 生卒不详。中国近代音乐教育先驱者之一。上海人。1905年赴日本学习西洋管乐。1908年归国后，在上海与*曾志忞、高寿田创办贫儿院，内设一西洋管弦乐队。后曾在北京师范大学教授音乐。

F

**冯子存**（1904～1987） 中国笛子演奏家。河北阳原人。原为民间笛手。1953年任中央歌舞团独奏演员。1964年任教于中国音乐学院。擅长演奏北方梆笛。代表曲目有《喜相逢》《放风筝》《五梆子》等。其创作和整理改编的笛子曲编入《冯子存笛子曲集》(1958)。

**凤阳花鼓** 流行于中国安徽凤阳的一种*花鼓。其曲调因该地穷苦人家四处逃荒卖唱而流传颇广。

**佛兰芒乐派** Flemish School［英］ 15世纪中叶至16世纪末对欧洲文艺复兴时期音乐起着决定性影响的作曲流派。亦称之为*尼德兰乐派（包括*勃艮第乐派在内）。

**夫妇之爱** 即*费岱里奥。

**弗莱明** Renée Fleming（1959～ ） 美国花腔女高音歌唱家。生于美国宾夕法尼亚州，初就读于纽约国立大学攻音乐教育，后入伊思曼音乐学院学声乐。毕业后在朱利亚美国歌剧中心进行她的艺术实践并继续深造，（1984年获智利、南非国际歌唱大赛银奖后获布尔布莱特奖赴德国跟施瓦兹科普夫）1986年在萨尔斯堡音乐节亮相作首次职业演出，以《后宫诱逃》中康斯坦泽一角广获好评。以音色甜美独具个性著称，擅长《玫瑰骑士》中玛莎琳、《费加罗婚礼》中伯爵夫人、《波希米亚人》中的咪咪等；尚能演唱音乐剧及爵士。1988年荣获理查·图克奖及乔治·伦敦奖；1999年荣获格兰美“最佳古典声乐表演奖”及三项“留声机大奖”；2000年荣获格兰美“最佳歌剧录音奖”。

**弗朗克** Cesar Franck（1822～1890） 比利时籍法国作曲家。8岁入列日音乐学院学习作曲与钢琴。11岁巡回演奏于比利时各地。1837年入巴黎音乐学院学习,1842年遵父命退学。1844年开始创作生涯。1858年任克罗蒂特教堂合唱指导,1860年任该教堂管风琴师。1872年任巴黎音乐学院教授,*丹第、*肖松等人均出自其门下。19世纪80年代进入创作旺盛期,使他成为法国音乐艺术复兴运动的杰出代表。曾因管风琴演奏获荣誉骑士勋章。代表作有钢琴曲《前奏曲、圣咏和赋格》(1884)、《交响变奏曲》(1885)、《A大调小提琴奏鸣曲》(1886)管风琴曲《众赞歌》等。其中以《d小调交响曲》(1888)及交响诗《风神》(1875~1876)最为著名。

F

**弗里吉亚调式** Phrygian Mode[英] *教会调式之一。由相邻两音除一、二音间和五、六音间为半音外,其余均为全音的自然音列构成。其第二音与主音并不构成大二度而构成小二度,即所谓"弗里吉亚二度"。副弗里吉亚调式的构成方法见*正调式。

**弗里吉亚二度** Phrygian Second[英] 见*弗里吉亚调式。

**浮士德交响曲** Faust Symphony[英] *李斯特于1854年所作交响曲。1857年首演于魏玛。取材于德国作家歌德的同名诗剧。副题为"三肖像",即浮士德、少女玛格丽特和魔鬼梅菲斯特费勒斯。1857年追补终曲合唱(原诗剧词)。

**符干** stem[英] 见*音符。

**符头** head[英] 见*音符。

**符尾** hook[英] 见*音符。

**福布尔东** fauxbourdon[法] 15世纪欧洲为*勃艮第乐派所喜用的复调音乐技法。它与*法伯顿的关系,一般认为是欧洲大陆版的法伯顿。当为三声部作曲的时候,只记写上声部(原则上为加以装饰的*素歌)和下声部,中间声部则与上声部呈平行四度的关系即兴加入。因此,上、下两个声部间的音程为平行六度(间或为八度)的关系。在勃艮第乐派最重要的作曲家*迪费的创作中也用了其他一些音程,并有意识地插入不协和音的例子也不少。这种以三度——六度为主的和声音响,则展示了主调音乐的新方向。

**福利亚** folia[意] ①16世纪在西班牙流行的一种轻快的三拍子舞曲。源于葡萄牙。其形式与使用变奏手法的*恰空舞曲相似。②*科雷利的《d小调小提琴奏鸣曲》(作品5之12)的第一乐章。由二十二个变奏组成。作于1700年前。

**福雷** Gabriel Fauré(1845～1924)　法国作曲家。1854年入古典和宗教音乐学校学习,曾师从*圣-桑斯。毕业后曾任管风琴师。1896年任巴黎音乐学院教授,1905年升任院长。*拉威尔、*杜卡斯、*埃内斯库等人均出自其门下。主要作品有歌剧《普罗米修斯》(1900)《佩内洛普》(1913)、戏剧音乐《佩利亚斯与梅丽桑德》(1898)、艺术歌曲有《梦后》(约1865)《伊斯帕昂的玫瑰》(1884),以及声乐套曲《美好的歌曲》(1892)《虚幻的境界》(1922)等。所作《安魂曲》(1888)最为著名。

**福斯特** Stephen Foster(1826～1864)　爱尔兰裔美国通俗歌曲作曲家。自学作曲。深受当时通俗歌曲和黑人音乐的影响。后为墨面艺人剧团创作歌曲。作有歌曲二百余首,其中一些歌曲已成为美国民歌,并在世界上广为流传,如歌曲《噢,苏珊娜》(1848)、《我的肯塔基故乡》(1853)、《老黑奴》(1860)等。尚作有一些器乐曲和器乐改编曲。

**辅助音** auxiliary tone[英]　*和声外音之一。同一和弦之间插入该和弦音上方或下方的二度音。与*主要音相对而言。

**妇女的爱情与生活** Frauenliebe und Leben[德]　*舒曼于1840年为阿尔达贝·冯·夏米索(1781～1838)的诗所作声乐套曲。作品42。由八首歌曲组成:自从和他相见;他比任何人都高贵;我不明白,也不相信;戒指在我手上;亲爱的姐妹,快帮我装扮;亲爱的,为什么这样惊慌;你在我心中,在我怀中;如今你给我带来无限悲痛。

**附点** dot[英]　位于*音符符头右侧的黑点。用以表示增加原音符长度的一半。如附点二分音符等于二分音符加四分音符。附有附点的音符,称之为"附点音符";附有附点的休止符,称之为"附点休止符"。

**附加六度** added sixth[英]　在三和弦根音上所附加的六度音。如C—E—G—A。*拉莫五六和弦即为其一种。为爵士乐(终止和弦)和印象派音乐所喜用。

**复波音** *波音之一。由三个主要音及两个间插辅助音组成。其标记为：

**复调音乐** 多声部音乐之一。与*主调音乐相对而言。由两个或两个以上各具独立表情意义的旋律声部组成的音乐。复调音乐思维虽并非西方所独有，但却在西方得到独特的发展，并形成规范化的法则，对西方音乐历史的发展以至世界音乐的发展产生深远影响。西方可知的最早的复调音乐体裁形式是 9 世纪的*奥尔加农，后经 12、13 世纪的*第斯康特、*克劳苏拉、*经文歌，14 世纪对位法的形成(代表作曲家有*马肖、*兰迪尼、*邓斯泰布尔)，15 世纪后半至 16 世纪声乐复调音乐得到长足发展(代表作曲家为*帕莱斯特里那)，至*J.S.巴赫复调音乐臻于顶峰。巴赫之后，主调音乐兴起并渐居主导地位，然而复调音乐到 20 世纪又得以复兴，体现在各流派的音乐创作之中。作为音乐技术理论学科之一的复调音乐，则包含*单对位、*复对位、*卡农、*赋格等技法。

**复对位** invertible counterpoint[英] 即"转位对位"。声部位置可上下转换的*对位法类型之一。有纵向可动对位(声部作纵向移位)、横向可动对位(声部间作水平移位)、纵横兼动对位(前述两种方式兼有)之分。

**复二部曲式** compound binary form[英] 见*二部曲式。

**复附点** double dot[英] 位于符头右侧横列的两个黑点，表示增加音符长度的 3/4。即第一个附点表示增加前面音符时值的 1/2，第二个附点表示增加第一个附点的 1/2 的长度。如复附点四分音符等于四分音符加八分音符再加十六分音符的长度。亦适用于休止符。

**复附点休止符** double dotted rest[英] 带有复附点的休

止符。见*复附点。

**复附点音符** double dotted note[英] 带有复附点的*音符。见*复附点。

**复合唱** polyvhoral[英] 16世纪*威尼斯乐派所喜用的一种音乐风格。即以“分开的合唱队”(二至五个合唱队不等)或同唱或交替演唱,从而造成音响的强烈对比和音色的多样组合,使其具有空间立体感的音响效果,并间插有器乐段落。



**复合音** compound tone[英] 具有两个以上泛音的音。一般音均由*基音和多个*泛音组成,故称为“复合音”。见*泛音。

**复节奏** polyrhythm[英] 同时出现两个声部以上对比的*节奏交错现象谓之“复节奏”。如高声部为三连音,低声部却为两个八分音符的同时进行(俗称三对二)。以此为基础又发展成为两个声部以上几种不同拍子的同时进行,则称“*交错拍子(polymetric)”,如高声部为3/4拍,低声部为2/4拍子的二声部同时进行的现象。

**复拍号** double timesignature[英] 记写在谱号右侧并列的两个拍号,以供在乐曲中出现两种拍子相间使用时的标记。

**复拍子** compound time[英] 由同类拍子联合而成的一种拍子,如四拍子(2×2)、六拍子(3×2)、八拍子(4×2)、九拍子(3×3)、十二拍子(3×4)等。在复拍子中,除强拍外,尚含次强拍,如4/4即由强拍、弱拍、次强拍、弱拍组成。与*单拍子相对而言。

**复三部曲式** compound temary form[英] 见*三部曲式。

**复小节线** double bar[英] 谱表上垂直而又醒目的两根相同粗细的线。在段落、拍子或调性发生变化时所用。用于表示终止时,则为一细一粗。

**复协奏曲** double concerto[英] 又称*“二重协奏曲”。由两件独奏乐器(同一或不同种类)与管弦乐队联合演奏的大型器乐曲。如*巴赫的《C大调钢琴复协奏曲》(两架钢琴)、《d小调小提琴复协奏曲》(两把小提琴),布拉姆斯的

《a 小调小提琴、大提琴与乐队复协奏曲》，莫扎特的《C 大调长笛、竖琴与乐队复协奏曲》等。通常无华彩段。

**复倚音** double appoggiatura[英]　*倚音之一。即附加在主要音之前的两个以上时值非常短的音。其时值计算方法同*短倚音。复倚音用组合起来的小的十六分音符来标记。

**复音程** compound intervals[英]　在一个八度范围以外的音程。即为*单音程加上一个或两个、三个纯八度的音程。按所含音数分别称为九度、十度、十一度、十二度、十三度、十四度、十五度。但一般将其折合成单音程称呼：九度即二度，十度即三度等。其音程性质不变。

**副爱奥利亚调式** Hypoaeolian Mode[英]　见*正调式。

**副部**　见*奏鸣曲式。

**副调式** hypo mode[英]　见*正调式。

**副多里亚调式** Hypodorian Mode[英]　见*正调式。

**副弗里吉亚调式** Hypophrygian Mode[英]　见*正调式。

**副歌** refrain[英]　又译"叠歌"。分节歌形式的歌曲中的第二部分为同一歌词配以同一曲调的反复句，称为"副歌"。

**副混合利第亚调式** Hypomixolydisich Tonart[德]　见*正调式。

**副利第亚调式** Hypolydian Mode[英]　见*正调式。

**副罗克里斯调式** Hypolocrian Mode[英]　见*正调式。

**副三和弦** secondary triad[英]　*正三和弦以外的三和弦的统称。即在调式Ⅱ、Ⅲ、Ⅵ、Ⅶ音级上构成的三和弦。在功能和声中，它们分别隶属于相关的正三和弦。

**副伊奥利亚调式** Hypoionian Mode[英]　见*正调式。

**副音级**　与*正音级相对而言。指大小调中的Ⅱ、Ⅲ、Ⅵ、Ⅶ等音级。

**副主题** accessory theme[英] 多主题的乐曲中，其主题有主次之分。非主要的主题即为“副主题”。

**副属和声** secondary harmony[英] 在功能和声中，指不属于主要和声功能的各和声。它可替代主要和声功能，如主功能可用Ⅵ代替；属功能可用Ⅶ或$\mathrm{VII}_7$代替；下属功能可用Ⅱ或$\mathrm{II}_6$、$\mathrm{II}_{\substack{6\\5}}$代替等。

**傅聪**(1934～ ) 英籍中国钢琴家。生于上海。其父傅雷为著名文学翻译家。曾师从意大利帕器及波兰钢琴家杰维茨基。1955年获第5届肖邦钢琴比赛第三名及马祖卡演奏特别奖。1958年从波兰赴英国，后取得英国国籍。1982年任中央音乐学院兼职钢琴教授。以演奏肖邦的作品著称。

**傅庚辰**(1935～ ) 中国作曲家。黑龙江双城县人。索波特世界歌曲节评委，现任中国音乐家协会主席。创作《雷锋》《地道战》《闪闪的红星》等电影音乐三十七部、《破烂王》等电视剧音乐二十二部、歌剧《星光啊星光》等三部、舞剧二部、歌舞剧二部、管弦乐十部及歌曲七百多首，其中以《小松树快长大》《地道战》《映山红》《红星照我去战斗》等最为著名。

**富特文格勒** Wilhelm Furtwangler(1886～1954) 德国指挥家。是20世纪大指挥家之一。原学作曲。1906年首次登台指挥。1911年起先后任吕贝克歌剧院、曼海姆歌剧院、莱比锡格万特豪斯管弦乐团、柏林爱乐乐团指挥。第二次世界大战期间曾任纳粹政府的音乐顾问。1947年宣判其无罪后始恢复指挥生涯。1952年任柏林爱乐乐团终身指挥。

**赋格** fugue[英] *复调音乐体裁之一。17世纪左右形成于欧洲。是最复杂的*模仿形式。基于乐曲开端的主题以对位手法展开乐思。由呈示部和自由段组成，后者篇幅较大。在呈示部中主题出现后，在其上方或下方将该主题作四度或五度的模仿进入，即主题的第二次进入，称*“答题”。在主题以不同方式进入时，伴随主题形成的对位声部，则称之为“对题”。对题有固定对题和自由对题之分。一般在呈示部中主题进入的次数，与赋格的声部数相同；亦可多进一次，则称之为“赘加的进入”。在自由段中则由主题的多次进入，并间以主题、对题为素材，或以独立于主题和对题的旋律为素材而加以变化展开的对位式的“插部”，由曲作者自由处理。一般以增长音的时值或减缩音的时值、*转位、密接和应（两个或两个以上的主题按紧缩模仿进入）等手法变化展开主题。赋格曲又可分为单赋格曲（单一主题）、二重赋格曲（具有两个各自独立的主题）、三重赋格曲（具有三个各自独立的主题）。赋格曲可自成一曲，亦可构成套曲中的一个乐章，或构成大型乐曲中的一个部分。尚有规模较小的“小赋格曲”。

**赋格段** fugato［意］ 指乐曲中采用*赋格方式写成的某一段落。

# G

**嘎达梅林** ①中国现代内蒙古民歌(叙事长歌)。嘎达梅林是1929年率众起义反抗封建王爷统治的人民领袖,后在起义中壮烈牺牲。原名"那达木德"(1892～1931),乳名嘎达(幼子之意)。"梅林"为其官职。②中国女作曲家辛沪光(1933～ )以同名民歌为素材于1956年所作交响诗,系单乐章结构。



**缸鼓** 中国打击乐器。形似花盆。用于合奏或戏曲伴奏。

**钢鼓** steel drum[英] 利用汽油桶制成的打击乐器。以木槌击之。有固定音高。可组成由数人至百余人不等的钢鼓乐队。20世纪40年代起流行于加勒比海地区。

**钢片琴** celesta[意] 打击乐器。置有键盘,形似小型风琴。按键使一端裹有厚绒的小木槌敲击钢片发音。音域为四个八度。音色透明。用于管弦乐队。

**钢琴** piano[意] 置有键盘的击弦乐器。1709年意大利人克利斯托弗利(Bartolommeo Cristofori,1655～1731)根据古钢琴改制而成,名clavicembalo col piano e forte,意为强弱可自由选择的拨弦古钢琴,略称为piano。经不断改革,进入19世纪后成为乐器之王。有平台式和立式两种。琴体木制,内有*钢板,钢板上张钢丝弦;按键使裹有厚绒的小木槌击弦发音。黑、白琴键按十二平均律半音排列,音域为$A_2$至$a^4$或$c^5$。并设有制音踏板、弱音踏板和延音踏板,用以延长或减弱音响、改变音色。

**钢琴二重奏** 器乐演奏形式之一。由两架钢琴组成的重奏。亦指所奏的乐曲。

**钢琴改编曲** piano score[英] 又称"钢琴缩编谱"。即将歌剧总谱、管弦乐总谱改编成的钢琴谱。另外,亦指将非钢琴音乐作品(包括声乐、器乐)改编成的钢琴曲。

**钢琴三重奏** 器乐演奏形式之一。由两件弦乐器或管乐器(亦或一件弦乐器与一件管乐器)与钢琴组成的重奏。亦指所奏的乐曲,通常为四个乐章的奏鸣曲套曲形式。

**钢琴四重奏** 器乐演奏形式之一。由小提琴、中提琴、大提琴、钢琴四件乐器组成的重奏。亦指所奏乐曲,通常为四个乐章的奏鸣曲套曲形式。

**钢琴缩编谱** klavierauszug[德] 见*钢琴改编曲。

**钢琴五重奏** 器乐演奏形式之一。由四件弦乐器与钢琴组成的重奏。亦指所奏的乐曲,通常为四个乐章的奏鸣曲套曲形式。

**钢丝录音机** telegrephone[英] 见*录音机。

**港口** Escales[法] *伊贝尔于1922年所作交响组曲。副题为“三首交响绘画”。1924年首演于巴黎。由罗马——巴勒莫、突尼斯——内夫塔、巴伦西亚三曲组成。

G

**高贵而伤感的圆舞曲** Valses Noble et Sentimentales[法] *拉威尔于1911年所作钢琴曲。翌年改编成管弦乐曲。由八首小圆舞曲组成。

**高胡** 中国拉弦乐器。又称“粤胡”“南胡”。属胡琴类。形同二胡,但比二胡高四或五度,故名。为广东音乐的特性乐器之一。两膝夹持琴筒演奏。

**高加索素描** Caucasian Sketches[英] *伊波利托夫-伊万诺夫于1894年所作管弦乐组曲。同年首演于莫斯科。由在峡谷、在村庄、黄昏、酋长的行列四曲组成。

**高渐离** 中国战国末年燕人。善击*筑。后以灌铅之筑刺杀秦始皇,不中遇害身亡。

**高腔** 中国戏曲声腔之一。16世纪弋阳腔在流传过程中与当地民间音乐相结合而形成的一种声腔。流传甚广,云贵等边远地区亦有,其中最突出的就是川剧高腔。以音乐风格粗犷豪放、朗诵性强、一唱(独唱)众帮(在后台多人帮唱,称“帮腔”)、只用打击乐器伴奏等为其特征。

**高山流水** 琴曲。取材于伯牙鼓琴的故事。

**高寿田** 生卒不详。中国近代音乐教育先驱者之一。上海人。20世纪初曾赴日学习小提琴。归国后,与*曾志忞、*冯亚雄创办贫儿院,设音乐部,从事音乐教育工作。编著有《和声学》(1914),是中国出版的最早的和声教材。

**高音谱表** treble staff[英] 简称“高音谱”。指标以*高音谱号的*谱表。

**高音谱号** treble clef[英] 又称“G谱号”(G clef)、“小

提琴谱号”。指定 G 音位置的记号。表示 * 谱表中第二线音高为 $g^1$。适用于高音域。

**高芝兰**(1922～　) 中国女高音歌唱家。曾先后就读于上海国立音乐专科学校、美国朱利亚音乐学校及大卫·曼纽斯音乐学院。师从俄罗斯声乐教育家苏石林等人。曾于 1945 年在歌剧《霍夫曼的故事》中饰演安东尼娅,同年又应“俄罗斯歌剧团”之邀出演歌剧《茶花女》中的女主角薇奥列塔。1949 年在新中国成立之际归国。1951 年任上海音乐学院副教授,1980 年升任教授。长期致力于高等音乐教育。胡晓平、汪燕燕等均出自其门下。



**告别奏鸣曲** Adieux Les[法] * 贝多芬于 1809～1810 年所作钢琴曲。作品 81 之 1。标题系曲作者自题。表现与其友人鲁道夫公爵离别之情。

**戈塞克** Francois Josrph Gossec(1734～1829) 法籍比利时作曲家。曾任乐队指挥、巴黎音乐学院作曲教授。所作交响曲为法国早期交响曲之作。尚作有十五部歌剧等。传世有小品曲《加沃特舞曲》(原为小提琴曲,后被改编为钢琴曲和管弦乐曲)。

**戈雅之画** Goyescas[西] * 格拉纳多斯于 1911 年所作钢琴组曲。戈雅系西班牙画家。由七曲组成。亦作有同名歌剧。

**戈尔德堡变奏曲** Golodberg Variationen * J.S.巴赫于 1742 年所作古钢琴变奏曲。以一个 G 大调旋律为主题与三十个变奏组成。戈尔德堡是巴赫的学生,常为患失眠症的俄罗斯驻德公使演奏古钢琴,巴赫为其作此曲,故名。

**鸽子** Paloma La[西] 西班牙作曲家伊拉迪尔(Sebastian Iradier,1809～1865)所作歌曲。作曲年代不详。在中国广为流传。

**歌唱二小放牛郎** * 李劫夫于 1942 年所作叙事歌曲(方冰作词)。其音乐风格一新耳目,在广大儿童中流传甚广。

**歌唱剧** singspiel[德] 一译“德国小(喜)歌剧”。指18世纪德国喜歌剧。以有对白、题材轻松愉快为其特征。其顶峰之作为*莫扎特的《魔笛》(1791)和《后宫诱逃》(1792)。

**歌唱祖国** 王莘(1918～ )于1950年所作歌曲(自作词)。1954年获全国群众歌曲评奖一等奖。是歌颂新中国的一首著名歌曲。

**歌剧** opera[意] 音乐体裁之一。音乐与戏剧相结合的艺术形式之一。以歌唱为主,往往间有舞蹈场面。由独唱演员及合唱队员扮演剧中的各种角色。舞台布置同一般戏剧,但在舞台前设一乐池,供管弦乐队伴奏用;指挥处在既可看见管弦乐队,又可看见舞台的乐池前方,以指挥全部歌剧的演出。歌剧音乐应具有高深的技巧;扮演主要角色的独唱演员,应具有富于表情的出色的声音、较高的声乐技巧和一定的演技;管弦乐亦应由编制较大的、较高水平的乐队来担任,它不仅为歌唱伴奏,也演奏序曲、前奏曲、间奏曲、舞曲、进行曲以及描写性音乐等。西洋歌剧于16世纪末兴起于意大利。1597年在佛罗伦萨上演了意大利第一部歌剧《达芙尼》。后逐渐普及于欧洲各地。1762年在维也纳上演了*格鲁克的改革歌剧《奥菲欧与优丽狄茜》(Orpheus et Euridice)。此后,经过*莫扎特、*罗西尼、*威尔第、*瓦格纳、*穆索尔斯基、*普契尼等人以及*德彪西、*理夏德·施特劳斯、*勋伯格、*贝尔格、*布里顿、*亨策的努力,逐渐形成具有高度艺术性的现代歌剧。在歌剧艺术发展过程中,又形成*正歌剧、*大歌剧、*喜歌剧、*轻歌剧、*乐剧等多种类型。通常由咏叹调、宣叙调(或说白)、重唱、合唱、序曲、间奏曲、舞曲等组成。中国歌剧的创作始自*黎锦晖的儿童歌舞剧,后至20世纪40年代《白毛女》创作演出的成功,遂确立了带有中国风格的歌剧形式,世称“新歌剧”。

**歌曲** song[英] 小型声乐曲的统称。演唱形式不一,伴奏可有可无。其种类颇多,有民间歌曲、艺术歌曲、群众歌曲、流行歌曲、影视歌曲等。

**歌舞引** *刘天华于1927年所作的琵琶曲。音乐上使用了紧打慢唱的手法。

**歌谣体** liedform[德]song form[英] 将较单纯的歌曲

形式用于器乐曲时的称谓。一般为二部曲式或三部曲式。

**革胡** 中国拉弦乐器。属胡琴类。20世纪50年代为解决民族管弦乐队中的低音乐器而创制的。但问题诸多,仍在研制中。

**革命练习曲** Revolutionary Etude[英] *肖邦于1831年所作钢琴曲。作品10之12。该曲是肖邦从华沙赴巴黎途中惊闻华沙重陷帝俄之手,悲愤难抑而作。

**格拉纳多斯** Enrique Granados(1867～1916) 西班牙作曲家、钢琴家。曾师从西班牙音乐之父佩德雷尔。初以钢琴演奏著名。1901年在巴塞罗那创办音乐学校,培养钢琴演奏人才。所作以钢琴曲《十二首西班牙舞曲》(1892～1910)、钢琴组曲*《戈雅之画》、歌剧《戈雅之画》(三幕,初演于1916年)著称。

G

**格拉斯,菲利普** Philip Glass(1937～ ) 美国作曲家。曾就读于芝加哥大学、朱利亚音乐学校。1964年赴巴黎从*布朗热深造,并于1966年与*香卡结识,使其创作思想产生根本性的转变,从而离开巴黎到北非和印度旅行。1967年回国,从印度塔不拉鼓演奏家A.雷克拉学习。翌年创办合奏团,用以演出自己创作的作品。是20世纪60年代*简约派音乐代表作曲家之一,采用重复手法进行创作。作有独奏《1+1》(1968,可在任何具有扩音设备的台面上击奏)、《五度的音乐》(1969,连续单调的平行五度进行)《十二声部的音乐》(1971～1974)、三联歌剧《爱因斯坦在海滩上》(1975～1976,插图式象征性描绘,也无咏叹调)《不合作主义》《法老王》、《躁动的美女》(1994)《小提琴协奏曲》(1987)以及舞蹈音乐、电影音乐等。

**格拉祖诺夫** Alexander Glazunov(1865～1936) 俄罗斯作曲家。14岁师从*里姆斯基-科萨科夫。17岁作《第一交响曲》。1899年任圣彼得堡音乐学院教授,1905年升任院长。1928年离开祖国后,逝于巴黎。作有百余部交响曲,尚作有交响诗《斯金卡·拉辛》(1885),舞剧《雷蒙达》(1897)和《四季》(1899),《小提琴协奏曲》(1904)等。

**格里高利圣咏** Gregorian Chant[英] 中世纪以来欧洲天主教会仪典所用代表性的圣咏。为罗马格里高利一世

(逝于604年)主持编选并颁布实施。以单声部、用拉丁文演唱、歌词出自《圣经·旧约·诗篇》等为其特色。在欧洲音乐史上具有重要意义。

**格里格** Edvard Hagerup Grieg(1843～1907) 挪威作曲家。挪威民族乐派奠基者。1858年入莱比锡音乐学院学习。毕业后致力于民间音乐的研究和创作。1874年获得政府年金后,专事作曲。作有*《培尔·金特组曲》《a小调钢琴协奏曲》(1868,作品16)*《霍尔堡组曲》*《挪威舞曲》十卷《钢琴抒情曲集》(共六十六首,1867～1901)以及大量艺术歌曲。



**格利埃尔** Reinhold Gliere(1875～1956) 苏联作曲家。原籍比利时。毕业于莫斯科音乐学院。1914年任基辅音乐学院院长。1920年任莫斯科音乐学院教授。*普罗科菲耶夫、*米亚斯科夫斯基、*哈恰图良等人均出自其门下。作品芭蕾舞音乐《红罂粟》(1927)《青铜骑士》(1949)、第三交响曲《伊里亚·穆罗梅茨》(1909～1911)、《声乐协奏曲》以及《第四弦乐四重奏》等最为著名。

**格林卡** Mikhail(Ivanovich) Glinka(1804～1857) 俄罗斯作曲家。俄罗斯民族乐派奠基者。出身贵族。1822年毕业于圣彼得堡高等教育学院。1824年任职于交通部,其间与普希金、茹科夫斯基等人交从甚密。1830年赴意大利。1833年赴德国师从德恩(1799～1858)。翌年即着手创作歌剧*《伊凡·苏萨宁》,该歌剧为其成名作,亦为俄罗斯民族歌剧奠基作。后往来于西欧各地,客死于柏林。尚作有歌剧*《鲁斯兰与柳德米拉》(1838～1842)、管弦乐曲《阿拉贡霍塔》(1845)《马德里之夜》(1848)*《卡玛琳斯卡娅》(1848)以及室内乐、钢琴曲、歌曲等。

**格鲁贝洛娃** Edita Gruberova(1946～ ) 斯洛伐克花腔女高音歌唱家。生于布拉迪斯拉发。曾在布拉格和维也纳学习声乐,1968年在布拉迪斯拉发的斯洛伐克国家剧院首次登台。1972年在维也纳国家歌剧院的演出获得极大成功。此后相继在拜罗伊特音乐节、汉堡、法兰克福和慕尼黑等歌剧院演唱,均获成功。她的嗓音甜美、圆润,极为灵活,被认为是当代最杰出的花腔女高音之一,她还是一位优秀的音乐会歌唱家。

**格鲁克** Christoph Willibald Gluck(1714～1787) 德国歌剧作曲家。1737年赴意大利米兰师从萨马尔蒂尼学习作曲。1741年作成名作歌剧《阿塔塞尔斯》。1754年任宫廷歌剧院乐长,倡导歌剧改革,提出音乐要从属于戏剧的主张,力图摆脱意大利歌剧风格和宫廷美学趣味的影响。继《奥菲欧和优丽狄茜》(1762)第一部改革歌剧上演之后,又创作了《阿尔切斯特》(1767)和《帕里德与爱莱娜》(1770),从而体现了其歌剧改革的原则。其歌剧改革当时并未获得社会的承认,1773年赴巴黎,始赢得法国以卢梭为首的启蒙运动的先进人物的支持,全面展开了歌剧改革事业,取得了辉煌的成绩,同时在巴黎引起了一场激烈的论战,即歌剧史上著名的"格鲁克派与皮契尼派之争",最终以格鲁克派的胜利而告终。尚作有歌剧《伊菲姬尼在奥利德》(1774)《阿尔米德》(1777)《伊菲姬尼在陶里德》(1779)。

G

**格罗菲** Ferde Grofe(1892～1972) 美国作曲家。曾任乐队中提琴手,在剧场或舞厅演奏钢琴或小提琴为生。1920年任怀特曼交响爵士乐团编曲和指挥。1924年为格什温的*《蓝色狂想曲》成功地配器后,又以所作管弦乐组曲*《大峡谷》一举成名。尚作有《密西西比组曲》(1926)《钢铁交响曲》(1937)等。

**格罗夫** Sir George Grove(1820～1900) 英国音乐学家、音乐活动家。著名的《格罗夫音乐与音乐家词典》系其主持编纂而至今仍沿用他的名字。曾任艺术协会书记、杂志编辑等。1882年任皇家音乐学院院长。主持伦敦水晶宫音乐会达四十年之久,后根据他为这些音乐会节目单所撰写的解说,写成《贝多芬和他的九部交响曲》(1896)一书。

**格罗夫音乐与音乐家辞典** Grove Dictionary of Music and Musicians, The 见*新格罗夫音乐与音乐家辞典。

**格吕米欧** Arthur Grumiaux(1921～1986) 比利时小提琴家。幼即入沙勒罗瓦音乐学院学习小提琴和钢琴。12岁入布鲁塞尔皇家音乐学院学习小提琴。毕业后曾赴巴黎师从*埃内斯库学习作曲。第二次世界大战后获得国际声誉。1949年任布鲁塞尔皇家音乐学院小提琴教授。属法国-比利时小提琴学派。

**格什温** George Gershwin(1898～1937) 美国作曲家。自幼迷恋流行音乐。从高中退学后,充当纽约一家流行音乐出版社店员。两年后即以流行音乐作曲家闻名。1924年作*《蓝色狂想曲》始获得世界声誉。后主要在好莱坞从事电影音乐创作。他创造性地将爵士乐与欧洲传统音乐结合在一起,给当时作曲家们以重要影响。尚作有《F大调钢琴协奏曲》(1925)、管弦乐曲*《一个美国人在巴黎》、歌剧*《波吉与贝丝》等。

**鬲溪梅令** *姜白石于1196年(宋庆元二年)所作歌曲(词亦自作)。

**葛蓓莉娅** Coppelia[法] *德利布所作芭蕾舞音乐。1870年首演于巴黎。后人曾将其改编成管弦乐组曲。

**葛朝祉**(1917～1998) 中国男中音歌唱家。1937年入上海国立音专。1951年赴法留学。1953年归国后任上海音乐学院声乐教授。

**根卡** 中国西藏拉弦乐器。为藏族古典歌舞中的重要乐器。

**根音** fundamental note[英] 指调式和声中*和弦的基础音。即原位和弦中的最低音。如三和弦C—E—G中的C音。

**工尺谱** 中国传统记谱法。最早见于北宋(960～1126)。工尺谱式因时代演变以及流传地区的不同而各异。以"上、尺、工、凡、六、五、乙"等字记写唱名,分别相当于"do、re、mi、fa、sol、la、si"。

**工农兵联合起来** 中国近代第一次国内革命战争时期(1921～1927)涌现的工农革命歌曲之一。系根据学堂乐歌《中国男儿》填词而成。

**弓** bow[英]arco[意] 使弓弦乐器的弦以振动发音的器具。在细长木杆(或竹杆)上张以一束马尾而成。原作弓形,故名。近代多改为平直形,弓根并装有活动装置,可调节弓毛的松紧。使用时,需在弓毛上擦以松香。

**弓法** bowing[英] 演奏弓弦乐器的运弓技法。音的强弱、刚柔、表情等皆取自运弓。有上弓、下弓、连弓、分弓、跳弓、顿弓、连顿弓等弓法。

**弓弦乐器** bow instruments[英] 又称拉弦乐器。用弓拉奏的弦乐器。如小提琴、中提琴、大提琴、低音提琴、二胡、板胡等。

**功能标记** functional mark[英] 在*功能和声体系中，主功能和声标记为T，下属功能和声标记为S，属功能和声标记为D等。

**功能和声** functional harmony[英] 指欧洲传统调性音乐中的和声，与现代音乐中的和声相区别的一种称谓。一般将和声进行中的和弦分为主功能、下属功能和属功能等三大功能：主功能含主和弦、Ⅲ级和弦、Ⅵ级和弦；下属功能含下属和弦、Ⅱ级和弦；属功能含属和弦、Ⅶ级和弦。其进行方式一般为主功能——下属功能——属功能——主功能，形成循环。其中以主功能最具稳定性。

**宫** 中国传统音乐术语。*五声之首。相当于do。

**宫调** 中国传统音乐术语。即含今之所谓调高和调式两方面。

**宫怨** 由苏州弹词表演艺术家、俞调创始人俞秀山演唱的曲艺“苏州弹词”开篇。是“俞调”的代表性曲目之一。

**共鸣** resonace[英] 一发音体的振动使另一发音体发生共振的现象。

**共鸣箱** 起*共鸣作用的音箱。

**姑苏行** 江先渭根据昆曲音乐改编的笛子独奏曲。

**姑洗** 见*十二律。

**古拜杜丽娜** Sofia Gubaidulina（1931～　） 俄罗斯女作曲家。与施尼特凯、杰尼索夫并称俄罗斯现代音乐三杰。早年毕业于莫斯科音乐学院，曾师从肖斯塔科维奇、佩科等人。主要作品有《大管与低音弦乐队的协奏曲》(1975)、钢琴协奏曲《入祭祷》(1978)、小提琴协奏曲《奉献》(1980)、三个乐队的拼贴《没有问题的答案》(1989)、《中提琴协奏曲》(1996)等。她的作品充满深刻的内省和宗教感，是有史以来第一位具国际影响的俄罗斯女作曲家。尚有为巴扬而作的《恰空》及室内乐《临终七言》等。

**古尔德，格伦** Glenn Gould(1932～1982) 加拿大钢琴

家。童年即开始学习钢琴和管风琴。后入多伦多皇家音乐学院学习。在学中即与多伦多交响乐团合作。1955 年巡演于欧美各地。1957 年与*卡拉扬指挥的柏林爱乐乐团合作。曾获加拿大最高文学艺术奖。其演奏囊括从 16 世纪到勋伯格的曲目,并以见解独特、反传统而著称。晚年持反音乐会的观点,喜欢“像母亲子宫般宁静的录音室”,经常进行录音活动。尚作有室内乐、合唱曲、钢琴曲等作品。

**古钢琴** clavichord[英] 近代*钢琴的前身统而称之为古钢琴。约出现于欧洲 15 世纪。大体有拨弦(见*羽管键琴)和击弦之分(见*击弦古钢琴)。后者(clavichord[英])为欧洲早期键盘乐器。形制较小。以槌击弦发音。初期只有三个八度,音量较弱,强弱变化幅度较小,且一弦多音,故不能同时发音。一般作为家庭乐器,后经不断改良并逐渐为钢琴所代替。

**古雷斯基** Henryk Gorecki(1933～ ) 波兰作曲家,毕业于卡托维兹音乐学院,同*彭德雷茨基、*卢特斯拉夫斯基并称“波兰乐派”。早年作品采用序列音乐与机遇音乐的技巧,后回归调性,走所谓“后先锋”(post-avant-garde)路线。尚作有《钢琴与弦乐队的协奏曲》(1980)等作品,其为纪念波兰遭到法西斯入侵 50 周年而作的《第三交响曲》(1989)获联合国教科文组织音乐大奖。

**古诺** Charies Gounod(1818～1893) 法国作曲家。1836 年入巴黎音乐学院学习作曲,其间获罗马大奖,得以赴罗马进修三年。40 岁时所作歌剧《浮士德》不仅使其一举成名,也标志着法国歌剧发展的新阶段。尚作有交响曲,以及《小夜曲》《圣母颂》等著名音乐小品。

**古艺术** ars antiqua[拉] 14 世纪初的*“新艺术”音乐家们对 12、13 世纪法国*巴黎圣母院乐派所代表的音乐风格的称谓,以与他们所提倡的新艺术相区别。其代表作曲家为莱奥南(Leonin)和佩罗坦(Perotin)。

**古音阶** 近代对中国古代一种音阶的称谓,又称“旧音阶”。即指由宫、商、角、变徵、徵、羽、变宫组成的七声音阶,相当于 do、re、mi、#fa、sol、la、si。

G

**古怨** 中国宋代*姜夔所作凄凉伤感的琴歌，旁缀*减字谱。

**骨笛** 在中国河南省舞阳县贾湖新石器时代遗址墓葬中出土的吹奏乐器。以猛禽的肢骨制成。共十八支。多为五至八孔。其中，一支七孔骨笛保存最完整，可吹奏曲调。据考证距今约九千年。

**骨哨** 在中国浙江河姆渡遗址发现的距今约七千年、用禽兽肢骨制成的原始社会的吹奏乐器（一说为狩猎所用的哨子）。

G

**鼓** 为鼓类打击乐器的总称。其历史悠久，种类繁多。有土制、铜制、木制、铁制等，或蒙皮或不蒙皮等，以手击之或以槌击之，不等。其形制因时代、民族、地区的不同而各异。其音乐文献异常丰富、演奏技艺繁多。

**鼓吹乐** 中国古代音乐之一。以吹奏乐器和打击乐器为主的音乐形式。据载汉代即已存在。有黄门鼓吹、骑吹、短箫铙歌、横吹等。

**固定唱名法** Fixed-Doh［英］ *唱名法之一。无论何调，C 音必唱 do，D 音必唱 re，E 音必唱 mi，F 音必唱 fa，G 音必唱 sol，A 音必唱 la，B 音必唱 si。固定唱名法是以*绝对音高为基础，唱名与音名统一，虽易识五线谱，但缺乏调性感。参见*首调唱名法。

**固定低音** basso ostinato［意］ground bass［英］ 在变化进行的上声部下面，低声部不断地重复同一乐句或动机。如恰空舞曲、帕萨卡利亚舞曲中的固定低音。

**固定乐思** idée fixe［法］ 贯通全曲、再三出现的短小旋律。为*柏辽兹所创用，指其所作《幻想交响曲》中的恋人主题。后瓦格纳在此基础上创*主导动机。

**顾圣婴**（1937～1967） 中国女钢琴家。江苏无锡人。生于上海。5 岁学琴。中小学期间，曾随陈汝霖、邱贞蔼、杨嘉仁、李嘉禄学习钢琴。1953 年在杨嘉仁的指挥下与上海交响乐团合作演出*莫扎特的《d 小调钢琴协奏曲》。翌年任上海交响乐团独奏演员。1956 年赴天津中央音乐学院专家研究班学习，师从苏联专家塔图良、克拉芙琴柯。1957 年获第 6 届世界青年与学生联欢节钢琴比赛金质奖章。翌年获日内瓦第14届国际音乐比赛女子钢琴比赛二等奖(该项不设一等奖)。擅长演奏肖邦的作品。

**关山月** 古琴名曲之一。初见于1930年石印本《琴学管见》。后*杨荫浏将李白同名词入调,遂又成为*琴歌。

**关系大调** relative major key[英] 见*关系调。

**关系调** relative key[英] 一般指*调号相同的大、小两调。如a小调是C大调的关系小调;反之,C大调是a小调的关系大调。

**关系小调** relative minor key[英] 见*关系调。

G

**管风琴** organ[英] 以气使若干音管发音的键盘乐器。由多层手键盘和脚键盘、哨管和簧管、基本音栓和变音音栓以及鼓风设备等部件组成。演奏时手脚并用。其形制大小不一,分别可用手或泵、电力鼓风机送风。其历史悠久,早在古希腊就已有了水力风琴(hydraulis),并随其不断改进,至巴赫管风琴及其音乐发展到鼎盛时期。

**管乐队** wind-band[英] 以*管乐器组成的乐队。通常含打击乐器。

**管乐合奏** wind orchestra[英] 只使用管乐器的合奏形式。一般指木管乐器为主的合奏。

**管乐器** wind instruments[英] 又称吹奏乐器、气鸣乐器。乐器分类名称之一。指利用气流振动管体而发音的乐器。分无簧(如洞箫、笛子等)、有簧(如唢呐、笙、管子等)两类。在西洋管乐器中,有木管乐器(短笛、长笛、双簧管、单簧管、大管等)、铜管乐器(圆号、小号、长号、大号等)之分。

**管平湖**(1895～1967) 中国琴家。江苏苏州人。其父为著名画家管念慈。融九嶷派、武夷派、川派琴技之长于一身,自成一家。且潜心研究古代留存琴谱的*打谱工作,率先演奏出古代著名琴曲《广陵散》《幽兰》等大曲。著有《古指法考》。

**管弦乐队** orchestra[英] 由管乐器、弦乐器、打击乐器组成的乐队。其中有弦乐组、木管组、铜管组和打击乐组之分。乐队人员可多可少。大型管弦乐队又称“交响乐团”。编制有单管制、双管制、三管制、四管制或多管制之分。其各组座次可由指挥者按作品需要而进行调整。

**管弦乐法** orchestration[英]　又称“配器法”。写作管弦乐总谱的方法，亦是作曲技术理论学科之一。为此就需要掌握管弦乐队中各种乐器的性能、音色、音域、技法以及乐器的组合等等。若将既有的乐曲改编为管弦乐曲，亦称“配器”。柏辽兹、里姆斯基-科萨科夫、辟斯顿分别著有管弦乐法教科书(均有中译本)。

**管子**　中国吹奏乐器。管状，木制，管口置一苇哨。竖吹。

**光盘** CD　俗称“光碟”“磁碟”。是采用激光读写信息的存储器。圆形片状，直径约 8～12 cm。其基片以高分子材料制成，镀金属膜并覆保护膜。用强激光束在光盘上写入经数字化的信息，形成凹槽。读出时则以弱激光束扫描凹槽，根据反射强弱来反映信息。有数字视频盘(DVD，可存储大容量图像文件)和只读光压缩盘(CD-ROM，可存储音乐、MTV、数据库、百科全书等)。一般存储量为 650 兆字节或 74 分钟的音频或视频信号。

**广板** Largo[意]　①速度术语。每分钟约 46 拍。②根据*亨德尔于 1738 年所作歌剧《西尔斯》中的咏叹调《令人思慕的大树阴》改编的小提琴独奏曲、钢琴曲、管弦乐曲等的称谓。

**广东音乐**　20 世纪初兴起于中国广东珠江三角洲一带的民间器乐形式，1930 年代始流传于全国。其结构短小、旋律流畅明快，具南国情趣。其最初的会社为“八音会”。以高胡、扬琴为其主奏乐器。其代表作曲家有严老烈、*何柳堂、*丘鹤俦、*吕文成、易剑泉、何大傻等；代表作品有《旱天雷》《赛龙夺锦》《乌投林》等。

**广陵散**　琴曲。存见于*《神奇秘谱》。由四十五段组成，每段均附有小标题。一般认为取材于“聂政刺韩王”的故事(见《战国策·韩策》)。据记载汉代即已有之(名《止息》，见傅玄《琴赋》)。

**圭多** Guido D'Arezzo(约 991～1050 后)　意大利音乐理论家。曾任巴黎圣莫尔修道院、阿雷佐圣克洛切修道院院长。在阿雷佐大教堂附属学校任少年圣咏队指导时即名闻遐迩，约 1028 年被教皇约翰十九世召往罗马讲授其音乐教育理论。他将原有纽姆谱(meumes)二线(表示F音的红线和表示C音的黄线)发展为四线(附加黑色的A音线和E音线),并为方便视唱而将圣约翰赞美歌开头六行的第一个音节(ut、re、mi、fa、sol、la)定为唱名,从而奠定了近代*唱名法的基础。著有《音乐微观剖析》(一译《辨及微茫》)《节奏法》等著作。

**鬼火小步舞曲** Menuet des Feux Follets[法] *柏辽兹于1845～1846年为独唱、合唱及管弦乐队所作《浮士德的沉沦》中的第三部分。

**滚奏** roll[英] 在鼓上急速、持续地击奏。

**郭楚望** 即郭沔。中国琴师。浙江永嘉人。南宋景定、咸淳年间(1260～1274)以琴艺精湛著称于世。为浙派创始人。作有著名琴曲《潇湘水云》。

**郭兰英**(1930～ ) 中国女高音歌唱家。山西平遥人。6岁即学戏,11岁登台演出山西梆子。16岁于张家口参加革命文艺工作,17岁入华北联合大学戏剧系学习。先后在中央实验歌剧院、中国歌剧舞剧院任歌剧主要演员。曾在秧歌剧《夫妻识字》《兄妹开荒》以及歌剧《白毛女》《小二黑结婚》《刘胡兰》《红霞》中担任主角。亦擅长演唱《绣金匾》《翻身道情》《南泥湾》《我的祖国》等陕北民歌和歌曲。其演唱声情并茂,自成一家,20世纪50、60年代风靡全国,对其后的民族声乐的发展具有重大影响。

**郭淑珍**(1927～ ) 中国女高音歌唱家。山东长清人,生于天津。曾就读于北平国立艺术专科学校、中央音乐学院、莫斯科国立柴科夫斯基音乐学院。先后师从汉斯夫人(美国)、沈湘、卡杜尔斯卡娅(苏联)。后任中央音乐学院教授。曾获第6届世界青年与学生联欢节古典歌曲比赛金质奖章。1958年在苏联曾饰演歌剧《叶甫根尼·奥涅金》中的女主角塔姬亚娜、歌剧《绣花女》中的女主角咪咪,并以演唱《黄河怨》著称于世。邓韵、王秀芬等均出自其门下。

**郭文景**(1956～ ) 中国作曲家。河北人。生于四川重庆。12岁自学小提琴,14岁任重庆市歌舞团乐队小提琴手,19岁自学作曲。1978年入中央音乐学院作曲系师从黎英海、苏夏、赵宋光。1983年任重庆市歌舞团创作员,1990

年任教于母校，后升任作曲教授、作曲系主任。所作充满巴蜀乡土气息，感情真挚，感染力强。作有为两架钢琴与交响乐队而作的《川崖悬葬》(1983)、交响曲《蜀道难》(1987)、室内乐《社火》(1990)、歌剧《狂人日记》(1993)《夜宴》(1998)、新概念京剧《花木兰》(2004)等，尚作有《阳光灿烂的日子》《红粉》《棋王》等四十多部影视音乐。

**锅庄** 流行于中国西藏、青海等地的藏族民间歌舞之一。

**国歌** national anthems[英] 由国家颁行的代表国家的歌曲，用以在法定的场合(如奥运会等)演奏。

G

**国际歌** 工人作曲家*比尔·狄盖特于1888年所作歌曲。其词为*欧仁·鲍狄埃作于1871年6月巴黎起义处于艰难之时。后随着无产阶级革命运动的蓬勃发展，《国际歌》遂成为国际无产阶级的战歌。1921年传入中国。

**国民革命歌** 又名《打倒列强》。中国近代第一次国内革命战争时期(即1924～1927年中国人民反帝反封建的革命战争——“北伐战争”，又称“大革命”)的著名革命歌曲。其词为当时的革命口号，其曲为法国儿歌《你睡吗》。当时大江南北、城市乡村，无不高唱“打倒列强，除军阀”，发挥了巨大的战斗作用。

# H

**哈巴** Alois Haba (1893～1973)　捷克作曲家。曾就读于布拉格音乐学院。1923 年在母校开设* 微分音作曲班，并研制出“四分音”的钢琴、单簧管和小号等乐器。以所作微分音的歌剧、管弦乐曲、室内乐曲著名。如四分音的歌剧《母亲》(1930)、五分音的《第二弦乐四重奏曲》中的第十六曲等。尚作有十二音技法的《第一九重奏曲》(1932)、钢琴曲、康塔塔、童声合唱曲等。著有《四分之一体系的和声原理》(1922)、《自然音体系、变化音体系、四分音、三分音、六分音和十二音体系的新和声理论》(1927)等。



**哈巴涅拉** habanera[西]　又译“阿伐奈拉”。19 世纪上半叶兴起于古巴的舞曲，后流行于西班牙。2/4 拍子，曲调缓慢，其节奏型为：

如比才的歌剧《卡门》中的同名咏叹调、拉威尔的管弦乐曲《西班牙狂想曲》中的哈巴涅拉。

**哈夫纳小夜曲** Haffner Serenade[英]　* 莫扎特于 1776 年所作室内乐。应萨尔茨堡市长之托为其女伊丽莎白·哈夫纳婚礼而作。K.250。

**哈里·雅诺什** Hary Janos[匈]　* 科达伊所作管弦乐曲。据其所作歌唱剧《五个冒险的故事》(1926)的音乐改编而成。

**哈罗尔德在意大利** Harold en Italie[法]　* 柏辽兹应帕格尼尼之托于 1834 年所作交响曲(为中提琴和管弦乐队而作)。哈罗尔德系英国诗人拜伦所作叙事诗中有着不幸遭遇的主人公。由哈罗尔德在山中(忧愁、幸福和欢乐的情景)、朝拜者唱着晚祷歌的行进、阿伯路齐山民为恋人所唱小夜曲、暴徒聚饮等四乐章组成。

**哈密胡琴**　中国维吾尔族拉弦乐器。形似二胡。琴筒为铜或铁制，除两根主奏弦外尚张共鸣弦四至八根。

**哈恰图良** Aram Khachaturian (1903～1978)　苏联作曲

家。亚美尼亚人。19岁入格涅辛音乐学校学习大提琴和作曲。后入莫斯科音乐学院师事*米亚斯科夫斯基。1934年以其毕业作品《第一交响曲》一举成名。后又以小提琴协奏曲(1940)、芭蕾舞剧音乐《加雅涅》(1942)和《斯巴达克斯》(1954)获得国际声誉。1952年任莫斯科音乐学院教授。其创作具有鲜明的亚美尼亚民族音乐的特色。尚作有配乐《假面舞会》(1939)等。

**哈腰挂** 流传于中国黑龙江林区的搬运号子。一领众和,唱词往往脱口而出。

**海笛** 即小唢呐。

H

**海顿** Franz Joseph Haydn (1732～1809) 奥地利作曲家。交响曲之父。*维也纳古典乐派三大代表作曲家之一。父为车匠,母为佣人。受其父母熏陶,自幼喜爱音乐。8岁进教堂唱诗班。17岁因嗓子变声而被唱诗班解雇,生活无着,只能以教琴、演奏为生,并发愤自学。27岁任捷克莫尔津伯爵府乐长,同年创作《第一交响曲》。1761～1790年任埃斯特哈济亲王宫廷乐长期间,专事音乐创作,娴熟于技,极重于创新,作有众多的交响曲、弦乐四重奏曲、钢琴奏鸣曲、弥撒曲、歌剧等,但多为生活娱乐之作。1781年与年轻的*莫扎特结识,不仅对莫扎特产生重大影响,而且在其后期的创作中也受到莫扎特风格的影响。1790年因乐队解散,海顿即赴维也纳,并于翌年1月应扎洛蒙之邀,赴伦敦访问,1792年7月返回维也纳;1794～1795又再次访问伦敦。两次访问英国,使海顿呼吸到新兴的资本主义空气,聆赏了*亨德尔的《弥赛亚》等名作,从而与过去的贵族宫廷生活形成鲜明的对比,并将其感受化入其创作之中,在花甲之年创作了他最著名的十二部《扎洛蒙交响曲》,使其创作达于巅峰。晚年创作以清唱剧*《创世记》和*《四季》著称。海顿以交响曲作曲家著称于世,现存有一百零四部交响曲,在其中海顿奠定了四乐章奏鸣交响套曲形式,拓展了动机展开的发展原则,确立了近代管弦乐队的双管编制和配器原则,并在其交响曲杰作中充满了活力,令人鼓舞,体现了现实主义创作原则的强大生命力。在其八十四首弦乐四重奏曲的创作中,也确立了四乐章的形式,并赋予每个声部的独立性，其重要性仅次于其交响曲。尚作有五十六首钢琴奏鸣曲(其中两部存疑)、大量的康塔塔、歌曲、合唱曲、四重唱曲、二重唱曲、木偶歌剧、协奏曲以及教堂音乐。

**海菲兹** Jascha Heifetz (1901～1987) 美籍俄国小提琴家。20 世纪世界著名小提琴家之一。10 岁入圣彼得堡音乐学院师从*奥尔。12 岁登上国际乐坛。1917 年迁居纽约，后加入美籍。1962 年起任教于洛杉矶加利福尼亚大学。曾于 20 世纪 30 年代来华演出。

**海青拿天鹅** 现存最古老的一首琵琶曲。出自元代。由十八段组成。

**海廷克** Bernard Haitink (1929～ ) 荷兰指挥家。是 20 世纪世界著名指挥家之一。于阿姆斯特丹音乐学院毕业后，任荷兰广播爱乐乐团小提琴手，1956 年升任该团首席指挥。1961～1988 年任阿姆斯特丹音乐厅管弦乐团(1967 年兼任伦敦爱乐乐团)音乐指导、首席指挥，1988 年出任伦敦柯文特花园皇家歌剧院音乐指导。1996 年应邀出任波士顿交响乐团首席客座指挥。鉴于他对音乐事业的贡献，荷兰女王和英国女王分别授予他勋位和爵士称号。

H

**海韵** *赵元任于 1927 年所作大型合唱曲(为徐志摩诗谱曲)。以合唱、女高音独唱、钢琴分别表现了诗翁、女郎和大海的艺术形象。为中国近代早期著名合唱曲。

**寒鸦戏水** 筝曲。是广东潮州弦诗软套十大名曲之一。由三段组成，结构为*六十八板体。

**韩娥** 中国先秦女歌手。韩国人。其歌艺超群，曾有“歌毕余音绕梁三日不绝”之誉。

**汉宫秋月** ①中国传统著名琵琶曲。同名异曲有两首，分别见于《瀛州古调》(刊于 1916 年)和吴畹卿(1847～1926)传抄谱。②中国具有代表性的山东筝曲。③各种不同版本的《汉宫秋月》二胡改编曲。

**汉斯利克** Eduard Hanslick (1825～1904) 奥地利音乐学家。曾在布拉格大学学习法学。1849 年获法学博士后赴任地方官。曾与舒曼、瓦格纳、李斯特等音乐家交往。很早就为《维也纳音乐报》《维也纳报》撰写音乐评论。1854 年发表《论音乐的美——音乐美学修改新议》(有中译本)一书，确立了自律美学，给欧洲音乐界以极大的影响。1870年起任维也纳大学音乐史和音乐美学教授。参见*自律论。

**旱天雷** 1921年严老烈(约1850～约1930)所作扬琴曲。后成为广东音乐代表作。

**豪塞格** Friedrich von Hausegger (1837～1899) 奥地利音乐理论家、法律家。1872年任奥地利格拉茨大学音乐史、音乐理论教授。其于1885年所著音乐美学专著《作为表现的音乐》(*Musik als Ausdruck*)确立了新浪漫主义音乐美学的基础，与*汉斯利克相对立。

**号子** 中国民歌类别之一。即伴随着劳动产生、而又在劳动中起着协调或指挥功用的劳动号子。号子又可按劳动方式分为搬运号子、工程号子、农事号子、船渔号子等。

H

**号嘴** mouthpiece[英] *铜管乐器部件之一。管状，吹口，贴近双唇吹奏发音。

**合唱** chorus[英] 声乐演唱形式之一。将演唱者分成两个或数个声部合在一起唱。有混声合唱与同声合唱之分。一般称“合唱”时，指混声合唱(男女声混合)；同声合唱包括男声合唱、女声合唱、童声合唱等。混声合唱一般为四部(女高音、女低音、男高音、男低音)，亦有六部(女声二部、男声四部)、八部(女声四部、男声四部)等。根据声部的多寡又可分为女声二部合唱、童声三部合唱、男声四部合唱等。一般均有伴奏，无伴奏者则称*无伴奏合唱。

**合唱交响曲** Choral Symphony[英] 即*贝多芬于1822～1824年所作《第九交响曲》。亦可泛称带有合唱的交响曲。

**合唱团** 指演唱*合唱的团队。

**合奏** ensemble[法] 器乐演奏形式之一。由多种乐器组成并演奏多声部的乐曲的演奏形式。如弦乐合奏、管乐合奏、管弦乐合奏等。

**何承天**(370～447) 中国南朝宋时无神论思想家、天文学家、乐律学家。东海郯(今山东郯城西南)人。他反对*京房六十律，作“新律”(一种接近十二平均律的律制)。

**何柳堂**(约1870后～1934) 中国广东音乐代表人物之一。广东番禺沙湾人。祖父何博众为清末著名琵琶演奏家。善弹琵琶，任广东音乐、粤剧教师。作有广东音乐《赛龙夺锦》《七星伴月》《鸟惊喧》等传世之作。

**何满子** 中国唐玄宗(712～756年在位)时著名歌手。后被唐玄宗处死，临刑前曾作《何满子》一曲。

**何训田**(1953～ ) 中国作曲家。四川遂宁人。1977年入四川音乐学院作曲系学习，师从黄虎威。1982年毕业后留校任教。后任上海音乐学院作曲系教授。20世纪80年代后期，在*新潮音乐的影响下，积极探索新的音乐表现手段，尤重视表现人的精神世界，强调细腻的音色，倡导"R.D.作曲法"(任意律和对位法)，形成独具个性的音乐风格。作有民族管弦乐《达勃河随想曲》(1982)、弦乐四重奏《两个时辰》(1983)、交响曲《平仄》(1985)、为七位民乐演奏家而作的《天籁》(1986)、为二胡与管弦乐队而作的《梦四则》(1987)、管弦乐曲《感应》(1987)、新歌集《阿姐鼓》(1993)、《声音的图案》系列(2001)等。传略入编2001版《新格罗夫音乐与音乐家大辞典》。

**何占豪**(1933～ ) 中国作曲家。浙江诸暨人。1952年任浙江省越剧团乐队小提琴等乐器演奏员，1957年入上海音乐学院学习小提琴，后转学作曲。1959年与陈钢合作小提琴协奏曲《梁山伯与祝英台》遂一举成名。毕业后留校任教。尚作有弦乐四重奏《烈士日记》(1962)、交响诗《龙华塔》(1981)等。

**和声** harmony[英] 指按一定规则的和弦的连续进行。有时亦指一个或一组和弦(或和音)为和声。与旋律、节奏、音色同为音乐要素之一。

**和声标记法** 即*和弦标记。

**和声大调** *大调式之一。

**和声大音阶** harmonic major scale[英] 又称"和声大调"。*大音阶之一。指将自然大音阶中的第六音级降低半音的音阶。

**和声功能** harmonic function[英] 指和弦在*功能和声中所具有的调式意义。

**和声节奏** harmonic rhythm[英] 指根据和声进行所知觉的节奏。即由和弦的低音、旋律节奏以及其他因素(功能

H

变化、转位变换、速度、踏板、偶成和弦以及其他各种有关的微细因素等)所引起的和声变换的律动感。一般作为乐曲(或其片断)基础律动的和声节奏,均可在旋律节奏之中所感知。如与旋律的动向相对应的和声变换(两者节奏相一致)、和声与旋律两者的节奏呈周期性错位状态,或切分的和声节奏等。

**和声进行** harmonic progression[英] 指*和弦与和弦的连接效果。

**和声连接法** harmonic connection[英] *和弦连接的方式之一,与*旋律连接法相对而言。即在两个和弦连接时至少有一声部保持同一音。

H

**和声模进** harmonic sequence[英] 以一短小和声原型的反复*模进。如严格保持各声部的音程关系,势必引起转调;如不严格则不伴随转调。前者多见于19世纪的作品,后者多见于巴赫等人的作品。

**和声外音** non-harmonic note[英] 与该和弦共存且不属于该和弦结构中的任何一个音的音,即非和弦音。有*辅助音、*经过音、*延留音、*先现音、*骈枝音等。

**和声小调** *小调式之一。

**和声小音阶** harmonic minor scale[英] 又称“和声小调”。*小音阶之一。将自然小音阶中的第七音级升高半音的小音阶。以具有一个增二度为其特征。主要用于*和声之中。

**和声学** theory of harmony[英] 研究和弦的构造与连接的学问。和声学是在和声配置实践的基础上形成的一门学科。与*对位法同为学习作曲的必修课程。自*H.里曼以来,音乐创作为德国的功能和声所支配。传统和声学包括三和弦、七和弦、九和弦等和弦的构造及其转位,和弦的连接方法,各种转调手法,终止法,变化和弦,各种非和声音(*和声外音)的处理法,和声功能等。一般和声学的练习,是为低音或旋律配写*四部和声。随着课程的进展,对位的成分加大,强调写好横向各声部的线性写作技法,可见和声学与对位法的终极目标是一致的。

**和声音** chord-tones[英] 与*和声外音相对而言。即和弦所含的音。

**和声音程** 与*旋律音程相对而言。即同时发音的*音程。

**和弦** chord[英] 同时发声的三个或三个以上不同高度的音的合成。和弦是和声学研究的主要对象。在功能和声中,只限于以三度叠置的和弦,其中又有三和弦、七和弦等之分;协和与不协和之分;原位与转位之分。现代和声则喜用二度、四度、五度叠置而成的和弦,或自由组合而成的和弦,其协和与不协和的概念逐渐淡漠。

**和弦标记** akkordbezeichnung[德] 又称和声标记法。用字母、数字或其他记号表示和弦的种类、位置、功能等。即用音名表示调性,其大、小调用大写与小写表示;用罗马数字分别标记各音级的和弦,罗马数字右下角的阿拉伯数字表示和弦位置($^5_3$——原位三和弦、6——六和弦、$^6_4$——四六和弦、7——原位七和弦、$^6_5$——五六和弦、$^4_3$——三四和弦、2——二和弦、9——九和弦);加"+"表示增三和弦,加"。"表示减三和弦;用T(主功能)、S(下属功能)、D(属功能)表示和声功能。$K^6_4$ 表示终止四六和弦,DD 表示重属和弦,以升号和降号记示变化和弦等。



**和弦的排列** position of a chord[英] 在*四部和声中,和弦可*密集排列,或*开放排列,或*混合排列。

**和弦位置** chordal position[英] 指和弦中的某音处于低音的位置。即和弦的不同的排列方式,分别为原位(低音为根音)、第一转位(低音为三音)、第二转位(低音为五音)、第三转位(低音为七音)等。

**和音** 同时发声的若干音的泛称。包括*音程、*和弦等。

**河南板头曲** 中国河南民间器乐种类之一。"板头曲"指河南曲艺"河南曲子"演唱前所奏的器乐小曲。其乐队以弹拨乐器为主。据研究清初即已有之。

**贺绿汀**(1903～1999) 中国作曲家。湖南邵阳东乡(今邵东县)人。北伐战争时曾从事工运、农运工作。28 岁入上海国立音乐专科学校学习作曲,师从*黄自。抗日战争时期投入抗日救亡歌咏运动。1950 年代起长期任上海音乐学院院长。1979 年任中国文联副主席。作有钢琴曲

*《牧童短笛》(1934)、歌曲*《嘉陵江上》(1939)及合唱曲*《游击队歌》(1937)《十三陵水库大合唱》(1959)《上海第三次武装起义》(1978)、管弦乐曲*《晚会》*《森吉德马》(1945)等。著有《贺绿汀全集》共六卷。

**黑管** 即*单簧管。

**黑人灵歌** Negro Spirituals[英] 指从非洲被贩卖到北美的黑人奴隶们所唱的宗教歌谣。18世纪末与19世纪初,在美国南方与西部掀起了宗教复兴主义的浪潮,开始允许黑人奴隶参加教堂的礼拜仪式和宗教性的"野营布道会",并允许其学唱基督教圣歌。所谓"野营布道会"是一种宗教活动,在郊外举行的长达四五天的传教和祷告活动,其间,牧师先唱一段布道词,教徒则以喊叫或歌唱的方式回应。在这过程中,由于黑人的参与,逐渐形成以非洲音乐为基础,并吸收欧洲音乐的要素而独具一格的黑人灵歌。歌词往往取自旧约圣经故事,并根据黑人自身的境遇加以改编。音乐以五声音阶为其基调,中间伴以半音变化和切分节奏,运用颤吟的演唱方法等为其特征,充分表现了黑人的性格。初期经常为合唱形式(将具有非洲风格的单一旋律线,配以八度或四度、五度的和声),后则成为艺人巡回演出的一种演艺。黑人歌唱家保罗·罗伯逊即以擅长演唱黑人灵歌而著称。著名黑人灵歌尚有《米加勒划船靠了岸》《孔巴亚》《雨水再也不会把你淋湿》《去吧! 摩西》《世间的苦恼》《千万人走了》《啊! 自由》《我站在门外》等。

**黑人四重奏** 即德沃夏克的弦乐四重奏*《美国四重奏》。

**黑桃皇后** Queen of Spades The[英] *柴科夫斯基所作三幕歌剧。1890年首演于圣彼得堡。柴科夫斯基之弟根据普希金的同名小说编剧。剧情为:青年军官格尔曼与伯爵夫人的孙女丽莎相爱,从丽莎处得知其祖母黑桃皇后拥有赌赢纸牌的秘密后,财迷心窍,竟逼其祖母交出这秘密,导致黑桃皇后惊吓而死。见此情景,丽莎大失所望,投河自尽。格尔曼经狂赌后输得精光,终亦自杀身亡。

**亨策** Hans Werner Henze (1926～ ) 德国作曲家。初入布朗斯威国立音乐学校就读。二战时被德军拉壮丁后拚死逃往丹麦，隐名在一所教堂任管风琴师。战后回国曾任比勒菲尔德歌剧院及威斯巴登芭蕾舞团艺术指导，后旅居意大利。1961年曾任教于萨尔斯堡莫扎特音乐学院。1980年代初接任施托克豪森任科隆音乐学院作曲教授。创作甚丰，几近涵盖音乐的所有体裁与形式、人声与乐器的编制。是20世纪与布里顿齐名的重要歌剧作曲家之一。创作早期受勋伯格、斯特拉文斯基和欣德米特的影响，后分意大利时期和古巴时期，思想虽极左激进，创作则浪漫抒情，追求丰富的色彩。第一部重要作品是舞台剧《孤寂的林阴道》(1952)。主要作品有：歌剧《鹿王》(1952～1955)《洪堡公爵》(1960)《情侣悲歌》(1961)《少爷》(1965)《酒神的伴侣》(1966)《英国猫》(1983)等多部；题献给古巴革命家切·格瓦拉的清唱剧《梅杜萨之筏》(1965)《古巴妇女》(1975)；音乐戏剧《逃亡的奴隶》(1967)《通向怪人娜塔莎公寓的漫长道路》(1970)；被称为是"布拉姆斯以后少数成功的大型钢琴协奏曲之一的《第二钢琴协奏曲》(1967)；七部交响曲；芭蕾舞剧《奥尔菲斯》(1979)等多部；弦乐四重奏五部(1947～1977)；《安魂曲》(1990)。

**亨德尔** Georg Friedrich Handel (1685.2.23～1759.4.14)　英籍德国作曲家。与*巴赫同为*巴洛克音乐时期的代表作曲家，对欧洲音乐的发展予以重要影响。生于德国哈莱。父为理发师。童年酷爱古钢琴，但却遭到父亲的反对，只能夜晚去弹。6岁时其音乐才能得一公爵赏识，遂得以正式学习音乐，师从管风琴师查豪。其父去世后，遵父命入法学院学习。在该院受以神学院为堡垒的神秘主义、具有民主启蒙思想倾向而又赞赏君主体制的折衷派以及激进派三种思潮的影响。毕业后任教堂管风琴师，并在学校组建合唱团。后到经济、文化相对繁荣的汉堡，得以广泛接触音乐文化，并结识玛德松(1681～1764)与凯萨(1674～1739)，从事歌剧创作。后被意大利音乐所吸引，于21岁赴佛罗伦萨，接触了大量的意大利文化艺术，与斯卡拉蒂父子、科雷利等人结识，获得管风琴家和古钢琴家的声誉，并以意大利式歌剧《罗德吕哥》(1707)为其歌剧创作打响了第一炮。1710年任德国汉诺威宫廷乐长，其间两次赴英，后定居英国。1713 年英女王授其终身恩俸,1726 年入英籍。他以卓越的演奏得到各阶层人士的欢迎,并在王室和贵族的支持下创立"皇家歌剧院",写作了大量的意大利式歌剧。后转以创作清唱剧,并在这个领域取得巨大成就,得到英国人民的承认。晚年虽双目失明,但仍创作了《焰火音乐》(1749)等作品。尚作有*《水上音乐》(1717)、羽管键琴组曲、大协奏曲、小提琴奏鸣曲、长笛奏鸣曲、管风琴协奏曲、歌剧《里纳尔多》(1711)《戴达米亚》(1741)以及清唱剧*《以色列人在埃及》(1739)*《弥赛亚》(1742)《参孙》(1743)等。

**亨德尔主题变奏与赋格曲** Variations and Fugure on a Theme. by Handel[英] *布拉姆斯于 1861 年所作钢琴曲。作品 24。由主题和二十五个变奏和赋格组成。

H

**哼鸣** humming[英] 唱法之一。闭拢双唇而歌。双唇闭拢后,口腔需保持空间以产生共鸣。即用鼻音哼唱。

**横向可动对位** 两个或两个以上的对位声部在先后出现的时间上虽有变动(即比原先早出现或晚出现几拍)但仍可行的对位。

**红军根据地大合唱** *瞿希贤于 1956 年所作大合唱(金帆词)。由革命的风暴、送郎当红军、儿童团放哨歌、长征的队伍走了、怀念毛主席、红军回来了、亲爱的党、光荣的党等七首组成。

**红色娘子军** 吴祖强、杜鸣心、戴宏威、施万春、王燕樵所作六场芭蕾舞剧音乐。李承祥、蒋祖慧、王希贤编导。1964 年首演于北京。舞剧脚本根据梁信的同名电影剧本改编。描写 20 世纪 30 年代海南岛一女奴琼花逃出恶霸地主南霸天之府,投奔红色娘子军,并在党代表洪常青和众阶级姐妹的帮助下,成长为一名红军指挥员的故事。舞剧主题音乐则引用了*黄准为同名电影所写的主题歌《红色娘子军连歌》。

**红珊瑚** 王锡仁、胡士平所作九场歌剧。赵忠等人编剧。1960 年首演于北京。其唱段以《珊瑚颂》《海风阵阵愁煞人》等著称。剧情为:解放战争后期,为解放家乡珊瑚岛,渔家女珊妹与渔霸、敌军展开英勇的斗争,终至成功。

**红霞** 张锐所作四幕歌剧。石汉编剧。1957 年首演于南京。其中以《凤凰岭上祝红军》《太阳啊,你再照照我》等唱段著称。剧情为:1934 年秋,江西苏区少女红霞,为搭救众乡亲,竟冒着众人斥骂,假意答允为敌人带路,却将敌军带入红军伏击圈予以全歼,乡亲获救,红霞却壮烈牺牲。

**洪湖赤卫队** 张敬安、欧阳谦叔所作六场歌剧(曲作者与杨会召、朱本和、梅少山编剧)。1959 年首演于武汉。其中以二重唱《洪湖水,浪打浪》和女高音韩英的《没有眼泪,没有悲伤》《看天下劳苦大众都解放》等唱段著称。剧情为:1927~1937 年第二次国内革命战争时期,以韩英为首的洪湖赤卫队,战胜了彭霸天等反动势力,保卫了红色政权。



**后倚音** after note[英] 即附在主要音之后的*倚音。其时值含在其前面的主要音之内。用小音符标记,但不划短斜线。另一种则为颤音结束时所奏的两个音。

**呼胡** 中国拉弦乐器。为晋剧的主要伴奏乐器。

**呼吸记号** 表示换气的记号(V)。吸气的时间一般占用记号前面的音长。

**忽雷** 中国古代弹拨乐器。现存有唐代大、小忽雷各一。

**胡鲍伊** Jeno Hubay (1858~1937) 匈牙利小提琴家、作曲家。曾从其父卡尔·胡鲍伊(1828~1885)和*约阿希姆学习小提琴。曾任布鲁塞尔音乐学院小提琴教授,后长期任教于布达佩斯音乐学院,并于 1919 年升任该院院长。所作以采用匈牙利民间音乐的主题写成的小提琴作品最为出色。

**胡笳** 中国古代吹奏乐器。用于汉、魏鼓吹乐。

**胡笳十八拍** 一为琴曲,一为琴歌(为同名诗谱曲)。表现*蔡文姬被匈奴掳走后的思乡之情,以及还乡时惜别稚子之痛。

**胡琴** 中国对形制如*二胡状的拉弦乐器的统称。

H

**胡松华**(1932～ ) 中国男高音歌唱家。生于北平。曾任中央民族歌舞团、中央乐团独唱演员。1964年以演唱自作词曲的《赞歌》一举成名。

**胡桃夹子** Casse-noisette[法] *柴科夫斯基于1891～1892年所作二幕三场芭蕾舞剧音乐。作品71。1892年首演于圣彼得堡。根据霍夫曼的《胡桃夹子与耗子王的故事》编剧。剧情为:玛莎在圣诞之夜得到很多玩具,其中的胡桃夹子被她的哥哥摔坏了。玛莎眼泪汪汪护理着胡桃夹子,不觉睡着了。在梦中,所有的玩具都活了起来,饼干兵被耗子王打败了,胡桃夹子又带领玩具兵同耗子展开了一场恶战。在眼看胡桃夹子也不支之时,玛莎将鞋用全力抛出,打死了耗子王,救下了胡桃夹子。此时,胡桃夹子忽然变成一个王子,盛情邀请玛莎来到糖果仙子的王国,用糕点、饼干和甜食表示对玛莎的热烈欢迎。

**胡桃夹子组曲** Nutcrackes Suite[英] *柴科夫斯基于1892年将其所作同名芭蕾舞剧中的音乐改编而成的管弦乐组曲。由小序曲、性格舞曲(进行曲、糖果仙子舞曲、俄罗斯舞曲——特列帕克、阿拉伯舞曲、中国舞曲、芦笛舞曲)和花之圆舞曲等三个乐章组成。

**葫芦笙** 中国西南地区彝、傣等少数民族的有簧吹奏乐器。唐代即有记载。出土有公元前4世纪左右的铜笙斗。竹制,形似*笙。共鸣箱为一小葫芦,故名。

**葫芦丝** 又名"葫芦箫"。中国傣、彝、阿昌等族的有簧吹奏乐器。由长短不同的三根竹管(一为主管,二为附管)并列插入葫芦(共鸣箱)内组成,主管上开七个按音孔,附管所发为五度持续低音。簧片嵌在葫芦内的竹管上。

**蝴蝶** Papillons[法] *舒曼于1831年所作钢琴曲。作品2。由十二曲组成,并各附标题。以其所作《八首波兰舞曲》(1828)和《圆舞曲》(1829～1830)为素材写成。

**蝴蝶夫人** Madama Butterfly[英] *普契尼于1900～1903年所作三幕歌剧。伊利卡、贾科萨根据约翰·路德·朗的同名小说编剧。1904年首演于米兰。剧情为:在日本港口长崎,美国海军军官平克尔顿爱上了日本姑娘巧巧桑(即蝴蝶夫人)并与其结婚。婚后,平克尔顿返国,巧巧桑朝夕痴情等待他的归来。当平克尔顿归来时，却偕一新婚女子，致使巧巧桑悲痛欲绝，终至以死殉情。

**花灯** 中国民间歌舞之一。流行于西南地区各民族间，并因地方不同而有各种不同的称谓。

**花儿** 盛行于中国甘肃、青海一带的一种山歌。每年农历五、六月均举办“花儿会”，对唱赛歌，往往通宵达旦。

**花鼓** ①中国汉族民间歌舞之一。流行地域颇广，形式各异。如凤阳花鼓、山东花鼓、山西花鼓等。多为男女二人，自击锣或鼓，边歌边舞。②* 瞿维于 1946 年所作钢琴独奏曲。

**花腔女高音** 女高音之一。亦称擅长演唱具有精致的装饰音等华丽技巧的女高音演唱家。亦有花腔女低音或花腔男低音等。

H

**华彩段** cadenza[英、意] 在歌剧咏叹调末尾处或协奏曲各乐章的末尾处，由独唱者或独奏者单独即兴发挥的段落。原先其目的在于炫耀演奏者或歌唱者的技巧。这样势必与乐曲有所脱节，故从贝多芬《第五钢琴协奏曲》开始，华彩段大都由作曲者写定，成为乐曲的不可缺少的组成部分，但其仍具有高难的技巧。

**华彩经过句** roulade[法] 见于 18、19 世纪的歌剧咏叹调中装饰音的一种。似* 加花变奏。

**华尔斯坦奏鸣曲** Waldstein Sonate[德] * 贝多芬于 1804 年所作《C 大调第二十一钢琴奏鸣曲》。作品 53。题献给至友华尔斯坦伯爵，故名。

**华尔兹** 即* 圆舞曲。

**华丽波兰舞曲** Polonaise Brillante[法] * 维尼亚夫斯基于 1853 年所作小提琴曲。作品 4。

**华丽大圆舞曲** Grando Valse Brillante[法] * 肖邦于 1831 年所作钢琴曲。♭E 大调。作品 18。

**华沙幸存者** Survivor From Warsaw A[英] * 勋伯格于 1947 年所作管弦乐曲(附有朗诵和男声合唱)。翌年首演于美国新墨西哥州阿尔白克基。作品 46。该作以十二音技法写成，揭露了纳粹虐杀犹太人的滔天罪行。

**滑音** portamento[意] * 装饰音之一。即从一音滑入另一音。一种在主要音之前，由起点不定的较高或较低的音滑入主要音；一种在主要音之后，由主要音向上或向下滑入终点不定的音上。以↗或↗等记号表示向上滑，以↘或↘等记号表示向下滑。

**滑奏** glissando［意］ 演奏法之一。从一音到某一音之间的各音一滑而过，并不求其清晰。钢琴上以指甲在琴键上滑动刮奏，左右手均可；竖琴用手指快速轻滑琴弦；弦乐器以左手指在一根琴弦上快速滑动；长号则以快速滑动滑管取得。

**华彦钧**(1893～1950) 人称"阿炳"。中国近代著名民间音乐家。江苏无锡东亭人。其父华清和为无锡雷尊殿道士，精通各种民间乐器。自幼从其父学习各种乐器。35岁双目失明，以卖艺为生。其技艺超群，表演出众，以所传二胡曲《二泉映月》《听松》《寒春风曲》，以及琵琶曲《大浪淘沙》《昭君出塞》《龙船》著称于世。后人编有《阿炳曲集》。今存有其演奏的钢丝录音带。



**画家马蒂斯** Mathis der Maler［德］ *欣德米特于1934年所作交响曲。由天使的音乐会、救世主的下葬和圣安东尼的诱惑三个乐章组成。同年首演于柏林。乐章题名出自画家马蒂斯的三幅绘画题名。后将其用于其所作同名歌剧(作于1934～1935，首演于1938年)之中。

**怀旧** *黄自于1929年所作管弦乐曲。是中国近代第一部上演的管弦乐曲。1929年首演于美国伍尔西音乐厅。

**淮海战役组歌** 由沈亚威等作词作曲的反映淮海战役(解放战争时期中国人民解放军于1948年11月至1949年1月在以徐州为中心的广大地区同国民党军队进行的一次战略性决战)全过程的十首歌曲组成：序曲-争取更大的胜利、向南进军、乘胜追击、抢占运河桥、涉水打碾庄、捷报！捷报！歼灭了黄伯韬、挖工事、全歼黄维兵团、狠狠地打、歌颂淮海胜利。

**还原记号** natural［英］ 亦译"本位号"。*变音记号之一。即取消升号或降号的记号。其标记为：♮ 。

**环境音乐** Environmental Music［英］ 与"背景音乐"(Back-Ground Music［英］，缩写为B. G. M)同义。指非鉴

赏性的音乐。即令人喜欢听而又不妨碍人们的主要意识活动的音乐。在工厂、办公室、医院、运动场、游乐场,以及其他现代化的社会环境(如电梯、商店)中,以大众传媒与音乐为手段,承担着改善环境的任务的一翼。其功效可提高劳动生产率、抑制工作的单调感、减少疲劳感、改善人际关系等。此外,电影、戏剧中的背景音乐亦属环境音乐的范畴。

**缓急法** agogic[英]　指演奏(唱)时,在基本速度、节奏中发生的微妙的速度变化,用以增加音乐表现力的方法。有渐快、渐慢、*伸缩速度等。*里曼首创此语。在欧洲是在19世纪以后(特别是在浪漫主义音乐时期)缓急法才在音乐创作中与演奏(唱)上获得重要意义。

H

**幻想即兴曲** Fantaisie Impromptu[法]　*肖邦于1834年所作#c小调钢琴曲。

**幻想交响曲** Symphonie Fantastique[法]　*柏辽兹于1830年所作标题交响曲。作品14。副题为"一个艺术家的生活片断"。由五个乐章组成:梦幻与热情、舞会、田野景色、断头台进行曲、女巫安息日夜宴之梦。该作首创使用一个固定乐思代表作曲家的意中人贯穿全曲。

**幻想曲** fantasy[英]　原指一种管风琴或古钢琴的即兴独奏曲。16、17世纪间多以复调模仿手法写成。此后常用于赋格曲之前,相互形成对比,其结构更为自由,如巴赫的键盘曲《变化音幻想曲与赋格曲》。18世纪末至19世纪初方由即兴曲演变成独立的器乐曲体裁之一。后统称不受传统曲式结构束缚、富于想象力的器乐曲。

**换气记号** luftpause[德]　见*呼吸记号。

**换音**　即*骈枝音。

**荒山之夜** Night On the Bald Mountain[英]　*穆索尔斯基于1867年所作交响诗。原名为"荒山上的圣约翰节之夜"。后经常演奏的是经*里姆斯基-科萨科夫修订和配器的第四稿本。

**皇帝协奏曲** Emperor Concerto[英]　*贝多芬于1809年所作《E大调第五钢琴协奏曲》。标题系后人所题。

**皇帝圆舞曲** Kaiserwalzer[德]　*约翰·施特劳斯(小)于1888年所作圆舞曲,为约瑟夫一世登基40周年而作。

作品437。

**黄飞立**(1917～ ) 中国指挥家。广东番禺人。曾就读于上海国立音乐专科学校、美国耶鲁大学音乐学院(师从*欣德米特)。1951年回国任教于中央音乐学院,后升任教授。1956年参与创建该院指挥系,并出任系主任。其指挥曲目广泛,风格严谨,尤注重中国合唱曲与管弦乐曲的演出。

**黄河** 1969年石叔诚、许斐星、刘庄、殷承宗、盛礼洪、储望华等人根据*《黄河大合唱》改编的钢琴协奏曲。1970年首演于北京。由黄河船夫曲、黄河颂、黄河愤、保卫黄河等四个乐章组成。

**黄河大合唱** *冼星海于1939年所作大合唱(光未然词)。同年4月首演于延安。由序曲、黄河船夫曲、黄河颂、黄河之水天上来、黄水谣、河边对口曲、黄河怨、保卫黄河、怒吼吧!黄河等九个乐章组成。该曲塑造了中华民族巨人般的形象,是中国近代音乐史上一部重要的大型声乐作品。

**黄鹤的故事** 施咏康(1929～ )于1955年所作单乐章交响诗。取材于中国同名民间故事。某日,一民间笛手在墙上绘了一只黄鹤,黄鹤经常从墙上走下来为人们起舞。官老爷得知后,命人将其抢入府中,但黄鹤却不再起舞,并在听到笛手的笛声后又飞回人民的怀抱。

**黄贻钧**(1915～1995) 中国指挥家。江苏苏州人。曾师从黄自,就读于上海国立音乐专科学校。1950年起任上海交响乐团指挥,为中国早期交响乐队指挥之一。1956年任该团团长。并作有民族管弦乐曲《花好月圆》。

**黄友葵**(1908～1990) 中国女高音歌唱家、声乐教育家。湖南湘潭人。1930年赴美亨廷顿大学学习声乐。1933年回国后即在上海等地举办独唱音乐会。自1939年起先后任教于昆明国立艺术专科学校、南京大学艺术系、南京艺术学院,长期致力于声乐教学达五十年,张权、臧玉琰、孙家馨等著名歌唱家均出自其门下。

**黄准**(1926～ ) 中国女作曲家。生于浙江黄岩。1939年就读于延安鲁迅艺术文学院音乐系,师从冼星海。曾任独唱演员,后分别任东北电影制片厂、北京电影制片厂、上海电影制片厂创作员,致力于电影音乐创作。以动画片《小猫钓鱼》主题歌《劳动最光荣》(1952)、故事片《红色娘子军》主题歌《红色娘子军连歌》(1959)著称。

**黄自**(1904～1938) 中国作曲家、音乐教育家。字今吾。江苏川沙人(今属上海市)。在清华学校学习期间即开始学习音乐。20 岁赴美留学,25 岁毕业于耶鲁大学,并获音乐学士学位。26 岁回国任上海国立音乐专科学校理论作曲教授,兼教务主任。在专业音乐教育方面成绩卓著,在艺术歌曲、清唱剧等创作中别开生面,影响深远。作有清唱剧《长恨歌》,合唱曲《抗敌歌》(1931)《旗正飘飘》(1933),艺术歌曲《玫瑰三愿》(1932)《点绛唇》(1933)《南乡子》(1933)《天伦歌》(1936)等。尚撰有论文若干。

H

**簧** reed[英] 又称哨子。管乐器的发振器之一,以苇、木、竹、金属等制成的薄片。分单簧、双簧两种。前者簧为一片,如单簧管所用的簧;后者为二片,如唢呐、双簧管所用的簧。

**簧风琴** 即*风琴。

**簧乐器** reed instrument[英] 指有簧的*管乐器。

**灰姑娘** Cinderella[英] *普罗科菲耶夫于 1940～1941 年所作芭蕾舞剧音乐。根据法国作家贝洛(1628～1703)所作的同名童话编剧。1945 年首演于莫斯科。后由曲作者将其改编成三部组曲。

**诙谐曲** 即*谐谑曲。

**回旋歌** rondeau[法] 13～15 世纪法国重要的诗与音乐的形式之一。14 世纪盛极一时。属世俗复调歌曲体裁。通常为二或三声部。14 世纪法国作曲家*马肖,15 世纪勃艮第乐派的*迪费、*班舒瓦以及法-佛兰芒乐派的*奥克赫姆、*比斯努瓦都作有不少回旋歌。

**回旋曲** rondo[英] 音乐体裁之一。以*回旋曲式写成的独立乐曲。如莫扎特所作《a 小调钢琴回旋曲》(K. 511)。

**回旋曲式** rondo form[英] 源于欧洲民间轮舞歌曲形式。由一多次重复出现的段落(称“主部”)并间以其他不同的段落(称“插部”)构成的曲式。一般至少要间以两个插部,其图式为:A B A C A 。

**回旋奏鸣曲式** rondo sonata form[英] 兼具*回旋曲式

和*奏鸣曲式结构中的某些特点的一种曲式。其典型结构为:A B A C A B A。其中A相当于奏鸣曲的主部,B相当于奏鸣曲的副部(为属调,再现时为主调),C为展开部。常用于奏鸣曲或交响套曲的末乐章。

**回忆** Souvewir[法] Memory [英] ①捷克作曲家德尔德拉(1868~1944)于1904年所作小提琴曲。②安德鲁·劳埃德·韦伯音乐剧*《猫》中的著名唱段。

**回音** turn[英] *装饰音之一。是由四个或五个音组成的旋律型。分*顺回音和*逆回音两种。其记号可以记在一个音符的上面,也可以记在两个音符之间。记号上面或下面的变音记号属上方邻音或下方邻音。

H

**婚礼进行曲** wedding march[英] 结婚仪式中所用的进行曲。著名的有门德尔松所作管弦乐曲《仲夏夜之梦》中的婚礼进行曲,以及瓦格纳所作《罗恩格林》中的婚礼合唱等。

**混合利第亚调式** Mixolydian Mode[英] *教会调式之一。由相邻两音除三、四音级间和六、七音级间为半音外,其余均为全音的自然音列构成。其第七音级与主音并不构成大七度,而构成小七度。该调式的特色在于缺少半音的导音。副混合利第亚调式的构成方法见*正调式。

**混合拍子** mixed time[英] 由不同类别*拍子联合而成的一种拍子。如五拍子(2+3或3+2)、七拍子(3+4或4+3)等。

**混合排列** 和弦的排列形式之一。将*密集排列和*开放排列两者混用。即某两个声部间为密集排列,其他各声部间为开放排列。

**活塞** piston[英] 乐器部件之一。可改变管长使铜管乐器易于变更音高的装置。发明于19世纪初,后被广泛采用。

**火不思** 中国古代弹拨乐器。形似琵琶。系当时的外来乐器。现存唐代古画中可见其形状。

**火鸟** L'Oiseau de Feu[法] *斯特拉文斯基于1909~1910年所作芭蕾舞剧音乐。1910年首演于巴黎。后曲作者将其改编为三部管弦乐组曲。剧情取自俄罗斯一民间故事。王子伊凡追捕火鸟至深夜,在金苹果树下才得以捕获,但又在火鸟的恳求下将其放生,火鸟则以一根羽毛相谢。

不久，王子见一群被魔王囚禁的公主，遂随少女潜入魔宫，并在火鸟的帮助下，捣毁魔王的生命之蛋，使魔王的魔法顿然尽失。于是，公主们与被魔法化为石人的青年们得以获救。王子终与其所爱的公主成婚。

**霍尔堡组曲** Holberg Suite［英］ Aus Holbergs Zeit［德］ *格里格于1884～1885年所作具有*巴洛克音乐风格的弦乐合奏曲。由五曲组成：前奏曲、萨拉班德、加沃特、咏叹调、里戈东舞曲，为古组曲形式。霍尔堡（1684～1754）为丹麦、挪威文学的创始者，其所处时代的宫廷崇尚巴洛克艺术。该曲为纪念霍尔堡诞辰200周年而作。

**霍尔斯特** Gustav Theodore Holst（1874～1934） 英籍瑞典作曲家。1893年移居英国，并入皇家音乐学院学习作曲，师从斯坦福。在校时与*沃恩·威廉斯结为至友。毕业后曾任乐队长号手，后长期任教于莫利学院、皇家音乐学院、圣保罗女子学校。学习英国民歌、印度音乐和梵语，并广泛吸收各种音乐的成就而自成一格。是20世纪初英国音乐的代表人物之一。其代表作有*《行星》、歌剧《大笨蛋》（作品39，1920～1922）、合唱与管弦乐队《梨俱吠陀赞美诗》（作品26，1908～1910），以及歌曲、室内乐、钢琴曲等。

**霍凡希那序曲** Khovanshchina［英］ 一译“霍凡斯基党人之乱序曲”。*穆索尔斯基于1872～1880年所作同名歌剧（未完成）的序曲。又名《莫斯科河上的黎明序曲》。近卫军统领霍凡斯基伙同东正教领袖多西台乌斯图谋皇位，后被彼得一世所杀，而多西台乌斯也被迫率众信徒登山集体自焚。

**霍夫曼的船歌** Barcarole from“The Tales of Hoffman”［英］ *奥芬巴赫所作轻歌剧《霍夫曼的故事》第二幕中美女朱丽叶塔与霍夫曼好友尼库劳斯所唱的一支威尼斯船歌。后改编成各种器乐曲演奏。剧情为描述霍夫曼的三次悲剧性的恋爱经历。

**霍夫曼的故事** Tales of Hoffmann，The［英］ *奥芬巴赫所作三幕轻歌剧，是作者的谢世之作。以德国浪漫派作家霍夫曼生前的三个恋爱故事为主线展开：第一次爱上了一个木偶；第二次爱上了朱丽叶塔，当他用魔鬼之剑刺死情敌后，却发现朱丽叶塔早已投入别人的怀抱；第三次爱上了患有肺病的歌星安东尼娅，安东尼娅却又在魔鬼的操纵之下歌唱不止，最终死于霍夫曼的怀中。

**霍拉舞曲** Hora Staccato[意]　罗马尼亚作曲家迪尼库(Grigoras Dinicu，1889～1949)约1906年左右所作民族器乐曲。后被*海菲兹改编成著名的小提琴曲《连顿弓霍拉舞曲》。“霍拉”又名“多伊那”(doina)为流传于罗马尼亚的民间歌舞，音乐通常为2/4拍，速度较快，颤音等装饰音较多。

**霍罗维茨** Vladimir Horowitz (1904～1989)　美国钢琴家。原籍俄罗斯。1921年毕业于基辅音乐学院。1940年定居美国。其演奏技巧全面而辉煌，音色独特，力度幅度很大，曲目甚广，富于浪漫气息。是20世纪大钢琴家之一。

**霍塔舞曲** jota[西]　西班牙北部阿拉贡省的民间舞蹈。快速，三拍子。一人或众多男女激烈回旋跳跃的舞蹈。用吉他、响板、铃鼓(tambourine)、班杜里亚琴(bandurria)等乐器伴奏。舞时舞者手持响板自击节奏。*格林卡作有《阿拉贡霍塔》，后*李斯特、*法利亚、*圣-桑斯、*阿尔贝尼斯等作曲家均将其用于创作之中。

# J

**击跳弓** spiccato[意]　*弓法之一。以中弓在弦上快速击跳而取得断奏效果。

**击弦古钢琴** clavichord[英、德]　最早的键盘乐器。流行于4～18世纪。矩形。置于桌上演奏，供室内用。与拨弦古钢琴不同，按键使金属片击弦发音(金属片同时起品的作用)。音量微弱而具力度变化。音域为三至四个八度。

**机会音乐**　即*偶然音乐。

**基本乐理**　即*乐理。

**基本音级**　乐音体系中具有独立名称(即*音名)的七个音级的称谓，相对*变化音级而言。如钢琴键盘上白键所发出的音。

**基基莫拉** Kikimora[英]　*利亚多夫于1909年所作交响诗。以俄罗斯民间故事为题材。“基基莫拉”系邪恶之神。

**基音** fundamental tone[英]　发音体的振动一般为复合振动，从而产生复合音，其中最易听清、振动数最小(即发音体整个振动时所产生的基本频率)的音即为基音，其余皆为*泛音。

**嵇康**(223～263)　中国魏末琴家、音乐理论家。谯国(今安徽宿县西南)人。曾任中散大夫。为当时“竹林七贤”之一。博学多才，崇尚老庄。主张“越名教而任自然”“非汤武而薄周孔”，后为当权者所害。临刑前曾奏*《广陵散》。著有《琴赋》*《声无哀乐论》。作有琴曲《嵇氏三弄》。

**吉格舞曲** gigue[法]　一种快速舞曲。源于英国。为6/8、6/4、12/8等拍子，亦有四拍子或八拍子。二部曲式，常使用赋格的模仿复调音乐手法展开，第二部分的主题常是第一段的反行，后成为巴洛克音乐时期古组曲四首固定舞曲中的第四首。

**吉卜赛音阶**　匈牙利吉卜赛所独有的一种音阶。将和声小音阶中的第四音级也升高半音，故在三、四音级间与六、七音级间形成两个增二度，带有浓厚的忧郁感。

**吉卜赛之歌** Zigeunerweisen[德] 又译“流浪者之歌”。*萨拉萨蒂于1878年所作附管弦乐队伴奏的小提琴独奏曲。

**吉他** guitar[英] 现代重要拨弦乐器。六弦,故又称“六弦琴”。是西班牙代表性民族乐器,中世纪传布欧洲。一般分古典式(Classic Guitar)和夏威夷式(Havvaiian Guitar)两种。前者奏时斜抱于胸,用右手指拨奏;后者则横置于膝上,左手持金属压弦器按弦,右手指戴金属指套弹奏。常用以伴奏民间舞蹈和歌唱,亦可用于重奏和独奏。

**即兴伴奏** vamping[英] 指即席为声乐、器乐表演进行的伴奏。即无伴奏谱。参见*即兴演奏。

**即兴曲** impromptu[法] 具有即兴特点的器乐小曲。以舒伯特、肖邦等人的即兴曲最著名。

J

**即兴演奏** imporovisation[英] 一般指在乐器上根据一个规定主题在演奏的同时即席创作完成一部乐曲(可长可短)。既是一种技术,又是对演奏者音乐修养的一种考验。即兴伴奏亦是即兴演奏之一,在17世纪时还曾认为是成为一个键盘乐器演奏者的必备条件。

**集成曲** pasticcio[意] 原文意为“馅饼”。18世纪时流行的一种将几首曲调混杂而成的乐曲,或从不同的作曲家的不同的作品中选拔其精粹段落而组成的乐曲。亦指多人合作的作品,如出版商迪亚贝利约请五十位作曲家依据其所作主题每人写一首变奏曲而成的《爱国艺术家联合会》(*Vaterlandoscher Kunstlerverein*),其中即包括贝多芬的*《迪亚贝利变奏曲》。

**计算机音乐** computer music[英] 在作曲或音响合成、演奏等创作音乐的过程中使用计算机的音乐的统称,俗称电脑音乐。但一般不含也使用计算机的*电子音乐。参见*迷笛。

**记谱法** notation[英] 以文字或符号、数字、图像(几何图形、坐标、数码或绘图)等手段记录音乐(音高、音值、强弱、表情、演奏法等)的方法。其种类颇多,如*五线谱、*简谱、*工尺谱、*减字谱等。世界通用的是五线谱,在中国最普及的是简谱。20世纪以来,尚有现代音乐记谱法应运而生。

**寄明**(1917～1997) 中国女作曲家。江苏淮安人。生于苏州。1937年毕业于上海国立音乐专科学校。1951年任东北鲁迅文艺学院音乐系主任。1955年任上海电影制片厂创作员，致力于电影音乐创作。以电影《英雄小八路》主题歌*《我们是共产主义接班人》及儿童歌曲《少年，少年，祖国的春天》最著名。

**冀中管乐** 中国民间器乐种类之一。流传于河北保定、横水地区，据传已有二百年以上的历史。以管、笙、笛及打击乐器为主。有南乐会、北乐会、吵子会之分。

**加布里埃利** ①Andrea Gabrieli（约1510～1586）意大利*威尼斯乐派代表作曲家。曾任威尼斯圣马克大教堂管风琴师。②Giovanni Gabrieli(约1557～1612)意大利*威尼斯乐派最重要的代表作曲家。从其叔A.加布里埃利学习作曲。1585年起任威尼斯圣马克教堂管风琴师。在其创作中将*复合唱风格发展到极致。

J

**加花** 中国民间对将一基本曲调加以变奏的手法的称谓。给予演奏者以自由发挥的余地。

**加花变奏** divisions[英] 指17、18世纪欧洲流行的一种将简单的旋律线加以装饰(即变奏)的手法。多见于*维奥尔琴的即兴演奏，亦可写在谱上(如1667年出版的克里斯托弗·辛普森的《加花变奏小提琴曲集》)。

**加利亚德舞曲** gagliarda[意] 欧洲古典舞曲之一。源于意大利或法国。16世纪流行于欧洲的一种三拍子、急速欢快的舞曲。法名为gaillarde。舞时伴随有跳跃的动作。常用于庄严徐缓的*帕凡舞曲之后，与之对比组成一种二乐章的早期舞蹈组曲。18世纪被*库朗特或*小步舞曲所取代。

**加洛普舞曲** galop[法、英] 又称“加洛佩德(galopade)”。一种源于德国的二或四拍子的快速活泼的轮舞。舞时在每一乐句的句中、句尾处，舞者均作带有轻微跳跃的滑步。通常为三部曲式，有时有两个中段，并附引子及尾声。19世纪初流传到英国和法国，19世纪中叶传遍全欧洲，后成为*方阵舞曲末尾的最快部分。

**加美兰音乐** Gamelan[印尼] 印度尼西亚从9世纪发

展起来的一种以打击乐器为主的合奏音乐。以保存在爪哇岛和巴厘岛的加美兰最为著名。用于王室的祭典,或用以伴奏舞蹈和戏剧。

**加冕协奏曲** Kronungs Konzert[德] *莫扎特于1788年所作D大调钢琴协奏曲。K. 537。1790年神圣罗马帝国皇帝列奥波德二世举行加冕庆典时曲作者曾亲自指挥演奏该曲。

**加沃特舞曲** gavotte[法] 17世纪开始流行于法国宫廷和贵族社会中的舞曲之一。音乐轻快、娇媚、典雅,中速,2/2或4/4拍子,旋律流畅悦耳(多用旋律装饰的手法),并往往从弱起小节开始。结构大都为复三部曲式,中间常插入一段以持续音为衬托的具有*风笛特色的音响。*吕利作有著名的《d小调加沃特舞曲》,并将其用于芭蕾舞剧和歌剧音乐之中。后被*库普兰等人用于器乐组曲中。*J.S.巴赫也常将其用于管弦乐或键盘乐器的组曲之中。

J

**加线** ledger line[英] 临时在*谱表的上方或下方所加的短线,以记录比谱表范围更高或更低的音而设。分别称为上加或下加第一线、第二线等。加线之间亦称作"间",分别称为上加或下加第一间、第二间等。

**加赠板** 即*赠板。

**伽倻琴** 朝鲜和中国朝鲜族弹拨乐器。形似筝。相传6世纪时即已有之。

**家庭交响曲** Symphonia Domestica[拉] *理夏德·施特劳斯于1902～1903年所作交响曲。1904年首演于纽约。作品53。是自传体乐曲。

**嘉陵江上** *贺绿汀于1939年所作男高音独唱歌曲(端木蕻良词)。

**甲壳虫乐队** 即*披头士。

**架子鼓** traps[英] 亦称爵士鼓。社交舞蹈伴奏乐队和爵士乐队中鼓手所用的一套乐器。包括若干大小不一的鼓和钹等打击乐器。

**假关系** 即*对斜。

**假面舞会组曲** Masquerade[英] *哈恰图良于1941年为俄罗斯作家莱蒙托夫(1814～1841)的同名戏剧所作的配

乐。1943 年将其编为管弦乐组曲，由圆舞曲、夜曲、马祖卡、罗曼斯、加洛普五曲组成，并首演于 1944 年。

**假声** falsetto[英] 男声位于* 头声之上的特殊声区。即在正常音域以上所形成的最高声区，嗓音急促、尖细，力度较弱。与真声相对，发假声时声带边缘振动、声门闭合不严，较费气。经过训练的、有呼吸支持、有共鸣的艺术假声，则具有一定的表现力。

**间** space[英] * 谱表中线与线之间称"间"。从下面顺序向上数称第一间、第二间、第三间、第四间。有* 加线时则称上加或下加第一间、第二间等。

**间奏** interlude[英] 在声乐曲或器乐曲进行中起连接作用的短小器乐部分。

**间奏曲** interlude[英]intermezzo[意] ①歌剧或戏剧中幕与幕之间演奏的器乐曲。②一种形式较自由的器乐小曲。1832 年* 舒曼首先称其钢琴作品第四号为"间奏曲"。

**减二度** 比小二度少半音的* 减音程。实际音响为* 同度。

**减七和弦** diminished seventh chord[英] * 七和弦之一。在* 减三和弦的根音上再置一个减七度音而构成的和弦。即由三个小三度叠置而成。如和声小音阶的导音上构成的七和弦。转位后各音关系仍为小三度，故可用来作* 等和弦转调，每一个减七和弦可直接解决到十六个调(八个大调和八个小调)。

**减三和弦** diminished triad[英] * 不协和和弦之一。由根音上的减五度和小三度的音叠置而成的三和弦。即由两个小三度叠置的和弦。如大音阶第七音上构成的三和弦，和声小音阶第二音或第七音上构成的三和弦等。

**减音程** diminished interval[英] * 不协和音程之一。比* 完全音程或* 小音程少一个"半音"的音程。经常使用的是减七度、减五度、减四度。如减七度比小七度少一个"半音"。

**减字谱** 中国传统古琴谱。据称为唐代曹柔所首创。即将* 文字谱简化、缩写而成。主要标明指法，用以表示各音的高度(某弦某徽)、演奏技法(勾、挑、打、抹等)。减字谱虽能准确标示音高和* 音色(泛音)变化，但却无节奏标示。

参见*打谱。

**简板** 中国打击乐器。由两根红木棒组成。为河南坠子演员演唱时自击的击节乐器。

**简记法** abbreviation[英] 为了记谱或读谱时的方便，而将术语、休止符、音符的省略记法。如*移动八度记号、*长休止记号、从记号始等。

**简谱** chevé system[法]cheve method[英] 又称“数字谱”。记谱法之一。以阿拉伯数字1、2、3、4、5、6、7充当音符，“**0**”作休止符的简易谱式。其*唱名同五线谱，但应用*首调唱名法。以增时线、减时线、附点表示时值的增减；以数字上方或下方标记黑点分别表示为高八度或低八度；以 **1** =C 等作调号，标于曲谱左上方；以2/4、3/4、6/8等作拍号，标记于调号右侧。简谱于16世纪兴起于欧洲，经17世纪的苏埃蒂，18世纪卢梭以及19世纪的加兰、帕里斯等人的加工，并由谢韦(E. J. M. Cheve，1804～1864)完成于19世纪中叶。该记谱法于20世纪初，随着*学堂乐歌的兴起，由日本传入中国。

**简约派音乐** Minimal Music[英] 20世纪60年代后半，为美国作曲家赖利(Terry Riley，1935～ )和赖克(Steve Reich，1936～ )等作曲家所探索的音乐流派，后在20世纪70年代流行于世界各地。即以最简约的音型自始至终作无止境的反复(贯以渐进的变化)而成，故亦称“重复音乐”(repetitive music)。如赖克的为四对定音邦戈鼓、三架马林巴琴、三架钟琴、男声和女声而作的《击鼓》(1971，虽自始至终保持重复的节奏，但色彩和织体却渐进复杂和精致)，赖利的合奏曲《C音》(1964，采用五十三个音型，自始至终保持重复的节奏，并在高声部演奏一个不断反复的八分音符“C”音)。其代表人物尚有*格拉斯、扬(La Monte Young，1935～ )等。

**建鼓** 中国古代打击乐器。战国曾侯乙墓出土的建鼓为现存最早的实物。

**渐强渐弱唱法** 即*中强唱法。

**渐消失** mancando[意] 速度术语。缩写为“manc”，或“mor (morendo)”，或“smorz (smorzando)”。渐慢同时

渐弱。

**践耳**(1922～ ) 即*朱践耳。中国作曲家。原名朱荣实。安徽泾县人。生于天津。1945年赴苏北参加革命文艺工作,其间作有《打得好》等歌曲流传甚广。1949年从事电影音乐创作。1955年赴莫斯科音乐学院学习,师从巴拉萨年。1960年回国后任上海实验歌剧院、上海交响乐团常任作曲,并在上海音乐学院兼教作曲。主要作品有:交响曲十部;序曲、小交响曲、协奏曲等十二部;交响乐——大合唱《英雄诗篇》;《思凡》等钢琴曲;室内乐;《翻身的日子》(2005年又改编成管弦乐《欢欣的日子》)等民乐合奏及《唱支山歌给党听》《接过雷锋的枪》等群众歌曲。其中《交响幻想曲》《第二交响曲》均获全国交响音乐作品一等奖;《第四交响曲》获1990年瑞士"玛丽·何塞皇后"国际作曲比赛大奖;交响诗《百年沧桑》1996年获"迎接香港回归"音乐作品惟一金奖;《第十交响曲》1997年受美国哈佛大学弗罗姆音乐基金会委约。1991年荣获上海文学艺术"杰出贡献奖",1990年起入载英国剑桥传记中心的《世界音乐名人录》,2001年入载《新格罗夫音乐与音乐家辞典》。

**键** key[英] 乐器上的机械装置之一。用手指按奏。如键盘乐器上的黑、白键及某些管乐器上的键。

**键盘** keyboard[英] 由一系列按半音阶横向排列的黑白键组成。如钢琴、管风琴、手风琴等乐器的键盘。钢琴为一层,管风琴有手按键盘二至五层及脚踏键盘一。

**键盘和声** keyboard hamony[英] 是和声教学中的训练方法之一。即在键盘乐器上直接弹出为旋律或低音配置四部和声、各种和声终止式、和声模进、转调和声等,以培养学习者的内心听觉以及各种和声进行的构思,是强化和声思维的重要手段。

**键盘乐器** keyboard instruments[英] 乐器分类之一。附有键盘的乐器的统称。如钢琴、风琴等。

**江定仙**(1912～2000) 中国作曲家、音乐教育家。湖北武汉人。1930年入上海国立音乐专科学校学习作曲,师从黄自。1940年任教于重庆国立音乐学院。1950年起先后任中央音乐学院教授、作曲系主任、副院长,为培养中国现代专业作曲人才作出了很大的贡献。作有钢琴曲《摇篮曲》(1934)、歌曲《打汉奸》(1937)、合唱曲《露鸣》、交响诗《烟波江上》(1958),以及电影《早春二月》配乐等。

**江河水** ①20世纪50年代初王石路、朱广庆、朱长安、谷新善根据同名辽宁鼓吹曲改编的*双管独奏曲。②黄海淮改编的二胡独奏曲。

**江姐** 羊鸣、姜春阳、金砂所作七场歌剧。阎肃根据小说《红岩》编剧。1964年首演于北京。以《红梅赞》《绣红旗》等唱段著称。剧情为:在重庆即将解放前夕,中国共产党地下党员江姐因叛徒甫志高的出卖而被捕入狱。在敌人的威逼利诱、酷刑拷打之下,忠贞于共产主义信仰,毫不动摇,从容就义。

J

**江南丝竹** 流行于中国江南一带(上海及江、浙)的民间器乐种类之一。最早的丝竹乐民间组织是于1911年成立的上海“文明雅集”。其编制二至八人,乐器有二胡、小三弦、琵琶、扬琴、笛、箫、笙以及鼓、板、木鱼、铃等;曲目有小曲亦有大型套曲。演奏富于即兴性。代表性乐曲有《四合如意》《老六板》《行街》等。

**江文也**(1910~1983) 中国作曲家。福建人。生于台湾台北县。13岁即赴日本留学,其间曾师从*山田耕筰。所作管弦乐曲《台湾舞曲》(1934)获第11届奥林匹克运动会文艺竞赛管弦乐作品银质奖。1938年任教于北平师范大学音乐系。1950年起任中央音乐学院教授。其生前作品演奏甚少,1983年后始得以大量演奏。尚作有钢琴曲《五首素描》、交响诗《汨罗沉流》(1953)、管弦乐《故都素描》《第四交响曲——纪念郑成功收复台湾300周年》(1962)等。

**姜白石** 即*姜夔的通称。

**姜夔**(1155~1221) 中国南宋著名词人、音乐家。号白石道人。世称姜白石。饶州鄱阳(今江西波阳)人。一生不仕,往来于鄂、赣、皖、浙、苏之间,与杨万里、范大成、张鉴、辛弃疾等诗人、词客交往。后病逝于杭州。传有《白石道人歌曲》,其中载有《扬州慢》《鬲溪梅令》《暗香》《疏影》《长亭怨》等词曲十七首,均有古工尺字旁谱,大多为其自作,是研究中国古代音乐的重要文献。

**蒋风之**(1908～1986) 中国二胡演奏家。生于江苏宜兴。曾就读于上海国立音乐学院、北平大学艺术学院音乐系。师从*刘天华。后长期从事音乐教育。曾任中国音乐学院民乐系主任、副院长。擅长演奏《汉宫秋月》等曲。

**降号** flat[英] *变音记号之一。记为:♭。是使某音降低半音的记号。记在音符符头的左侧作为临时记号,或记在*谱号的右侧作为*调号。

**交错关系** 即*对斜。

**交错拍子** 多声部音乐中两种或两种以上的节拍同时在不同声部的组合出现。见*复节奏。

**交替调式** alternative mode[英] *调式之一。在乐曲中为丰富调式的表现力而产生的三种基本交替类型:同音列交替(主音不同,如关系大小调的交替、C徵与F宫的交替等)、同主音交替(音列不同,如同主音大小调的交替、B徵与B商的交替等)、音列和主音均不同的交替(如E商与A商的交替等)。

**交替圣歌** antiphon[英] 西方宗教礼拜仪式所唱歌曲。由两个*唱诗班交替对唱短诗(versicle),用以加强所诵读的诗篇的意义。

**交响曲** symphony[英]sinfonia[意] 欧洲古典乐派时期确立的多乐章的大型管弦乐曲,在某种意义上说,就是指管弦乐的奏鸣曲。它是在17世纪至18世纪欧洲歌剧序曲(意大利歌剧序曲由快、慢、快三个不同的部分组成,中间部分为对比性的柔板)和器乐组曲创作的基础上发展起来的一种戏剧性较强的大型器乐体裁。18世纪时,北德乐派的C.P.E.巴赫等人开始写三个乐章的管弦乐曲,并逐渐确立第一乐章为奏鸣曲形式;在南德以约翰·斯塔米茨父子等人为代表的*曼海姆乐派(在那里拥有当时最优秀的管弦乐队)开始写四个乐章的交响曲,并在创作中充实了第一乐章,丰富了配器色调,强调了力度变化,对欧洲的交响曲创作产生了很大的影响。*海顿在这些成功经验的基础上,确立了四乐章交响套曲结构、近代管弦乐的编制(双管制)及配器原则,从而完成了交响曲的改革。*莫扎特则将交响曲注入了新的内容。之后,*贝多芬创作了不朽的九部交响曲，把交响曲的创作推到了一个顶峰，特别是在他的《第九交响曲》中，创造性地把人声作为一组"乐器"与管弦乐队交响化地结合起来。近代以来，交响曲已成为一种世界性的器乐体裁。其结构通常由四个既独立而又有内部联系的乐章组成，并按*奏鸣曲结构使之统一起来。第一乐章为奏鸣曲形式，速度为 Allegro，亦称快板乐章；第二乐章为歌谣体形式，亦可用变奏曲式、奏鸣曲式或回旋曲式，速度一般是徐缓的，习惯上多用 Andante 速度，亦称慢板乐章；第三乐章为小步舞曲或谐谑曲、复三部曲式；第四乐章为回旋曲式，亦可用奏鸣曲式或变奏曲式，又称终曲。尚可由两个乐章（如*舒伯特的《未完成交响曲》）、三个乐章（如*李斯特的《浮士德交响曲》）、五个乐章（如*柏辽兹的《幻想交响曲》、*柴科夫斯基的《第三交响曲》、*斯克里亚宾的《第二交响曲》等）、六个乐章（如斯克里亚宾的《第一交响曲》），甚至更多的乐章组成。

J

**交响诗** symphonic poem［英］　标题性的单乐章管弦乐曲。1850 年*李斯特首用此名称。形式自由。题材多取自文学、戏剧、美术作品，或取自历史事迹。音乐上广泛采用主题变形的手法，塑造出表现特定标题内容的艺术形象。如李斯特的*《塔索》、*圣-桑斯的《骷髅之舞》、辛沪光的《嘎达梅林》、施咏康的*《黄鹤的故事》等。另有交响音画（侧重于描绘性，如*《在中亚细亚草原上》）、交响童话（如*《彼得与狼》）等，均与交响诗相似。*理夏德・施特劳斯则称其所作交响诗*《英雄的生涯》为"音诗"（tondichtung）。

**交响童话**　用音乐描述童话。见*交响诗。

**交响协奏曲** symphonie concertante［法］　18 世纪后半一种既具有*大协奏曲的形式，又具有一定交响性的大型器乐曲。如曼海姆乐派斯塔米茨于 1773～1781 年所作的约四十部交响协奏曲；*莫扎特于 1778 年为长笛、竖琴和管弦乐队所作的 C 大调交响协奏曲等。很难与二重协奏曲相区分。

**交响音画**　见*交响诗。

**角**　中国传统音乐术语。*五声之一。相当于 mi。

**角笛舞** hornpipe［英］　16 至 19 世纪的一种舞蹈。最早流行于英国。以角笛为伴奏乐器，并以使用苏格兰切分法为其特征。拍子 3/2 或 4/4 不等。* 珀塞尔的歌剧和 * 亨德尔的大协奏曲、《水上音乐》均曾采用。

**脚夫调** 中国陕北传统 * 信天游之一。

**教坊大乐** 中国宋代的宫廷燕乐。

**教会调式** church modes[英] 又称"中世纪调式"。在大、小调体系确立以前，欧洲于中世纪形成的七声调式。有 * 正调式和副调式共十二种。至 16 世纪末，教会调式多为复调音乐创作的基础，17 世纪时随着主调音乐的发展、近代和声的确立方逐渐为大、小调式所取代。

**教会奏鸣曲** sonata da chiesa[意] 17 世纪到 18 世纪欧洲流行的四乐章的器乐形式之一。其各乐章的速度分别为缓、急、缓、急，急速乐章采用赋格的手法。一般是为两把小提琴、一件演奏通奏低音的键盘乐器及一件低音弦乐器而写。在教会演奏时总得使用管风琴。

**教我如何不想他** * 赵元任于 1926 年所作歌曲(为刘半农诗谱曲)。该歌充满"五四"精神，且为中国近代早期艺术歌曲的优秀之作。

**节拍** 即 * 拍子。

**节拍器** 即 * 拍节器。

**节日序曲** ①* 肖斯塔科维奇作于 1954 年的音乐会序曲。②* 践耳于 1958 年所作单乐章的管弦乐曲。首演于翌年。③杨立青于 1987 年为上海音乐学院 60 周年校庆所作交响序曲，同年首演。

**节奏** rhythm[英] 节奏是音乐的重要表现手段之一，与旋律、和声并称为音乐三大要素。指音响运动中的时值变化。广义上的节奏含节拍、重音、休止等。音响的强弱、快慢、长短为其决定因素。在音乐实践中则应与 * 节拍相区分。各民族、各时代均有其独特的节奏形式，大体可分为有量节奏(时值的长短需为基本单位的倍数)、节拍(韵律)节奏(在节拍中展开，如西洋古典音乐的节奏)，以及自由节奏(无定量单位，多存在于东方音乐之中)等类别。在各种舞曲体裁中，往往虽同一节拍，但却各自具有鲜明的节奏特征，如马祖卡和圆舞曲等，见 * 节奏型。

**节奏模式** rhythmic modes[英] 欧洲12世纪后半至13世纪的复调音乐(特别是* 巴黎圣母院乐派的* 奥尔加农和经文歌)中独特的节奏体系。即基于长、短两种类型基础上组合成六种节奏模式。往往与诗歌韵律音步的节奏一致。“音步”(foot)是指诗的音步,即一组构成诗句韵律的重音和非重音音节。

**节奏型** rhythmic pattern[英] 乐曲中具有特性的节奏。既可说明乐曲类别(如进行曲、圆舞曲、马祖卡等),亦可利用某些节奏型的反复出现以取得乐曲结构的统一。

**结束部** codetta[意] * 奏鸣曲式的呈示部中的结束部分。

**碣石调·幽兰** 琴曲。为中国现存最早的琴曲,保存在传留至今的唐代手抄卷子(原件在日本)之中。据该琴谱解题称该曲为南朝梁代的丘明(494～590)所传。该琴曲之* 文字谱亦是中国存见最古老的乐谱。

**羯鼓** 中国古代打击乐器。唐代中期盛极一时,* 唐玄宗即以善击羯鼓著称。“羯”为中国古代民族之一,系匈奴的一个分支。

**解决** resolution[英] 指音乐上从不稳定至稳定的进行。即在和声中,从不协和和弦至协和和弦的进行;在旋律中,从导音或Ⅱ音级至主音的进行、Ⅳ音级至Ⅲ音级的进行等。

**芥川也寸志**(1925～1989) 日本作曲家。生于东京田瑞。父为著名文学家芥川龙之介。1949年毕业于东京音乐学校研究科。1953年与* 团伊玖磨、* 黛敏郎组成“三人会”。后长期任日本作曲家协议会会长、新交响乐团音乐总监。曾于1955年、1987年两次访华。所作受* 普罗科菲耶夫、* 斯特拉文斯基的影响甚深。作有《交响性管弦乐曲》(1950)、弦乐合奏曲《三折画》(1953)、交响曲《埃罗勒》(1958,“埃罗勒”系印度埃罗勒石窟寺院)、《响》(1986)等。

**借字** 中国东北唢呐音乐用语。即以* 变声作为另一调的* 正声从而改变调高,同时旋律亦有所变化。有单借(转至下五度新调)、双借(借两个字转至下方二度或上方二度新调)、三借(借三个字转至下方小三度或上方小三度新调)、压上(压住“上”音不吹而吹“乙”音从而转至上方五度新调)之分。

**金橄榄** 苏南十番锣鼓等民间吹打乐中的一种以*数列型节奏手法编排的结构形式。即一、三、五、七、五、三、一,从而形成两头小中间大似橄榄形的结构模式。有一首锣鼓谱即称《金橄榄》,并按此结构安排。

**金婚式** La Cinquantaine[法] 法国作曲家加勃里埃·马里(Gabriel Marie, 1852～1928)所作管弦乐曲。欧洲习俗称结婚50周年为"金婚"。后改编成各种器乐曲。

**金蛇狂舞** *聂耳于1934年所作民族器乐合奏曲。根据广为流传的民间曲调《老六板》编成。

**金湘**(1935～ ) 中国作曲家。1947年入南京国立音乐学院幼年班学习大提琴(后转为中央音乐学院少年班),1959年毕业于中央音乐学院作曲系,赴新疆任职于阿克苏地区文工团、自治区歌舞团。1979年任北京交响乐团指挥兼作曲。1984年任中国音乐学院作曲系教授,其间曾于1990年赴美,访问进修于西雅图华盛顿大学、华盛顿歌剧院和朱利亚音乐学校。其创作以基于民族音乐传统,又富于探索精神,并善于广泛吸收西方现代作曲技法等为其特征。所作甚多,以四幕歌剧《原野》(1987)著称。尚作有声乐套曲《子夜四时歌》(1981)、民族交响组歌《诗经五首》(1985)、民族交响音画《塔克拉玛干掠影》(1987)、交响狂想曲《天问》(1993)等。歌剧《楚霸王》(1994)《杨贵妃》(2003)《八女投江》(2005)。著有《困惑求索》一书(2003)。

**金与银圆舞曲** Walzer"Gold und Silver"[德] *莱哈尔于1902年所作管弦乐曲。作品79。

**近关系调** related keys[英] 又称"一级关系调"。指调关系为一级关系的各个调。即调号相同或相差一个升、降记号的各调。如C大调的关系调为F大调、d小调、G大调、e小调、a小调。又如*同宫系统中的各调。与*远关系调相对而言。

**进行** motion[英] 和声中各声部的协调进行,是和弦连接的基础。一个声部的一个音,以逐级进行到临音时称"级进";作四、五、六度等音程的进行,称"跳进"。两个声部作同一方向的进行,称"同向进行";在进行中两个声部之间的

J

音程保持同样距离，称“平行进行”，是同向进行的一种变体；两个声部作反方向的进行，称“反向进行”；一个声部保持水平方向，另一声部作向上或向下进行，则称“斜向进行”。在音乐实践中，往往将上述各种进行加以混合运用。

**进行曲** march[英]　伴随各种群众队伍的进行而演唱（奏）的音乐，亦可用于音乐会。通常为中部转入关系调的三部曲式结构，二拍子或四拍子（偶用 6/8），并以均匀明晰的节奏、和弦式的伴奏等为其特征。有各种速度、各种性质的进行曲，如军队进行曲、葬礼进行曲、婚礼进行曲、庆典进行曲等。进行曲多为热情、庄严，可统一行进者的步伐，激励某种情绪。很多群众歌曲也具有进行曲的特征，称“进行曲风”。

J

**进行速度**　速度术语。每分钟约 120 拍。

**京二胡**　中国拉弦乐器。似二胡而小，琴筒呈六角或八角形。用于京剧伴奏。

**京房六十律**　律制之一。京房系中国西汉律学家，东郡顿丘（今河南清丰）人。他在三分损益生成十二律的基础上，继续相生至六十律，企图解决黄钟不能还原的问题，但仍存有极其微小的差别。他还率先采用弦律，创制“十三弦律准”（“准”即弦律的正律器），以补管律（以管定律）之误差。

**京胡**　中国拉弦乐器。俗称“胡琴”。形似二胡，琴筒截竹而成。形成于 18 世纪末，为京剧的主要伴奏乐器。

**经过和弦** passing chord[英]　指在*经过音上构成的和弦。

**经过句** passage[英]　在乐曲中起连接作用的两个乐句间急速的、具有较高技术性的小片段或乐句。

**经过音** passing note[英]　*和声外音之一。在两个不同的和弦音之间填充一非和弦音，从而形成上行或下行音阶式的进行，此音即称“经过音”。

**经过转调** passing modulation[英]　指从原调到*远关系调的转调之间的各调。

**经文歌** motet[英]　复调性的宗教歌曲之一。一般无伴奏，声部可多可少。13 世纪曾盛极一时。以圣咏（用拉丁文演唱经文)作*定旋律，并以对位手法在其上方或下方配以两个俗乐声部(用母语演唱世俗性的歌词)。16世纪达于巅峰。当时与其相对应的世俗音乐是*牧歌。

**惊愕交响曲** Surprise Symphony[英] *海顿于1791年所作第九十四交响曲。翌年首演于伦敦。为其初访伦敦所作。

**精灵之舞** Ballet des Sylphes[法] *柏辽兹所作《浮士德的沉沦》中的第二部分。描绘精灵们围绕着浮士德狂舞的情景。

**净化之夜** 即*升华之夜。

**九重奏** nonet[英] 见*重奏。

**九度** ninth[英] 度数为九的*音程。分大九度(含七个全音)、小九度(含六个半全音)。

**九和弦** ninth chord[英] 在*七和弦的根音上再置一个九度音而构成的和弦。即由五个三度叠置的音组成的和弦。其根音上方的九度音称为“九音”。经常使用的是属音上的九和弦，称*属九和弦。

**九连音** nonolet[英] 节奏划分的特殊形式之一。将音的时值等分为九部分来代替八部分，便形成九连音。参见*三连音。

**九音** 见*九和弦。

**酒狂** 中国古代琴曲。最早载于*《神奇秘谱》。

**旧音阶** 即*古音阶。

**居伊** Cesar Cui (1835～1918) 俄罗斯作曲家。*五人团成员之一。是将军衔工程师，并从事军事工程教学工作，业余进行音乐创作和音乐评论，对俄罗斯新音乐的发展颇具贡献。作有歌剧、管弦乐曲、钢琴曲和歌曲等。

**具体音乐** concrete music[英] 20世纪音乐流派之一。以外界的具体音响(如风声、雨声、人声、汽笛声、火车轰鸣声等)为素材，采用电子设备进行编排、拼凑而成的音乐作品。始自1948年P.歇弗尔(1910～1995，曾任法国广播电台音响技师)所作以火车声响合成的《铁路练习曲》。

**剧院魅影** Phantom of Opera 英国音乐剧。*韦伯，安德鲁·劳埃德作曲的最成功的音乐剧之一，根据法国作

J

家加斯顿·勒鲁(Gaston Leroux)的通俗小说改编。1986年首演于伦敦,首演男主角迈克尔·克劳福和女主角*莎拉·布莱曼。曾获英国奥利弗最佳音乐剧奖和纽约戏剧评论奖等多项大奖。在全世界至今已有十六个制作的版本。该剧的电影版亦已由华纳兄弟公司推出。带着面具隐居在巴黎歌剧院地下巢穴的作曲家"魅影",暗中教唱和施助于美少女克莉斯汀,为得到克的爱情在剧院制造了一系列的恐怖事件,并极力阻挠克莉斯汀和拉乌尔的婚恋,最后被真爱感动而成全了克、拉之美。2004年在上海作中国首演。

**绝对音感** absolute hearing[英] 根据记忆而做到识别*绝对音高的能力,可辨认任何音的*绝对音高。

J

**绝对音高** absolute pitch[英] 与*相对音高(relatiye pitch)相对而言。指具有规定振动数的音高。

**绝对音乐** absolute music[英] 又译"纯音乐"。与"抽象音乐"(abstract music)同义。一指与*标题音乐相对而言的音乐,或泛指器乐曲。*里曼在19与20世纪之交针对形式美学与内容美学所提出的一种带有折衷倾向的观点,将音乐艺术分为标题音乐和绝对音乐两种。前者存在着非音乐的内容,后者则无。

**爵士乐** jazz[英] 流行音乐之一。19世纪末20世纪初兴起于美国南部新奥尔良。源自*布鲁斯和*拉格泰姆。其音乐以连续切分、多变幻的节奏以及即兴演奏为其特点。

**军队波兰舞曲** Polonaise Militaire[法] 一译"军队波洛奈兹"。如*肖邦于1838年所作钢琴曲——《A大调波兰舞曲》。作品40之1。

**军队进行曲** Marche Militaire[法] *舒伯特于1812～1816年间的D大调四手联弹钢琴曲。作品51之一。后被改编成各种器乐独奏曲或合奏曲。

**军乐** military music[英] 指*军乐队演奏的音乐。

**军乐队** military band[英] 为军队服务的乐队。泛指以铜管乐和木管乐组成的乐队。

**军中女郎** Figlia del Reggimento La[意] *多尼采蒂所作二幕歌剧。拜雅和维诺依编剧。1840年首演于巴黎喜歌剧院。剧情为:玛丽系战场上捡拾的女婴,后被连队抚养成人。当玛丽与托尼奥相爱后,突然得知自己是侯爵夫人的女儿,并被领回。侯爵夫人反对他们的婚事,几经周折后,玛丽与托尼奥终成眷属。

# K

**咔戏** 中国以卡哨配以口哨或嗓音模仿戏曲唱腔的一种演奏形式。“口哨”即口笛，含于口中，以喉间气息冲击发声。

**咖啡康塔塔** Kaffee Kantate *巴赫于1732年所作世俗康塔塔。作品211号。在其所作康塔塔中以通俗性著称。

**卡巴列夫斯基** Dmitry Borisovich Kabalevsky（1904～1987） 苏联作曲家。1929年毕业于莫斯科音乐学院。曾师从斯克里亚宾和米亚斯科夫斯基。1939年任该院教授。曾三次获斯大林奖金。1971年任苏联教育科学院院士。作有《塔拉斯一家》(1944)等多部歌剧、四部交响曲、三部钢琴协奏曲、两部大提琴协奏曲、C大调小提琴协奏曲、钢琴奏鸣曲，《儿童钢琴曲三十首》(1939)《儿童简易钢琴小品二十四首》(1944)《儿童简易钢琴小品三十五首》(作品89)，以及室内乐、歌曲、管弦乐组曲、轻歌剧、电影音乐等。



**卡伐蒂那** cavatina[意] ①18、19世纪的歌剧或清唱剧中比咏叹调更为单纯的独唱曲，其乐句和歌词均无反复。曲调优美，结构自由。如海顿的《四季》中的两首卡伐蒂那，莫扎特的《费加罗的婚礼》中的《你给予爱情》(*Porgi amor*)等。②具有歌谣性的器乐曲。如贝多芬的《降B大调弦乐四重奏曲》(作品130)中的谣唱曲乐章。

**卡拉斯** Maria Callas（1923～1977） 希腊女高音歌唱家。是20世纪最优秀的女高音歌唱家之一。曾学于雅典音乐学院。1947年在意大利演出歌剧始获国际声誉。后出演于世界各大歌剧院。

**卡拉扬** Herbert von Karajan（1908～1989） 奥地利指挥家。是20世纪大指挥家之一。学于维也纳国立音乐学院及维也纳大学。1927年任德国乌尔姆市立歌剧院指挥。后曾任西欧各大歌剧院指挥。1955年继*富特文格勒之后，任柏林爱乐乐团首席指挥；翌年任该团终身艺术指导。1967年创办萨尔茨堡复活节音乐节，并任总监。号称“欧洲音乐总指导”。1977年曾率柏林爱乐乐团来华演出。

**卡雷拉斯** Joés Carreras（1946～ ） 西班牙男高音歌唱

家。初在巴塞罗那首次登上歌剧舞台。1975年在纽约大都会歌剧院饰演*《托斯卡》中的卡瓦拉多西始获国际声誉。后患白血病，在治疗过程中，以顽强毅力与病魔作斗争，终于1988年重返舞台。以句法精巧，表情细腻著称。1990年代曾来华访问演出。著有自传《为心灵歌唱》(1991)。

**卡龙** 中国维吾尔族弹拨乐器。形似扬琴。用于*木卡姆伴奏。

**卡鲁索** Enrico Caruso (1873～1921) 意大利男高音歌唱家。被誉为"有史以来最伟大的男高音"。擅长演唱意大利和法国歌剧。尚著有《歌唱法》一书传世。

**卡玛琳斯卡亚** Kamarinskaya[英] *格林卡于1848年所作管弦乐幻想曲。为俄罗斯早期交响乐的奠基之作。"卡玛琳斯卡亚"系俄罗斯民间舞曲，二拍子，快速。

**卡门** Carmen[英] *比才于1873～1874年所作四幕喜歌剧。1875年首演于巴黎。梅亚克和阿莱维根据梅里美的同名小说编剧。是浪漫派法兰西歌剧的代表作，亦是世界歌剧宝库中的上乘之作。剧情为：龙骑兵唐·豪塞因与塞维利亚烟厂女工、吉卜赛女郎卡门相恋而失去军职后参与走私活动。不久，卡门移情斗牛士埃斯卡米洛。唐·豪塞妒情顿生，当斗牛场内传来欢呼埃斯卡米洛胜利之声时，在斗牛场入口处拦杀了卡门。

**卡门序曲** Carmen Ouverture[法] 为歌剧*《卡门》第一幕的前奏曲。后因广受欢迎而成为独立演出的音乐会保留曲目。

**卡门主题幻想曲** Fantaisie Sur Carmen de Bizet[法] *萨拉萨蒂根据比才的歌剧《卡门》的旋律所编小提琴曲。作品25。

**卡门组曲** Suite "Carmen"[法] 由后人根据*比才所作歌剧《卡门》中的音乐选编而成。有若干版本。

**卡农** canon[英] 复调乐曲之一。采用对位模仿手法，即后一声部或若干声部原封不动地模仿前一声部称之为"严格卡农"；反之称"自由卡农"。无限定地循环模仿称"无终卡农"(即轮唱或轮奏)；反之称"有终卡农"。声部间呈八度关系者称"八度卡农"，五度关系者称"五度卡农"，余则类推。依据声部的多少而分别称作“二部卡农”“三部卡农”等。有两个主句的四声部卡农称“二重卡农”。依据模仿声部音符的时值大于或小于被模仿声部音符的时值而分别称作“增时卡农”“减时卡农”。采用反向进行模仿的卡农称“逆行卡农”,即模仿声部回溯到开始。模仿声部的音程关系同原旋律(主句)但却上下倒转称“转位卡农”。“逆行转位卡农”则是逆行卡农和转位卡农两者的结合。

**卡奇尼** Giulio Caccini (约 1545～1618) 意大利歌唱家、作曲家。与培里等人为歌剧艺术的形成作出重要贡献。作有歌剧《犹丽狄茜》(1600)等。出版有歌曲集《新音乐》(1602,含十首咏叹调和十二首单声部牧歌),其序言为音乐史上的重要文献。

**卡萨尔斯** Pablo Casals (1876～1973) 西班牙大提琴家。是 20 世纪最著名的大提琴家。曾学于马德里音乐学院。1896 年任巴塞罗那大剧院首席大提琴。他发掘了 J. S. 巴赫的《无伴奏大提琴组曲》并发扬光大,1905 年与*科尔托(钢琴)、蒂博(小提琴)组建了日后被誉为“黄金三重奏”的“卡萨尔斯三重奏团”。1919 年在巴塞罗那创建“卡萨尔斯管弦乐团”。西班牙内战时因支持共和政府,被迫流亡法国。1950 年创办了著名的普拉德斯卡萨尔斯音乐节。晚年热心于教学工作。另有作品《联合国国歌》及清唱剧《马槽》等。

K

**卡塞拉** Alfredo Casella (1883～1947) 意大利作曲家。学于巴黎音乐学院,师事*福雷。为复兴意大利音乐,曾与马利皮埃罗等人创立意大利现代音乐协会。其创作不拘一格,富于探索精神。作有歌剧《蛇美人》(1928～1931)等三部,交响曲三部,以及芭蕾舞剧音乐、协奏曲、室内乐、钢琴曲、歌曲等。

**卡特** Elliott Cook Carter (1908～ ) 美国作曲家。*艾夫斯的挚友。曾在哈佛大学师从*辟斯顿。1932 年赴法国师从*布朗热。归国后,除创作外亦从事批评和教学工作。以所创“节拍转换法”(不同节奏的重叠,加以不断变化的拍号和速度、复杂的节奏等,呈非节拍化的倾向)著称。作有芭蕾舞音乐《波卡洪塔斯》(1939)和《人身牛头怪》(1947)、

《乐队变奏曲》(1955)、为羽管键琴、钢琴和室内乐队而作的《二重协奏曲》(1961)、《乐队协奏曲》(1970)、为女高音和十四件乐器而作的《镜子里的住所》(1975)《三个乐队的交响曲》(1976～1977)、歌剧《下一个是什么?》等。著有《卡特论文选集》(1977)。

**开放和声** open harmony[英] 呈*开放排列的和声。

**开放排列** open position[英] 四部和声中的上三个声部超过一个八度的时候,即在上三个声部间还可以插入其和弦所属的其他音的和弦的排列形式。但低声部与次中音声部之间的距离可从同度到八度以上不拘。与*密集排列相对而言。

**凯鲁比尼** Luigi Cherubini (1760～1842) 意大利作曲家。1784 年任伦敦宫廷作曲家。1795 年任巴黎音乐学院督学,1822 年任院长。为“拯救歌剧”(rescueopera[意]歌剧之一,其题材多为拯救英雄人物,故名)的创始人之一,作有反暴政为内容的拯救歌剧《两天》(1800,又译《运水夫》)。对法国歌剧和音乐教育的发展有着重大影响。

K

**凯奇,约翰** John Cage (1912～1992) 美国作曲家。曾学过建筑和绘画,1938 年就实验“充物钢琴”(即预制钢琴),并研究东方禅宗,用中国《易经》里的方法作曲,他是 20 世纪*“偶然音乐”的代表人物,一定程度上影响了当时创作的观念。1952 年发表偶然音乐作品《4 分 33 秒》(钢琴家坐在钢琴前 4 分 33 秒即完成了“演奏”,或用其他乐器“演奏”均同此)而轰动乐坛。尚作有《幻景第四》(1951,由演奏者随意操纵十二台收音机发出的音响合成)、《黄道天体图》(1964)等。

**凯特尔贝** Albert William Ketelbey (1875～1959) 英国作曲家。学于伦敦三一音乐学院。所作以《修道院的花园》(1915)、《波斯市集》(1920)等管弦乐曲著称。

**坎佐纳** canzone[意] 16 世纪意大利世俗歌曲的泛称。亦为欧洲早期器乐的主要形式之一,为巴洛克时期器乐曲(键盘赋格曲、奏鸣曲)的前身。

**康德拉什** Kiril Kordrashir (1914～1981) 俄罗斯指挥家。6 岁学钢琴,后入莫斯科音乐学院学指挥,毕业后接替穆拉文斯基,1943 年任莫斯科大剧院常任指挥,1960～1975 年任莫斯科爱乐乐团常任指挥,1979 年任阿姆斯特丹音乐厅管弦乐团常任指挥。是演释*柴科夫斯基、*肖斯塔科维奇、*拉赫玛尼诺夫等俄罗斯作曲家的权威。著有《指挥家的境界》(有中译本)影响颇大。

**康康** cancan[法] 19 世纪后期在法国流行的一种舞曲。快速,二或四拍子。风格粗俗轻佻。自*方阵舞演变而来。如*奥芬巴赫的歌剧《地狱中的奥菲欧》中的康康舞。

**康昆仑** 中国唐代贞元(785～805)年间宫廷琵琶演奏家,号称“第一手”。曾在一次比赛中败于*段善本,遂拜其为师,尽得其艺。

**康塔塔** cantata[意] 与欧洲早期对器乐曲的称谓“奏鸣曲”相对应的概念,意为“歌唱”。17 世纪初指以琉特琴或通奏低音伴奏的世俗歌曲(含宣叙调和咏叹调),后又有世俗的“室内康塔塔”和教会的“教堂康塔塔”之分,A. 斯卡拉蒂即作有近七百首康塔塔。18 世纪宗教康塔塔在德国迅速得到发展,成为新教音乐的重要组成部分,除独唱外亦有重唱、合唱和乐队,如*巴赫所作约二百首的宗教康塔塔。19 世纪以来,则指带或不带独唱的合唱曲而言,往往以宗教故事为题材,篇幅较小,与*清唱剧相似。

K

**抗敌歌** 原名《抗日歌》因迫于当时政局改名《抗敌歌》。*黄自于“九一八”事变(1931)后不久所作四部合唱曲(黄自、韦瀚章词)。

**抗日救亡歌咏运动** 1935 年中国国难当头之际,所兴起的大规模的群众爱国歌咏运动。在运动中诞生了一批颇有建树的歌曲作曲家和歌咏运动的组织家,产生了一批传世歌曲,对中国现代音乐的发展产生重大影响。

**考姆兹** 中国柯尔克孜族弹拨乐器。共鸣箱呈半葫芦状,张三弦(用骆驼筋制成)。

**柯山红日** 庄映、陆明所作六幕歌剧(陈其通编剧)。剧情为:中国人民解放军进藏部队于 1950 年在司令员杨凡和政委王九率领下进驻柯山。其时,在国民党特务罗家煽动下,少数反动土司搞叛乱,图谋抵制解放军入藏。进藏部队在藏族同胞的帮助下,救出了被特务抓走的女军医黄英。

后进藏部队和藏族同胞、西藏多数拥护党的上层人士一起，经过艰苦斗争，平息了叛乱，柯山人民终于获得解放。其选段《柯山顶上白云飘》流传至今。

**柯文特花园皇家歌剧院** The Royal Opera House, Covent Garden　英国歌剧院。1732年建成。因建于柯文特修道院花园遗址，故名。1808年、1856年两次毁于火灾，于1858年重建。*亨德尔的歌剧和清唱剧曾在此首演，19世纪后半叶，曾出现上演意大利歌剧的盛况。

**科达伊** Zoltan Kodaly（1882～1967）　匈牙利作曲家。与*巴托克齐名。其父母均为音乐爱好者。中学时期即尝试创作管弦乐曲。1900年入布达佩斯音乐学院学习。后长期与巴托克一起致力于匈牙利民歌的收集工作，并主张创作的基础是民间音乐，同时亦赴西欧旅行，开阔自己的视野，创作了大量音乐作品，确立了现代音乐意义上的匈牙利民族乐派。在任音乐学院教授期间，关注中小学普通音乐教育，创立以民族音乐为基本内容的“科达伊音乐教学法”。并与巴托克创办现代音乐演出机构。作有歌剧*《哈里·亚诺什》、C大调交响曲（首演于1961年，为纪念托斯卡尼尼而作）、管弦乐曲《根据匈牙利民歌“孔雀”所作的变奏曲》、室内乐、合唱曲（包括儿童合唱曲）以及大量民歌改编曲等。

**科尔托** Alfred Cortot（1877～1962）　法国钢琴家、指挥家、教育家。幼即入巴黎音乐学院学习，师从法国钢琴家迪耶梅（Louis Diémer, 1843～1919）。1907～1917年任巴黎音乐学院钢琴教授。1919年创办巴黎高等音乐师范学校，并出任校长。其演奏充满诗情，以演奏*舒曼、*肖邦、*李斯特等浪漫主义音乐作品擅长，亦为*普朗克、*德彪西、*拉威尔等法国钢琴音乐的权威诠释者。尚经常举办带解说的独奏讲座，产生很大的影响。*利帕蒂、哈斯基尔和弗朗索瓦等杰出的钢琴家均出自其门下。著有《法国钢琴音乐》（三卷，1930～1948）等。

**科雷利** Arcangelo Corelli（1653～1713）　意大利作曲家、意大利小提琴学派的奠基人。其所作小提琴奏鸣曲为经典之作。出版有为弦乐器而作的作品六套（每套十二首),大部分为*三重奏鸣曲。

**科里奥兰序曲** Ouvertüre "Coriolan"[德] *贝多芬于1807年所作管弦乐序曲。作品62。科里奥兰系公元前五世纪罗马将军。

**科普兰** Aaron Copland (1900~1990) 美国作曲家。犹太人。祖籍俄罗斯。20世纪前半叶美国代表作曲家之一。21岁赴巴黎从*布朗热学习作曲。回国后致力于创作。反对创作上的"过于欧化",提倡本土化、大众化,确立了具有强烈个性的美国音乐风格。作有三部交响曲、管风琴交响曲、舞蹈交响曲、管弦乐曲*《墨西哥沙龙》(1936)、芭蕾舞剧*《小伙子比利》(1938)和*《阿巴拉契亚山区的春天》。尚作有歌剧、室内乐曲、钢琴曲、歌曲、合唱曲,并编有《美国古代歌曲集》等。



**克拉科维亚克舞曲** Krakowiak[英] 波兰克拉科维亚克地区的舞曲,以二拍子和切分节奏为其特点。*肖邦于1828年为钢琴与乐队作有《克拉科维亚克风回旋曲》(作品14)。

**克莱本** Van Cliburn (1934~ ) 美国钢琴家。幼随母学习钢琴,4岁即登台演奏。14岁演奏于卡内基音乐厅。1951年入朱利亚音乐学校学习钢琴。1958年获莫斯科*柴科夫斯基国际音乐比赛钢琴第一名。是柴科夫斯基和*拉赫玛尼诺夫钢琴协奏曲的权威诠释者之一。1962年在德克萨斯创设"克莱本国际钢琴比赛"。

**克莱采尔** Rodolphe Kreutzer (1766~1831) 法国小提琴家。1793年起任巴黎音乐学院小提琴教授。是19世纪法国小提琴学派创始人之一。作有小提琴经典教材《练习曲四十二首》(1796)。

**克莱采尔奏鸣曲** Sonate für Violine und Klavier No. 9 "Kreutzer" *贝多芬于1803年所作小提琴奏鸣曲。因题献给法国小提琴家*克莱采尔而得名。作品47。又称A大调贝多芬第九小提琴奏鸣曲。

**克莱门蒂** Clementi Clementi (1752~1832) 意大利钢琴家、作曲家。早年以钢琴家驰名欧洲,晚年专事作曲。作有大量钢琴奏鸣曲,是古典钢琴奏鸣曲形式的奠基者之一。有小奏鸣曲传世,并作有钢琴教程《乐艺津梁》(钢琴练习曲一百首，又称《钢琴进阶》)。

**克莱斯勒** Fritz Kreisler (1875～1962) 奥地利小提琴家、作曲家。曾学于维也纳音乐学院、巴黎音乐学院。是20世纪上半叶最卓越的小提琴家之一，并作有小提琴曲*《维也纳随想曲》*《爱之悲愁》*《爱之欢乐》*《美丽的罗丝玛琳》*《中国花鼓》等。1923年曾来华访问演出。

**克莱斯勒偶记** Kreisleriana[德] *舒曼于1838年所作钢琴套曲。作品16。由八曲组成。克莱斯勒系德国作家霍夫曼(1776～1822)所作小说《乐队长约翰·克莱斯勒》中的主人公。

**克劳苏拉** clausula[拉] *经文歌的前身，并基于*第斯康特的复调技法发展而成。取单声部圣咏的一个片段，进行加工，用以替换同样的圣咏片段，并具有独立意义的复调体裁形式之一。主要为二声部，亦有少量三、四声部的克劳苏拉。其重要意义在于圣咏在克劳苏拉中已成为创作的素材，不再具有“礼拜”的功能，从而具有“艺术”的功能。

**克勒姆佩雷尔** Otto Klemperer (1885～1975) 德国指挥家、作曲家。先后入法兰克福霍赫音乐学院和柏林施泰伦音乐学院学习，曾师从普菲茨纳。1906年在布拉格首次登台指挥，被马勒发现推荐为布拉格德意志歌剧院常任指挥。1910～1913任汉堡歌剧院指挥。1926年任柏林克罗尔歌剧院音乐总监，在此致力于演释*雅纳切克、*斯特拉文斯基、*勋伯格等现代作曲家作品。1931年任柏林国家歌剧院常任指挥，二战中因犹太血统流亡美国，任洛杉矶爱乐乐团常任指挥，1937年改组匹兹堡交响乐团，二战后返欧专攻古典音乐，任布达佩斯国家歌剧院音乐总监和常任指挥，在他生命的最后二十五年中，他任伦敦爱乐乐团(后更名为新爱乐乐团)常任指挥、团长达二十年。1970年入以色列籍。他的指挥风格沉稳、严肃，注重理性、结构性和逻辑性，是演释*莫扎特、*贝多芬、*布拉姆斯、*瓦格纳、*布鲁克纳及*马勒等德奥作家作品的权威。尚著有《忆往小记》(1964)及《克勒姆佩雷尔谈话录》。

**克塞纳基斯** Iannis Xenakis (1922～2001) 又译希纳基斯、泽纳基斯。生于罗马尼亚。双亲为希腊人。10岁随父母返回希腊，入技校学习，并从私人音乐教师学习音乐，受到拜占庭教会音乐和民谣的熏陶。1947 年毕业于雅典工科大学。在第二次世界大战中曾投身于反法西斯的抵抗运动，1945 年脸部受伤，左眼失明。大战后继续参加反独裁政府的抵抗运动，1947 年被捕判死刑，成功脱逃后流亡法国，1965 年入法籍。在巴黎曾师从*梅西昂、*奥涅格、*米约等人。1954 年将工学引进音乐，创作了为六十一件乐器而作的《转化》(*Metastasis*)，1957 年创立*随机音乐。1966 年与巴黎的数学家、哲学家、心理学家、人类学家、电器技术人员等创建“音乐的数学与自动化技术研究会”，1967 年任美国印第安纳大学教授期间，亦组织了同样的研究机构，并于 1980 年研制出电子作曲机。其随机音乐的代表作是为四十六件弦乐器和长号、木琴、木鱼而作的《概率效应》(*Pithoprakta*，一译“皮托帕克塔”，1955～1956)。尚作有钢琴独奏曲《埃玛》(*Herma*，1960～1961)、《ST/4》(ST 为“随机”的缩写，“4”为演奏者人数，1962)、为分散在听众中的管弦乐队而作的《苔莱蒂克托》(1965～1966)、为六件打击乐而作的《帕瑟伐萨》(*Persephassa*，1969)等。

K

**肯普夫** Wilhelm Kempff (1895～1991)　德国钢琴家。生于一管风琴世家。9 岁入柏林高等音乐学校学习作曲、钢琴、哲学、音乐史等课程。1916 年(在学中)即已获得钢琴家的名声。1924～1929 年任斯图加特高等音乐学校校长。第二次世界大战后获得国际声誉。是德国、奥地利古典、浪漫乐派音乐的权威诠释者，尤以演奏*贝多芬、*舒伯特、*舒曼等作曲家的作品擅长。曾录制贝多芬钢琴奏鸣曲全集。尚作有歌剧、交响曲、钢琴协奏曲、小提琴协奏曲、室内乐曲、钢琴曲、合唱曲等作品。

**空间音乐** Space Music［英］　20 世纪 50 年代初为*施特科豪森所探索的一种新音乐。即构成音乐的要素不仅有音高、时值、力度、音色等四种，而且还应有音乐的方向——空间性，把空间引入作品之中。如其所作《少年之歌》(1956)演奏时，听众处于演奏厅的中央，四周则置有五组扬声器，使音响环绕着听众。另一部作品《群》(1958)演奏时，则将一百零九位演奏者分成三个乐队，分置于听众的对面及左右两侧，由三位指挥者指挥，使音响高度融合，甚至很难辨出单个乐器的音色。

**空山鸟语** *刘天华于1928年所作二胡独奏曲。以艺术地再现了幽谷之中群鸟鸣啼的景象而著称于世。

**空五度** naked (open) fifth[英] 不完全的*三和弦(open triad，即“空心三和弦”)。即由于缺少三音而形成空虚感的三和弦，故名。如C—G—c，根音和五音形成完全五度。

**空弦** open string[英] 演奏弦乐器时，手指不按琴弦而发音的弦。其所奏的音称“空弦音”。

**箜篌** 中国古代弹拨乐器。最早载于《史记·封禅书》有卧箜篌和竖箜篌之分。其形制不一。自明代以后逐渐失传。

K

**孔杜克图斯** conductus[拉] 欧洲12、13世纪的复调声乐曲体裁之一。有单声和多声之分。复调孔杜克图斯以三声部为主，亦有二或四声部的。不再像*奥尔加农、*第斯康特那样定旋律使用圣咏，而是为作曲家自创的旋律；每个声部均有歌词而且一样。13世纪后半叶为*经文歌所取代。单声孔杜克图斯则为世俗拉丁歌曲，以不用圣咏而自创、分节歌形式、内容为宗教或世俗题材等为其特征。

**孔子**(前551～前479) 儒学创始人。名丘，字仲尼。中国春秋后期鲁国邑(今山东曲阜)人。酷好音乐，以音乐为其提倡的“六艺”之一，并长期从事“正乐”工作，能歌善琴。主张音乐要善美结合，提倡雅乐，反对郑声，以教化为其主要目的。其音乐思想的影响颇为深远。

**恐怖之舞** Danza del Terror[法] 出自法利亚所作*《魔法师之恋》。

**口琴** harmonica[英] 小型簧乐器。1821年为德国人布施曼(Friedrich Buschmann，1805～1864)所创制。琴身扁长，内装一系列小簧片，按自然音阶排列。衔在口里吹吸发音。一琴只限于一调。A调和C调两种口琴较为常用。现研制有转调口琴。

**口弦** 中国少数民族吹奏乐器。东汉(25～220)时即有文献记载。其制多种，因地而异。

**口箫** 中国海南岛黎族吹奏乐器。以七个小竹管套接而成，有簧。

**库朗特舞曲** courante[法]corrente，coranto[意] 法语意为“奔跑”。16至17世纪中叶成为古典组曲中四首固定舞曲的第二首。在17世纪时，分意大利风的库朗特和法国风的库朗特。前者为3/4或3/8拍子，中庸速度，具有不断反复的音型；后者形式比前者洗练，中庸速度。3/2或6/4拍子(往往交替使用)。

**库劳** Friedrich Kuhlau (1786～1832) 丹麦宫廷音乐家。作有浪漫乐派初期风格的室内乐曲、戏剧配乐、钢琴曲等。所作尤以为钢琴初学者所用的钢琴小奏鸣曲而知名。

**库普兰** Francois Couperin (1668～1733) 法国作曲家。生于音乐世家。17岁任巴黎圣热尔威教堂管风琴师。25岁任凡尔赛宫皇家管风琴师。作品富于描绘性，美丽动人，如《莫尼卡姐妹》《神秘的夫人》《蝴蝶》《风流雅士》等。作有羽管键琴曲二百余首以及管风琴曲、室内乐等。著有《羽管键琴演奏艺术》(1716)。对其后J.S.巴赫、拉莫等人的创作影响很大。

K

**库普兰之墓** Tombeau de Couperin Le[法] *拉威尔于1914～1917年为纪念法国古典音乐巨匠库普兰而作的钢琴组曲。由前奏曲、赋格、弗兰尔纳、利戈东、小步舞曲、托卡塔等六首小曲组成。后又将其改编为管弦乐曲。

**库塞维茨基** Sergey Koussevitzky (1874～1951) 俄籍美国指挥家，亦为20世纪上半叶最著名的低音提琴家。曾任伦敦交响乐团、俄罗斯交响乐团、列宁格勒爱乐乐团、莫斯科国家交响乐团指挥。1920年始移居国外。1921年任库塞维茨基音乐会指挥，1924年任美国波士顿交响乐团常任指挥。创立“库塞维茨基基金会”，用以扶植现代音乐的创作与演奏。并以所作以《低音提琴协奏曲》著称于世。

**库亚维亚克舞曲** Kujawiak[波兰] 波兰库亚维亚克地区的民间舞曲。*马祖卡之一。*肖邦的马祖卡作品中的作品6之6、作品30之4等，实为库亚维亚克舞曲。

**快板** allegro[意] ①速度术语。每分钟约132拍。②中国戏曲和曲艺音乐中的一种基本板式。为1/4拍，俗称“有板无眼”。

**快一倍** doppio movimento[意] 速度术语。照音符的长度、速度加快一倍。如 4/4 拍子变为 2/2 拍子时，后面 2/2 拍子中的二分音符，则相当于前面 4/4 拍子中的四分音符的速度。如在同拍子内各拍速度加快一倍。

**狂欢节** Carnaval[法] 副题为“四音小景”。*舒曼于 1833～1835 年所作钢琴组曲。作品 9。由二十首小曲组成。描写了假面舞会中的人物与情景。

**狂欢节序曲** Ouverture Carnaval[法] 又名《波希米亚狂欢节序曲》。*德沃夏克于 1891 年所作管弦乐曲《自然、人生与爱情》三部曲中的第二部。翌年首演于布拉格。作品 92。

**狂想曲** rhapsody[英] 源于希腊文 rhapsodia，意为长篇叙事诗的断片。19 世纪初始用此名称呼具有史诗性的、形式自由的各种器乐幻想曲。大都富有民族特色，多以民歌为主题。如李斯特的《匈牙利狂想曲》，拉威尔的《西班牙狂想曲》。



**夔** 中国古代传说时期虞舜时期的乐官：“夔，命汝典乐，教胄子”(《虞书·舜典》)。一说为异兽，“黄帝得之，以其皮为鼓……声闻五百里。”(《山海经·大荒东经》)

**昆腔** 又称昆山腔、昆曲、昆剧。明代四大声腔之一(余为海盐腔、弋阳腔、余姚腔)。元末至正年间(1341～1368)在昆山一带(今属江苏)兴起的一种声腔，为顾坚所创。后经*魏良辅等人在此基础上，吸收海盐腔、弋阳腔以及北曲唱法等，确立了该声腔，并产生广泛而又深远的影响，一跃而为其他三腔之上。以曲牌体结构，旋律雅化(如装饰唱法繁多)、细腻委婉，吐字讲究，风格典雅，演唱技艺精湛(发声用气、口法、润腔等)，行当齐备且细(将其中的老生、小生、净丑、旦等又加以细分)，伴奏只用鼓板(其他打击乐器不用)、主奏乐器为曲笛并助以三弦、二胡、琵琶、月琴等弦乐器等为其音乐特点。在戏剧舞台表演上形成“唱、念、做、打”的基本模式，无声不歌、无动不舞。有“百戏之祖”之誉。2001 年 5 月联合国教科文组织宣布昆剧为第一批“世界人类口头和非物质文化遗产代表作”。

# L

**拉格泰姆** ragtime[英] 源自黑人流浪歌手演出的一种名叫“拉格”的舞蹈。19 世纪 70 年代起，黑人钢琴手在美国的酒馆和舞厅等场所演奏的愉悦宾客的钢琴音乐。演奏时其左手的伴奏部分通常演奏二拍子的和弦等稳健的进行式的节奏，右手演奏非节拍性的、尖锐的、具有切分音节奏的、复杂而又较快的旋律。音乐多采用欧洲的娱乐音乐，如进行曲、波尔卡、方阵舞曲等体裁。1900 年起，为黑人以及白人的爵士乐队所采用，成为爵士乐的来源之一。故爵士乐在初期曾被人称之为“拉格泰姆”，但两者在实质上有很大的差别，后者是依创作的乐谱而演奏，前者则是演奏者按照自己的流派风格即兴演奏。拉格泰姆作曲家最著名的为黑人乐师斯考德・乔普林(Scott Joplin，1869～1917)、白人乐师哈尼(Ben R. Harry)、黑人乐师托马斯・M. 特平(Thomas M. Turpin)等。



**拉赫玛尼诺夫** Sergei Rakhmaninov (1874～1943) 俄罗斯作曲家、钢琴家。1883 年入圣彼得堡音乐学院学习，1885 年转入莫斯科音乐学院，师从塔涅耶夫和阿连斯基(作曲)、西洛蒂(钢琴)。在学期间即公认为出色的钢琴家。创作上继承*柴科夫斯基的传统，以抒情性和多愁善感为其特征。作品以钢琴音乐为主，《#c 小调前奏曲》(1892)为其成名作，《第二钢琴协奏曲》(1901)则使其获得世界声誉。1917 年十月革命后不久即出国，后定居于美国。离开祖国后，很长时间未从事创作，主要从事钢琴演奏活动。晚年曾多次举行义演募捐支援苏联的卫国战争。后因病在美国逝世。主要作品有歌剧《阿列科》(聂米罗维奇-丹钦柯根据普希金的长诗《茨冈》编剧，作于 1892 年，初演于 1893 年)、交响曲四部、交响诗《死岛》(取材自勃克林的同名画，作于 1909 年)、钢琴协奏曲四部、钢琴与管弦乐队《帕格尼尼主题狂想曲》(1934)、钢琴前奏曲二十四首，以及许多声乐曲。

**拉科齐进行曲** Rakoczy March[英] *柏辽兹所作管弦乐曲。又称“匈牙利进行曲”(*Marche hongroise*)。出自其所作戏剧康塔塔《浮士德的沉沦》(1845～1846)。拉科齐(1676～1735)为匈牙利民族独立运动领袖,于1707年发动起义推翻了哈布斯堡王朝对匈牙利的统治。

**拉罗** Edouard Lalo (1823～1892) 法国作曲家。初学小提琴、大提琴,后入巴黎音乐学院学习作曲。其作品曲调优美,华丽多彩,节奏富于变化,形式精致典雅。作有为小提琴与乐队的*《西班牙交响曲》、芭蕾舞剧《纳目纳》,以及歌剧、浪漫曲等。

**拉美莫尔的露契亚** Lucia di Lammermoor[意] *多尼采蒂所作三幕歌剧。卡玛拉诺根据英国斯科特的剧作《拉美莫尔的新娘》编剧。1835年首演于那不勒斯。剧情为:贵族之女露契亚与其家族仇家青年埃德加相爱。露契亚之兄用阴险手段从中破坏,并将露契亚嫁于贵族巴克劳。在婚礼上,埃德加诅咒露契亚并决定与其兄决斗,遂使真相大白。是夜,露契亚杀死新郎并自尽。埃德加闻讯,亦拔剑自刎。

**拉莫** Jeam Philipp Rameau (1683～1764) 法国作曲家、音乐理论家、管风琴家。在法国歌剧史上为*吕利的后继者,并与*库普兰一起将羽管键琴音乐发展到顶峰。所著《和声论》(1722)使其获得"近代和声之父"的称号。其音乐为当时风靡一时的*洛可可音乐风格,以歌剧作曲家蜚声于世。作有歌舞剧《风流蕴藉的印度人》(1735),歌剧《参孙》(1732)、《伊波里特与阿里西亚》(1733)《卡斯托尔与波路克斯》(1737)《达尔达努斯》(1739)《拜火教主琐罗亚斯德》(1749),芭蕾舞剧《埃贝之祭》(其中以"法国手鼓舞"著名),羽管键琴曲《母鸡》等。

**拉莫五六和弦** Rameaus Quintsextakkord[德] *附加六度和弦之一。下属三和弦和第二音级的六和弦组成的和弦。亦可看作第二音级上构成的七和弦的第一转位(即五六和弦)。因源于*拉莫的《和声论》,故名。

**拉祖莫夫斯基四重奏曲** String Quartets "Razumovsky"[英] 又名"俄罗斯四重奏曲"。*贝多芬于1806年所作弦乐四重奏曲。作品59。因曲作者题献给俄罗斯驻奥地利公使拉祖莫夫斯基而得名。

L

**拉索** Orlando di Lasso (1532～1594) 尼德兰乐派后期代表作曲家。与*帕莱斯特里那同为欧洲16世纪*文艺复兴时期音乐的最卓越的代表人物。服务于意大利各地王侯，后定居于慕尼黑。其作品涉及宗教音乐和世俗音乐的各种体裁，多达两千部以上，是复调音乐大师之一。有"音乐帝王"之美誉。其音乐大胆地运用了半音变化、和声变化，音乐语言很富于独创性，表现方法既有高度的专业水平，又通俗易懂。后人于1604年出版其歌集《音乐巨著》收有经文歌五百六十首。其代表作为《忏悔赞美诗集》(1565)、五十七部弥撒曲(大部不用伴奏)，以及合唱曲《回声》。

**拉威尔** Maurice Joseph Ravel (1875～1937) 法国作曲家。父原为瑞士一铁道技师，母为巴斯克人。出生后全家即移居巴黎。6岁开始学钢琴，12岁学和声。1889年入巴黎音乐学院，师从*福雷。喜爱象征派文学，并受*萨蒂的影响较大。在学期间，即创作了《悼念公主的帕凡舞曲》(1899)、《水之戏》(1901)等出色的作品，受*德彪西影响较大。1905年起以充沛的精力进行创作，作有《镜》(1905)、《小奏鸣曲》(1905)、《西班牙狂想曲》(1907)、《西班牙时光》(1907)、《鹅妈妈组曲》(1908)、《夜之幽灵》(1908)等名作。进而创作了芭蕾音乐的杰作*《达夫尼斯与克罗埃》、钢琴曲《高雅而伤感的圆舞曲》(1911)、《马拉美的三首诗》(1913)，以及钢琴三重奏曲(1914)等。第一次世界大战时参军，负伤后即专事创作，作有*《库普兰之墓》(1917)、《拉·威尔斯》(1919～1920)，以及为小提琴和大提琴而作的奏鸣曲(1920～1922)等。1925～1926年作《马达加斯加岛土人之歌》，1927年所作*《波莱罗》使其获得世界声誉。1931年创作《左手钢琴协奏曲》等两部钢琴协奏曲；1937年于脑外科手术后去世。其音乐具有浓厚的西班牙风味和异国情调，严谨朴素，持有一套独创的和弦语汇，以及更古老、更纯粹的法国传统特色。他也是位配器法大师，如其为穆索尔斯基的钢琴作品*《图画展览会》所作的管弦乐改编曲既非凡又流传久远。

**拉弦乐器** 乐器分类之一。即*弓弦乐器。

**莱奥南** 见*巴黎圣母院乐派。

**莱奥诺拉序曲** Leonora Overtures[英] *贝多芬为其歌剧*《费岱里奥》所作四首序曲。作于1805～1814年。其中以第三首著名。

**莱哈尔** Franz Lehar (1870～1948) 匈牙利作曲家。其父为军乐队队长。幼随其父辗转于祖国各地。12岁入布拉格音乐学院学习。曾任剧院小提琴手，后服役于军乐队，1890年升任队长。1902年退役后任剧院指挥。是著名的轻歌剧作曲家。作有*《金与银圆舞曲》、轻歌剧*《风流寡妇》、协奏曲、舞曲以及进行曲等。

**莱明凯宁** Lemminkainen 副题为"卡莱瓦拉四传奇"。*西贝柳斯于1893～1895年所作管弦乐组曲。作品22。1896年首演于赫尔辛基。"卡莱瓦拉"是13～14世纪芬兰的民族史诗。由四曲组成：莱明凯宁与少女、莱明凯宁在图翁内拉、图翁内拉之天鹅、莱明凯宁归故乡。

**莱托，塞蒙** Simon Rattle (1953～ ) 英国指挥家。生于英国利物浦的一个商人家庭，7岁便能阅读总谱，15岁指挥利物浦爱乐乐团是他生平第一场音乐会。曾任利物浦爱乐乐团及苏格兰BBC交响乐团副指挥，24岁起指挥伯明翰市立交响乐团达十九年之久，带领该团跻身于世界一流乐团行列。2002年不负众望荣任柏林爱乐乐团指挥，奠定了他在21世纪世界乐坛中的地位。指挥技艺精湛，曲目广博，偏向于晚期浪漫主义、印象主义音乐的同时，更致力于当代新作品的推广。

L

**莱茵河的黄金** Das Rheingold[德] *瓦格纳于1853～1854年所作乐剧*《尼伯龙根的指环》之一。四场。曲作者自编剧。1869年首演于慕尼黑。剧情为：阿尔贝里希为持有莱茵河底的黄金，发誓永远弃绝爱情，从而夺取了为仙女们所守卫的黄金，并将黄金铸成指环，获得了支配世界的魔力。神王沃坦又用计迫使其交出指环，转而赏赐给为神王建造宫殿的两巨人。巨人法夫纳和法索尔在阿尔贝里希的诅咒下("得指环者必有灾祸")，互相残杀，最后指环为法夫纳所占有。

**莱茵交响曲** Sinfonie "Rheinische"[德] *舒曼于1850年所作第三交响曲。翌年首演。作品97。

**兰迪尼** Francesco Landini（约 1325～1397） 意大利盲人作曲家。父为画家。幼患天花失明。长期任职于教堂歌手、管风琴手，并在音乐理论、天文、哲学及诗歌上颇有造诣，尚精于管风琴制造与调律。1365 年起任圣洛伦佐教堂牧师，直至终年。是意大利*新艺术的代表人物之一。所传作品均为世俗音乐，技巧简洁，以甜美、抒情见长。*兰迪尼终止式即为其独特风格的体现。作有*巴拉塔、管风琴曲、牧歌、*维勒莱、*猎歌等。

**兰迪尼终止** Landini Cadence[英] 14、15 世纪在欧洲被广泛应用的一种终止法。以二声部或三声部的最上声部中、导音向主音进行时插入六度音作终止为其特征。其六度音称之为“兰迪尼六度”。因多见于*兰迪尼所作的音乐中，故名。当时法国音乐即有不少例子，其后兰迪尼终止成为*勃艮第乐派的主要特征之一。



**兰多芙斯卡** Wanda Landowska（1879～1959） 波兰女羽管键琴家。学于华沙音乐学院。1900 年在巴黎开始钻研羽管键琴和 17～18 世纪西欧音乐。1903 年起开始羽管键琴演奏家的生涯，终生致力于复兴羽管键琴事业。1913～1919 年在柏林教授羽管键琴。1925 年在巴黎近郊创办古乐学校；1927 年在同地创建音乐厅专事举办古乐演奏会。1941 年赴美。一生培养了众多的羽管键琴演奏家。著有《古乐》(*La Musique Ancienne*，1909)。其遗稿则编为《兰多芙斯卡论音乐》(1964)。

**兰纳** Joseph Lanner（1801～1843） 奥地利作曲家。出身于工人家庭。自学音乐。与*约翰·施特劳斯(老)一起创立维也纳圆舞曲。作有圆舞曲百余首，尚作有*连德勒、*波尔卡、*加洛普舞曲等。

**蓝色多瑙河** An der Schonen Blauen Donall[德] *约翰·施特劳斯(小)于 1867 年所作圆舞曲。原为合唱曲(为维也纳男声合唱团而作)，后改编为管弦乐曲。

**蓝色狂想曲** Rhapsody in Blue[英] 一译《布鲁斯狂想曲》。*格什温于 1924 年所作爵士交响曲。同年由曲作者演奏钢琴与怀特曼乐队合作首演于纽约。该曲由*格罗菲配器。

**郎毓秀**(1918～　) 中国近代早期女高音歌唱家。浙江杭州人。曾就读于上海国立音乐专科学校、比利时皇家音乐学院、美国辛辛那提师范学院音乐系。20世纪30年代起即灌制唱片多种,并举办独唱音乐会。后任四川音乐学院声乐系主任、教授。尚有译著《卡鲁索的发声方法——嗓音的科学培育》《歌唱学习手册》出版。

**朗诵调** 即*宣叙调。

**浪漫交响曲** Symphonie "Romantische"[德] *布鲁克纳于1874～1880年所作♭E大调第四交响曲。翌年由李希特指挥首演于维也纳。

**浪漫曲** Romance[英] 某些声乐或器乐小品的标题,并无一定的含义。如贝多芬的《小提琴与乐队浪漫曲》二首(作品40、50)等。

**劳动号子** 中国民歌类别之一。通常为一领众和的形式。在劳动中起着协调动作、激扬劳动热情、解除疲劳的作用,并随着劳动种类的不同而各异。如栽秧号子、打夯号子、拉纤号子、伐木号子、榨油号子等。

**老黑奴** Old Black Joe[英] *福斯特于1860年所作歌曲(自作词)。

**老六板** 中国著名民间器乐曲牌。

**老人河** Ol'man River[英] 又名《密西西比》。科恩(1885～1945,美国百老汇音乐剧作曲家)于1927年所作音乐剧*《演艺船》中的一首男低音演唱的歌曲。反映了黑人码头工人的悲惨生活。后经美国黑人歌唱家罗伯逊演唱后风靡世界。

**雷鸣电闪波尔卡** Unter Donner und Blitz[德] *约翰·施特劳斯(小)于1868年所作管弦乐曲。作品324。

**雷琴** 又名"大雷"。在坠琴的基础上形成的一种拉弦乐器。擅长模拟人声、管弦、打击乐器、各种戏曲唱腔以及鸟兽之声。俗称"大雷拉戏"。

**雷斯皮基** Ottorino Respighi (1879～1936) 意大利作曲家。曾师事*里姆斯基-科萨科夫、*布鲁赫。1913年任罗马圣塞西利亚音乐学院教授,1923年任罗马皇家音乐学院院长。1925年辞去院长职务,赴各地旅行演奏钢琴或指挥。1932 年被选为意大利学士院院士。所作颇多，以交响诗*《罗马的喷泉》*《罗马的松树》和*《罗马的节日》著称于世。是 20 世纪初期意大利具有代表性的作曲家。

**雷振邦**(1916～1997) 中国作曲家。北京人。1938 年赴日，入东京日本高等学校作曲科学习。1942 年回国任中学音乐教员。后长期在长春电影制片厂从事电影音乐创作。以电影音乐《五朵金花》《刘三姐》《冰山上的来客》等开一代乐风。

**梨花片** 中国打击乐器。始自农具犁铧的碎片，故名。由两个半圆形金属片组成。为梨花大鼓、山东快书的出演者所使用的击节乐器。

**离别练习曲** Chanson de Ladieu[法] *肖邦于 1829～1832 年所作钢琴曲《练习曲十二首》(作品 10)中的第三首。

**离调** transition[英] *转调之一。在乐曲中临时离开一调至另一调，即转调后很快又回到主调上来。

L

**离骚** 晚唐琴家陈康士根据屈原的《楚辞》中著名的一篇"离骚"之意而作的琴曲。有十一拍、十八拍两种版本。存见于*《神奇秘谱》等谱集之中。"离骚"一词有遭忧、离愁、牢骚等诸解。

**黎恩济** Rienzi[德] 又名《护民官的最末一人》。*瓦格纳所作五幕歌剧(自编剧)。1842 年首演于德累斯顿。

**黎国荃**(1914～1966) 中国小提琴家、指挥家。辽宁人。曾在北京、杭州学习音乐。先后任重庆中央广播电台乐队、国立音乐学院实验乐团、中华交响乐团首席小提琴兼独奏员。1946 年任南京中华交响乐团副指挥。1950 年代起任中央实验歌剧院管弦乐团、中央歌剧舞剧院乐队指挥。成功地指挥了多部当代中国歌剧的演出。

**黎锦晖**(1891～1967) 中国作曲家。湖南湘潭人。1912 年毕业于长沙高等师范学校。曾任报刊编辑、音乐教员。后任中华书局《小朋友》主编，并创办中华歌舞专科学校。1928 年创建中华歌舞剧团(即明月歌舞社)。首创*儿童歌舞表演曲、*儿童歌舞剧(中国歌剧的雏形)。作有儿童歌舞表演曲《可怜的秋香》(1921)，儿童歌舞剧*《麻雀与小孩》*《小小画家》等。是中国现代歌剧的奠基者之一，并为现代中国流行歌曲的肇始者。*聂耳曾受其影响。

**黎明奏鸣曲** 即*华尔斯坦奏鸣曲。

**李芳园** 生卒不详。19世纪末中国琵琶演奏家。浙江平湖人。生于琵琶世家，为平湖派重要传人。编有《南北派十三套大曲琵琶新谱》(1895)。

**李龟年** 中国唐代开元(公元713～741年)年间著名音乐家。善奏羯鼓、筚篥，亦能作曲，尤善歌唱。

**李焕之**(1919～2000) 中国作曲家。原籍福建晋江县，生于香港。17岁入上海国立音乐专科学校学习。19岁入延安鲁迅艺术学院音乐系，师从*冼星海(作曲、指挥)。后任华北联合大学文艺学院音乐系主任、中央音乐学院音乐工作团团长、中央民族乐团团长、第四届中国音乐家协会主席。所作以管弦乐曲*《春节组曲》、歌曲《社会主义好》(1957)、筝与民族乐队《汨罗江幻想曲》(1980)著称。

**李劫夫**(1913～1976) 中国作曲家。吉林农安人。先任小学教师，后于1937年赴延安，开始从事革命文艺工作。1953年任东北音乐专科学校校长，后任沈阳音乐学院院长。是20世纪中叶中国著名歌曲作曲家，并首为毛泽东主席语录谱曲，促使“语录歌”的形成。其代表作有歌曲*《歌唱二小放牛郎》《我们走在大路上》(1963)、《七律·为女民兵题照》(1965)以及歌剧《星星之火》(1951，以对唱《革命人永远是年轻》著称)等。

**李隆基**(685～762) 即中国唐朝皇帝唐玄宗，世称唐明皇。一生酷爱音乐，听觉异常聪敏，精通多种丝竹乐器，尤善击羯鼓，并好即兴作曲。

**李谟** 中国唐代笛子演奏家。长安人。开元(713～741)年间号称“天下第一”。少年时即为唐明皇所赏识。安史之乱时流落江东越州，不知所终。

**李叔同**(1880～1942) 中国近代音乐先驱者之一。原籍浙江平湖，生于天津。1905年赴日学习音乐、美术。在日曾参与创立“春柳社”(中国最早的话剧团体)。1906年编辑出版《音乐小杂志》，开中国音乐刊物之先河。1913年归国后从事音乐教育工作，对*学堂乐歌的普及与发展有重要贡献。所作乐歌有《出军歌》(黄遵宪诗)《祖国歌》

《送别》《西湖》《采莲》《春景》等，并有自作曲的三部合唱曲《春游》。1918 年在杭州虎跑寺出家，法名演音，号弘一，致力于佛学之研究，建树亦甚大。

**李斯特** Franz Liszt (1811～1886)　匈牙利作曲家、钢琴家。古今罕见的钢琴演奏大师，与瓦格纳同为探索新音乐的作曲家。6 岁从其父学钢琴，三年后即登台表演。1820 年赴维也纳师从*车尔尼(钢琴)和萨列里(作曲)。1822 年在欧洲各地巡回演出。1823 年秋至巴黎。1831 年聆听了*帕格尼尼的演奏后，立志要在钢琴演奏技巧上有所创新。翌年与*肖邦结识。1848 年任魏玛宫廷乐长。1865 年罗马教皇赐予其方丈头衔。1875 年出任布达佩斯音乐学院院长兼教授。其思想矛盾重重，既有积极要求变革生活的沸腾的热情，又有怀疑和失望的消极情绪(前者是主要的)；在艺术上，曾与市侩的庸俗保守的风气进行不懈的斗争，大胆进行革新，并与匈牙利民间音乐保持着密切的联系。表演华丽而近乎夸张。作有大量不同体裁的作品，其中占主要地位的是钢琴音乐和交响曲。标题性是其音乐的特色，并确立了交响诗音乐体裁。作有交响曲《但丁》(1856)和*《浮士德》，交响诗《前奏曲》(1848)*《塔索》*《玛捷帕》等十四部，♭E 大调与 A 大调钢琴协奏曲，钢琴与管弦乐队《死之舞蹈》，钢琴奏鸣曲，匈牙利狂想曲十九首，以及钢琴独奏曲、歌曲等，并作有钢琴《超级练习曲》(1851)等。

**李廷松**(1906～1976)　中国琵琶演奏家。江苏苏州人。18 岁成为“上海国乐研究会”的成员。19 岁创建上海“霄雿国乐学会”，并任会长。20 世纪 50 年代后演出于全国各地，并执教于中央音乐学院、沈阳音乐学院等多所高等音乐院校。以演奏《十面埋伏》《霸王卸甲》《塞上曲》等著称。

**李延年**　中国汉武帝(前 140～前 87 年在位)时乐官。中山(今河北定县)人。性知音，善歌舞，精于作曲。曾任协律都尉，主持乐府工作。后延年及其家属被诛灭。

**里赫特** Sviatoslav Richter (1915～1997)　苏联钢琴家。童年自学钢琴。15 岁任歌剧院钢琴伴奏。18 岁任助理指挥。22 岁入莫斯科音乐学院涅高兹班学习。1949 年获斯大林奖金。后曾访问演出于欧美各地。*普罗科菲耶夫的

《第九钢琴奏鸣曲》是题献给他的。录制有 J.S.巴赫的《平均律钢琴曲集》全套。其演奏风格情感饱满、热情澎湃。1957 年曾来华访问演出。

**里拉** lyra[拉]lyre[希腊]　一译"抱琴"。又称"诗琴"。古希腊的拨弦乐器。共鸣箱上置一弯曲形框架，框内绷弦。演奏时，左手抱琴，右手用拨子拨弦发音。在西方常用其形状作为"乐徽"。

**里曼** Hugo Riemann (1849～1919)　德国音乐学家。1878 年后从事音乐教学工作。1905 年任莱比锡大学教授。留有数量众多的音乐学著作，涉及作曲理论、音乐形式、和声学、复调音乐、旋律法、分句法、节奏法和节拍法、速度法和力度法、管弦乐法、总谱读法以及音乐史、乐理学沿革、记谱法沿革、民间音乐等方面，此外，尚编有一部著名的《音乐词典》(1882)及《音乐美学纲要》(1890)。里曼是和声功能学说的确立者，从理论上制订了和弦功能关系的体系，将其归纳成三种基本功能：主功能、属功能和下属功能，并确立了一种新的记示和弦的方法，即用数字符号记示和弦，影响深远。

L

**里米尼的弗兰切斯卡** Francesca da Rimini[意]　*柴科夫斯基于 1876 年所作管弦乐幻想曲。翌年首演于莫斯科。作品 32。取材自意大利诗人但丁(1265～1321)的《神曲·地狱篇第五》。描写弗兰切斯卡与其夫之弟生死恋的故事。

**里姆斯基-科萨科夫** Nikolai Rimsky-Korsakov (1844～1908)　俄罗斯作曲家。1856 年入俄罗斯圣彼得堡海军士官学校。1859 年与钢琴家卡尼列学钢琴。1861 年结识*巴拉基列夫。后成为*五人团的成员之一。1862 年随"金刚石"号赴远洋巡航，三年后回到圣彼得堡。这期间大大扩展了他的视野。1871 年被聘为圣彼得堡音乐学院教授，1905 年退职。*格拉祖诺夫、*利亚多夫、*阿连斯基、*伊波里托夫-伊万诺夫、*米亚斯科夫斯基等作曲家均出自其门下。著有名教本《和声学实用教程》(1886)和《管弦乐法原理》(逝后于 1913 年出版，均有中译本)。*鲍罗丁、*穆索尔斯基的未完成之作，多经其手完成。其所作歌剧多采用俄罗斯民间题材。其音乐植根于俄罗斯民歌基础之上，旋律以鲜明的独特的风格为标志。是世界上最卓越的配器法大师之一。主要作品有歌剧《雪娘》《萨特阔》《金鸡》等十五部，交响曲三部，交响组曲*《舍赫拉查德》(即《天方夜谭》)，序曲《俄罗斯的复活节》，以及*《西班牙随想曲》等。尚著有自传《我的音乐生活》《管弦乐法原理》(有中译本)。

**里奇** Ruggiero Ricci (1918～ ) 美国小提琴家。5岁开始学琴。8岁师从珀辛格。10岁在旧金山登台演奏小提琴协奏曲。14岁演奏于西欧和北欧各地，获得成功。1970年任印第安那大学小提琴教授，1975年任教于朱利亚音乐学校。其独奏曲目极广，且以演奏*帕格尼尼、*萨拉萨蒂的高难度技巧的作品见长，亦擅长演奏*勋伯格、*哈恰图良等现代作曲家的作品。

**理想** Die Ideale[德] *李斯特于1857年为诗人席勒的铜塑像的揭幕式而作的交响诗。由跃进、幻灭、工作、神化等四部分组成。主题采自其于1850～1855年所作合唱曲《致艺术家》。翌年首演于魏玛。

L

**力度** dynamik[德]dynamics[英] 又称“强弱法”。指在音乐中各种强弱相对的对比和变化，从而赋予音乐以细腻地或深刻地表情。有渐强、渐弱、强、弱、特强等。这些力度术语国际上通用意大利文标记，并且大都用其缩写。除用文字术语以外，也用特定的记号表示。

**利第亚调式** Lydian Mode[英] *教会调式之一。由相邻两音除四、五音级间和七、八音级间为半音外，其余均为全音的自然音列构成。其第四音与主音构成增四度，即所谓“利第亚四度”。副利第亚调式的构成方法见*正调式。

**利哥莱托** Rigoletto[意] 又译《弄臣》。*威尔第所作三幕歌剧。皮阿威根据雨果所著《逍遥王》(1832)编剧。1851年首演于威尼斯。*李斯特曾将该歌剧中的著名四重唱改编成钢琴曲。剧情为：驼者利哥莱托为曼图亚大公的弄臣，常借机讥讽达官贵族。贵族们为报复弄臣，竟将其所深爱之独女吉尔达抢至大公府，受到放荡的大公的欺凌。弄臣得悉真情后，内心充满仇恨，旋即雇请刺客刺杀大公。但其女已经爱上了大公，她窃听到这秘密后，竟迎向这致命的一剑。当弄臣验明尸体时，悲痛欲绝，旋即昏倒在爱女的身上。

**利哥莱托改编曲** Rigoletto Paraphrase[英] *李斯特于1859年将威尔第的同名歌剧中第三幕著名的四重唱改编而成的音乐会用钢琴曲。

**利盖蒂** György Sándor Ligeti (1923～2006) 匈牙利作曲家。犹太籍。学于布达佩斯李斯特音乐学院,并任教于该院。1956年"匈牙利事变"时,亡命维也纳。1957年在科隆电子音乐实验室与*施特科豪森一起制作电子音乐。1959年任教于达姆施塔特夏季音乐讲习班,1961年兼任斯德哥尔摩音乐学院教授,致力于先锋音乐的推广工作。他发展了*音块作曲技法,成为先锋音乐的代表作曲家之一。作有管弦乐曲《大气层》(一译《气氛》1961,其中五十六件弦乐器和三十六件管乐器各奏一独立声部)、电影音乐《2001年宇宙之旅》(1968)、《小提琴协奏曲》(1990)等。

**利戈东舞曲** rigaudon[法] 源于法国普罗旺斯地区的2/4或4/4的一种活泼的舞曲,后流行于英国。由三部分或四部分构成,多从弱拍开始。17、18世纪时用于组曲和芭蕾舞音乐之中;近代则为*格里格(*《霍尔堡组曲》)、*拉威尔(*《库普兰之墓》)等人所采用。

L

**利帕蒂** Dinu Lipatti (1917～1950) 罗马尼亚钢琴家。父善小提琴,母喜钢琴,其名为*埃内斯库所起。学于布加勒斯特音乐学院。1934年获维也纳国际钢琴比赛第二名。同年赴巴黎师从法国钢琴家*科尔托深造并学习作曲。1943年任瑞士日内瓦音乐学院大师班教授。具有完备而又强有力的技巧,高度洗练的音乐性,朝气蓬勃,极富诗意,并以演奏肖邦的作品擅长。后因白血病英年早逝。尚作有交响组曲《吉卜赛》(*Satrarii*, 1933)、小提琴与钢琴《小奏鸣曲》(1936)、钢琴小协奏曲(1937)、左手钢琴小奏鸣曲(1941)、为两架钢琴而作的《三首罗马尼亚舞曲》(1943)等。

**利切卡尔** ricercare[意] 意文意为"精练的"。1550年左右为*安·加布里埃利所确立的一种以模仿手法展开的复调乐曲。16、17世纪管风琴利切卡尔相当发达,其写作风格自由。其主要特征为单一主题的技巧性处理(单主题利切卡尔),以一主题及其各种变形的连续不断的各种对位式的细致发展为基础。与*坎佐纳、*托卡塔均在早期复调音乐中占有显著的地位，是赋格曲的前身。实际上它的许多范例（如J.S.巴赫的《音乐的奉献》）与赋格曲没有太多区别。

**利亚多夫** Anatoly Liadov（1855～1914） 俄罗斯作曲家。师从*里姆斯基-科萨科夫。1878年毕业于圣彼得堡音乐学院。同年执教于该院。其作品多为短小曲式，叙述简洁，技巧出色，精致典雅，诗意盎然，具有浓郁的民族特色。所作以《魔湖》*《基基莫拉》等交响诗著称。

**连德勒舞曲** ländler［德］ 奥地利的一种历史悠久的民间舞曲。3/4或3/8拍子，第三拍具有附点节奏。是*圆舞曲的前身，但速度比圆舞曲慢。

**连弓** legato［意］ *弓法（bowing）之一。通常一弓演奏一连线内的所有音符，其间不得换弓。

**连接部** bridge［英］ *奏鸣曲曲式中的呈示部的组成部分。位于主部与副部之间，起连接作用。



**连谱号** brace［英］ 将两行以上的五线谱连接在一起的大括弧。

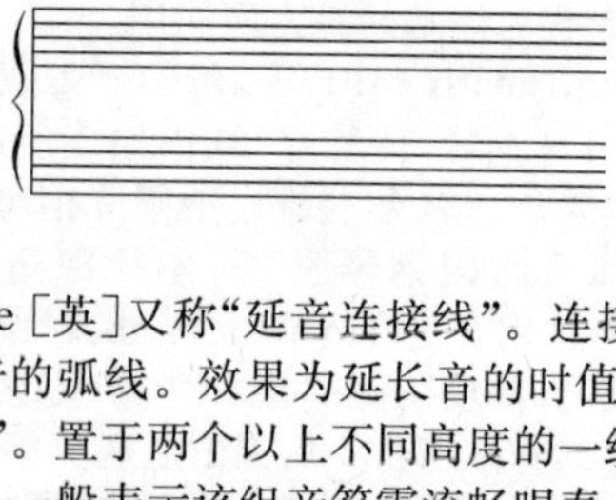

**连线** ①tie［英］又称“延音连接线”。连接相同高度的两个以上的音的弧线。效果为延长音的时值。②slur［英］又称“连音线”。置于两个以上不同高度的一组音符之上或之下的弧线。一般表示该组音符需流畅唱奏。如在声乐曲中，则表示用一个字唱出；在拉弦乐曲的器乐曲中，则表示用一弓奏出。亦起划分句逗的作用（“句”指乐思完整的一小段，“逗”指乐思未完而需停顿处）。

**连音** legato［意］ 音的连接方式之一。即音与音之间相连而不断。与*断音相对而言。用*连线或意大利文legato标记。

**连音符** 节奏划分的特殊形式。以特殊划分方法代替基本划分方法而构成的一组音符。即将二等分的音符作三等分，将四等分的音符作五或七等分，将八等分的音符作九或十一等分等；或以自由划分代替基本划分，如十一连音、十二连音、十三连音等。在连音符内可含* 休止符。有二、三、四、五、六、七、八等连音。

**连奏(唱)** legato[意] 以* 连音的方式唱奏。用* 连线标记，以使旋律结构清晰。

**涟音** 即* 波音。

**练声曲** vocalise[法] 即声乐练习曲。见* 练习曲。

**练习曲** study[英] 是为练习演奏(唱)技术为目的而写的乐曲。通常包含一种或数种特定的技术课题。后肖邦使之成为供音乐会演奏用的、具有高度艺术性的音乐体裁之一。

**恋诗歌手** Minnesänger[德] 指12世纪至15世纪德国的民间诗人兼音乐家。恋诗歌手建有“名歌手行会”，经常举行歌唱比赛。其成员亦有封建贵族骑士阶层的人物加盟，故带有明显的骑士文化的影响。其代表人物有瓦尔特(约卒于1230年)、奥斯瓦尔德(卒于1445年)等。参见* 游吟歌手。

**良宵** 原名《除夜小唱》。* 刘天华于1928年所作二胡独奏曲。

**梁山伯与祝英台** * 何占豪、* 陈钢所作小提琴协奏曲。1959年5月首演于上海，取材于同名中国民间传说。同年11月首演于莫斯科。

**两个掷弹兵** Beiden Grenadiere Die[德] * 舒曼所作歌曲(海涅词)。见其所编《浪漫曲和叙事曲》第二集(Romanzen und Balladen Heft 2，1840，作品49)中的第一首。

**廖尚果** 即* 青主。

**列侬** John Winston Lennon (1940～1980) “摇滚之父”。英国流行音乐家。生于利物浦，幼被父遗弃，18岁丧母，遭遇坎坷。1958年与保罗·麦卡特尼(Paul Mcartney)和乔治·哈里森(George Harlison)及林戈·斯塔尔(Ringo Starr)组合* 披头士乐队，在乐队中属他最有艺术才华和思想深度，因此，成为该乐队的核心人物。1964年披头士有三十首歌曲进入该年“佳曲一百首”。在披头士时期即出四张个人专辑。1960 年代末披头士乐队解散后,其演艺含有不少政治内容(反对越战,呼吁和平,关心贫苦大众),旋律也从优美流畅变得更加简约有力。1969 年与大野洋子结婚,婚后移居纽约。1975 年起放弃了一切公开的音乐活动。1980 年 12 月 8 日,在曼哈顿的公寓家门前,死于一歌迷的枪下。代表作有专辑《双重梦幻》(*Double Fantasy*, 1980),歌曲《想像》(*Imagine*, 1971)和《给和平一个机会》(1969)等。

**猎歌** caccia[意] 14 世纪意大利的主要的诗与音乐形式之一。属标题性的世俗复调歌曲。二、三声部构成,以二声部为主。诗无固定形式,大多为呼叫声与狩猎场面等(亦可为市集的叫卖、渔猎等世俗情景)交织在一起的写实描绘。一般为二声部* 卡农,同度轮唱,似追逐。如为三声部,其下方声部则用乐器演奏,起陪衬作用。

**猎人合唱** Jagerschor[德] * 韦伯所作歌剧《自由射手》第三幕第二场中的男声合唱曲。

L

**林茨交响曲** Symphonie "Linz" [德] * 莫扎特于 1783 年在奥地利林茨所作 C 大调第三十六交响曲。K. 425。同年首演于林茨,故名。该曲写作仅用四天。

**林肯肖像** Lincoln Portrait [英] 一译"林肯素描"。* 科普兰于 1942 年所作管弦乐曲(附朗诵)。时值第二次世界大战期间。林肯是以发表《奴隶解放宣言》而著称的美国第 16 届总统。曲中加有数段林肯演说词的朗诵。

**林石城**(1922～2005) 中国琵琶演奏家。师从沈浩初,为浦东派传人。1956 年起任教于中央音乐学院,后升任教授。有弟子刘德海等。作有《林石城琵琶曲选》,著有《琵琶演奏法》《琵琶教学法》《工尺谱常识》《琵琶名曲选浅说》等。

**林钟** 见* 十二律。

**临时记号** accidental [英] 除用于作为调号之外的变音记号均为临时记号。即表示乐曲中一时出现的变化音的记号:♯ 、♭ 、×、♭♭ 等。其效力仅及于同一小节内附有临时记号后同一声部同高度的音上,越出一小节就不起作用。但当一个记有临时记号的音延续至次一小节时,则仍保有其效力。

**伶伦** 传说中的乐律发明者，为中国远古时期的乐官。

**灵歌** spiritual［英］ 即*黑人灵歌。

**灵乐** 即*索尔。

**铃鼓** tambourine［英］ 西班牙和意大利的民间打击乐器。在木制圆框上，一面蒙皮，框上嵌以若干金属小钹，演奏时，左手执鼓悬空摇动，或用右手手指、手掌弹击鼓皮；用右手拇指搓奏，可得震音。

**领唱** 声乐演唱形式之一。在齐唱或合唱中，由一人演唱的部分，起引领众人歌唱的作用，故称"领唱"。其独唱者称"领唱者"。如劳动号子中一领众和的演唱形式。领唱亦可由数人担任。

**溜冰圆舞曲** Patineurs Les［法］ 瓦尔德托费尔(1837～1915，法国作曲家，是继小约翰·施特劳斯之后的著名圆舞曲作曲家)于1882年所作管弦乐曲。作品183。

**刘炽**(1921～1998) 中国作曲家。生于西安。9岁因家境贫寒，任寺庙杂役，得以接触寺庙音乐。15岁赴延安参加革命。18岁加入中国共产党，并入延安鲁迅艺术学院学习。后曾任辽宁歌剧院副院长、中国煤矿文工团团长。作有秧歌剧、歌剧、大合唱、电影音乐等。其中以歌曲《让我们荡起双桨》(1955)《新疆好》、电影《上甘岭》插曲*《我的祖国》、民歌改编曲《翻身道情》、舞曲《荷花舞》、合唱《祖国颂》(1957)著称。所作以抒情见长。

**刘管乐**(1918～1990) 中国笛演奏家。原为民间艺人。后任天津歌舞剧院独奏演员。亦擅长演奏管子。作有《荫中鸟》《卖菜》等笛子独奏曲。

**刘胡兰** ①陈紫、茅沅、葛光锐所作二幕歌剧(于村、海啸、卢肃等编剧)。1954年首演于北京。以《一道道山来，一道道水》等唱段著称。②罗宗贤、孟贵彬、黄庆和、董起、李桐树及王左才于1948年作曲的歌剧。魏风、刘莲池、朱丹、严寄洲、董小吾编剧。以唱段《数九寒天下大雪》著称。少女刘胡兰(1932～1947，革命烈士)14岁加入中国共产党，翌年在山西云周西村参加土改时，不幸为阎锡山反动军队所捕，在敌人的逼问下，宁死不屈，壮烈牺牲在敌人的铡刀下，年仅15岁。毛泽东同志曾为其题词："生的伟大，死的光荣”。

**刘三姐** 取材于壮族歌仙刘三姐的民间传说而作的八场歌舞剧。由柳州《刘三姐》剧组创编，广西壮族自治区《刘三姐》会演大会改编，音乐设计为陈良、黎承纲、林长春、丁承策等。1960年首演于南宁。曾风靡全国，至今不衰。刘三姐系壮族“歌仙”，擅长即兴“对歌”。她以山歌为武器，智斗地主莫海仁，从而得到当地群众的爱戴。

**刘文金**(1937～ ) 中国作曲家。河南安阳人。1956年入中央音乐学院民族音乐系民乐作曲专业学习。毕业后任中央民族乐团专职作曲兼指挥，后任团长、艺术总监。所作以二胡曲《豫北叙事曲》《三门峡畅想曲》*《长城随想曲》、歌曲《大海一样的深情》(1979)著称。

**刘天华**(1895～1932) 中国作曲家、民族器乐演奏家。其兄为著名文学家刘半农。曾广泛向民间艺人、僧、道各家学习民族器乐，师从周少梅、沈肇州等人。1922年起任教于北京各大学。1927年创办“国乐改进社”，编辑出版《音乐杂志》。后在北京天桥采风时，染病而逝。作有十大二胡名曲*《病中吟》《月夜》*《空山鸟语》《光明行》《烛影摇红》等，琵琶曲《歌舞引》等。是20世纪上半叶中国著名音乐家之一，不仅为二胡音乐艺术的奠基人，而且从理论到实践均为中国音乐的现代化作出了重要贡献。

**刘雪庵**(1905～1985) 中国作曲家。生于四川铜梁。曾就学于成都美术专科学校、上海中华艺术大学、上海国立音乐专科学校。师从*萧友梅、*黄自。1936年毕业后，先后任重庆国立音乐学院讲师、华东师范大学音乐系主任、北京艺术师范学院教授、中国音乐学院教授，长期从事高等音乐教育工作。所作以歌曲《长城谣》(1937)《流亡三部曲》中的《离家》和《上前线》(1937)《何日君再来》(原为1937年所写探戈舞曲，后由贝林填词成为电影《三星伴月》中的插曲)著称。

**流浪者幻想曲** Wanderer Fantasie［德］ *舒伯特于1822年所作钢琴曲。作品15。曲中因引用自作歌曲《流浪者之歌》，故名。由四乐章组成。李斯特曾将其改编为钢琴和管弦乐队作品。

L

**流浪者之歌** 即*《吉卜赛之歌》。

**流水** 琴曲。最早见于*《神奇秘谱》,明、清时该谱版本有四十余种。今之传谱以张孔山传谱的九段《流水》著称

**流水板** 中国音乐术语。*板式之一,相当于1/4拍。

**流行音乐** popular music[英] 一称“通俗音乐”。界说不一。一般认为,流行音乐是位于“民间音乐”和“严肃音乐”(又称“艺术音乐”)之间领域甚广的音乐。较之民间音乐虽有其共性的一面(音乐结构较单纯,歌曲比例较大等),但流行音乐是为职业音乐家所作、制作场所在城市,而且有制作、复制、销售等产业;较之严肃音乐,不同之处在于,通常不是靠乐谱而是靠听觉得以普及的。流行音乐在对历史事件和时代风潮的对应上,也较民间音乐和严肃音乐及时而敏感。不可简单地认为,流行音乐就是低级庸俗的音乐。广义来说,凡具有上述特征的音乐,均可谓之流行音乐,包括法国的*尚松、意大利的*坎佐纳、阿根廷的*探戈、西班牙的弗拉门科(安达卢西亚歌曲)以及中国的城市小调等;狭义上来说,流行音乐则指19世纪末以来,伴随着收音机、唱片、录音机、CD、VCD、DVD、MP3、影视等传媒手段的不断扩展,历史地形成以美国为中心的、以大众为其消费者而生产的音乐,包括*爵士乐、*摇滚乐、流行歌曲、*乡村音乐、*音乐剧等。

**琉特** lute[英] 又译“诗琴”。起源于阿拉伯的拨弦乐器。用拨子弹奏。约11世纪传入欧洲,很快得到普及和发展。形似曼多林,但稍大。弦数始为四根,至17世纪达到二十余根。是欧洲文艺复兴时期和17世纪最重要的世俗乐器。

**柳琴** 中国弹拨乐器。呈琵琶状,但比琵琶小。改革后张四弦,有品二十余。用于独奏或合奏。

**六重奏** sextet[英] 见*重奏。

**六度音程** sixth[英] *音级数为六的*音程。

**六和弦** sixth chord[英] 即低音为三音的转位三和弦。由于作为低音的三音,与上方的根音构成六度音程,故名。

**六连音** sextuplet[英] 节奏划分的特殊形式之一。将音的时值等分为六部分来代替四部分,便形成六连音。

见*连音符。参见*三连音。

**六拍子** 含有两个单三拍子的*拍子。即由强拍、弱拍、弱拍、次强拍、弱拍、弱拍组成。如6/8、6/4等。

**六人团** Les Six[法] 1920年法国音乐评论家亨利·科莱称米约、奥里克、*奥涅格、*普朗克、杜雷、塔耶弗尔六位法国青年作曲家为“六人团”,始得名。他们虽均受萨蒂的影响,举起反印象主义的大旗,但其风格不一,结合松散,不久即分道扬镳。在*斯特拉文斯基的影响下,“六人团”的创作则成为新古典主义音乐思潮在法国的集中体现。

**六声音阶** hexachord[英] 由六个音构成的音阶。西方11世纪为*圭多所采用,16、17世纪被广泛运用于创作之中。是介于希腊以及中世纪的四声音阶和近代七声音阶之间的音组织,包含四个全音和一个半音(半音固定在音阶的中央)。按C、G、A三个调组成三个不同的种类:自然六声音阶(C—D—EF—G—A),本位六声音阶(又称“硬六声音阶”,G—A—BC—d—e),♭B六声音阶(又称“软六声音阶”,F—G—A♭B—c—d)。中国的六声音阶则在五声音阶的基础上加入*清角或*变宫而成。

**六十八板体** 又称“大八板体”。中国民间习称“六十八板”。即全曲共分八段(称“八板”),每段八拍,加上最后一段多出的四拍,共六十八拍。

**六弦琴** 即*吉他。

**卢梭** Jean Jacques Rousseau(1712~1778) 法国启蒙运动的代表人物之一。在歌剧史上著名的“谐歌剧论战”中,他于1752年创作独幕喜歌剧《乡村卜者》,用以论证百科全书派的观念,抨击僵死的法国传统歌剧,支持意大利喜歌剧,指出法国歌剧改革势在必行。翌年,又发表了论战性的小册子《论法国音乐的信》,进一步阐述了他的观点。他也支持格鲁克的歌剧改革。曾对*简谱进行改革。编有《音乐词典》(1753)。尚作有歌曲若干。

**卢托斯拉夫斯基** Witold Lutoslawski(1913~1994) 波兰作曲家。同*彭德莱茨基、*古雷斯基并称为“波兰乐派”。曾入华沙音乐学院从马里泽夫斯基学作曲,早年代表作《交响变奏曲》(1938)。以《乐队协奏曲》(1954)蜚声国际乐坛。

另有用十二音等现代技法为纪念巴托克所作《葬礼音乐》(1958)《威尼斯运动会》(1961)。著名作品尚有《大提琴协奏曲》(1970)、《为双簧管、竖琴的二重协奏曲》(1980),交响曲四部。

**芦笙** 中国西南地区少数民族的吹奏乐器。其记载最早见于南宋。形似笙。笙管竹制,数目不等;笙斗木制。用于歌舞伴奏,亦可独奏。

**鲁宾斯坦,阿图尔** Arthur Rubinstein (1887～1982) 美籍波兰钢琴家。是20世纪最杰出的钢琴家之一。5岁即登台演奏钢琴,12岁便在柏林崭露头角。曾得到*约阿希姆及波兰总理帕德雷夫斯基的资助和栽培。后在美国达到其事业的顶峰(于1946年加入美籍)。演奏热情机智,歌唱性强;尤擅长演释*肖邦、*贝多芬、*舒伯特、*舒曼、*布拉姆斯等的作品。曾被美国总统授予美国公民的最高荣誉"自由勋章"。著有《我的青年时代》(1073)一书。一生灌录了大量唱片,2000年,BMG公司出版《鲁宾斯坦全集》CD共九十四张。

L

**鲁宾斯坦,安东** Anton Rubinstein (1829～1894) 俄罗斯钢琴家。犹太籍。与*李斯特齐名。10岁首次登台演奏。后演出于俄罗斯及西欧各地。1859年参与创设俄罗斯音乐协会。1862年创建圣彼得堡音乐学院并出任院长。1871年任维也纳爱乐协会艺术指导,1872年赴美演出取得巨大成功。晚年定居德累斯顿。其演奏、教育、创作活动,对19世纪后半叶俄罗斯的专业音乐的发展作出重大贡献。主张基于西欧音乐传统创造新的俄罗斯音乐。其作品颇多,以钢琴小品曲《F大调旋律》(作品3,1852)《浪漫曲》(1860)著称。

**鲁宾斯坦,尼古拉** Nikolai Rubinstein (1835～1881) *安东·鲁宾斯坦之弟。俄罗斯钢琴家、指挥家、音乐教育家。初从其母学习钢琴,后留学德国,1864年归国。1859年在莫斯科设立"俄罗斯音乐协会"支部,翌年任该协会的指挥。1866年创建莫斯科音乐学院并任院长直至逝世。作为钢琴家、指挥家他曾在19世纪60至70年代致力于介绍*五人团和*柴科夫斯基等人的作品的演奏活动,

1778 年又在巴黎举办俄罗斯音乐会介绍他们的作品。

**鲁斯兰与柳德米拉** Rouslan and Ludmila［英］ *格林卡于 1838～1842 年所作五幕八场歌剧。首演于 1842 年彼得堡宫廷大剧院。V. 西尔科夫与格林卡等人根据俄罗斯大诗人普希金(1799～1837)所作的同名诗编剧。取材于中世纪的一个故事:鲁斯兰(骑士)与柳德米拉(基辅大公之女)正在举行婚礼时,在雷鸣电闪瞬间柳德米拉被恶魔切尔诺掠走。后鲁斯兰在巫士的帮助下,历尽磨难,以神剑为助,击败恶魔,救出柳德米拉。该歌剧的序曲最为著名,是俄罗斯第一部成熟的交响乐作品,在俄罗斯音乐史上具有里程碑的意义。

**录音机** audio recorder［英］ 是记录声音和放音的电声设备。一般均由传声器、放大器和记录器三部分组成。"磁带录音机"将声音转换成电信号(话筒),经放大加到录音头(即磁头)上转换成磁性变化,再将其记录在磁带上。重放时步骤则相反。1898 年由丹麦人波尔森(1869～1942)研制成功"钢丝录音机"(telegrephone,载体为钢丝),1935 年由德国研制成功"磁带录音机"(tape recorder,载体为磁带)。"数码录音机"(又称"数字录音")即将声音转换成电信号,并对这些信号进行测定,再将测定结果转换为二进制的数码组合记录在磁带上。重放时步骤则相反。兴起于 20 世纪 70 年代初。以保真、噪音小、力度幅度大、频率范围宽、录立体声时无"串音"问题、保存期长等为其特征。

**路尔** loure［法］ ①法国诺曼底地区的古乐器。*风笛的一种。②18 世纪法国中部流行的舞曲。慢速,三拍子。以路尔为其主要伴奏乐器,故得名。

**吕骥**(1909～2002) 中国音乐理论家、作曲家。湖南湘潭人。曾入上海国立音乐专科学校学习。后从事左翼文艺活动。1938 年参与延安鲁迅艺术学院的筹建工作,并出任该院音乐系主任。1949 年起任中国音乐家协会主席、名誉主席。作有歌曲《新编九一八小唱》《抗日军政大学校歌》(1939)等。所撰论文编入《吕骥文选》,另有自编文集《中国传统音乐研究》(2004)。

**吕利** Jean Baptiste Lully (1632～1687) 法国宫廷歌剧

作曲家。原籍意大利。14 岁到巴黎。1652 年任宫廷乐师。1661 年任王室音乐总监,并入法籍。1662 年任王室家族乐长。1672 年后专事歌剧创作。1673 年他以法国古典悲剧及其美学理论和表演艺术(芭蕾舞等)为基础,借鉴意大利的歌剧经验,创作了歌剧《卡德摩斯与埃尔米奥纳》,使其成为法国民族歌剧的奠基之作,亦为法国歌剧史上第一部抒情悲剧。法国歌剧序曲(以带再现的慢——快——慢三部曲式结构为其特征)亦为其首创。

**吕文成**(1898~1981) *广东音乐代表人物之一。广东中山人。作有广东音乐百余首。其中以《岐山凤》《步步高》最著名。擅长演奏高胡,并率先使用钢丝弦,以两膝夹住琴筒演奏,遂使高胡成为广东音乐的主奏乐器之一。

**吕伊·布拉斯** Ruy Blas[德] *门德尔松于 1838 年所作交响序曲。翌年首演。作品 95。为法国文豪雨果的同名剧所作配乐。

L

**略语** 见*缩写。

**伦巴** rumba[西] 19 世纪初,在古巴的非洲居民间兴起的具有强烈节奏的舞蹈。音乐上以快速活泼的 2/4 拍子及强烈的节奏为其特色。1930 年前后,风行于欧、美,成为社交舞会的标准节奏之一。

**轮唱** round[英] 声乐演唱形式之一。数个声部虽演唱同一旋律,却先后相距数拍出现,形成此起彼落,连续不断的模仿进行。是最简单的*无终卡农。

**轮指** 中国乐器演奏指法。即以五指依次挑弦。

**罗伯逊** Paul Robeson (1898~1976) 美国男低音歌唱家。父为黑人牧师。少时即在教堂唱诗班唱歌。1923 年毕业于哥伦比亚大学法律系后,在作律师期间,于 1924 年扮演戏剧《皇帝琼斯》中的琼斯时,以其所唱黑人灵歌一举成名。后多次举办个人独唱音乐会,获得极大成功,成为举世闻名的男低音歌唱家。亦为黑人社会活动家。参演犹太难民救济会主办的音乐会,访问莫斯科,积极从事反对种族歧视与和平运动。1950 年被美国非美活动委员会非法禁止其一切活动,至 1958 年方获自由。后仍积极参与民权运动。尚演过不少电影。曾来华访问演出,演唱聂耳作曲的

《义勇军进行曲》。

**罗德** Pierre Rode（1774～1830） 法国小提琴家。6 岁学琴。曾师从*维奥蒂。1790 年以演奏其师的第十三小提琴协奏曲而一举成名。1796 年任巴黎音乐学院教授。是 19 世纪法国小提琴学派的创始人之一。所作《二十四首随想曲》为小提琴经典教材之一。

**罗恩格林** Lohengrin［德］ *瓦格纳于 1846～1847 年所作三幕歌剧（自编剧）。1850 年首演于魏玛。著名的《婚礼进行曲》即出自该剧。剧情为：10 世纪时，伯爵泰拉蒙德欲谋权位，而施魔法将幼主戈特弗里德化作天鹅，并诬告是其姐埃尔莎郡主所害。亨利国王命伯爵与郡主决斗。决斗时，一骑士乘坐天鹅拖着的小船而来，替郡主决胜伯爵，并与郡主结成夫妇，条件是郡主不得追问其姓名和来历。新婚之夜，郡主在伯爵夫人的调唆下追问骑士来历，此时，伯爵率人冲入，被骑士所杀。翌日，骑士明言自己是蒙萨尔瓦特的圣杯武士罗恩格林，受命来救郡主，遂欲遁去。忽然，天鹅沉入水里，少年戈特弗里德现身水面。罗恩格林则在一鸽子飞引下，乘船远去。

L

**罗杰斯** Richard Rodgers（1902～1979） 美国音乐剧作曲家。生于长岛。童年即迷上音乐剧。1925 年上演其所作《曼哈顿》《多愁善感的我》等音乐剧，以其动听的歌曲为人所知。与编剧汉默斯坦合作后，以《旋转木马》（1945）取得成功；后二人合作有大量音乐剧，尤以 1959 年上演的《音乐之声》，获得巨大成功，并因将其搬上电影（1965）而成为最受各国人民喜爱的音乐电影。尚与汉默斯坦合作有《快板》（1947）《我与朱利叶特》（1953）《管道之梦》（1955）《花鼓歌》（1958）等。

**罗克里安调式** Locrian Mode［英］ 古希腊调式之一。由相邻两音除一、二音级间和四、五音级间为半音外，其余均为全音的音列构成。第五音级与主音构成减五度，故应用极少。

**罗马的节日** Feste Romane［意］ *雷斯皮基于 1928 年所作交响诗。翌年首演。由竞技场、大赦节、十月节、主显节四部分组成。

**罗马的喷泉** Fontane di Roma［意］ *雷斯皮基于1916年所作交响诗。翌年由*托斯卡尼尼指挥首演于罗马。由黎明时的朱丽亚谷的喷泉、清晨的特里顿喷泉、中午的特莱维喷泉、黄昏时梅迪契别墅的喷泉四部分组成。

**罗马的松树** Pini di Roma［意］ *雷斯皮基于1924年所作交响诗。同年首演于罗马。由博尔盖塞别墅的松树、墓地的松树、吉阿尼库伦山的松树、阿皮安大道的松树四部分组成。

**罗马狂欢节序曲** Caenaval romain Le［法］ *柏辽兹于1844年以其所作歌剧《本韦努托·切利尼》中的音乐写成的管弦乐曲。

**罗马乐派** Roman School［英］ 欧洲音乐史上的流派之一。约从16世纪后半叶至17世纪兴盛于罗马的乐派。为*帕莱斯特里那所创。以严格的对位法写作无伴奏合唱曲，风格平稳匀称，清晰协调，善于表现崇高的情感等为其特征。代表作曲家有那尼诺(约1545～1607)、阿内里奥(1560～1614)、索里雅诺(1549～1621)、阿莱格里(1582～1652)、英杰涅里(1545～1592)等。

**罗密欧与朱丽叶** Romeo et Juliette［法］ 原为英国莎士比亚(1564～1616)于1595年所作悲剧。剧情为：青年罗密欧与少女朱丽叶相爱，却由于两家为世仇所不允。遂在一修道士的帮助下，令朱丽叶服药假死，并送信给罗密欧。但信因故未及时送到，罗密欧在不知情的情况下殉情于朱丽叶身旁。当朱丽叶苏醒后，见状亦自刎身亡。①*柏辽兹于1839年为合唱和乐队所作戏剧交响曲。同年首演于巴黎音乐学院。②*古诺于1867年所作歌剧。同年首演于巴黎。③*柴科夫斯基于1880年所作管弦乐幻想序曲(第三稿)。1886年首演于梯弗利斯。④*普罗科菲耶夫于1935年所作芭蕾舞剧音乐。作品64。后将其改编成三部交响组曲。

**罗日杰斯特文斯基** Gennady Rozhdestvensky (1931～ ) 苏联指挥家。其父阿诺索夫亦为著名指挥，母为女高音歌唱家。10岁入莫斯科音乐学院从其父学指挥。1955年任苏联大剧院舞剧指挥。1961年任莫斯科广播交响乐团

L

音乐指导。1964 年兼任大剧院首席指挥。1974 年兼任斯德哥尔摩爱乐乐团首席指挥。1978 年兼任英国 BBC 交响乐团首席指挥。擅长指挥*柴科夫斯基、*普罗科菲耶夫、*西贝柳斯等人的作品。1996 年曾来中国访问。

**罗斯特罗波维奇** Mstislav Rostropovitch（1927～2007） 苏联大提琴家、钢琴家、指挥家。父为大提琴教师，幼即从父学习大提琴。16 岁入莫斯科音乐学院，师从科佐鲁波夫，亦从舍巴林和*肖斯塔科维奇学习作曲。1945 年起多次在国内外大提琴比赛中获奖。1951 年获斯大林奖金。1956 年任母校大提琴教授，并开始演奏于欧美各地。1964 年获列宁奖金。*卡萨尔斯称赞他为“具有全新大提琴演奏观念的最高艺术家”。是其夫人女高音歌唱家最好的伴奏，亦作有不少为大提琴和钢琴的作品。1968 年后又从事指挥艺术。1974 年移居美国。1997 年被权威的英国《留声机》杂志评为“终身成就奖”。2000 年曾来华演出。

L

**罗西尼** Gioachino Rossini（1792～1868） 意大利歌剧作曲家。父为小号手，母为女高音歌手。4 岁时其父因宣传共和而被捕入狱(时值拿破仑入侵意大利)。后在博洛尼亚音乐学校学习音乐，并开始作曲。1809 年作第一部歌剧《德梅特里奥与波利比奥》(1812 年首演)。1810 年才第一次上演其所作歌剧——《婚姻的代价》。其后，他以出色的配器、精美的旋律、创新的美声唱法，连续推出了二十余部歌剧，尤以 1816 年上演的*《塞维利亚的理发师》使其确立歌剧大师的地位。1823 年任巴黎意大利歌剧院指挥。1829 年创作了不朽的歌剧*《威廉·退尔》，并就此退出歌剧舞台。后逝于巴黎。

**罗忠镕**（1924～ ） 中国作曲家，理论家。生于四川，1941 年入四川省立艺术专科学校学习小提琴，1944 年入国立上海音乐专科学校继续学习，同时，师从*谭小麟、*丁善德学作曲，谭小麟是德国作曲大师*欣德米特(Paul Hindemith)的学生。1947 年创作的《山那边哟好地方》唱遍大江南北。1951 年任中央乐团驻团作曲家，1985 年任中国音乐学院教授。1985 年获“德国学术交流中心(DAAD)”学者奖学金，应邀赴西柏林从事创作并举行作品音乐会。

1988年赴纽约出席具有历史意义的“中国海峡两岸作曲家座谈会”。主要作品有《第一交响曲》(1958～1959)等交响曲两部、《庆祝十三陵水库落成典礼序曲》(1958)《暗香》(1988～1999)《罗铮画意》(2000)等交响诗五部、《四川组曲》(1963)等交响组曲四部、古琴与乐队《琴韵》(1993)以及弦乐四重奏等室内乐、声乐作品、钢琴曲等数十部。另著有《作曲初步练习》,并翻译欣德米特《传统和声学》《作曲技法》等论著多部。

**罗宗贤**(1925～1968) 中国作曲家。少年时即参加革命文艺工作。后任中国人民解放军总政治部创作员。作有歌剧*《草原之歌》*《刘胡兰》、歌曲《英雄们战胜了大渡河》(与时乐濛合作,1952)*《桂花开放幸福来》《岩口滴水》(1958)、电影音乐《阿诗玛》(与葛炎合作。1963)。2004年出版《罗宗贤音乐作品选集》。

**锣** 中国打击乐器。其历史悠久,种类繁多。形似筛,铜制。大小不一,以槌击奏。一般无固定音高。

L

**锣鼓经** 中国以状声字模拟锣鼓音响和节奏,用以口传心授。现则以拉丁字母代之。

**洛可可音乐** Music of The Rococo[英] 欧洲音乐史上流派之一。指*巴洛克和古典乐派之间的音乐而言。其音乐以精巧、富于装饰为其特色。“洛可可”系指18世纪初以贝壳状或花叶状等进行装饰的一种法国建筑美术式样。代表作曲家有*库普兰、*拉莫等。

**骆玉笙**(1914～2002) 中国京韵大鼓表演艺术家。艺名小彩舞。生于上海。7岁拜师学唱京剧老生,17岁学唱京韵大鼓。1936年演出于天津,被誉为“金嗓歌王”。后又集“白(云鹏)派”“少白(凤鸣)派”之长,形成凄婉苍凉的“骆派”抒情风格。擅演《红梅阁》《剑阁闻铃》《子期听琴》《丑末寅初》等传统曲目。1987年以73岁高龄演唱电视剧《四世同堂》主题歌《重整山河待后生》再次轰动全国。在教学、唱腔革新等方面亦取得很高成就。1985年被选为第三届中国曲艺家协会主席。

# M

**麻雀与小孩** *黎锦晖于1921年所作儿童歌舞剧。该剧描写了小孩将小麻雀关在笼中，后小孩在老麻雀的母爱精神的感召下，将小麻雀送还老麻雀。

**马刀舞曲** Sabre Dance[英] *哈恰图良于1942年所作芭蕾舞剧《加雅涅》中的一首管弦乐曲。极富亚美尼亚特色。有手风琴改编曲。

**马骨胡** 中国壮族拉弦乐器。形似二胡，用马腿骨作琴筒，张二弦。

**马可**(1918～1976) 中国作曲家。江苏徐州人。早年攻读化学，后在学生救亡运动中表现出良好的音乐才能。1939年任教于延安鲁迅艺术文学院音乐系。1950年代起，主要从事戏曲音乐的研究和改革工作。作有秧歌剧《夫妻识字》(1944)、歌曲*《南泥湾》*《咱们工人有力量》、歌剧*《白毛女》(1945，与人合作)*《小二黑结婚》(1953)等，并撰有《在新歌剧探索的道路上》(1954)等论文。

M

**马勒** Gustav Mahler (1860～1911) 奥地利作曲家、指挥家。父为犹太商人。10岁登台演奏钢琴。15岁入维也纳音乐学院学习，亦曾在维也纳大学旁听历史、哲学和音乐史。1879年任奥地利哈尔剧院指挥。1888年任布达佩斯皇家歌剧院正指挥。1891年任汉堡歌剧院正指挥。1897年任维也纳宫廷歌剧院指挥，并使该剧院处于全盛时期。1907年任美国纽约大都会歌剧院及纽约爱乐乐团指挥，1911年2月因病返回欧洲在巴黎静养，5月18日逝世于维也纳。马勒生前虽以歌剧指挥家名噪世界，然而仍是德、奥浪漫主义音乐最后的代表性作曲家，其所作音乐充满激情和丰富的想象力，气势恢弘，乐队编制巨大，配器多彩，结构整齐，又是西方现代音乐的先驱者之一，对其后新一代的作曲家产生巨大的影响。主要作品有《巨人》《复活》《千人交响曲》等十部交响曲、《大地之歌》以及歌曲集《旅行者之歌》(1883)《少年魔号》(1892～1898)《亡子之歌》(1901～1904)等。

**马林巴** marimba *木琴的一种。在若干经过调律的音板下面置有共鸣管起共鸣作用。有小型、大型、极大型之分，其音域分别为 f—$a^3$；c—$c^4$；c—$c^5$。马林巴是对非洲各种木琴的总称，源起南非，使用葫芦做共鸣器，欧洲人称之为“卡菲尔人钢琴”(Kaffir Piano，“卡菲尔人”即为非洲东南部属班图语系统的恩古尼族支系)，后经演变而成为拉丁美洲音乐中所使用的乐器之一。20 世纪初传入美国后，经戴甘(J. C. Deagan)和科迪(U. G. Leedy)等人的改良(特别是将共鸣管制成 U 型的曲线状)，被广泛用于流行音乐的乐队之中，20 世纪 40 年代后逐渐在管弦乐队中得以应用。著名的马林巴乐曲有*米约的《为马林巴和颤音琴而作的协奏曲》(1947)、*奥尔夫的为独唱、合唱、四架钢琴、包括马林巴在内的多种打击乐器以及管弦乐队而作的《安提果内》(*Antigone*，1949)、*梅西昂的为管弦乐队和两架马林巴而作的《库罗库罗米》(*Chronchromie*，1960)等。

**马赛尼埃罗** 即*波尔蒂契的哑女。

**马思聪**(1912～1987) 中国作曲家、小提琴演奏家。广东海丰人。11 岁赴法国学习音乐，曾就读于巴黎音乐学院布舍里小提琴班。回国后，多次举办小提琴独奏会，并从事指挥、作曲、教学等工作。1950 年起任中央音乐学院院长。1966 年移居美国，入美国籍。主要作有小提琴曲*《内蒙组曲》(1937)《F 大调小提琴协奏曲》、《钢琴弦乐五重奏曲》、管弦乐组曲《山林之歌》、《第二交响曲》、《祖国大合唱》、歌曲《中国少年儿童队队歌》、舞剧《晚霞》及《大提琴协奏曲》等。

**马斯卡尼** Pietro Mascagni (1863～1945) 意大利作曲家。1882 年入米兰音乐学院，后辍学到一小歌剧团任指挥，巡回演出于各地。1890 年所作《乡村骑士》驰名世界，并成为*真实主义歌剧的奠基之作。

**马斯内** Jules Massenet (1842～1912) 法国作曲家。自幼从其母学习钢琴。1853 年入巴黎音乐学院。1863 年获罗马大奖，赴罗马进修。1878 年任巴黎音乐学院教授。1884 年所作歌剧《玛侬》的上演获得巨大成功，共创作《维特》(1892)、《黛依丝》(1894)、《圣母院的戎格勒》(1902)及

《唐吉诃德(1910)》等二十七部歌剧,是古诺之后法国最负盛名的歌剧作曲家。尚作有*《悲歌》《沉思》等传世音乐小品。

**马太福音受难曲** Matthauspassion［德］ *巴赫于1728～1729年所作*受难曲(独唱、合唱与乐队)。取材于《圣经·新约·马太福音》中耶稣受刑前几天的苦难与死的故事。由两部分七十八分曲组成,历时达三小时。该曲于七十九年之后才被门德尔松发现重演。

**马头琴** 中国蒙古族拉弦乐器。琴箱呈梯形,木制,张二弦,弓在弦外拉奏。用于独奏或合奏。

**马肖** Guillaume de Machaut(约1300～1377) 法国14世纪*新艺术的最重要的代表作曲家,亦为著名的诗人。生于法国北部香槟省。曾任职于波希米亚王的鲁克森布尔格伯爵,其间曾赴欧洲各地旅行。1346年伯爵死后,供职于法王夏尔五世宫廷,晚年任兰斯大教堂神职。其创作大多为世俗作品。传世有在法国北部*游吟诗人的传统上而创作的初期运用*对位法的世俗音乐作品及少量教会音乐等,其中复调化的世俗复调歌曲(*维勒莱、*回旋歌、*叙事歌)影响深远。尚作有一部《圣母弥撒》(*Messe de Notre Dame*)和二十三首*经文歌等。

M

**马友友** Yo-Yo Ma(1955～ ) 华裔美国大提琴家。6岁首次登台演奏。7岁入朱利亚音乐学校学习。1978年获费雪奖震动乐坛,成为20世纪世界杰出的大提琴家之一。尤擅长演奏巴赫的作品。

**马泽尔** Lorin Maazel(1930～ ) 美国指挥家。原籍法国。9岁即登台指挥管弦乐队。1949年任匹兹堡交响乐团副指挥。1953年在卡塔尼亚指挥轰动一时,遂享誉世界。后曾任拜罗伊特指挥、柏林广播交响乐团首席指挥、美国克利夫兰管弦乐团音乐指导、维也纳国家歌剧院总指导。2002年后任纽约爱乐乐团音乐总监。有惊人的背谱指挥能力。曾来中国访问。

**马子** 又称“琴马”“琴桥”。乐器部件之一,用于架弦。

**马祖卡** mazur［波兰］ 马祖卡为法文mazurka的音译。是波兰民间的一种男女双人集体舞。步法有滑步、成对旋转、女子围绕男子作轻快跑步等。3/4 拍子，中庸速度，三部曲式，以重音往往落在第二拍（特别是落在第三拍）上，和第一拍的附点节奏为其特色。16 世纪源于波罗的海沿岸马祖尔人聚居的马索维亚一带的农民歌舞。18 世纪起渐流行于欧洲各地。*肖邦作有大量的马祖卡舞曲，所作《C 大调马祖卡》（作品 56 之 2）常被称为“马祖卡中的马祖卡”。

**玛捷帕** Mazeppa［英］ *李斯特于 1851 年所作交响诗。1854 年首演于魏玛。音乐素材取自其所作钢琴《超级练习曲》。玛捷帕为哥萨克领袖，为民族解放事业而战斗终生。

**迈耶贝尔** Giacomo Meyerbeer（1791～1864） 一译梅耶贝尔。德国作曲家。犹太商人之子，原名为 Jakob Liebmann Meyer Beer。7 岁即登台演奏莫扎特的 d 小调钢琴协奏曲。后学作曲。22 岁发表歌剧却未成功。25 岁赴意大利学习歌剧创作，并成功地创作了五部意大利歌剧。后致力于德国新歌剧的开拓。后在巴黎的歌剧创作，成为法国大歌剧的奠基者之一，且影响所及甚远。以《恶魔罗勃》（1831）《胡格诺教徒》（1836）《预言者》（1849）等为其大歌剧的代表作。

M

**麦金托什，卡麦隆** Cameron Mackintosh（1946～ ） 著名英国音乐剧制作人。早年以小成本演出起家，后成功制作音乐剧硕果累累而轰动世界，被称为“音乐剧沙皇，”与*安德鲁·劳埃德·韦伯及阿兰·鲍伯利、克劳德—米歇尔·勋伯格是黄金组合。制作音乐剧有《孤星血泪》《窈窕淑女》《俄克拉何马》*《猫》《歌声舞影》*《剧院魅影》*《悲惨世界》《西贡小姐》《马丁·盖尔》三百多部。

**麦克白斯** Macbeth［英］ ①*理夏德·施特劳斯于 1886～1889 年所作交响诗。作品 23。1890 年首演于魏玛。取材于莎士比亚的同名悲剧。②*威尔第所作四幕歌剧。1847 年首演于佛罗伦萨。根据莎士比亚的同名悲剧编剧。剧情为：苏格兰大将麦克白斯弑王篡位，又为灭口而杀名将班戈。后在班戈阴魂骚扰下，精神失常，后被王子所杀。

**麦新**（1914～1947） 中国作曲家。原名孙培元。上海人。“九一八”事变后，积极参加抗日救亡运动，参与领导民众歌咏会、业余合唱团。1936 年开始创作歌词并作曲。1940 年任职于延安鲁迅艺术学院。1947 年在东北某战斗中壮烈牺牲。作有儿童歌曲《马儿真正好》(自作词，1936)、歌曲*《大刀进行曲》，并作有歌词《只怕不抵抗》(冼星海曲，1936)。

**满江红** ①歌曲。*杨荫浏于 1925 年“五卅”运动后将《音乐杂志》(1920 年 12 月北京大学音乐研究会编，第一卷九、十号合刊)所载曲调(原元代萨都剌的《满江红·金陵怀古》)填入岳飞同名词后，遂在全国各地流传。②*冼星海于 1943 年所作管弦乐组曲。作品 15。以同名歌曲为主题，分为中国人民的坚毅斗争、斗争的中国、胜利之歌等三段。

**满庭芳** 著名*十番鼓乐曲。据说其名称源自唐·柳宗元的诗句“满庭芳草积”，曲调为南北曲曲牌(声乐曲)。由两大部分组成，加引子与尾声。

M

**曼多拉** mandola［意］ 即次中音*曼多林。

**曼多林** mandolin［英］ 拨弦乐器。琴身呈半梨形，有指板和品，张四对金属弦(共八根)。用拨子弹奏，同小提琴亦为五度定弦(g、$d^1$、$a^1$、$e^2$)。音域约三个半八度。常用以伴奏民间舞蹈和歌唱。尚有一种平底曼多林(葡萄牙式)。

**曼弗雷德** Manfred［德］ *舒曼于 1848～1849 年为英国浪漫主义诗人拜伦(George Gordon Byron，1788～1824)于 1817 年所作的同名诗剧而作的配乐。作品 115。1852 年首演于魏玛。共十五曲。其中以序曲著名。故事为孤傲的伯爵曼弗雷德欲解脱其幻想破灭之苦，独居阿尔卑斯山，却越陷越深，终至自我毁灭。反映了当时不满现状、反抗社会而终于无所作为的欧洲知识分子的精神面貌。

**曼弗雷德交响曲** Symphonie“Manfred”［德］ *柴科夫斯基于 1885 年所作交响诗。作品 58。翌年首演于莫斯科。以拜伦的同名诗剧为题材。参见*曼弗雷德。

**曼海姆乐派** 18 世纪中叶在德国西南部、莱茵河畔港市曼海姆所形成的乐派。其成员为该市宫廷乐队的乐师(多为捷克音乐家)，核心人物为该乐队的队长施塔密茨(Johann Stamitz，1717～1757)。该乐派将乐队部分的音乐全部写出,从而取代了*通奏低音;主调织体非常突出;特别是乐队的力度变化幅度相当大,在当时居欧洲之首。是*维也纳古典乐派的先驱。

**慢板** ①中国戏曲、曲艺音乐中的一种板式。一般为4/4拍,或8/4拍、4/2拍。②Lento[意]速度术语。相当于“慢速”。每分钟约52拍。

**漫瀚调** 中国内蒙古自治区西部的民歌。又称蒙汉调。

**猫** *安德鲁·劳埃德·韦伯于1981年根据T.S.艾略特的长诗《擅长装扮的老猫》而作的二幕音乐剧,首演于伦敦西区;1985年在美国纽约百老汇首演。故事发生在杰里科族的猫的家族庆贺会上,群猫正跳舞等待其领袖老猫杜特罗内依的到来,以挑选一只猫到九重天上重获新的生命。在舞会上邪恶的猫麦克维第制造混乱,绑架了杜特罗内依,并扮成杜特罗内依的模样欺蒙众猫。后被识破,众猫救出杜特罗内依,挑选了离群多年并发誓回到家族的富有魅力的猫格里泽贝拉到九重天。最后,杜特罗内依告诉人类:“猫很像你们。”该剧中以格里泽贝拉重返家族后所唱的《回忆》一歌脍炙人口。

**毛敏仲** 中国南宋琴师。名逊。三衢(今属浙江)人。善作琴曲,代表作为《渔歌》《樵歌》。

**玫瑰骑士** Der Rosenkavalier[德] *理夏德·施特劳斯于1909～1910所作三幕歌剧。H.V.霍夫曼斯塔编剧。1911年首演于德累斯顿。作品59。以采用维也纳圆舞曲为其特色。剧情为:青年伯爵奥克塔维安受公主之命,按当地风俗,以玫瑰骑士的身份,到风流公子奥克斯的未婚妻索菲家送银玫瑰,以作订婚信物。伯爵与索菲却一见钟情,产生爱情。奥克斯盛怒之下,与伯爵决斗负伤。后伯爵与索菲在公主的帮助下,结成良缘。

**梅菲斯特圆舞曲** Mephistos Walze[德] *李斯特于1860年所作管弦乐曲。取材于《浮士德》。1881年改编为钢琴独奏曲和钢琴联弹曲。浮士德(Faust)是欧洲16世纪民间传说中的人物——学识渊博,精通魔术,为获得知识和权力,竟向魔鬼出卖了自己的灵魂。歌德(1808～1831)以

M

此题材作诗剧《浮士德》，长达一万两千余行：浮士德博士为寻求人生的意义，将灵魂出卖给魔鬼梅菲斯特，从而在魔鬼的帮助之下，经历了爱欲、欢乐、痛苦、神游等各阶段和变化，终于在生命的最后时刻，在与自然斗争中，领悟了人生的目的应当是为生活和自由而战斗。

**梅花操** 福建* 南音四部"大谱（即器乐曲）"之一，余为《四时景》《走马》《百鸟归巢》。

**梅花三弄** 著名中国琴曲。谱载*《神奇秘谱》。

**梅纽因** Yehudi Menuhin（1916～1999） 美国小提琴家。出生后随双亲移居旧金山，师从安克尔和珀辛格学习小提琴。10 岁即与旧金山交响乐团合作演奏拉罗的《西班牙交响曲》，并在纽约举办独奏音乐会。翌年与纽约交响乐团合作演奏贝多芬的小提琴协奏曲，被世人誉为神童。12 岁赴欧，师事 A. 布施和埃内斯库。后巡回演出于世界各地。第二次世界大战中曾赴反法西斯前线和兵营演出达五百余场，战后，在世界各地举办慈善音乐会。1955 年移居英国，开始指挥活动，并任巴思音乐节（1958～1968）、瑞士格什塔德音乐节（1959）、温泽音乐节（1969～1972）的艺术总监。1963 年在伦敦郊外创办斯托克音乐寄宿学校，招收世界各地音乐天才儿童。1972 年任伦敦特利尼蒂音乐专科学校校长。1979 年起曾数次来华访问演出，并出任中央音乐学院兼职教授。是 20 世纪小提琴大师之一，尤以演奏欧洲古典作品，特别是巴赫的无伴奏奏鸣曲擅长。著有《梅纽因小提琴六课》（*Six Lessons with Y. M.*，1971）自传《无尽头之旅》（*Unfinished Journey*，1977）等著作。

**梅诺蒂** Gian Carlo Menotti（1911～2007） 美国歌剧作曲家。原籍意大利。11 岁即作歌剧。曾入米兰音乐学院、费城柯蒂斯音乐学院学习。1937 年上演其所作歌剧《阿梅利亚赴舞会》一举成名。其所作将意大利歌剧传统与现代技法相结合，并充分发挥了舞台效果。尚作有广播歌剧《老处女与小偷》（1939）、室内歌剧《神巫婆》（1946）、独幕歌剧《电话》（1947）、三幕歌剧《领事》（1949）等。

**梅西昂** Olivier Messiaen（1908～1992） 20 世纪后半叶法国具有代表性的作曲家、管风琴家。11 岁入巴黎音乐学院学习。1931 年任巴黎教堂管风琴师。1942 年任巴黎音乐学院教授。1968 年被选为法兰西艺术院院士。他的创作和教学活动,对现代音乐影响较大。*施托克豪森、*布莱兹均为其学生。代表作有《时间结束四重奏》(1941)、钢琴曲《圣婴二十默想》(1944)、《图伦加利拉交响曲》(1948)《时值与力度的样式》(1949,是世界上第一部用全面控制的方法创作的乐曲)《鸟的苏醒》(1953)《百鸟图》(1956～1958)《异国之鸟》(1956)歌剧《圣·弗朗索瓦》(1983)及独唱、合唱与乐队《我主基督之变形》(1969)等。尚著有《我的音乐语法》(1944)。

**美国四重奏曲** 又名《黑人四重奏曲》。*德沃夏克于1893 年所作弦乐四重奏曲。翌年首演于波士顿。作品 96。音乐亦吸取了黑人灵歌作素材。

**美丽的罗丝玛琳** Schon Rosmarin[德] *克莱斯勒所作小提琴曲。作品 55 之 4。后有各种器乐改编曲。

**美丽的磨坊女** Schöne Müllerin Die[德] *舒伯特于1823 年所作声乐套曲。为德国诗人缪勒(1794～1827)诗谱曲。作品 25。由二十首歌曲组成。

M

**美声唱法** bel canto[意] 18 世纪产生于意大利的优美歌唱方法。它是伴随意大利歌剧的演唱要求华美辉煌的声音而产生的一种声音技巧。以声音优美、柔和、匀净、流畅为其风格特点。美声唱法和意大利歌剧一起给欧洲的声乐艺术以重大影响,被视为最理想的歌唱技巧。后该唱法为许多国家所吸收,并形成各自的唱法。作为扩大声音的基础训练方法,仍被今日声乐教学中所采用。

**门德尔松** Felix Memdelssohn (1809～1847) 德国作曲家。父为银行家、艺术爱好者。从小受到广泛的文化教养。当时著名的文化艺术界人士常集会其家,给幼年的门德尔松以极大的影响。9 岁在柏林首次登台演出。少年时代即创作了包括《第一交响曲》在内的不少作品。1826 年作*《仲夏夜之梦序曲》。后又在柏林大学旁听哲学与文学课程。1827 年指挥上演了巴赫的*《马太福音受难曲》,使世人得以重新认识巴赫。1827～1835 年指挥演出于欧洲各地,并进行创作。1835 年任莱比锡格万特豪斯管弦乐团指挥。1842～

1843 年为创办莱比锡音乐学院而奔波。后从英国返回莱比锡后逝世，年仅 38 岁。是 19 世纪前半叶欧洲浪漫主义音乐的杰出代表作曲家。所作数量惊人，有管弦乐序曲《芬格尔山洞》，交响曲《宗教改革》《意大利》，钢琴曲集*《无言歌》、《e 小调小提琴协奏曲》(1844)、管弦乐曲《平静的海洋与幸福的航行》(1828)《美丽的梅露西娜》(1833)、歌曲*《乘着歌声的翅膀》等，以及歌剧、协奏曲、室内乐曲、宗教音乐、清唱剧、无伴奏合唱等。

**蒙汉调** 即*漫瀚调。

**蒙泰威尔第** Claudio Monteverdi (1567～1643) 意大利作曲家。*巴洛克音乐的奠基者之一。1590 年任曼图亚公爵的乐长。1607 年在曼图亚上演其所作第一部歌剧《奥菲欧》。1613 年任威尼斯圣马克大教堂的乐长。1637 年起服务于欧洲第一座歌剧院——威尼斯歌剧院，至其逝世。他主张“音乐要具有强烈的感情色彩，要去挖掘人的感情世界”，确立了早期管弦乐队的编制，大胆使用二度、七度等不协和的和声手法，运用弦乐的震音和拨弦奏法，以及确立了歌剧的结构，不仅稳固了歌剧的地位，而且对欧洲歌剧事业的发展产生深远的影响。

M

**孟姜女** ①中国著名民间小调。叙唱秦始皇筑长城时孟姜女千里寻夫的故事。又名《孟姜女哭长城》《孟姜女十二月花名》等，广为流传并形成多种变体。②美籍俄国犹太作曲家阿龙・阿浦夏洛穆夫(Aaron Avshalomov，1894～1965)所作六幕十一场歌剧，1945 年 11 月 25 日由中国歌舞剧社首演于上海兰心大剧院歌剧。

**梦幻曲** Traumerei[德] *舒曼所作钢琴曲集《童年情景》中的第七曲，流传甚广。

**弥撒曲** mass[英] 为弥撒经文所谱写的、用于天主教教仪的音乐。原主要为人声，17 世纪发展成人声与乐器的弥撒曲，后则为体现宏伟的构思而置教仪上的实用要求于不顾，如巴赫的《b 小调弥撒》、贝多芬的《庄严弥撒》等。20 世纪中亦作有弥撒曲，如斯特拉文斯基的《弥撒曲》(首演于 1948 年，为男声、童声、合唱以及两组管乐五重奏而作)，沃恩・威廉斯的《g 小调弥撒曲》(约作于 1922，无伴奏合唱)。

**弥赛亚** Messiah［英］ * 亨德尔于1741年所作清唱剧。翌年首演。歌词选自《圣经》。演出长达三小时之久。为其最高杰作。“弥赛亚”即“救世主”之意。

**迷笛** MIDI 即英文 musical instrument digital interface（乐器数码接口）的缩写。MIDI本身不会发声，而是一种数码信息传输系统（于20世纪80年代初完成研制），用以解决各种电子乐器之间不兼容的问题，从而仅以一人操作即可将各种电子乐器进行协同演奏。其基本系统包括计算机、音序软件、MIDI键盘和监听设备。其工作原理是在MIDI键盘（MIDI keyboard，有25、32、49、61键之分）上弹奏输入音符（亦可利用编曲软件输入音符），利用音序软件（sequencer，或称“编曲软件”）处理音符（变速、转调等），并可任意修改音符或修饰乐器的音色（进行音乐编辑），最后在音序软件的支持下“音源器”（sound module）按照MIDI的讯息播放声音。如进一步要求音质的真实，不能仅凭一般电脑的音效卡（sound card），应另外使用“外接音源器”（内存百多种至千种乐器音色）。可用于作曲、编曲以及音乐教育（在设有磁碟机的数码钢琴、* 电子琴或座地电子琴上播放MIDI音乐作伴奏），亦可打印乐谱。参见 * 计算机音乐。

M

**米凯兰基利** Arturo Benedetti Michelangeli（1920～1995） 意大利钢琴家。生于布雷西亚。4岁开始学钢琴。1933年毕业于米兰音乐学院。1939年获日内瓦国际钢琴比赛第一名。第二次世界大战中曾参加反法西斯运动；战后于英、法举办音乐会，始以钢琴家知名于世。演奏曲目囊括古典派到 * 德彪西、* 拉威尔等的作品，且以酷求音色美而著称。1965年在其出生地创设为钢琴家举办的国际音乐节。

**米亚斯科夫斯基** Nicolas Yakorlevich Myaskovsky（1881～1950） 苏联作曲家。毕业于陆军工科学校。后曾师事 * 格利埃尔。25岁入圣彼得堡音乐学院学习，师从 * 里姆斯基-科萨科夫、* 利亚多夫。1911年毕业于圣彼得堡音乐学院。曾受印象派音乐的影响，并与 * 阿萨菲耶夫、* 普罗科菲耶夫等人创立了现代俄罗斯音乐。1921年任教于莫斯科音乐学院，许多作曲家出自其门下。作有二十七部交响曲、十三首弦乐四重奏曲、小提琴协奏曲、大提琴协奏曲以及钢琴曲、歌曲等。

**米约** Darius Milhaud（1892～1974） 法国作曲家。犹太裔。*六人团的核心人物。17岁入巴黎音乐学院师从丹第学习作曲。1917～1918年随法国驻巴西公使克洛代尔赴巴西，任其秘书期间，接触了大量拉丁美洲音乐，作品颇具巴西风格。归国后，加入“六人团”。第二次世界大战爆发后于1940年赴美，执教于奥克兰的米尔斯学院。1947年归国任巴黎音乐学院作曲教授。其创作在20世纪20年代多为多调性音乐，且规模简洁短小；滞美期间则倾向浪漫风格。不仅突出具有法国乡土气息的抒情个性，而且锐意探索新的音乐技法，几乎涉猎所有领域，数量达四百余部。代表作有芭蕾舞音乐《屋顶上的牛》(1919)《世界的创造》(1923)、三幕歌剧《博利瓦》(1943)、管弦乐曲《法国组曲》(1945)、室内管弦乐曲《斯坦福小夜曲》(1969)等。

M

**密集和声** close harmony［英］ 呈*密集排列的和声。

**密集排列** close position［英］ 和弦在四部和声中的一种排列形式，指四部和声中的上三个声部中每一个声部距邻近的声部为三度或四度，即限制在一个八度之内，但低声部与次中音声部之间的距离不受这个限制。与*开放排列相对而言。

**密接和应** stretto［意］ 在赋格曲中，答题未等主题完成即进入，从而形成首尾叠置，称“密接和应”。

**蜜蜂** L'Abeille［法］ 德国小提琴家弗朗索瓦·舒伯特(Francois Schubert，1808～1878)所作《小提琴与钢琴小品十二首》中的第九首。其旋律具有无穷动的特点。

**苗岭的早晨** ①白诚仁所作口笛曲。②*陈钢于1975年根据同名口笛曲改编的小提琴独奏曲。

**庙会组曲** 蒋祖馨于1955年所作钢琴曲。由五曲组成：艺人的小调、二人舞、老人的故事、笙舞、社戏。

**民歌** 经代代口头传唱、流传于民间的歌曲。与人民生活息息相关，反映抒发了民众自己的思想感情。其形式多样，艺术精练，内容丰富。往往因地区、民族、国家、社会生活的不同，而各具不同的音乐特色和内容。中国民歌有劳动号子、山歌、小调、新民歌等种类。专业音乐创作也往往以民歌为其创作素材。

**民间歌舞**　歌与舞相结合的一种流传于民间的歌舞艺术。

**民族解放交响曲**　* 冼星海于 1935～1941 年所作交响曲（即第一交响曲）。作者将其题献给“伟大的毛泽东同志”。

**民族乐派** Nationalism［英］　欧洲音乐史上于 19 世纪后半叶在东、北、南欧兴起的作曲流派。该流派是欧洲资产阶级民族革命运动中民族意识高涨的产物。人们开始关注自己本民族的传统和文化，并运用自身民族所特有的音乐语法和题材创作带有强烈民族形式的作品。其代表作曲家有俄罗斯的 * 格林卡、“五人团”的作曲家们；捷克的 * 斯美塔那、* 德沃夏克；挪威的 * 格里格；芬兰的 * 西贝柳斯；西班牙的 * 格拉纳多斯、* 法利亚等。

**民族音乐学**　即 * 音乐民族学。

**名歌手** meistersinger［德］　一译“工匠歌手”。继中世纪 * 恋诗歌手之后，于 15、16 世纪活跃于德国的诗人兼音乐家。

M

**名歌手奏鸣曲** Meistersinger Sonate［德］　* 布拉姆斯于 1886 年所作 A 大调第二小提琴奏鸣曲。作品 100。

**明希** Charles Munch（1891～1968）　法国指挥家。曾学小提琴。毕业于斯特拉斯堡音乐学院。1926 年任格万特豪斯管弦乐团首席小提琴。1933 年首次登台指挥。1938 年任巴黎音乐学院管弦乐团指挥。1949 年任波士顿交响乐团常任指挥达十三年，使该团继 * 库塞维茨基之后呈现了第二个黄金时代。1967 年任巴黎交响乐团第一任音乐指导。是 20 世纪法国的大指挥家之一。

**冥想曲** meditation［英］　富于冥想气氛的器乐小品。如 * 马斯内的小提琴曲《冥想曲》（又译《沉思》）。

**命运交响曲** Fate Symphony［英］　* 贝多芬于 1805～1808 年所作第五交响曲。1808 年首演于维也纳。作品 67。

**模仿** imitation［英］　* 复调音乐手法之一。一声部为另一声部的重复，并呈先后出现、各具独立性的形态，即形成模仿。有严格的模仿，也有自由模仿；其声部数目不限，有二部模仿、三部模仿等；可在不同音程距离上的模仿，如五度模仿、下八度模仿等；亦可在不同时间间隔上的模仿，如隔一小节的模仿、隔两小节的模仿等。尚有倒影模仿、增时模仿、减时模仿、逆行模仿、倒影逆行模仿等。亦用于*主调音乐。

**模进** sequence[英]　一旋律型或一和声音型数次分别在不同音高上的重复。前者称"旋律模进"(melodic sequence)，后者称*"和声模进"(harmonic sequence)。重复时可在一定程度上改变旋律音间的音程关系(如大音程改为小音程等)，称"守调模进"(tonal sequence)；不改变旋律音间的音程关系(意味者调性将有所变动)，称"完全模进"；在模进过程中，两者兼有，则称"混合模进"(mixed sequence)。模进时亦可加装饰音。

**魔弹射手** Der Freischutz [德]　一译《自由射手》。*C. M. 韦伯于1817～1820年所作三幕歌剧。作品77。金德根据阿佩尔和劳恩的《鬼怪故事》(1811)编剧。1821年首演于柏林。是德国民族歌剧和欧洲浪漫主义歌剧的奠基作。剧情为：守林员马克斯欲娶林务官之女阿加特为妻，却须在射击比赛中获胜。然而，首赛即败，遂在卡斯帕尔的怂恿下，赴狼谷向魔鬼求得七发魔弹。赛时，六发六中，第七发子弹却射向白鸽阿加特(此时马克斯不知这白鸽就是阿加特的化身)。然而，子弹射中的却是躲在树上窥伺结局的卡斯帕尔。马克斯遂向公爵承认了错误，始还其所愿。

**魔弹射手序曲** Ouvevtüre "Der Freischutz"[德]　*C. M. 韦伯所作歌剧《魔弹射手》的序曲。

**魔笛** Die Zauberflote[德]　*莫扎特于1791年所作二幕歌剧。K. 620。席坎内德根据维兰德所编童话集中的故事编剧。同年9月30日首演于维也纳，两个月后曲作者即离开人世。剧情为：王子塔米诺狩猎迷路误入夜王国，遇巨蟒为夜后的三位侍女所救。侍女向其出示夜后的公主帕米娜的肖像，王子一见钟情。此刻，夜后在雷声中现身，谎称公主为大祭司萨拉斯特罗劫走(其实是大祭司为了使公主摆脱夜后的邪恶势力而为)，王子挺身而出，携带夜后所赠之魔笛，应命前往。同时，夜后又命快乐的捕鸟人帕帕基诺携带夜后所赠神铃前往相助。王子在大祭司的帮助下，历经曲折，通过种种考验，终于与公主喜结良缘；捕鸟人帕帕基诺也找到了其意中人帕帕基娜；而夜后则在隆隆雷声之中坠入深渊。

**魔笛序曲** Ouvertüre "Die Zauberflote"[德] *莫扎特所作歌剧《魔笛》的序曲。常用作音乐会曲目单独演奏。

**魔法师的弟子** Apprenti Sorcier, L'[法] *杜卡斯于1897年所作管弦乐谐谑曲。同年首演于巴黎。以歌德的同名叙事诗为题材。描写魔法师的弟子学了用扫帚去取水的咒语，却不知退水的咒语。致使于师傅不在的情况下，水患成灾，直至魔法师赶到才把水退去。

**魔法师之恋** Amor Brujo El[西] *法利亚于1915年所作二场芭蕾舞剧音乐。同年首演于马德里。剧情为：寡妇坎黛拉斯欲嫁卡尔密罗，但却被前夫的鬼魂所纠缠，求助女魔法师露茜亚后，鬼魂却转而追逐起魔法师来，寡妇遂成所愿。后改编成管弦乐组曲，由序奏和场景、吉卜赛之歌、爱之烦恼、幽灵、恐怖之舞、交灵术四轮——渔夫、深夜——咒语、火祭之舞、场景、鬼火之歌、哑剧、爱之戏之舞、终曲等十三曲组成。

**魔王** Erlkönig Der[德] *舒伯特所作歌曲(歌德诗)。约作于1815年。

**茉莉花** 中国著名民间小调。以江苏省的《茉莉花》最为流行。

**莫扎特** Walfgang Amadeus Mozart (1756～1791) 奥地利作曲家、小提琴家、钢琴家。维也纳古典乐派代表作曲家之一。生于萨尔茨堡。其父为小提琴家、作曲家。6岁即举行钢琴独奏会。7岁与其姊随父在德、法、意、英、比利时等国旅行演出，于1766年11月才返回萨尔茨堡。其间接触了意大利和法国的歌剧、德国的器乐，结识了不少作曲家，并写成了几部交响曲、羽管键琴曲等作品。12岁作歌剧。以神童享誉欧洲。长期任职于萨尔茨堡大主教府。1777年9月始的两年旅行演出中，曾在曼海姆接触了曼海姆乐派的音乐。后因不堪忍受大主教的凌辱，于1781年辞职，赴维也纳成为第一位自由作曲家，以教授私人钢琴和演奏为生，未再谋得他所企望的重要的音乐职位（1790 年曾请求奥皇接任宫廷乐长职位，亦未准）。虽名为自由作曲家，但仍摆脱不掉封建社会对他的束缚。晚年成为带有资产阶级启蒙思想色彩的秘密宗教团体“共济会”的成员。死后葬礼颇为凄凉，葬于一贫民公墓中，享年 35 岁。在维也纳期间，曾对 * J.S.巴赫的作品进行深入的研究，同时结识了 * 海顿，生活的磨难、资产阶级启蒙思想的影响，对其创作思想产生深刻的影响，均体现在其所作歌剧《后宫诱逃》（1782）*《费加罗的婚礼》（1786）*《唐璜》（1787）《女人心》（1790）以及 *《魔笛》（1791）《狄托的仁慈》（1791）等之中。尚作有交响曲四十一部，其中以《第三十九交响曲》《第四十交响曲》和《第四十一交响曲》（朱庇特）著称；二十七首钢琴协奏曲；七首小提琴协奏曲；大提琴协奏曲；长笛协奏曲；A 大调单簧管协奏曲；四首圆号协奏曲；《C 大调弦乐四重奏》等二十三首弦乐四重奏；《g 小调弦乐五重奏曲》等六首弦乐五重奏曲；《A 大调单簧管五重奏曲》；四十三首小提琴奏鸣曲；十七首钢琴奏鸣曲以及《安魂曲》等教会音乐作品。莫扎特不仅是近代协奏曲形式的奠基者，而且也为确立维也纳古典乐派三乐章的奏鸣曲套曲形式作出了巨大的贡献。1862 年由克舍尔（Ludwig Ritter，1800～1877，奥地利音乐编目家）将其创作编目，称“克舍尔编号”（K chel-Verzeichnis[德]），标示为 K。



**莫扎特五度** Mozart Fifths[英]　在由增五六和弦至属和弦的进行中所产生的平行五度，为莫扎特所喜用，故名。其目的是为了减弱半音阶进行时所形成的不协和感。

**莫纽什科** Stanislaw Moniuszko（1819～1872）　波兰作曲家。其所作歌剧《哈尔卡》（1847）为波兰民族歌剧的奠基之作。1858 年任华沙歌剧院指挥。1863 年起任华沙音乐学院教授。作有二十四部歌剧，二百余首歌曲，以及宗教音乐、室内乐等。

**莫什科夫斯基** Moritz Moszkowski（1854～1925）　德国钢琴家、教师、作曲家。原籍波兰。其兄亦为音乐评论家。曾就读于德累斯顿、柏林音乐学院。毕业后旅行演出于德国、法国、波兰。后任教于柏林音乐学院。1897 年定居巴黎。所作以纤细的小品曲和钢琴练习曲著称，有《西班牙舞曲》(作品 12)、《三首音乐会练习曲》(作品 24)、《十五首熟练练习曲》(作品 72)、《二十首小练习曲集》(作品 91)以及《十首小品》(作品 77)。

**莫斯科的回忆** Souvenir de Moscou[法] *维尼亚夫基斯于 1853 年以俄罗斯歌曲《红色的沙拉凡》(瓦尔拉莫夫曲)为素材所作幻想风小提琴独奏曲。作品 6。作者其时正在圣彼得堡。

**莫斯科河上的黎明序曲** 即*霍凡希那序曲。

**墨西哥沙龙** Salon Mexico El[西] *科普兰于 1936 年所作管弦乐曲。翌年首演。曲名取自墨西哥著名舞厅名。

**母亲教我的歌** Song My Mother Taught Me[英] *德沃夏克于 1880 年所作歌曲(A. 赫多克词)。为其所作《吉卜赛之歌》中的第四首。

**姆拉文斯基** Evgeni Mravinsky (1903～1988) 苏联指挥家。1924 年入列宁格勒音乐学院学习。1932 年任列宁格勒歌剧舞剧院指挥。1938 年任列宁格勒爱乐乐团指挥，在任五十年期间使该团成为世界一流乐团。擅长指挥*柴科夫斯基、*肖斯塔科维奇的作品。

**木管乐器** wood wind instruments[英] 西洋乐器分类名称之一。原仅指管体用木材制成的管乐器。包括长笛、双簧管、单簧管、大管等。此名称现已不十分恰当，因为其中亦有用金属制成的(如长笛)，但仍通用。分无簧、单簧、双簧三种。

**木卡姆** 中国维吾尔族古典大型套曲。由歌、舞和器乐组成。15 世纪即已盛行于新疆维吾尔族地区，并涌现出众多的民间音乐家。

**木琴** xylophone[英] 打击乐器。将若干经过调律的木条，按音阶分作两排，排列在框架上，用两根小木槌敲击发音。音色明快。用于独奏或管弦乐队。亦可在木条下装置金属共鸣管。

**木鱼** 中国打击乐器。木制，鱼形，大小不一，以小木槌击奏。用于合奏。

**牧歌** madrigale[意] ①兴起于意大利的世俗声乐曲。14世纪的牧歌是一种篇幅较长的二或三声部的声乐曲。16世纪的意大利牧歌,是由居住在意大利的*尼德兰乐派作曲家创造的一种由三至五个声部、甚至多达八个声部构成的合唱曲,16世纪末传入英国。代表作曲家有意大利的玛林秋、杰苏阿尔多、*蒙泰威尔第,英国的莫利、威尔克斯、威尔比等。②中国民歌类别之一。多表现放牧生活,音乐辽阔自由。③瞿希贤改编的无伴奏合唱曲。

**牧神午后前奏曲** Prelude a L'apresmidi D'un Faune[法] *德彪西于1892～1894年所作管弦乐曲。取材于法国象征派诗人马拉美的同名诗作。首演于1894年,反响极大,至今仍是音乐会的保留曲目。

**牧童短笛** *贺绿汀于1934年所作钢琴独奏曲。为中国风格的著名通俗钢琴小品。

**穆索尔斯基** Modest Petrovich Musorgsky (1839～1881) 俄罗斯作曲家。出身于卡拉夫一地主家庭。1852年入帝国近卫军士官学校学习(其间酷爱音乐),1856年毕业后服役军界。1857年结识*巴拉基列夫,并在其指导下从事音乐创作。后辞去军职,专事作曲。家道衰败后,又任职于交通部、林业部,长达十八年。在思想上与车尔尼雪夫斯基、杜勃罗留波夫等人的民主主义思想产生共鸣。晚年生活潦倒,终以精神病逝世。遗稿由*里姆斯基-科萨科夫为之整理和修订。作有歌剧*《鲍里斯·戈杜诺夫》、钢琴组曲*《图画展览会》、交响诗*《荒山之夜》、歌曲*《跳蚤之歌》等名作。其创作对后世的音乐创作,特别是对德彪西的印象主义音乐技法的确立有着直接的影响。

# N

**拿天鹅** 流传于中国冀中的民间管子曲。

**内蒙古民歌主题小曲七首** *桑桐于1952年所作钢琴独奏曲。根据内蒙古民歌改编而成，标题分别为：悼歌、友情思乡、草原情歌、孩子们的舞蹈、哀思、舞曲。

**内蒙组曲** *马思聪于1937年所作小提琴独奏曲。由史诗、思乡曲、塞外舞曲三曲组成。

**内声部** inner voices［英］ 相对*外声部而言。指多声部音乐中的内部各声部的总称。如混声四部合唱中女低音声部和男高音声部即为内声部。

**那不勒斯乐派** Neapolitan School［英］ 又称"那不勒斯歌剧乐派"。早期意大利歌剧乐派之一，并于18世纪盛行于欧洲。对欧洲音乐艺术的发展产生了深远的影响。创始人为*A.斯卡拉蒂。该派以创作歌剧著称。主张音乐在戏剧中的重要作用，反对浮华表面的东西，强调以音乐本身（不靠歌词）去表达情感。其特点为：同样的音乐也可以用于不同的歌剧；将咏叹调分成"性格""豪壮""朗诵"等类型，并确立了快、慢、快形式的意大利歌剧序曲。

**那不勒斯六和弦** Neapolitan Sixth［英］ *变化和弦之一。小调的第二音级上构成的三和弦的根音降低半音的*六和弦。如F—♭A—♭D。或者按其音程关系用于大调的Ⅱ级和弦。*那不勒斯乐派喜用，故名。标记为$N_6$。

**男低音** bass［英］ 声种之一。音域最低的男声。一般为F—$f^1$。或称男声中具有此音域的歌唱者。可分为抒情男低音（basso cantamte）、深沉男低音（basso profundo）、滑稽男低音（basso buffo）、轻男低音（basse taille）等。

**男高音** tenor［英］ 声种之一。音域最高的男声。一般为$c^1$—$a^2$。或称男声中具有此音域的歌唱者。可分为抒情男高音（lyrict tenor）、戏剧男高音（dramatic tenor）、英雄男高音（heroic tenor）等。

**男声合唱** 见*合唱。

**男中音** baritone［英］ 声种之一。介于男高音与男低音之间的男声。音域一般为 A—$f^1$。或称男声中具有此音域的歌唱者。

**南梆子** 中国打击乐器。呈长方形,木制中空,以竹签击奏。为民族乐队中的击节乐器。

**南北派十三套大曲琵琶新谱** 清代光绪二十一年(1895)李芳园所编琵琶曲集。辑有平湖派(江浙一带)琵琶曲十三套。

**南北曲** 中国古代戏曲音乐术语。最早的戏曲声腔“北曲”和“南曲”的统称。北曲又称“元曲”,盛行于元代,其音乐以风格粗犷、曲牌体结构、一人主唱(全剧只有独唱)、采用七声音阶、字多声少、节奏较快而鲜明为其特征。北曲又有杂剧(表演形式,通常指“元杂剧”)与*散曲之分。南曲指兴起于北宋末,盛行于南宋以来南方的南戏(或称“戏文”)音乐,其音乐亦为曲牌体结构,以风格细腻抒情、旋律进行多为级进和小跳、采用五声音阶、声多字少、节奏舒缓以及各行角色都可唱(有独唱、对唱、齐唱)等等为其特征。明代的四大声腔(海盐腔、余姚腔、弋阳腔、昆山腔)均出自南曲。



**南国玫瑰圆舞曲** Rosen aus den Suden[德] *约翰·施特劳斯(小)于 1880 年所作管弦乐曲。根据其所作轻歌剧《女王束带里的手帕》中的音乐改编而成。

**南胡** 即*高胡。

**南美式手风琴** bandoneon[西] 一译为“班多纽手风琴”。手风琴之一。19 世纪在德国产生了手风琴,传入阿根廷后用以演奏探戈舞曲,增加了独特的趣味,并用键钮代替键盘。

**南泥湾** *马可于 1943 年所作歌曲(贺敬之词)。原为秧歌剧《挑花篮》中的一首插曲。南泥湾是延安大生产运动时八路军三五九旅垦荒之地。

**南曲** 见*南北曲。

**南音** 又称“南曲”“南管”。中国丝竹乐之一。盛行于清代福建闽南方言地区的一种民间音乐。含器乐套曲和声乐曲。所使乐器和演奏姿势极似泉州建于唐朝的开元寺中的木刻飞天所持乐器和演奏姿势。其曲目也与唐代*大曲有关。分指(大型套曲,原附有歌唱)、谱(器乐曲)、曲(独立演唱的声乐曲)三类。

**囊玛** 是流行于中国西藏的、经艺人和文人润饰的、具有艺术化倾向的藏族传统歌舞。流行于宫廷和达官贵人的门厅庭院以及民间。其音乐一般由引子(器乐,一般无舞)、歌曲(齐唱,慢板,无舞)和舞曲(器乐,快板,有舞)等三部分构成。

**铙** 中国古代打击乐器。铜制似铃。盛行于商代、西周。

**铙钹** 中国打击乐器。圆形铜制,每副两片,每片中间有一隆起部分,左右手各执一片相击发声。中间隆起部分小者称铙,大者称钹。

**尼伯龙根的指环** Ring des Nibelungen, Der[德] *瓦格纳于1853～1874年所作系列乐剧(自编剧)。由剧情连贯的四部组成:*《莱茵河的黄金》*《女武神》*《齐格弗里德》*《诸神的黄昏》。根据中世纪叙事诗《尼伯龙根之歌》和北欧神话《爱达》编剧。是将德国民族精神与19世纪时代精神融为一体的艺术经典之作。尼伯龙根的指环象征着取得支配世界的权力,在争夺指环的过程中,既充满英雄事迹,又穿插有爱情故事。

**尼德兰乐派** Netherlands School[英] 荷兰语“尼德兰”意为“低地”。在15世纪的音乐中心尼德兰(约在今之荷兰、比利时、卢森堡及法国东北部,属低地国家或地区)形成的欧洲音乐流派之一。以其高度发展的复调写作技术为特征,突出表现在弥撒曲、经文歌和世俗歌曲等体裁中。代表作曲家有*迪费、*奥克赫姆、约斯堪(1450～1521)等。见*佛兰芒乐派。

**尼尔森** Carl August Nielsen (1865～1931) 丹麦作曲家。学于哥本哈根音乐学院。曾以小提琴家、指挥家(哥本哈根歌剧院指挥)身份活跃于欧洲舞台。1915年起至其逝世任哥本哈根音乐学院院长。所作基于丹麦民族的晚期浪漫主义音乐,又融入晚期印象主义音乐,并开拓了多调性、无调性等20世纪新音乐技法。以交响曲作曲家著名,作有六部交响曲:第一、第二《四种气质》、第三《胸襟开阔》、第四《不朽》、第五、第六《素朴》等。

N

**霓裳中序第一**　*姜白石于1186年(淳熙十三年)秋在长沙祝融峰乐工故书堆中发现唐《霓裳曲》乐谱十八阕(无词),他只为其填了“中序”这一首词,故名。

**逆波音** mordente a rovesoio[意]　即下波音。见*波音。

**逆回音** inverted turn[英]　*回音之一。其旋律型与顺回音相反:

**逆置附点** scotch catch[英]　指苏格兰民歌和民间舞蹈中所特有的一种切分节奏。也是史特拉斯佩舞曲(strathspey)的特征之一。

**鸟投林**　易剑泉于1931年所作*广东音乐。

**聂耳**(1912～1935)　中国作曲家。原名守信。云南玉溪人。父为中医。自幼喜爱民间音乐。16岁加入共产主义青年团。18岁毕业于云南省立第一师范学校,同年赴上海,初为店员,翌年考入明月歌舞剧社任小提琴手。其间,一方面受到黎锦晖的影响,一方面又批评了黎氏的“香艳肉感的软功夫”,并提出深入群众创造新艺术的主张。后离社参加左翼文艺运动。1934年任百代唱片公司音乐部副主任。翌年初任联华二厂音乐部主任,同年欲经日本赴苏学习,不幸在日本溺水而逝,年仅23岁。在民族危亡时刻,聂耳与人民同呼吸,与祖国共命运,以音乐为武器,投身于火热的斗争之中。在艺术上勇于创新,开创一代之乐风,对中国现代音乐的发展产生重大影响。其所作*《义勇军进行曲》从诞生至今,具有强大的生命力,被颁为《中华人民共和国国歌》。尚作有群众歌曲《大路歌》《码头工人歌》《新女性》*《毕业歌》等,艺术歌曲《铁蹄下的歌女》《梅娘曲》《飞花歌》,儿童歌曲《卖报歌》,并编有民族器乐曲*《金蛇狂舞》*《翠湖春晓》等。

**涅特布科,安娜** Anna Netrebko[英](1971～ ) 21世纪最有希望的俄罗斯女高音歌唱家。生于俄罗斯南方的小镇科拉斯诺达,16岁入圣彼得堡音乐学院学习声乐。她向往著名的马琳斯基大剧院,为观摩学艺当了那里的清洁工,而在大剧院招聘女高音时仅开声五分钟便被音乐总监佳吉耶夫看中,以《费加罗的婚礼》中苏珊娜一角登上了歌剧舞台。1993年凭借《夜女王咏叹调》在格林卡国际声乐比赛中一举夺冠。1995年赴美国演出成功被誉为"*弗莱明之后最美的声音"。

**牛腿琴** 中国侗族拉弦乐器。形似牛腿,木制,二弦。为侗族大歌的伴奏乐器。

**纽伦堡的工匠歌手** Die Meistersinger Von Nurnberg[德] *瓦格纳于1862～1867年所作三幕歌剧(自编剧)。1868年首演于慕尼黑。剧情为:骑士瓦尔特欲与金匠女儿埃娃成婚,但须在名歌手比赛中获胜才行。预赛时,因其情敌(记分员)捣鬼而败北。后在鞋匠萨克斯的帮助下取得胜利,如愿以偿。记分员则遭到众人笑骂。据说剧中的记分员是影射*汉斯利克。

**农民康塔塔** Bauernkantate *巴赫于1742年所作世俗康塔塔(皮康达词)。BWV. 212号。共二十四曲。以萨克逊方言演唱。为小兹荷赫乡民迎接新领主的集会而作。

**弄臣** 即*利哥莱托。

**女大学生圆舞曲** Estudiantina[法] 瓦尔德托费尔于1883年所作管弦乐曲。作品191。参见*溜冰圆舞曲。

**女低音** alto[英] contralto[意] 声种之一。音域最低的女声,比男高音略高。音域一般为a—$f^2$。或称女声中具有此音域的歌唱者。

**女低音谱号** alto clef[英] 记在五线谱第三线上的C谱号,标志第三线为中央C音。适用于女低音声域,亦可供中提琴使用。见*中音谱号。

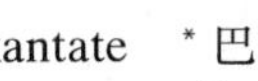

**女高音** soprano[意]　声种之一。音域最高的女声。一般为 $c^1$—$b^2$。或称女声中具有此音域的歌唱者。可分为花腔女高音(coloratura soprano)、戏剧女高音(dramatic soprano)、抒情女高音(lyric soprano)、全能女高音(soprano assoluto)等。

**女高音谱号** soprano clef[英]　记在五线谱第一线上的C谱号,标志第一线为*中央C音。适用于女高音的声域。

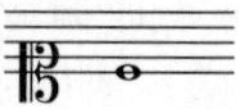

**女武神** Die Walkure[德]　乐剧*《尼伯龙根的指环》之二。三幕。剧情为:神王沃坦恐阿尔贝里希的诅咒(见*莱茵河的黄金)殃及神界,遂遣其诸女(即女武神)下凡访英魂以卫神界。神王又与凡人生下一对孪生子女,并将其分置于两地抚养,将夺回指环的希望寄托在他们身上。神王之女嫁于武士洪丁后,在不知情的情况下,又与其兄相爱并怀孕。洪丁杀死其兄,神王之女则被女武神布伦希尔德所藏匿,并预言将产下之子齐格弗里德是最勇敢的英雄。由于女武神违抗父命,被神王置于用烈火包围的岩石上沉睡,神王又预言救她者即与其结为夫妇。



**女中音** contralto[意]　即*"次女高音"。

**挪威舞曲** Norwegische Tanze[德]　*格里格于1881年所作管弦乐曲(原为自作钢琴四手联弹曲)。由四首组成。以第二首著名。

**诺诺** Luigi Nono(1924～1990)　意大利作曲家。曾先后随马利皮耶罗、马代尔纳及舍尔申学习。创作曾受*勋伯格(后成为其女婿)及*韦伯恩的影响,同时采用电子音乐、具体音乐及拼贴等手法,作品强调政治性,表达了他为之而献身的共产主义理想。如《褊狭的1960年》(1960～1961)用了现场演奏与录音、演员与电影镜头等,是较早运用多媒体手段的歌剧。主要作品尚有歌剧《在爱情的炽烈阳光下》(1974～1977)、朗诵、独唱与乐队《加尔恰·洛尔卡的墓志铭》(1952～1953),独唱、合唱与乐队《中断的歌》(1956),女高音、男高音与乐队《站在广岛的桥上》(1962),独唱与录音带《奥斯威辛惨行录》(1966),人声与录音带《不要糟蹋马克思》(1969),女高音、合唱与乐队《一个幽灵在欧洲徘徊》(1971)等。

**诺曼,杰茜** Jessy Norman (1945～ ) 美国黑人女高音歌唱家。曾学于霍华德大学和皮博迪音乐学院。1969 年在柏林歌剧院首次登上歌剧舞台。此后相继在罗马、佛罗伦萨和米兰等地演唱。1983 年登上大都会歌剧院舞台演唱《特洛伊人》。其嗓音宽厚洪亮,低音区尤为饱满,高声区可能略显得不足。也是一位杰出的艺术歌曲歌唱家,以擅长演唱* 舒伯特、* 马勒等人的作品著称。

# O

**偶然音乐** aleatory music［英］ 又称“机会音乐”“不确定性音乐”等。20世纪后半叶出现的在作曲或演奏上极端地采用“偶然性”的音乐。其代表作曲家为*凯奇。1951年在纽约公演了其所作《虚构的风景》第四（由两人操纵十二台收音机，按中国《易》的推演方式进行调音，从而产生偶然播放音响的混合声响）。1952年又作《4分33秒》，用任何乐器（如钢琴）或乐器组合形式，演奏者只不过在乐器前静坐4分33秒而已，给人以无音的紧张感和演出场地偶然出现的各种音响。偶然性早在东西方的音乐中即已存在，偶然音乐则是对过于程序化的*序列音乐的一种反动，而又将其极端化而已。当时即遭到包括*布莱兹、*施托克豪森的抨击，但尽管如此，偶然音乐仍对西方音乐产生了深刻的影响。后有人主张“有管理的偶然性”，如施托克豪森的《钢琴曲第十一》（1956）即导入偶然性（在一张纸上记写十九个乐谱的片断，任凭演奏者按任何顺序、速度和力度演奏，从而获得有管理的偶然的对位法的组合）。更多的则是在作品的某一部分采用偶然性。

# P

**爬山调** 流行于中国内蒙古中西部汉族居住地区的一种山歌。

**琶音** arpeggio[意] 和弦中的各音由低到高快速顺序奏出。亦可由高而低奏出。如钢琴演奏中的琶音，其标记为⌇，标在和弦的左侧。

**帕凡舞曲** pavane[法] 16世纪初欧洲的宫廷舞蹈音乐。源于西班牙(一说意大利)。因其舞步庄重，如孔雀状，故又名“孔雀舞”。缓慢、庄重，二拍子。曾被早期组曲所采用，后逐渐为*阿勒芒德等所取代。近代作曲家亦采用此舞曲进行创作，如*福雷的《帕凡》，*拉威尔的*《悼念公主的帕凡舞曲》，*沃恩·威廉斯的《约伯》(job)中的帕凡舞曲。

**帕格尼尼** Nicolo Paganini (1782～1840) 意大利小提

琴家、作曲家。11 岁登台演奏。1805 年任卢卡宫廷小提琴师。1809 年作为自由艺术家演出于意大利各地。其演奏充满激情，技巧惊人，1828 年起享誉欧洲，被誉为“南国魔术师”“小提琴之王”等。作有六部小提琴协奏曲、《二十四首小提琴随想曲》(1817)以及《无穷动》(作品 11，小提琴与管弦乐队)《女巫舞曲》(1813，小提琴与管弦乐队)等。尚作有吉他曲。

**帕格尼尼主题变奏曲** Variationen Uber ein Thema von Paganini [德] *布拉姆斯于 1862～1863 年所作钢琴独奏曲(练习曲)。作品 35。根据*帕格尼尼的《二十四首小提琴随想曲》的主题创作而成。

**帕莱斯特里那** Giovanni Pierluigi da Palestrina (约 1525～1594) 16 世纪后半叶兴起的*罗马乐派的代表作曲家。1544 年任其生地帕莱斯特里那大教堂管风琴师。1551 年任罗马圣彼得教堂朱利亚礼拜堂的乐长。后长期供职于教堂。1578 年梵蒂冈授予其音乐大师称号。作有大量弥撒曲、经文歌等教会音乐，亦作有牧歌等世俗音乐，并赋予作品以人文主义精神，成为文艺复兴时期意大利音乐的代表作曲家之一。以“帕莱斯特里那风格”和所谓精致的“线的对位法”写成的无伴奏合唱著称。因使罗马教会的仪式音乐进一步规范化，被誉为“宗教音乐的救主”。

P

**帕萨卡利亚舞曲** passacaglia [意] *巴洛克音乐的一种音乐形式。与*恰空舞曲相似。是徐缓、庄重、三拍子的变奏曲，通常采用*固定低音。

**帕瓦罗蒂** Luciano Pavarotti (1935～2007) 意大利男高音歌唱家。1961 年首次登台饰演*《波希米亚人》中的鲁道夫。1968 年在美国旧金山歌剧院和纽约大都会歌剧院饰演*《军中女郎》中的托尼奥后名声鹊起。是 20 世纪后半叶杰出的男高音歌唱家之一，所唱为典型的意大利*美声唱法，并被世人誉为“高音 C 之王”。1986 年起曾数次来华访问演出。

**帕伊谢洛** Giovanni Paisiello (1740～1816) 意大利作曲家。是*那不勒斯歌剧乐派的重要代表作曲家。曾学于那不勒斯音乐学院，师从杜兰特。1776 年任俄罗斯叶卡特琳娜女皇宫廷作曲家。1784 年任那不勒斯宫廷乐长。1802 年受拿破仑一世的聘请赴巴黎任职，翌年归国，为统治者所怀疑而郁郁终生。作有歌剧《塞维利亚理发师》(1782 年首演于圣彼得堡)《磨坊女》(1788 年首演于那不勒斯)等近百部，以及器乐曲、教会音乐等。

**拍** beat[英]　*拍子的单位。有强拍和弱拍之分，并由强、弱拍的不同的组合而组成不同的*拍子。

**拍板**　中国打击乐器。由三块长方形木板组成。主要用于戏曲伴奏。

**拍号** time signature[英]　表示*拍子的记号。记写于谱号的右侧，说明该曲应用几分音符作一拍，一小节有几拍。如拍号为 2/4 即表示以四分音符作一拍，一小节有两拍。

**拍节器** metronome[英]　利用摆的原理制作的指示节拍速度的器械。呈金字塔形，高约 25 厘米，由齿轮、发条、摆杆、摆槌(锤)、游尺、刻度表等部件组成。上满发条，将游尺上下移动至所需的刻度上，然后拨动摆杆，即可打出所需的节拍速度。1696 年法国人 E. 卢列创制第一架拍节器(高约 2 米)。1812 年荷兰人温克尔对此有所发展。至今仍被广泛使用的拍节器是德国人约翰·梅采尔取得专利权的拍节器。据说，使用拍节器标示乐曲速度始自*贝多芬和*车尔尼。其记号为 ♩ = 180，或 𝅗𝅥 = 80 等，即以四分音符作一拍每分钟 180 拍，或以二分音符作一拍每分钟 80 拍等。往往将其标在乐曲的开始处，用于指示乐曲所需的节拍速度，同时亦确定了某一音符的绝对时值。现亦有电子拍节器。

**拍子** time[英]　又称“节拍”。即*拍的有规律的组合。一般情况下为呈周期性反复的强拍和弱拍有规则的组合形式。在乐谱中以*拍号表示。2/2、2/4、2/8 等统称为二拍子；3/4、3/8、3/2 等统称为三拍子；4/2、4/4、4/8 等统称为四拍子；6/2、6/4、6/8 等统称为六拍子。5/4 等统称为混合拍子。其中二拍子和三拍子是这些组合的基本单位。中国尚有 1/4 拍子(一拍子)，即有板无眼的流水板。

**排鼓**　中国打击乐器。出现于现代，以若干大小不一的鼓组成。用于大型民族器乐合奏。

**排箫** ①(潘神箫)Pandean pipe[英] 希腊神话中牧神潘所用之笛。潘为希腊神话中之半人半羊的牧神,有时头上生角,亦即罗马人所膜拜的范神。由长短不一的木制(或竹制、陶制)竖管编排在一起而成,沿管口左右吹奏。②中国古代吹奏乐器"箫"的一种。编管数目不等。目前,发现最早的排箫,是在河南鹿邑太清宫一座商末周初贵族大墓出土的由十三根禽骨组成的排箫,所谓"箫管备举"(见《诗经》)得到实物印证。湖北随县曾侯乙墓出土战国初期竹制排箫(亦由十三根组成)。后见于历代石刻、壁画、陶俑或宫廷雅乐中。甲骨文中之"龠"字,即似排箫的原始形制。

**排钟** campane [意] 即管弦乐队中所使用的管钟。管状,金属制,长短不一,一般为十八根,可按键盘排列法悬挂,以木槌击奏发音。

**彭德雷茨基** Krzysztof Penderecki (1933~ ) 波兰作曲家。20世纪后半叶先锋派音乐的代表人物之一,以发现新的音乐音响著称。与*卢托斯拉斯基、*古雷斯基被称为波兰乐派。毕业于克拉科夫音乐学院。1959年以所作《为女高音、朗诵、十件乐器而作的分节歌》一举成名。尚作有为五十二件弦乐器所作的《广岛死难者的悼歌》(1960)等音乐技法颇为独特的作品。1970年代起转向新浪漫主义,作品《第一小提琴协奏曲》(1976)、歌剧《失乐园》(1978)、《波兰安魂曲》(1984),为当代小提琴家穆特专度并题献给她的《第二小提琴协奏曲·变形》(1994)荣获第四十一届格莱美"最佳当代古典作曲"及"最佳器乐独奏"大奖,好评如潮。曾多次来华访问演出。



**培尔·金特** Peer Gynt[英] *格里格于1874~1875年为易卜生的同名诗剧所作的配乐。后将其改编成两部管弦乐组曲(作品46、作品55)。

**裴洛儿** 即*裴神符。

**裴神符** 一作"裴洛儿"。唐代贞观(627~649)年间琵琶名手。以手指弹拨代之于木拨(世称"搊琵琶")而著称于世。

**佩利亚斯与梅丽桑德** Pelleas et Melisande[法] ①*德彪西所作五幕歌剧(脚本为梅特林克的同名话剧)。1902

年首演于巴黎喜歌剧院。剧情为:王子戈罗狩猎时,在泉边与一神秘少女梅丽桑德相遇并将其带回娶其为妻。后梅丽桑德与王子的异父弟弟佩利亚斯相爱,导致妒火中烧的戈罗用剑刺死佩利亚斯,梅丽桑德亦相继病逝,临死前仍声言:"爱佩利亚斯何罪之有!"②* 福雷所作戏剧配乐(1898)。③* 西贝柳斯所作戏剧配乐(1905)。④* 勋伯格的交响诗(1903)。

**佩罗坦** 见* 巴黎圣母院乐派。

**配歌** 见* 译配。

**配器法** 即* 管弦乐法。

**蓬基耶利** Amilcare Ponchielli (1834～1886) 是与* 威尔第同时代的意大利浪漫派歌剧作曲家。所作颇多,但仅以歌剧《歌女焦空达》(1876)知名。

**碰铃** 中国打击乐器。铜制铃相碰发声。最早见于北魏云冈石窟中的雕塑。

**披头士** The Beatles[英] 一译"甲壳虫乐队"。"披头士"系音译。英国的摇滚乐流派之一。于1962年组成。其成员有列侬(歌手兼吉他手,John Lennon, 1940～1980)、马卡托尼(歌手兼贝司、钢琴,Paul Macartney, 1942～ )、哈利(歌手兼吉他,George Harrison, 1943～ )、斯塔尔(歌手兼鼓手,Ringo Starr, 1940～ ,本名为 Richard Starkey)等四人。出道于利物浦,故称其风格为"利物浦音调"。1963年相继推出 *Please Piease Me*、*She Loves You*,从而在英国确立了其地位。1964年该乐队赴美演出,由于旋律制作的新鲜,又由于他们四人有别于时代的生活方式,引起青年听众强烈的共鸣和支持;同年所放映描写其生活的电影 *A Hard Day's Night*,则进一步加快了披头士迷的狂热。他们象征了狂热、先锋、敏感,也代表了吸毒、纵欲,其影响已超越了音乐的范畴,而导致对其同代人的诸多文化思想的影响。该乐队于1970年解散。

**皮尔纳** Gabriel Pierne (1863～1937) 法国作曲家。8岁入巴黎音乐学院学习,师从* 弗朗克(管风琴)、* 马斯内(作曲)。继弗朗克之后于1890年任圣克洛蒂尔德教堂管风琴师。1903年任科隆管弦乐团指挥。后升任首席指挥。

P

作有芭蕾音乐《西达莉斯和森林之神》(1918,其中以《小牧神入场曲》知名)、清唱剧《少年十字军》(1902),以及管弦乐曲、歌剧、竖琴协奏曲、钢琴曲、管风琴曲及歌曲等。

**皮尔斯 Jan Peerce** (1904～ ) 美国男高音歌唱家。曾习小提琴。34 岁首次登台演唱。37 岁首次在纽约大都会歌剧院登台(饰演《茶花女》中的阿尔弗莱德),后成为该院正式演员。

**皮尔斯,皮特** Peter Pears (1910～1986) 英国男高音歌唱家。常常是*布里顿歌剧的男主角,如彼得·格莱姆斯、艾伯特·赫林、维尔船长等等。而演唱*舒伯特《冬之旅》及*舒曼《诗人之恋》又常常是布里顿为他伴奏。另擅长演唱*巴赫的《马太福音受难曲》《约翰福音受难曲》中的男高音福音师。

**皮黄腔** 中国戏曲声腔之一。由西皮和二黄两种声腔相结合而成的声腔体系,始于湖北汉调。清初武汉的汉调的主要腔调为西皮(源于陕西秦腔,湖北人称唱词为“皮”,故名);二黄则是出自江南弋阳腔(一说)的安徽徽调的主要腔调。前者音乐风格刚劲,旋律跳动较大,节奏变化丰富,速度轻快,主奏乐器定弦为 la、mi(反西皮则为 re、la);后者则在音乐上与之形成鲜明对比:风格流畅,旋律端庄,速度较慢,节奏平和,主奏乐器定弦为 sol、re(反二黄则为 do、sol)。属这一声腔系统中有京剧、汉剧、粤剧、桂剧、滇剧等,其中以京剧最具代表性。清乾隆皇帝 80 寿辰(1790)诏令安徽的三庆、四喜、春台、和春四大徽班进京,遂使皮黄腔流传全国,影响所及三百余年。

**皮契尼** Niccolo Piccinni (1728～1800) 意大利*那不勒斯歌剧乐派代表作曲家之一。曾随杜兰特学习音乐。1760 年在罗马上演其所作喜歌剧《好姑娘》一举成名。1776 年赴巴黎任玛丽·安东内特王后的声乐教师,并创作上演意大利歌剧。1778 年和 1783 年分别在巴黎歌剧院和枫丹白露上演其所作法国歌剧《罗兰》和《狄朵》。在巴黎期间适值*格鲁克的改革歌剧在法国上演,遂引起一场激烈的论战,即歌剧史上著名的“格鲁克派和皮契尼派之争”。一生作有歌剧百余部。

**皮亚蒂戈尔斯基** Gregor Piatigorsky（1903～1976） 俄裔美国大提琴家。学于莫斯科音乐学院。曾任莫斯科歌剧院、柏林爱乐乐团首席大提琴。后任教于波士顿大学。与*海菲兹、*鲁宾斯坦组成的三重奏团是20世纪著名的黄金组合。

**琵琶** 中国弹拨乐器。其历史悠久，定型于唐代，后又得到不断发展。音箱呈半梨形，面蒙薄桐木板，张四弦，上设若干*品，以手弹拨。为独奏乐器，亦为民族管弦乐队中的主要乐器之一。

**琵琶谱** 见*月儿高。

**辟斯顿** Walter Piston（1894～1976） 美国作曲家、音乐教育家。是美国新古典主义代表人物之一。幼习钢琴和小提琴。曾立志作画家，学于马萨诸塞师范美术学院。后为谋生曾演奏钢琴、小提琴于娱乐场所，亦曾任乐队小提琴手。1920年入哈佛大学音乐系学习作曲，1924年毕业后赴巴黎师事*布朗热和杜卡斯。1926年任教于哈佛大学音乐系，1944年升任教授，后曾任该系系主任。其创作具有*新古典主义倾向，擅长写作管弦乐曲，作有《乐队协奏曲》(1933)、八部交响曲(1937～1965)、芭蕾音乐《神笛手》(1938)以及室内乐、钢琴、小提琴、单簧管协奏曲等。以所著《和声学》(1941)《对位法》(1947)《配器法》(1955)三部教材著称(均有中译本)。*伯恩斯坦即出自其门下。

**偏音** 即*变声。

**骈枝音** nota cambiata[意] 即“换音”。是法国*佛兰芒乐派和当时复调音乐中喜用的旋律型。指未级进至和声音而作三度跳进解决的音。今广义上指经过音等非和声音。

**漂泊的荷兰人** Der Fliegende Hollander[德] *瓦格纳所作三幕歌剧(自编剧)。1843年初首演于德累斯顿。根据北欧民间传说编剧。剧情为：传说中的中了魔法的荷兰人将在海上漂泊到世界末日，除非有一女子衷心爱他方能得救。此传说深深打动了挪威船主的女儿森塔，当她见到这个荷兰人后，毅然肩负起这个使命。但荷兰人却不愿连累森塔，仍返回船上。此时，森塔不顾家人和情人的阻拦，向着荷兰人所乘之船，跳入大海，荷兰人由此得救。

P

**拼贴音乐** collage[法] 法文原意为“刷糨糊”。作为美术用语由法国立体派(一译“立方主义”)画家勃拉克(Georges Braque, 1882～1963)于1911年首创,即在画布上用剪下的旧报纸、破布头儿、沙子等拼列黏贴而成作品的一种称之为“拼贴”的画法。后毕加索、马蒂斯等人亦喜用此法。其理念是将日常的、非逻辑的、非连续性的具有影像的各种物体并置于同一平面之上,从而创造出一种新的意味。此理念于20世纪60年代被引入音乐领域,即选用既往的各种作品中的片段(不是全部,也不同于“模拟式改编”parodie[希])作为素材(亦包括具体音或语言)而拼成的音乐作品。多用于具体音乐、电子音乐之中。如*贝里奥的《交响曲》(1969)中的第三部分,即以*马勒的《第二交响曲》中的第三乐章作为框架,并拼贴了从*巴赫、*贝多芬到*布莱兹、*施特科豪森、*格洛博卡尔(Vinko Globokar, 1934～ ,南斯拉夫作曲家和长号演奏家)、温科(Vinko, 1934～ ,作曲家,贝里奥的学生)等现代作曲家的作品片段组成。

**品** 民族乐器中标志音高位置的部件。

**平均律钢琴曲集** Wohltemperiertes Klavier Das[德] *J.S.巴赫所作两卷古钢琴曲集。第一卷作于1722年,第二卷作于1744年。每卷由二十四首前奏曲与赋格组成,按半音的顺序遍及全部升降大小调,共四十八首。是将十二平均律理论成功地付诸于实践的范例,人称“巴赫音乐大全”“复调技巧的百科全书”“巴赫教友的‘旧约全书’”。

**平沙落雁** ①著名琴曲。最早见于1634年出版的《古音正宗》中。②琵琶曲。最早载于1818年出版的《华秋苹琵琶谱》。

**平台式钢琴** grand piano[英] 又称“三角钢琴”。与立式钢琴相对,指卧式钢琴而言,呈三角状。有小型和大型两种。后者为演奏会用的大钢琴。

**平行八度** consecutive octaves[英] 两个声部按完全八度的音程间隔作*平行进行。在传统和声学中被禁止使用。

**平行调** paralletonarten[德]relative key[英] 调号相同的大调和小调。如C大调的平行小调(relativeminor)为a

P

小调，反之，a 小调的平行大调(relative major)为 C 大调。

**平行进行** parallel motion[英] 指两个或两个以上声部按相同的音程作同向进行。(见* 进行)

**平行五度** consecutive fifths[英] 两个声部按完全五度的音程间隔作* 平行进行。在传统和声学中被禁止使用。

**平行音程** parallel intervals [英] 两声部间作平行进行，其音程度数相同者，即为平行音程。如平行五度、平行八度等。

**珀塞尔** Henry Purcell (1659～1695) 英国作曲家。童年曾任教堂唱诗班歌手。20 岁任威斯敏斯特教堂管风琴师。1682 年任皇家教堂管风琴师。1683 年任国王乐器保管员。曾潜心研究法国和意大利音乐。其创作涉及领域甚广，以戏剧音乐最为突出。既洋溢着英国民族音乐风格，又富有创作个性。以歌剧《狄朵与埃涅阿斯》最具有代表性。后人编有其作品全集三十二卷。珀塞尔逝世后，英国乐坛曾长期为外国音乐家所占领。

**普庵咒** ①著名琴曲。最早载于 1592 年出版的《三教同声琴谱》。②琵琶曲。最早载于 1818 年出版的《华秋苹琵琶谱》。

**普罗科菲耶夫** Sergey Prokofiev (1891～1953) 苏联作曲家。幼从其母(钢琴家)学习音乐。9 岁作歌剧《巨人》。后学于圣彼得堡音乐学院。曾师从* 格利埃尔、* 里姆斯基-科萨科夫、* 利亚多夫等人。1916 年首演的具有先锋派特征的《西古提组曲》(是应佳吉列夫之邀所作未上演的芭蕾音乐《阿拉和罗利》的改编曲)，以及 1917 年创作其第一交响曲《古典交响曲》使其赢得世界声誉。翌年离开祖国，后寓居美国。1933 年返回苏联，并以社会主义现实主义创作原则创作了一系列优秀的作品。主要作品有歌剧《战争与和平》(1941～1942，终版为 1952)《真正的人》(1947～1948)、芭蕾音乐*《罗密欧与朱丽叶》(1936)*《灰姑娘》(1941)《宝石花》(1949)、电影音乐《基日中尉》(1933)、第五交响曲(1944)、交响童话*《彼得与狼》，根据其所作同名电影音乐改编的合唱曲*《亚力山大·涅夫斯基》，以及协奏曲、钢琴曲、室内乐曲、军乐曲、歌曲、民歌改编曲等。

P

**普罗米修斯序曲** Ouvertüre “Prometheus”[德]　*贝多芬于1801年所作舞剧音乐《普罗米修斯的创造物》(Die Geschopfe des Prometheus[德])的序曲。作品43。

**普契尼** Giacomo Puccini (1858～1924)　是继*威尔第之后的意大利最杰出的歌剧作曲家。其家几代均为卢卡教堂管风琴师。1880年入米兰音乐学院，师从巴齐尼、蓬基耶利。受19世纪末真实主义的影响强烈，形成其现实感极强的创作风格。1893年在都灵上演其所作歌剧《玛侬·莱斯科》始一举成名。后接续写出其名作歌剧*《绣花女》(1895)*《托斯卡》(1900)和*《蝴蝶夫人》(1903)，以“惊人的和声与配器技巧”“天生的戏剧才能”，使其享誉世界。尚作有歌剧《西方女郎》(1910)《燕子》(1917)《外套》(1916)*《图兰朵特》等。

**谱表** staff[英]　记写音符的表式。由五条平行横线组成，共五线四间，九个位置。自下而上依次称为第一线、第一间、第二线、第二间、第三线、第三间、第四线、第四间、第五线，并分别各自代表一个音高。位置越上，音越高；相反，音越低。

**谱号** clef[英]　五线谱中，置于谱表的开始处，用以标示指定音高位置的记号。有*高音谱号、*低音谱号、*中音谱号、*女高音谱号、*次中音谱号、*女低音谱号等。

**谱架** leggio[意]pult[德]　供演奏人员使用的置放乐谱的架子。有木制或金属制等。

# Q

**七度** seventh[英] 度数为七的*音程。

**七和弦** seventh chord[英] 不协和和弦之一。将四个音按三度叠置而成的和弦。各音从下起分别称为根音、三音、五音、七音。其根音与上方七音为七度，故名。其中经常使用的是属七和弦和减七和弦。

**七连音** septuplet[英] 节奏划分的特殊形式之一。将音的时值等分为七部分来代替四部分，便形成七连音。见*连音符。参见*三连音。

**七拍子** 是一种混合型的*拍子。即由两个二拍子和三拍子，或四拍子和三拍子组成的拍子，二拍子和四拍子可在三拍子之前或之后，均可。

**七声音阶** heptatomic scale[英] 音阶之一。在一个八度内，由七个不同的音组成的*音阶。

**七音** 见*七和弦。

**七重奏** septet[英] 见*重奏。

**齐唱** 声乐演唱形式之一。演唱者不分声部在一起唱同一旋律。与*合唱相对而言。

**齐尔品** Aleksandr Nikolaevich Tcherepnin(1899～1977) 又译"切列普宁"。美籍俄罗斯作曲家、钢琴家。其父曾任第比利斯音乐学院院长。幼从其母学习钢琴。14岁即作有歌剧、钢琴曲等作品。1913年入圣彼得堡音乐学院学习作曲和钢琴。1921年学于巴黎音乐学院，同时作为钢琴家和作曲家活跃于西欧。20世纪30年代巡演于中近东、远东，并在日本和中国设立"齐尔品奖"，倡导运用民族音乐素材进行创作。1939年与中国钢琴家李献敏结婚。1949年定居美国，1958年入美国籍。以采用根据增三和弦组合的九声音阶和东方音阶进行创作的现代风格而知名。作有歌剧《农夫与仙女》(1952，作品72)、《第四交响曲》(1958，作品91)、芭蕾舞剧音乐《阿旃陀的壁画》(1923，作品32，共十四曲)、钢琴曲《五声音阶练习曲集》(1935，各七首组成的两集)，以及钢琴协奏曲、管弦乐曲、室内乐等。

Q

**齐格弗里德** Siegfried[德] *瓦格纳于1857～1869年所作乐剧(自编剧)。1876年首演于拜罗伊特。为其所作四联剧《尼伯龙根的指环》中的第三部。剧情为:米梅被其兄阿尔贝里希逐出家门后,栖身于法夫纳藏匿宝物的森林。齐格林德逃至米梅处,死前生下齐格弗里德。齐格弗里德成人后,在神王的帮助下,杀死巨人法夫纳,夺回指环,并冲进被火焰重重包围的岩石,唤醒女武神,并与她结为夫妇。参见*《莱茵河的黄金》*《女武神》。

**齐格弗里德牧歌** Siegfried Idyll[德] *瓦格纳于1870年为其长子的出生而作的小型管弦乐曲。曲中采用了其所作同名乐剧中的主题动机。

**齐特琴** zither[德] 拨弦乐器。形制、大小不定,通常为一扁平木匣,上张若干主奏弦和共鸣弦(多至四十根)。奏时放在腿上,亦可放在桌上。流行于德国南部和奥地利。小约翰·施特劳斯所作《维也纳森林的故事圆舞曲》的序奏和尾声中曾采用此乐器。

**齐奏** unisono[意] 器乐演奏形式之一。由两个以上的演奏者用一种或多种乐器演奏同一声部的乐曲。即多人演奏单声部的乐曲。

**奇马罗萨** Domenico Cimarosa(1749～1801) 意大利歌剧作曲家。曾在那不勒斯和罗马发表了不少成功的歌剧作品。1787～1791年在圣彼得堡任俄罗斯的宫廷作曲家,随后又任奥地利的利奥波德一世的宫廷乐长,蜚声于维也纳。作有七十六部歌剧。以谐歌剧《秘密婚姻》著称于世。尚作有交响曲、古钢琴曲、教会音乐等。

**旗正飘飘** *黄自于1932年所作四部合唱曲(韦瀚章词)。该作表现了作者的极大爱国热情,亦对其后中国的合唱创作产生影响。

**器乐** instrumental music[英] 用乐器演奏的音乐。为音乐两大类之一,与声乐相对而言。拥有从独奏到合奏种种演奏形态,并随着器乐艺术的发展而形成了众多的器乐体裁和演奏技能。

**恰尔达什** csárdás[匈] 匈牙利民间舞曲。原为吉卜赛舞曲。2/4拍子,由缓慢的引子"拉绍"(lassau,意为"静穆”)和急速的主部“弗里斯”(friss,意为“跳跃”)组成。主部以强烈的切分节奏为其特征。用以伴奏男女双人舞。气氛热烈、粗犷。如李斯特的《匈牙利狂想曲》中的第二首。

**恰空** chaconne[法] 16世纪时原为西班牙的古典舞曲,情绪奔放激烈。约17世纪起传至欧洲各国,演变成3/4拍子、速度徐缓的器乐曲。与*帕萨卡利亚相似。在不断反复的固定的八小节低音主题上,进行各种变奏而成。盛行于*巴洛克音乐时期。如巴赫的d小调无伴奏小提琴组曲(第二帕蒂塔,BWV 1004)中的恰空舞曲。

**千斤** 中国胡琴类乐器用以调定音高的部件。

**前卫音乐** 即*先锋音乐。

**前倚音** *装饰音之一。即指在主要音之前的*倚音的统称。分长前倚音、短前倚音、复前倚音三种。

**前奏** introduction[英] 又称“序奏”或“引子”。乐曲主体部分出现之前的一段音乐。起预示主题或渲染气氛的作用。

**前奏曲** prelude[英] 原指宗教或世俗音乐的导入部分而言。17世纪始成为一种有完整形式的小型器乐曲,多放在组曲第一段,或赋格曲、众赞歌之前。19世纪以来发展成一种具有独立品格的音乐体裁,以短小的音型或动机展开,在和声上转调频繁,形式自由,篇幅较小,以及颇具技巧性的小品等为其特征。近代前奏曲始自肖邦的《二十四首前奏曲》(1839年,作品28)。其后著名的前奏曲有斯克里亚宾的《前奏曲》(全八十五曲)、德彪西的《前奏曲集》(两卷)、拉赫玛尼诺夫的《二十四首前奏曲》、肖斯塔科维奇的《二十四首前奏曲》等。

**腔** 即*声腔。

**强力集团** 即*五人团。

**强拍** down beat[英] *拍子的强部分。即有节拍重音的拍。与弱拍相对而言。一般为紧接着小节线之后的拍。

**强弱法** 即*力度。

**切分音** syncopation[英] 由于小节内强弱音易位,或小节的弱拍上与下一小节强拍上的相同音高的音的结合,而使得原为非节拍重音的音变成重音的音,称为切分音。谱例中有*号者即为切分音。

**切利比达克** Sergiu Celibidache（1912～1996） 罗马尼亚指挥家。学音乐、哲学、音响心理学及音乐心理学于德国。曾于1945～1952年任柏林爱乐乐团首席指挥。后任瑞典国家交响乐团首席指挥、法国国家交响乐团音乐指导及常任指挥、德国南德广播交响乐团及慕尼黑爱乐乐团首席指挥，指挥于欧美各地。以追求音乐的哲理性逻辑性和音响的完美鲜活、抵制唱片录音所著称，擅长指挥*布鲁克纳、*拉威尔、*普罗科菲耶夫及*肖斯塔科维奇的作品。

**切列普宁** 即*齐尔品。

**秦青** 中国战国时期著名歌手。秦人。其“声振林木，响遏行云”，歌唱技艺高超。其弟子有薛谭等人。

**琴** 中国弹拨乐器。俗称“古琴”“七弦琴”。木制，琴身较长，横置，上张七弦，琴面镶有*琴徽十三个。演奏方法颇多。其历史悠久，春秋时期即为常用乐器，后琴家辈出，琴学成果累累，有上百种琴谱传世，绵延至今不绝。

**琴歌** 中国古代与琴相和的歌曲。今存琴歌约有五百余首。如《胡笳十八拍》《阳关三叠》《关山月》等。



**琴徽** *琴面上用金、玉或贝所镶徽记，以标志音位。

**琴颈** 弦乐器附着于琴身的狭长的部位，用以托住指板或置“品”等。

**琴马** bridge［英］ 又称“马子”“琴桥”。乐器部件之一。竹制或木制小片，形制不一，用以将琴弦的振动传导至琴身产生共鸣。

**琴身** 即弦乐器起共鸣作用的木制共鸣箱。

**琴筒** 胡琴类乐器的部件名称，即音箱。起共鸣作用。其形制、材质不一。

**琴头** 泛指弦乐器的头部而言。

**琴弦** 张在弦乐器上的富有弹性的线。拉奏或拨奏时按其不同部位可得不同固定音高的音。有肠弦、丝弦、金属弦、尼龙弦等。

**青少年管弦乐队指南** The Young Person's Guide to the Orchestra[英] ＊布里顿于1946年所作管弦乐曲。副题为“珀塞尔主题变奏曲和赋格”。作品34。是为电影《管弦乐队的乐器》而作的配乐，意在提高音乐爱好者的管弦乐欣赏水平。解说词为英国文学家克罗齐尔(1914～ )所作。

**青主**(1893～1959) 中国音乐理论家、作曲家。原名廖尚果。广东惠阳人。少时就读于黄埔陆军小学堂。18岁参加辛亥革命，翌年赴德学习法律，兼习哲学、音乐。29岁返国，投身于国民革命。曾任北伐军总政治部秘书、第四军政治部主任。1927年广州起义失败后，遭反动当局通缉，遂隐姓埋名，改名青主，亡命乐坛。1929年任上海国立音乐专科学校学术刊物《乐艺》主编。1934年脱离乐坛。著有音乐美学专著《乐话》《音乐通论》，主张“音乐是上界的语言”。是继赵元任之后在艺术歌曲领域中取得较大成就的作曲家之一，代表作为《大江东去》《我住长江头》。

**轻歌剧** operetta[意] 原文为“小型歌剧”之意。戏剧进行以道白为主，插入歌唱和舞蹈。一般内容较通俗，多为独幕，经常上演于商业性剧场，歌手水平要求不高，管弦乐队编制不大(二十至二十五人)。约翰·施特劳斯的《蝙蝠》、莱哈尔的《风流寡妇》等皆为轻歌剧之佳作。往往与小歌剧、音乐剧难以区分。

**轻骑兵** Leichte Kavallerie[德] ＊苏佩于1866年所作二幕轻歌剧(K.科斯塔编剧)。以其序曲著称于世。

**清唱剧** oratorio[英] 曾译圣剧、神剧。含有独唱、重唱、合唱以及管弦乐队伴奏的大型声乐套曲之一。其中占主要地位的是合唱。以宏大的规模、富有戏剧性和史诗性为其特征。与教会康塔塔和受难曲的界限不易划清。16世纪末起源于罗马，最早可追溯至中世纪的神秘剧(mystery play)和教仪剧(drames liturgiques)。最初以圣经故事为题材，在舞台上化妆演出，表演形式与歌剧相似。17世纪中叶始发展成为供音乐会演出的声乐作品。其代表作曲家有17世纪意大利的卡里西米(《耶弗他》《所罗门的裁判》

《巴尔塔波尔》)和德国的许茨(《耶稣在十字架上说的七个字》《耶稣复活的故事》);18 世纪英国的亨德尔(《弥赛亚》《参孙》)和奥地利的海顿(《创世纪》《四季》);19 世纪德国的*门德尔松(《保罗》《伊利雅》)等。现代演录广泛最著名的清唱剧有*肖斯塔科维奇的《森林之歌》、*卡尔·奥尔夫的《卡尔米那·布拉那》、*蒂皮特的《我们时代的孩子》等。

**清角** 中国传统音乐术语。*角音上方小二度即为清角。

**清商乐** 中国魏晋以后中原音乐进入南方,与江南民间音乐(*吴歌、*西曲等)汇集在一起统称为“清商乐”。其中蕴藏着极古老的华夏音乐。这种世俗音乐盛行于南朝时期。

**磬** 中国古代打击乐器。石制或玉制、铜制。以槌击奏发音。甲骨文中已有“磬”字。出土有夏代石磬等。

**丘鹤俦**(1880～1942) 中国作曲家。广东台山人。13 岁成为职业乐手。作有《娱乐昇平》等广东音乐。

**瞿维**(1917～2002) 中国作曲家。江苏常州人。18 岁毕业于上海新华艺术专科学校师范系,后长期从事革命音乐创作。1955 年入莫斯科柴科夫斯基音乐学院师从巴扎年学习作曲。1959 年归国后长期任上海交响乐团创作员。作有钢琴曲*《花鼓》、交响诗《人民英雄纪念碑》(1959)等,交响组曲《白毛女》。1944 年曾参与歌剧《白毛女》的音乐创作,1996 年起整理修订歌剧《白毛女》的管弦乐队总谱完成大半未及出版即去世。另作有《革命家庭》等电影音乐。

Q

**瞿希贤**(1919～2008) 中国女作曲家。上海人。16 岁即参加救亡歌咏运动,18 岁开始创作抗日歌曲。1940 年入重庆国立音乐学院学习。1948 年毕业于上海国立音乐专科学校(在该校曾师从*谭小麟、德国作曲家弗兰克尔等人)。1949 年后,先后在中央音乐学院音乐工作团、中央歌舞团和中央乐团从事音乐创作。所作以歌曲著称,有《全世界人民心一条》(1950)《我们要和时间赛跑》(1952)《全世界无产者联合起来》(1963)、儿童歌曲《听妈妈讲那过去的故事》(1958),尚作有无伴奏合唱曲《牧歌》(1954)、《红军根据地大合唱》(1956)、电影音乐《青春之歌》(1959)《红旗谱》(1960)《骆驼祥子》(1982)等。译有*里姆斯基-科萨科夫的《管弦乐法原理》(1952)。

**瞿小松**(1952～ ) 中国作曲家。生于贵州贵阳。初中毕业后曾在苗汉杂居的黔东南山区务农五年。20岁学习音乐,后任贵阳市京剧团乐队小提琴手,同时自学作曲。1978年考入中央音乐学院作曲系学习,师从*杜鸣心。1983年毕业后留校任教。1989年赴美。所作山野气息浓厚,力度对比较大,色彩组合奇妙。作有为混合室内乐队而作的 *Mong Dong*(1984)、《第一交响曲》(1986)、歌剧《命若琴弦》(1998)、室内乐《行草》(2001)等。

**曲笛** *笛的一种。用于中国南方诸乐种和昆曲的伴奏。音域为 a—$b^2$,比*梆笛的音域低四度。代表曲目有《鹧鸪飞》《中花六板》《姑苏行》《秋湖月夜》等。

**曲调** 即*旋律。

**曲牌** 即非*板腔体结构的曲调。来源于宋代的词调、元代的北曲、明清小曲以及民间流传的时调小曲等。因每一曲调、均有一特定的"牌子"(名称),故名。在戏曲、曲艺中或用其填词成唱腔演唱;或用作配合剧情需要、烘托气氛的器乐曲。如《梁州序》《步步娇》《点绛唇》《节节高》等。

**曲牌联缀体** 即*曲牌体。

**曲牌体** 即*曲牌联缀体的简称。唱腔体式之一。在某些戏曲、曲艺中的唱腔设计为若干曲牌联缀而成(其间变化丰富),并以几个曲牌为其基本腔调。

**曲式** musical form[英] 指音乐作品的合乎一定逻辑的结构。即根据一定的审美原则,将在不同时间先后出现的音乐素材及其变化发展进行合理的布局安排而形成的若干典型结构。典型的曲式是在一定的历史时期和不同的地域、民族中并得到听众的承认而逐渐形成的。有一部曲式、二部曲式、三部曲式、变奏曲式、回旋曲式、奏鸣曲式、回旋奏鸣曲式、套曲曲式及单乐章混合自由曲式等。

**曲式学** musikalische formenlehre[德] 是研究有关*曲式的各种形态、规律及其产生、演变的历史的学科。既是音乐技术理论,又属音乐学的一个分支。

**曲艺音乐** 即*说唱音乐。

**曲终** fine[意] *返始后终结处之标记:fine。

**全休止符** whole rest[美] 相当于*全音符时值的*休止符。记写在谱表的第四线之下。

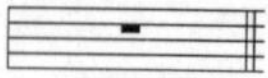

**全音** whole tone[英] 由两个半音组成的*音程。即大二度。如在钢琴上以一黑键相隔的两音(如 C—D)即为全音。在纯律构成的音阶中则有大、小全音之分。

**全音符** semibreve[英] 一般用以标记时值最长的音的符号。其长短相等于两个二分音符时值之和。其标记见*音符。

**全音音阶** whole tone scale[英] 由六个全音构成的音阶。即将一个八度中的音按照全音的距离排列而成的音列。其中,各音无从属关系,无主音、属音之分,并且所构成的所有的三和弦均为增三和弦。该音阶主要用于器乐。*格林卡、*李斯特曾在创作中使用全音音阶,特别是*德彪西将全音音阶作为印象主义音乐的基础手法之一。其构成有两种方式:

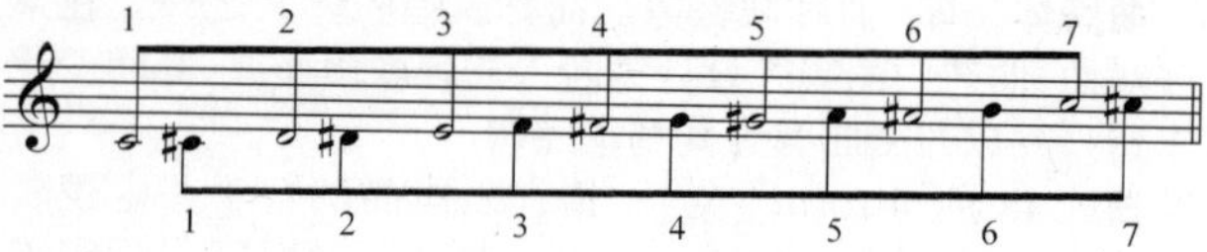




**群众歌曲** massenlicd[德] 歌曲种类之一。是近代人民革命斗争的产物。始自法国资产阶级革命时期的《马赛曲》,再如自巴黎公社后国际工人运动中产生的《国际歌》、中国抗战时期产生的《救国军歌》《大刀进行曲》等。以适于集体演唱为其特色。

# R

**热情奏鸣曲** Appassionata[意] *贝多芬于1804～1805年所作三乐章的第二十三首《f小调钢琴奏鸣曲》。作品57。标题系音乐出版商所加。

**热瓦普** 又称“热瓦甫”。中国维吾尔族弹拨乐器。木制，共鸣箱蒙以羊皮等。琴杆较长，上有品，张五弦(其中一弦为主奏弦)。横置右肩演奏。

**人工泛音** artificial harmonics[英] 在弦乐器的某一弦上，根据泛音的原理，用一指按弦，另一指轻触琴弦振动部分的1/2、1/3或1/4等处，用弓轻奏出的泛音，即为人工泛音。其音高而透明，有特殊音色，并扩大了乐器的音域。在铜管乐器等管乐器上则可用*超吹获得。见*自然泛音。

**任光**(1900～1941) 中国作曲家。浙江嵊县人。19岁赴法国勤工俭学。返国后曾任上海百代唱片公司音乐部主任，后积极参加左翼文化运动。1937年再赴法国学习音乐。1940年参加新四军，翌年1月牺牲于皖南事变。代表作有歌曲*《渔光曲》、民族器乐曲*《彩云追月》等。

**揉弦** 弦乐器演奏技法之一。以手指在弦上揉动增强声音的表现力。

**阮** 中国弹拨乐器。其形制成于东汉。音箱木制、呈扁圆形，有品，四弦。用于民族管弦乐队。现代阮有大阮、小阮两种。

**蕤宾** *十二律之一。

**闰** 中国古代音名。宫音下方大二度即为闰，相当于降si。

**弱拍** up beat[英] 小节中拍子的弱部分。与*强拍相对而言。

**弱起小节** 指非第一拍开始的小节而言。即不完全小节。

**弱音器** mute[英] 乐器部件之一。为使乐器的音响变弱并改变音色的器具。弦乐器的弱音器为金属制或木制的山字形小夹子，倒插在琴马上；铜管乐器的弱音器为金属或木料、硬纸制成的圆锥体塞入喇叭口内；为减弱定音鼓的音响，可蒙以棉织品用以抑制革面的振动。

**弱音踏板** 钢琴* 踏板之一，用于减弱声音的力度。

# S

**萨巴依** 中国维吾尔族打击乐器。由大小铁环与木棍组成。为维吾尔族舞蹈伴奏乐器。

**萨蒂** Erik Satie(1866～1925) 法国作曲家。1879 年入巴黎音乐学院。后在咖啡馆弹奏钢琴,此经历对其创作产生深远影响。1890 年起与德彪西交往甚密。1905 年入圣咏学院师从丹第和鲁塞尔。其所作均以反学究风、反浪漫主义一以贯之,并与当时的印象主义形成鲜明对比。音乐形式简洁质朴、清晰严谨,不断探索,富有独创性,尤以附讽刺性标题的钢琴作品最具特色。在其影响下,一批青年作曲家形成了“六人团”和“阿尔克伊乐派”,从而促进了法国现代音乐的发展。作有为四个女高音和室内乐队而作的《苏格拉底》(1918)、钢琴四手联弹曲《梨形小品三首》(1903)《可憎的一瞥》(1908～1912)、钢琴曲《冷曲》(1897)《三首裸体舞蹈》(1888)《临终前的思索》(1915)《官僚派小奏鸣曲》(1917)《夜曲五首》(1919)等。

**萨克斯管** saxophone[英] 管乐器。1840 年为比利时人阿道夫·萨克斯所创制。单簧。管身用金属制成。移调乐器。分上低音萨克管、次中音萨克管、中音萨克管、高音萨克管、最高音萨克管等七种。其音色介于木管乐器与铜管乐器之间,声音饱满有力,富于歌唱性。常用于爵士乐队。

**萨克斯号** saxhorn[法] 19 世纪中叶比利时人阿道夫·萨克斯所创制的一系列铜管乐器的总称。有高音、中音、次中音、上低音和低音之分。其中以中音、低音萨克号最为常用。音色柔和丰满,介于圆号与小号之间。

**萨拉班德舞曲** sarabande[法] 发源地不详。16 世纪流行于西班牙的舞曲。以缓慢庄重为其特征。二部曲式结构,3/4 或 3/2 拍子。往往从强拍开始,结束于第二拍上。第二拍的音符时值较长而突出,形成一种切分节奏。后传入法国,流行于贵族社会。17 世纪前半叶起,常用于古典组曲中四首固定舞曲的第三首。

**萨拉萨蒂** Pablo de Sarasate(1844～1908) 西班牙作曲

家、小提琴家。10岁登台演奏。12岁获王妃赐金赴巴黎音乐学院学习。后出演于世界各地。所作以*《吉卜赛之歌》著称。

**萨路管** sarrusophone[法] 双簧木管乐器。管身金属制。1863年为法国人萨路(M. Sarrus)所创制。为移调乐器。从高音到低音共有数种,常用C调低音萨路管,音域同低音大管。

**萨它尔** 中国维吾尔族拉弦乐器。木制,音箱呈半瓢形,有品,有一主奏弦及若干共鸣弦,以马尾弓拉奏。用于木卡姆伴奏。

**塞吉迪亚舞曲** seguidilla[西] 西班牙南部安达卢西亚地区流行的三拍子的舞曲。与*包列罗舞曲相似,但速度比其更快。用吉他与响板伴奏,边歌边舞。如比才的歌剧《卡门》第一幕中的塞吉迪亚舞曲。

**塞金** Rudolf Serkin(1903～1991) 美籍奥地利钢琴家。生于捷克,后赴维也纳学习钢琴,并从*勋伯格等人学习作曲。1920年独奏于各地,并与A.布施组合演奏室内乐。1934年在纽约与*托斯卡尼尼指挥的纽约爱乐乐团合作演出确立了在美国的地位。1939年任教于柯蒂斯音乐学院,后升任院长,以及马尔波罗音乐节艺术指导等。是*J.S.巴赫、*莫扎特、*贝多芬等人作品的权威诠释者之一,并以理性的雄浑有力的演奏著称。

**塞维利亚的理发师** Barbiere di Siviglia, Il[意] *罗西尼所作二幕歌剧。斯泰尔比尼根据博马舍的喜剧编剧。1816年首演于罗马。该歌剧在欧洲音乐史上占有重要地位,并对后世歌剧的发展产生重大影响。剧情为:伯爵阿尔马维瓦与罗西娜相爱,却遭到也爱着罗西娜的监护人巴尔托洛医生的百般阻挠。后在侍从费加罗的帮助下,终成眷属。



**赛龙夺锦** 何柳堂所作广东音乐。

**赛文交响曲** 即*法国山歌交响曲。

**三部曲式** ternary form[英] *曲式之一。由三个相抗衡的段落构成的曲式结构,其中第三段为第一段的再现:ABA。有单三部曲式和复三部曲式之分。一般来说,前者的A和B为正规乐段结构,但亦可为大致相当于乐段的非正规乐段;后者则由前者发展而来,为有再现的一种较大型的三部性结构，三个部分各自构成单二部曲式或单三部曲式，但后两部分亦可为乐段或相当于乐段的结构。其第二部分亦称*三声中部。

**三重对位** triple counterpoint[英] 具有三个声部的复调结合。

**三重附点** 记于音符右侧的三个*附点。增长音符时值的八分之七。

**三重赋格** triple fugue[英] 有三个各具独立品格的主题的*赋格曲。

**三重奏** trio[英] 见*重奏。

**三重奏鸣曲** trio sonata[意] *巴洛克时期最流行的一种器乐体裁。是为两件旋律乐器和一件演奏通奏低音的乐器而作的奏鸣曲。由三个独立声部组成。

**三大纪律八项注意** 程坦等根据中国工农红军制订的《三大纪律八项注意》编词，并将其填入鄂豫皖革命民歌《土地革命成功了》的曲调而成。为著名队列歌曲。一说其曲调来自东北军阀军队的军歌。

**三度音程** third[英] 度数为三的*音程。

**三段体** 即*三部曲式。

**三分损益法** 又称隔八相生法、*五度相生法。

**三管制** 管弦乐队编制之一。以每种木管乐器均为三支为其标志，与之相应圆号四或六、小号三或四、长号三，其他乐器均有适当的数量与之相匹。尚有*双管制、单管制(以木管乐器各一支为标志)、四管制(以木管乐器各四支为标志)以及多管制等编制。

**三和弦** triad[英] 由三个音按三度叠置而成的和弦。有大、小、增、减四种。在原位三和弦中，三个音由低至高分别称为根音、三音、五音，和弦转位后其名称不变。

**三角钢琴** 见*大钢琴。

**三角琴** 即*巴拉莱卡琴。

**三角铁** triangle[英] 打击乐器。用金属棒敲击折成三角形的细钢条发音。无固定音高。音色尖锐、透明。

**三连音** triplet[英] 节奏划分的特殊形式之一。节奏的基本划分法为二对一，如两个四分音符等于一个二分音符，而三连音以及二、四、五、六、七连音等，则是将音的时值自由均分，分成与基本划分不相吻合的数量。有两种：以奇数均分的音代替基本划分中的偶数音的时值，形成三连音、五连音、七连音等；以偶数均分的音代替基本划分中的奇数音的时值，则形成二连音、四连音、六连音等。上述各种音的时值的特殊形式，均应以其所代替的基本划分中的时值来记谱。如在 2/4 拍子中，以三个八分音符代替两个八分音符，即形成三连音，并在音符上方或下方以数字“3”标记；在 3/4 拍子中，以两个四分音符代替三个四分音符，即形成二连音，并在音符的上方或下方以数字“2”标记。余则类推。在三连音、四连音……中均可含休止符。

二连音

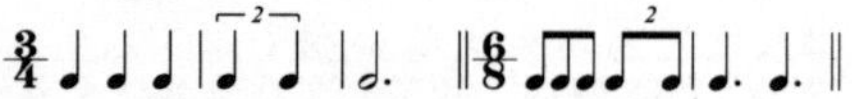

三连音

四连音

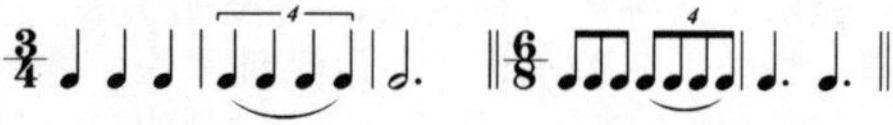

五连音

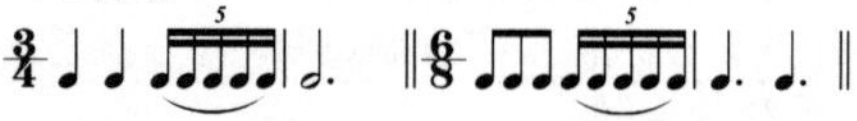



六连音

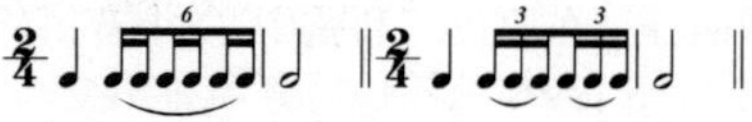

七连音

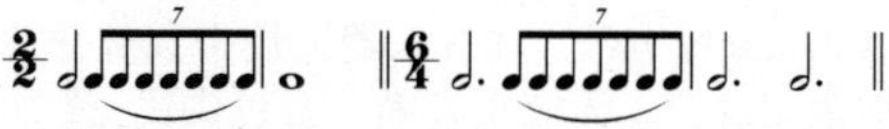

**三六** 中国著名丝竹乐曲。《南北派十三套大曲琵琶新

谱》(1895)载有此曲。流传甚广。

**三拍子** 由三个单位拍组成的*单拍子。即含一个重音:强拍、弱拍、弱拍。

**三全音** tritonus[拉] 由三个全音构成的音程,即增四度音程。实质上从音程构成来看,减五度音程也是三全音。中世纪时称其为“音乐的魔鬼”。在古典和声学中曾严禁使用。

**三善晃**(1933～ ) 日本作曲家。3岁起即接受音乐教育。1951年入东京大学,先后就读于教养学院文科、文学部法国文学系,毕业于1960年;其间曾留学巴黎音乐学院。学生时期所作《协奏交响曲》(1954)使其在日本崭露头角。1963年任教于桐朋学园,1974年升任该校校长。作有《钢琴协奏曲》(1962)、管弦乐队与童声合唱《响纹》(1984)等。

**三声中部** trio[意] 又称“中段”。复三部曲式乐曲(如小步舞曲、谐谑曲等)中的第二部分,与前后两部分形成对比。17、18世纪时,此部分喜用三件乐器演奏,故名。

**三首斯拉夫狂想曲** Slavonic Rhapsody[英] *德沃夏克于1878年所作管弦乐曲。共三首。作品45。

**三四和弦** four-three chord[英] 低音为五音的转位*七和弦。低音分别与上方的五音和七音构成三度或四度音程,故名。低音又与上方根音构成六度音程,故又称三四六和弦。

**三味线** 日本拨弦乐器。形制似中国的三弦,用大拨子弹奏。

**三五和弦** 即原位三和弦。用阿拉伯数字$^5_3$表示,故名。

**三弦** 中国弹拨乐器。南宋时即已有之。音箱近椭圆形,两面蒙以蟒皮,上张三弦,琴颈较长,并以琴颈为指板,无品。有大三弦、小三弦之分。

**散板** ①中国音乐中指无板无眼的自由节拍。其标记为“艹”。②*板式之一。

**散曲** *北曲之一,即清唱。

**桑巴** samba[葡] 巴西的民间舞蹈音乐之一。源于葡萄牙。2/4拍子,中庸速度。以切分节奏为其特征。后成为欧美社交舞曲。

**桑塔·露其亚** Santa Lucia[意] 意大利作曲家科特劳

(Teodoro Cottrau，1827～1879)所作歌曲(E.科索维奇作词)。曾在那不勒斯民歌节上获一等奖。

**桑桐**(1923～2011)　中国作曲家。上海松江人。1941年入上海国立音乐专科学校学习作曲，师从弗兰克尔、施洛斯、*谭小麟等人。1949年起任教于上海音乐学院，1986年任该院院长。作有钢琴曲《内蒙民歌主题钢琴小曲七首》(1953)、大提琴与钢琴《幻想曲》(1952)等。著有《和声学专题六讲》(1980)《和声的理论与应用》(1988)《桑桐和声学教程》(2002)《半音化的历史演进》(2003)。

**色拉西**(1887～1967)　中国马头琴演奏家、民间歌手。内蒙古大尔汗旗人。自幼从父学琴，掌握多种乐器，尤擅长马头琴和演唱民歌，被牧民誉为"神童"。曾做过喇嘛。长期在草原流浪献艺。1949年起，曾任职于内蒙古文艺工作团、任教于内蒙古艺术学校。他创造性地发展了马头琴演奏艺术，并创作了数十首马头琴独奏曲，从而奠定了马头琴的独奏地位。

**瑟**　中国古代弹拨乐器。文献所载最早见于《诗经》。出土文物见于1972年湖南长沙浏城桥一号楚墓出土的瑟；1978年战国曾侯乙墓出土十二具瑟，据考为二十五弦；马王堆一号汉墓出土的瑟为长方形，以整木制成，中空，上张二十五弦等。后失传。

**森吉德玛**　*贺绿汀于1945年所作的管弦乐曲。

**沙槌** maraca[英]　拉丁美洲乐器。由一对加手柄的葫芦内装豆粒制成，用于伴舞乐队。现可由其他材料制作，用于管弦乐队。

S

**莉雅·莎隆佳**　Lea Salonga(1971～　)　有世界声誉的菲律宾音乐剧女演员。7岁便参加音乐剧《国王与我》的演出。后又在《再见！女郎》《窈窕淑女》*《悲惨世界》饰演角色。1989年前往伦敦发展，以《西贡小姐》里少女金这一角色获包括东尼奖的多种奖项的肯定。配唱的迪斯尼动画片《阿拉丁》《花木兰》名扬世界。

**山歌**　中国民歌类别之一。如花儿、信天游、爬山调、客家山歌、弥渡山歌、兴国山歌等。以音乐自由为其特色。

**山林**　刘敦南于1979年所作钢琴协奏曲。由山林的春天、山林的夜话、山林的节日等三个乐章组成。

**山林之歌** *马思聪于1954年以西南民歌为素材而作的管弦乐组曲，首演于1956年。由山林的呼唤、过山、恋歌、舞曲、夜等五个乐章组成。

**山曲** 中国河曲（属山西）、神木（属陕西）一带流行的山歌。内容多为反映走西口（到内蒙古一带谋生）的情景。

**山田耕筰**（1886～1965） 日本作曲家。生于东京。1908年毕业于东京音乐学校后即入其研究班学习。1910年留学柏林高等音乐学院从麦克斯、*布鲁赫学习作曲。1914年返国后，从事创作、指挥等音乐活动，对近代日本音乐影响甚深。其创作涉及多种体裁，数量达1 500部。所作歌曲《红蜻蜓》、艺术歌曲《枸橘花》《就是这条路》家喻户晓。尚作有日本最早的管弦乐曲《凯旋与和平》（1912）、音诗《曼陀罗之花》（1913）、三幕歌剧《黑船》（1938）等。出版《山田耕筰全集》三十卷。

**山西八大套** 中国民间器乐种类之一。20世纪初盛行于山西五台等地，出现不少民间乐社组织（鼓房、鼓班、响打）。是以*管子为主奏乐器，配以笙、笛和打击乐器的鼓吹乐。其中著名的套曲有八套：推辘轴、青天歌、箴言、扮妆台、劝金杯、鹅郎套、十二层楼、大骂玉郎，俗称"山西八大套"。每首结构属*曲牌联缀体。乐队编制一般为七至八人，多则上百人。

**陕北组曲** *马可于1949年所作管弦乐曲。以陕北民歌为素材。

**商** 见*五音。

**上波音** 即*波音。又称"涟音"。

**上导音** 见*导音。

**上弓** up bow[英] *弓法之一。指从弓尖到弓根方向的运弓。

**上声部** 见*四部和声。

**上中音** 即*中音。相对于下中音而言。

**上主音** supertonic[英] 大、小调式中的第二音级。如C大调中的D音，a小调中的b音。因位于主音之上，故名。

**上属音** uppere dominant[英] 即*属音。

S

**尚松** chanson[法] 法国世俗歌曲的统称。范围广，种类多，其中主要指15～16世纪的复调风格的尚松。今称法国的流行歌曲亦为尚松。

**少女的祈祷** Molotwa Dziewicy[波] 波兰女钢琴家巴达捷芙斯卡娅（Thekla Badarzewska，1838～1861）所作通俗钢琴名曲。

**哨子** 即*簧。

**舍赫拉查德** Scheherazade[英] ①*里姆斯基-科萨科夫于1888年所作交响组曲。同年首演于圣彼得堡。由四乐章组成。《舍赫拉查德》即阿拉伯民间故事集《一千零一夜》（又名《天方夜谭》）。②*拉威尔于1903年所作人声与乐队。

**社会主义现实主义音乐** Socialist Realism Music[英] 苏联在十月革命后提出社会主义现实主义创作原则，要求文艺忠实于生活真实，且具有党性和人民性。在音乐上则要求正确反映社会主义的现实，创造简洁、明朗、真实的音乐，作品应具有植根于社会主义生活的新的内容和强烈的民族性。后往往流于根据党的政治上的要求而创作。其代表性作曲家有*普罗科菲耶夫、*肖斯塔科维奇、*哈恰图良、*卡巴列夫斯基等。这种创作原则，曾为社会主义阵营的各国音乐创作所采用。

**伸缩管** slide[英] 乐器部件之一。铜管乐器的附加号管。呈U字形，可自由滑动，奏出完整的半音音阶。有时缩入基本号管内，有时伸出来。伸缩管伸得越长，音越低。最典型的是现用*长号。

**伸缩速度** rubato[意] 速度术语。又称“自由速度”。在整体速度不变的情况下，只是局部速度作细微的变化，即将某音略为加快，将某音略为减慢，两者互为补偿。在唱奏中，往往在旋律部分中使用，伴奏部分则恪守原则，不随之伸缩。这种唱（奏）法，通常出于有意无意之间，出神入化，技巧颇高。

**神剧** 即*清唱剧。

**神乐笛** 日本雅乐器。用于演奏神乐。又称太笛、和笛。据日本原有笛改良而成。比六孔横笛稍大。

**神秘和弦** Mystic Chord[英] *斯克里亚宾所作第五交

响曲《普罗米修斯》(1910)和《第七钢琴奏鸣曲》(1912)中所使用的四度叠置的和弦：C—♯F—♭B—E—A—D。即合成和弦(synthetischer akkord)。

**神奇秘谱** 中国明代朱权编订的琴曲谱集，成书于1425年。为中国现存的最早的琴曲谱集，共三卷。收有古代著名琴曲，且有解题。具有重要史料价值。

**神圣之诗** The Divine Poem[英] *斯克里亚宾于1903年所作《C大调第三交响曲》。1905年首演于巴黎。三个乐章均有标题：斗争，喜悦，神剧。

**沈浩初**(1889～1953) 中国浦东派琵琶演奏家。上海浦东南汇人。其家世代为医，浩初亦以医为业。余暇师从浦东派琵琶传人倪清泉(1869～1928)。编著有《养正轩琵琶谱》(1929)。

**沈心工**(1870～1947) 中国近代音乐先驱者之一。原名庆鸿，心工为笔名。上海人。曾为晚清秀才，后学新学。1902年赴日本留学。回国后，即在南洋公学附属小学创设唱歌课，编写乐歌，推动了*学堂乐歌的发展。编有《学校唱歌集》(1904～1907)、《民国唱歌集》(1912)、《心工唱歌集》(1937)，编译有《小学唱歌教授方法》。其学堂乐歌代表作有《男儿第一志气高》《竹马》，自作曲的有《黄河》《革命必先格人心》等。

**沈肇州**(1858～1930) 中国崇明派琵琶演奏家。名其昌，字肇州。曾任教于南通师范、南京高等师范学校。*刘天华即为其弟子之一。编有《瀛州古调》(1916)。

**升号** sharp[英] *变音记号之一。是使音升高半音的记号。作为临时记号标于符头的左侧；作为调号，则标于谱号的右侧。其标记为：♯。

**升华之夜** Verklarte Nacht[德] 又译《净化之夜》。*勋伯格于1899年所作弦乐六重奏曲。1902年首演于维也纳。1917年勋伯格又将其改编为弦乐合奏曲，1927年首演于伦敦。月光下，一对情侣漫步在寂静枯萎的林中。女子坦言："我已怀孕，但孩子不是你的。我爱你！"男子答："孩子是无罪的。我爱你！"于是，两人热烈拥抱接吻。

**生产大合唱** *冼星海于1939年在延安以抗日根据地

人民生产劳动为题材所作的带歌舞表演的大合唱(塞克词)。共分四场:春耕、播种与参战、秋收、丰收。其中以《二月里来》和《酸枣刺》著称。

**声部** part[英] 通常指多声部音乐中织就乐曲的各条旋律线。按声种分,有女高音声部、男高音声部等之分;按乐器分,有第一小提琴声部、长笛声部等之分;按处于织体位置分,有外声部、内声部之分;按旋律线分,有二声部、三声部、四声部等之分。

**声部进行** voice leading[英] 指乐曲中各*声部各具独立性而又与其他声部融合在一个和谐的整体之中的写作法。二声部间可呈同向进行、平行进行、反向进行、斜向进行等形态。

**声乐** vocal music[英] 按照表演时所采用的物质手段的不同,音乐可分为声乐与器乐两大类。凡以人声演唱的音乐,即称之为声乐。拥有从独唱到合唱种种演唱形态,并随着声乐艺术的发展而形成众多的声乐体裁和演唱技艺。以人声为主兼用器乐伴奏的音乐,亦属声乐范畴。

**声乐套曲** liederkreis[德] song cycle[英] 由若干首在内容和风格上有内在联系的歌曲组成的大型声乐样式。如舒伯特的《美丽的磨坊女》、舒曼的《妇女的爱情与生活》、施光南的《革命烈士诗抄》。

**声腔** 又称"腔"。中国戏曲音乐术语。界说不一。一般指某些剧种音乐在历史上形成的在唱腔旋律框架(主要标志)、结构方法、唱法,以及伴奏手法、使用乐器等方面具有共同的规律和风格,从而形成某种声腔系统(即音乐上的程式化)。其中,虽以唱腔旋律框架为主要标志,但也存在依据整体风格和结构来划分(如*高腔)。一个剧种可含多个声腔,反之,一种声腔系统亦可包含多种剧种。如*梆子腔、*昆山腔、*皮黄腔、*高腔等。

S

**声区** vocal register[英] 人声(如女高音)一般情况下具有三个相异的音色系列,称声区。即低、中、高三个声区,分别称为胸声、中声、头声。其差异源自声带振动的形式之差,此外,与喉头内的喉头室和假声带的形态亦有关。

**声无哀乐论** 中国古代继*《乐记》之后的又一部音乐美

学专著。* 嵇康著。讨论了音乐有无哀乐，涉及了音乐的本质、审美感受及音乐功能等诸多问题。

**声域** compass of voice［英］　人声的高低范围。歌唱者的声域通常为两个八度，经训练亦可达到三个八度以上。常人的生理声域比歌唱家的声域为窄。

**笙**　中国吹奏乐器。据考证甲骨文中之“和”字即为小笙。出土实物最早为战国曾侯乙墓出土的笙。可奏和弦，便于转调。现代笙笙斗呈圆形，上插竹制笙管若干，镶有铜制簧片，笙斗接有笙嘴。一般为十七簧笙，多至二十四、三十六簧不等。用于合奏、伴奏或独奏。

**省略法(记号)** abbreviation［英］　为方便记谱和读谱起见，而将各种音乐记号(如表情记号、乐器名称、奏法、音符、休止符等)进行简化的方法。如：accel. = accelerando(渐快)；adlib. = ad libitum(任意地)；d. c. = da capo(从头开始)；arc. = col arco(用弓)等等。单音的反复和音型的反复可进行如下的省略：

**圣诞颂歌** carol[英] 英国具有欢快风格的、世俗的大众的宗教复调歌曲(二声部或三声部)。由古代伴随轮舞的单声歌曲演变而来。中世纪末期(约15世纪)用于各种宗教仪式或队列行进,题材为道德性的或政治性的、宗教性的(歌颂圣母或基督诞生),歌词由几个同一形式的诗节和叠句(burden)构成,音乐则与之相对应。16世纪中叶以后则意味着大众性的、圣诞节时在野外唱的赞美歌曲,故名,但其题材也不限于圣诞内容。

**圣剧** 即*清唱剧。

**圣母颂** Ave Maria[拉] ①*舒伯特于1825年所作歌曲(斯科特诗)。有各种器乐改编曲,其中以*威廉密的小提琴改编曲最著名。②*古诺将巴赫的《平均律钢琴曲集》第一卷中的第一首配以主旋律而成。

**圣-桑斯** Charles Saint-Saens(1835～1921) 法国作曲家。1848年入巴黎音乐学院学习,其间曾多次在管风琴比赛中获奖。1853年任巴黎圣马丽教堂管风琴师。1858年任马德莱纳教堂管风琴师。后辞去教职,从事创作、指挥、教学工作。1861年任职于尼德梅耶尔音乐学院。1871年参与创办"法国民族音乐学会"。所作颇丰,代表作有第二、第四、第五钢琴协奏曲,《第三小提琴协奏曲》《a小调大提琴协奏曲》、歌剧《参孙与达丽拉》、管弦乐曲《动物狂欢节》、交响诗《骷髅之舞》、小提琴与乐队《引子与回旋随想曲》《管风琴交响曲》等。

**师涓** 中国春秋时期卫灵公(公元前534～前493年在位)的宫廷乐师(见《韩非子·十过》)。善琴。

S

**师旷** 中国春秋后期活动于公元前572～前532年间的晋国盲宫廷乐师。精于审音调律,为后人所神化。

**师襄** 中国春秋时期乐官。一说为卫国乐官,善操琴,传说孔子曾从其学琴;一说为鲁国乐官,善击磬。

**诗琴** liuto[意] 即*琉特琴。

**诗人与农夫** Dichter und Bauer[德] *苏佩于1846年所作三幕喜歌剧。其序曲至今仍上演不衰。

**诗人与农夫序曲** 见*诗人与农夫。

**诗人之恋** Dichterliebe[德] *舒曼于1840年根据海因

里希·海涅的诗所作声乐套曲。作品48。由十六曲组成：1.美好的五月；2.在我的眼泪之中；3.小玫瑰，小百合；4.当我凝视着你的眼睛；5.我愿把我的灵魂陶醉；6.莱茵河，圣洁的河流；7.我不怨你；8.如果花儿知道；9.在长笛和小提琴的音调中；10.听到恋人的歌声响起；11.恋爱中的青年；12.明朗的夏天早晨；13.我在梦中哭泣；14.我每夜在梦里；15.古老传说；16.往昔痛苦的旧调。

**施光南**(1940～1990) 中国作曲家。四川重庆人。1957年入中央音乐学院附中，1959年入天津音乐学院，师从苏夏学习作曲。后任天津歌舞剧院、中央乐团创作员。1985年任中国音乐家协会副主席。所作以歌曲《祝酒歌》(1977)《吐鲁番的葡萄熟了》(1978)《在希望的田野上》以及声乐套曲《革命烈士诗抄》(1960)著称。尚作有歌剧《伤逝》(1981)《屈原》(1990)、小提琴曲《瑞丽江边》(1962)等。

**施尼特凯** Alfred Schnittke(1934～1998) 俄罗斯作曲家。1934年出生在伏尔加河畔的恩格尔斯，父为犹太血统，母系德国血统。早年在维也纳接受音乐教育，1953年入莫斯科音乐学院学习作曲，后留校任教；曾任德国汉堡音乐学院院长。有德、俄两国国籍。擅长“微型复调”和多元化风格写作。代表作有《第一交响曲》(1972，1988年首演于波士顿)、《安魂曲》(1975，1977年首演于布达佩斯)、《钢琴五重奏》(1976)、《大协奏曲第一号》(1977)、《第三交响曲》1981年首演莱比锡、歌剧《白痴的生活》1992年首演于阿姆斯特丹。主要作品有歌剧四部、交响曲九部(第九未完成)、大协奏曲六部、小提琴协奏曲四部、大提琴协奏曲二部，尚作有大量合唱、室内乐、芭蕾舞音乐及六十余部电影音乐。BIS唱片公司录制出版其作品全集。

**施特劳斯，理夏德** Richard Strauss(1864～1949) 德国作曲家。其父为慕尼黑宫廷圆号演奏家。学于慕尼黑大学。1885年任迈宁根管弦乐团助理指挥，不久即接替*比洛升任指挥。后任慕尼黑歌剧院、拜罗伊特、魏玛歌剧院、柏林爱乐乐团、柏林皇家歌剧院指挥。1919～1924年任维也纳歌剧院总监。1933年被纳粹政权任命为国家音乐局总监。是19世纪末、20世纪上半叶德国最重要的作曲家。始受*布拉姆斯的影响甚大,后转向*李斯特和*瓦格纳。代表作有歌剧《莎乐美》(1904～1905)《埃莱克特拉》(1906～1908)《玫瑰骑士》(1909～1910)、管弦乐曲《家庭交响曲》(1902～1903)《查拉图斯特拉如是说》(1895～1896)*《梯尔·艾伦施皮格尔的恶作剧》、交响诗《唐璜》(1887～1888)和《英雄生涯》(1897～1898)*《阿尔卑斯山交响曲》等。

**施特劳斯,约翰(老)** Johann Strauss(1804～1849) 奥地利作曲家。号称"圆舞曲之父"。为小约翰·施特劳斯之父。与兰纳(Lanner, 1801～1843)一起为"维也纳圆舞曲"的奠基者。所作有*圆舞曲、*波尔卡、*加洛普、*进行曲等,其中以《拉德茨基进行曲》(1848,拉德茨基为奥地利驻意大利威尼斯的总督)著称。

**施特劳斯,约翰(小)** Johann Strauss (1825～1899) 奥地利作曲家。老约翰·施特劳斯的长子。6岁即作其第一首圆舞曲——《第一个想象》。违父命,在其母的支持下,仍操父业。1844年自组乐队,为赢得听众他率队"远征"东欧各国,以所作《罗马尼亚进行曲》《革命胜利进行曲》《自由之歌圆舞曲》等表示对不断增长着的民族主义情绪、对自由呼声的支持,得到热烈的欢迎。1848年与其父的乐队合并,标志着维也纳圆舞曲新阶段的开始——在前辈的基础上,创造性地将娱乐性与艺术性、群众性与民族性融为一体,使维也纳圆舞曲的格调更为高雅,达于其鼎盛时期。小约翰·施特劳斯被誉为"圆舞曲之王"。19世纪70年代后,在奥芬巴赫和苏佩的影响下,创作了《蝙蝠》(1874)《吉卜赛男爵》(1885)等十六部轻歌剧。作有圆舞曲一百七十余首,代表作有*《蓝色多瑙河圆舞曲》《维也纳森林的故事圆舞曲》(1868)*《春之声圆舞曲》*《皇帝圆舞曲》等。尚作有波尔卡、加洛普、方阵舞曲、进行曲等,其中以与其弟约瑟夫·施特劳斯合作的《拨弦波尔卡》(1858)也颇为著名。



**施托科豪森** Karlheinz Stockhausen(1928～2007) 德国作曲家。曾师事*梅西昂和米约。20世纪50年代在科隆西德广播电台的电子音乐实验室工作,发表电子音乐作品《习作Ⅰ、Ⅱ》(1954),成为20世纪电子音乐的先驱。此时期尚作有为三个管弦乐队而写的《群》(1955～1957)、为四个管弦乐队和四个合唱队而写的《方形》(1960)、十一首《钢琴曲》(1952～1957)、为电子音响和女高音、男低音及小号等而作的《天狼星》(1975～1977)。后其创作中的不确定性渐增，甚至连乐谱都没有。创作历时二十五年的系列作品《光》具有划时代的意义。另著有现代音乐论文集多卷。

**施万春**(1936～　) 中国作曲家。河北青县人。1961年毕业于中央音乐学院。后在母校及中国音乐学院任教，其间曾任中央乐团作曲，中国音乐学院作曲系主任。作有管弦乐曲《节日序曲》(1959)、《第一钢琴协奏曲》(1961)、交响音画《瀑布》(1982)、二胡与乐队《叙事曲》(1987)、芭蕾舞剧《红色娘子军》第三幕(1964)以及《青松岭》《孙中山》等大量电影音乐。尚作有歌曲《梅岭三章》(1976)等。

**狮子戏球** 潮州弦诗(流行于广东潮州、汕头、福建南部以及东南亚一带的丝竹乐)乐曲之一。

**十度** tenth[英] 度数为十的*音程。

**十二律** 中国音名之称谓：黄钟、大吕、太簇、夹钟、姑洗、仲吕、蕤宾、林钟、夷则、南吕、无射、应钟。这十二律亦称“正律”。所谓“律吕”，即指其单数各律称为“律”，双数各律称为“吕”。公元前522年伶州鸠论乐(见《国语·周语下》)中即有所载。

**十二平均律** twelve-tone equal temperament[英] 律制之一。各相邻两律之间的频率比都一样的律制(“律制”即规定音阶中各音间频率比的体制)，即一般所谓的将一个八度音程分为十二个半音的律制。不可与*十二律相混淆。

**十二音技法** twelve tone technique[英] 无调性音乐的技法之一。即使用在一个八度内的所有的十二个音，这些音相互间没有隶属关系而呈平等关系、各自独立存在。*勋伯格称之为“只有一音和另一音相互联系的十二音作曲法”。是为了在无调性音乐中取得乐曲的统一而产生的这种组织手段。以按不同顺序组成的十二音的音列作为乐曲的基础，十二个音必须按此顺序出现，不能重复亦不可缺少。为获得多样性，在音列不变的状况下取得变化，而采用了其原型、逆行、原型的转位及转位的逆行等四种音列。这四种音列，又可从十二个音中的任何一音开始，从而构成四十八种异型。其乐曲的和声也由音列中各音构成，如原型中的各三个音即可构成一和弦。

**十二音音阶** twelve notes scale[英]　即由十二个半音构成的音阶。它不同于半音阶，无*自然音和*变化音的区别，全部音均处于平等的地位。

**十二音音乐** twelve tone music[英]　20世纪初在欧洲兴起的以*十二音技法进行创作的音乐。开始这种音乐带有实验性的探索意义，直至第二次世界大战后，才产生世界性的影响，并得到进一步的发展。后严格意义上的十二音音乐已很少见，往往用于作品中的一部分。其代表作曲家为*勋伯格、*韦伯恩与*贝尔格。

**十番鼓**　中国流行于江苏南部一带的民间器乐形式之一。曾称十番箫鼓、十番、十番笛、梵音（道家称谓）等，或统称为吹打曲。据载16世纪即已有之。乐队约十人组成，乐器除打击乐器外，尚有丝竹，但以鼓和笛为主奏乐器为其主要特征。杨荫浏、曹安和编有《苏南吹打曲》（1957）。

**十番锣鼓**　中国民间器乐形式之一。又称十样锦、鼓吹等。以流传于江南一带的十番锣鼓著称。除锣鼓乐外，亦兼有旋律，两者交替或重叠进行均可。其曲牌除来源于民间小曲外，据说尚源自南北曲曲牌。有笛吹锣鼓（主奏乐器为笛）、笙吹锣鼓（主奏乐器为笙）、粗细丝竹锣鼓（以丝竹乐为主）、清锣鼓（清一色打击乐器）等之别。杨荫浏著有《十番锣鼓》（1980）。

**十连音**　见*连音。

**十六分休止符**　相当于十六分音符时值的*休止符。

S

**十面埋伏**　中国著名琵琶曲。取材于楚汉垓下决战的故事。明末著名琵琶演奏家汤应曾演奏的《楚汉》一曲，恐为此曲前身。由三大部分组成，附序部和尾声。序（列营）一、（吹打、点将、排阵、走队）二、（埋伏、小战、大战）三、（项王败阵、乌江自刎）尾（众军奏凯、诸将争功、得胜回营）。

**十一度音程**　eleventh[英]　度数为十一的*音程。

**十一和弦**　由六个音构成的三度叠置的*和弦。

**时值**　指音与休止的持续时间。其绝对时值以秒等时间单位为标记；相对时值则以音符（全音符、二分音符、四分音符、八分音符、十六分音符以及三连音等)为标记。

**时钟交响曲** Symphonie “Uhr”[德] *海顿于1794年所作第一百零一号交响曲。1795年首演于伦敦。因第二乐章中大管与弦乐器(在低声部的拨奏)的伴奏似时钟的钟摆声,故名。

**实用音乐** Gebrauchsmusik[德] 是针对“为艺术而艺术”的音乐思潮而提出的为音乐爱好者的实际使用为目的而创作的音乐。以简洁明快,技术较易,同一声部可用多种乐器替换,并使用于小型合奏为其特征。第一次世界大战后以多瑙厄申根音乐节为中心、为*欣德米特和克热内克(奥地利作曲家,1900～1990)所提倡。欣德米特不仅创作这种实用音乐,如为B.布莱希特的《教育剧》所作的配乐,而且尝试以使用音乐来复活*巴赫的康塔塔。

**士兵的故事** Histoire du Soldat[法] *斯特拉文斯基于1918年所作戏剧音乐(C.F.拉缪兹词)。含朗诵、表演和舞蹈。同年首演于洛桑。后于1924年改编成小提琴、单簧管、钢琴等用组曲。为新古典主义音乐的代表作。故事为:一士兵归乡途中遇一魔鬼,士兵以象征士兵灵魂的小提琴换取载有财宝秘密的魔书,遂过了一段所谓幸福的生活。回家后得知未婚妻已同别人结婚,始知财富带来不了真正的幸福。于是,撕毁魔书,并设法从魔鬼处偷回小提琴,以琴声治愈患有怪病的公主,遂与公主结亲并返回故乡。途中士兵不仅丢失小提琴,而且又被魔鬼抓走。此剧间接反映了第一次世界大战时的经济情势。

**世界之创造** Creation du Monde La[法] *米约于1923年所作独幕芭蕾舞剧音乐(桑特拉编剧)。同年首演于巴黎。作品81。为十六个独奏者和十种打击乐器的室内性编制。由序曲与五个短小的乐章组成。后改编成两架钢琴用曲。采用异教徒的创世说。描述了世界诞生之前的“混沌”、作物与家畜的产生、人类配偶的形成,以及男人与女人的“欲望之舞”、人类春天的来临,并贯穿象征生命力的“咒语”主题。

**世俗音乐** Secular Music[英] 与宗教音乐、宫廷音乐相对而言,为非宗教音乐、非宫廷音乐的统称。

**视唱** sight-singing［英］ 见*视唱练耳。其视唱方法一般有两种：*首调唱名法和*固定唱名法。

**视唱练耳** solfeggio［意］ 是一门综合性的音乐基础学科。通过视唱和听写的训练，不仅使学生获得准确地听辨、唱奏和正确而又快速的记谱能力，而且可获得良好的音乐表现能力。“视唱”是用*唱名准确地唱出音高和节奏等（通常是看谱即唱）；“练耳”是用*绝对音高感来听辨单音、音程、旋律、和弦、和声连接等。听后将其记写下来，即俗称“听写”。

**视奏** sight-reading［英］ 即看谱即奏。

**室内乐** chamber music［英］ 原指在室内演奏的音乐。与音乐会音乐相对而言。后泛指为少数乐器写的器乐曲。如四重奏、单簧管五重奏、钢琴三重奏等。

**室内奏鸣曲** sonata da camera［意］ 17、18世纪欧洲流行的数乐章组成的器乐曲。主要由舞曲组成，采用组曲或古典组曲结构形式。是为几件乐器而作，通常为两把小提琴、古钢琴及低音弦乐器。第一乐章往往是快速的。

**手风琴** accordion［英］ 键盘乐器之一。1822年由德国人布施曼（Friedrich Buschmann，1805～1864）创制。1829年经奥地利人岱密安（Cyrillus Demian，1772～1847）等人改良而渐趋完善。置于胸前演奏，右侧为键盘，有琴键二至四组不等，并附有二或三、四、五、七、九、十一个变音器（即音栓），用以控制音色的变化；左侧有数排键钮，可奏低音及各种固定的和弦；中间为蛇形风囊，拉动时使空气振动簧片发音。尚有一种键钮式手风琴（即*巴扬）。

S

**手鼓** 即达卜。中国维吾尔族打击乐器。鼓框木制，内置小铁环若干，呈圆形，仅一面蒙以羊皮或蟒皮。双手击之演奏。系维吾尔族歌舞中的重要伴奏乐器。

**首调唱名法** Movable Do［英］ *唱名法之一。无论什么调，凡属大调的主音均唱do；凡属小调的主音均唱la；凡属宫调式的主音均唱do；凡属商调式的主音均唱re；凡属角调式的主音均唱mi；凡属徵调式的主音均唱sol；凡属羽调式的主音均唱la。其他各音均按*唱名排列顺序唱出。首调唱名法是以*相对音高为基础的一种唱名法，虽易学易唱,但欠缺*绝对音高感。

**受难曲** passion[德]　教会音乐之一。西欧在复活节前一周演出的、以耶稣受难的故事为题材而谱写的音乐。所作颇多,以*巴赫的为独唱、合唱与乐队写的《约翰福音受难曲》(1722)和*《马太福音受难曲》(1728～1729)为其最。

**舒伯特** Franz Peter Schubert(1797～1828)　奥地利作曲家。是欧洲浪漫主义音乐的奠基者之一。幼即从其父学习小提琴,从其兄学习钢琴。9岁师从当地教堂乐长霍尔查。11岁考入维也纳宫廷少年唱诗班。13岁作钢琴四手联弹《幻想曲》。1814年任小学助理教师,并利用业余时间进行创作。1814～1815年间即创作了声乐曲《纺车旁的格雷岑》《魔王》《野玫瑰》等一百四十五首,以及交响曲、弥撒曲、弦乐四重奏等。1817年由宫廷男中音歌手福格尔将其歌曲在维也纳演唱方轰动维也纳。1818年不顾其父的反对毅然辞去教职,赴维也纳专事创作,以致生活清贫,全靠友人接济为生。其间曾任匈牙利埃斯泰哈吉伯爵的家庭乐师兼教师。1825年与福格尔一起赴各地旅行演出。1828年11月19日因伤寒病逝于维也纳,享年仅31岁。1828年3月才举办首次个人作品音乐会。所作直至1821年才在友人的资助下陆续得以出版,作有交响曲《未完成》《C大调交响曲》等九部,歌剧九部、弥撒曲七部,以及《罗莎蒙德》等管弦乐曲、《流浪者幻想曲》等钢琴曲、*《鳟鱼五重奏曲》和《死神与少女四重奏曲》等室内乐曲、附乐队的合唱曲、歌曲等。其中作有包括《美丽的磨坊女》*《冬之旅》《天鹅之歌》三部声乐套曲在内的歌曲约六百余首,将歌曲的艺术表现力提高到一个新的高度,被世人誉为“歌曲之王”。



**舒曼** Robert Schumann(1810～1856)　德国作曲家。出身于书商家庭。7岁即学钢琴。16岁时丧父后,遵母命赴莱比锡学习法律。1829年从维克学习钢琴和作曲。20岁时听到帕格尼尼的演奏后,立志做钢琴家。1830年创作钢琴曲《阿贝格变奏曲》。因手指受伤遂专攻作曲。1834年创办《新音乐杂志》,撰写了大量音乐评论,为刚出现不久的浪漫主义音乐鸣锣开道。后与其师维克的女儿、钢琴家克拉拉恋爱,但遭维克强烈反对,几经周折,精神上受到极大创伤，终于1840年与克拉拉结为夫妻。婚后处于幸福之中的舒曼创作了大量的音乐作品。1841年作第一交响曲《春》。1843年任教莱比锡音乐学院。1844年随其妻赴俄罗斯旅行演出，回国后因患精神抑郁症，迁居德累斯顿。当1848年革命席卷欧洲的时候，舒曼盛称这场革命为“人民的春天”。1850年又移居杜尔多夫。1854年病情加重，曾投莱茵河被人救起，遂住进精神病院直至逝世。所作钢琴音乐注重标题性，诗意盎然，富于幻想，具有鲜明的浪漫主义气质。主要作品有歌剧《格诺费瓦》(1847～1850)、第三交响曲*《莱茵》、《a小调钢琴协奏曲》(1841～1845)《d小调小提琴协奏曲》(1853)《a小调大提琴协奏曲》(1850)、钢琴曲*《蝴蝶》《帕格尼尼随想曲主题音乐会练习曲》(两部：1832/1833)《大卫同盟舞曲》(1837)《狂欢节》(1833～1835)《童年情景》(1838)《克莱斯勒偶记》(1838 )等，声乐套曲*《诗人之恋》《妇女的爱情与生活》(1840)、清唱剧《天堂与仙子》(1843)等。1854年将其所作音乐评论结集出版——《论音乐与音乐家》，是对当时创作中的庸俗倾向的尖锐批判，充满战斗性，也是浪漫主义音乐思想的集中体现。

**舒曼，威廉** William Schuman(1910～1992)　美国作曲家、教育家。学于哥伦比亚大学、萨尔茨堡莫扎特学会，受哈利斯的影响极大。后任教师、音乐编辑等。1945年任纽约朱利亚音乐学校校长。1961～1969年任林肯表演艺术中心总裁。其所作颇富美国色彩、动感强烈，为现代美国音乐的代表作曲家之一。主要作有《第三交响曲》第十交响曲《美国的缪斯》(1976)、芭蕾音乐《犹滴》(1948)、管弦乐曲《美国节日序曲》(1939)、小提琴协奏曲(1947)、混声无伴奏合唱《死之颂歌》(1959)，以及歌剧、室内乐曲等。

**属调**　在调式第五级音上建立的*调，与建立在调式第一级音上的*主调相对而言。

**属功能** dominant function[英]　见*功能和声。

**属和弦** dominant chord[英]　*正三和弦之一。

**属九和弦** chord of the dominant ninth[英]　*九和弦之一。为不协和和弦。在*属音上构成的九和弦。如C大调的G—B—D—F—A。亦可解释成由属和弦与下属和弦合成的和弦。一般自然地解决到主和弦。

**属七和弦** chord of dominant seventh[英] 在属音上构成的* 大小七和弦。如 C 大调的 G—B—D—F。一般自然地解决到主和弦。

**属音** dominant[英] 又称“上属音”。大、小调式中的第五级音。即主音上方的纯五度音。在确立调性中,其重要性仅次于主音。如 G 音为 C 调的属音。

**竖笛** recorder[英] 西洋古代木管乐器。竖吹的笛子。木制,无簧,八孔。音域约两个八度。今作为儿童乐器而流行。

**竖琴** harp[英] 拨弦乐器。历史悠久,形制不一。现今通行者为 1811 年法国人埃拉(Sebastien Erard, 1752～1831)所创制。共鸣箱上置三角形框架,张四十八根弦,按 $^{\flat}$C 大调自然音阶调律,并设有七个踏板,能使各弦自由升高一或两个“半音”。演奏时,坐抱膝前,用双手拨奏。音域为 $^{\flat}C_1$—$^{\sharp}f^4$。音色非常柔和。常用于独奏、重奏或管弦乐队。

**数列型节奏** 中国* 十番锣鼓中的锣鼓乐的技法之一。即其节奏的基本单位为一、三、五、七字节(分别为一字一拍、三字二拍、五字三拍、七字四拍),并以此组成八种句式:顺列句(一、三、五、七)、逆列句(七、五、三、一)、跳列句(一、五、七、三等)、平列句(三、三、三、三等)、倒列句(一、三、五、七、五、三、一)、亏列句(三、五、七或七、五、三)、游列句(任意组合)、复列句(将上述之中的两种加以组合)。

**数码录音机** digital sound recording[英] 见* 录音机。

**数字低音** figured bass[英] 见* 通奏低音。

**数字视频盘** DVD 见* 光盘。

**双调圆号** double horn[英] 铜管乐器。是一种结构特殊的法国号。可从 F 调转为高四度的 $^{\flat}$B 调。

**双管** 中国管乐器。由两支* 管组成。用于华北、东北的民间器乐合奏或独奏。

**双管制** 西洋管弦乐队编制之一。以木管乐器各二为其标志。参见* 三管制。

**双簧管** oboe[英] 音译“欧勃”。高音木管乐器。双簧。竖吹。管身木制,略呈圆锥形。C 调非移调乐器。音域近三个八度(b 或 $^{\flat}$b—$f^3$ 或更高)。音色很有表现力并富有泛音。用于管弦乐队或吹奏乐队。所发 $a^1$ 音常用做管弦乐队的调音标准。

**双排键电子琴** 见*电子琴。

**双声恨** 又名《双星恨》。由郑日生传谱的广东音乐。描绘了牛郎、织女对两地分隔不幸遭遇的怨恨之情以及对幸福生活的向往。

**双倚音** anschlag[德] 即*复倚音。

**水上音乐** Water Music[英] *亨德尔约于 1715～1717 年所作管弦乐组曲。由二十五首小曲组成。其中的一部分首演于泰晤士河上。后哈蒂(Hamilton Harty，1879～1941，爱尔兰音乐家)于 1922 年改编为由六曲组成的管弦乐组曲：快板、咏叹调、布雷舞曲、角笛舞曲、富于表情的行板、坚定的快板。

**睡美人** Sleeping Beauty the[英] *柴科夫斯基于 1889 年所作三幕五场芭蕾舞剧。作品 66。由彼蒂帕和弗塞沃罗希斯基编剧。1890 年首演于圣彼得堡，根据法国作家贝洛(1628～1703)的童话编剧。剧情为：神话王国的公主阿芙洛拉受洗宴会，由于未邀请恶神卡拉波斯，从而被恶神卡拉波斯预言公主满 16 岁那天将被纺槌碰伤致死，善神则预言公主未死而是连同城堡一起沉睡百年。咒语果然应验，百年后，王子德吉列进入沉睡的城堡，并俯吻沉睡的公主，使公主与城堡皆醒，遂即成婚。

**睡美人组曲** Suite "The Sleeping Beauty"[英] *柴科夫斯基将其所作同名芭蕾舞剧音乐改编而成的管弦乐组曲。由五曲组成。



**顺回音** *回音之一。四个音的顺回音，由上方邻音开始，经过主要音及其下方邻音，再回到主要音。五个音的顺回音，是由主要音开始，之后四个音同四个音的顺回音。用∾记号标志。

**瞬想曲** moment musical[法] 19 世纪所使用的钢琴小曲标题名称，多为浪漫的、具有抒情性格的小品之作。其形式自由，主要用小型的三部曲式。如舒伯特的《六首瞬想曲》(1827)。

**说唱音乐** 又称“曲艺音乐”。中国民族音乐之一。为说唱艺术的重要组成部分。其历史悠久，至唐代渐趋成熟(如诸宫调等)。近现代以来得到更大的发展，遍布全国各地，约有三百多个曲种，拥有各具特色的音乐。由唱腔和器乐组成。音乐多为*曲牌体。

**斯比耐琴** spinet[英] 拨弦古钢琴之一。15 世纪末至 18 世纪末使用的附有键盘的拨弦乐器。形制为细长三角或四角、五角形，音域约四个八度。置于桌上演奏。按键使羽管拨弦(金属制)发音。

**斯卡拉蒂** ①Alessandro Scarlatti(1660～1725) 意大利歌剧作曲家。*那不勒斯歌剧乐派的代表作曲家之一。作有百余部歌剧，羽管键琴曲以及教会音乐等。②Domenico Scarlatti(1685～1757) 意大利作曲家。A. 斯卡拉蒂之子。从其父学音乐。曾服务于波兰王室、葡萄牙王室、西班牙王室。以羽管键琴作曲家著称。作有奏鸣曲约六百首。

**斯卡拉歌剧院** Teatro Alla Scala[意] 意大利歌剧院。原为旧王宫内的宫廷剧场。1778 年在米兰的圣玛利亚·斯卡拉教堂遗址上建成，故名。是按第一流的剧院而设计的。在揭幕式上演出了萨列里的歌剧《欧罗巴被拐》。19 世纪贝利尼的《诺尔玛》、威尔第的《纳布科》《奥赛罗》等歌剧均在此首演。20 世纪初*托斯卡尼尼任艺术总监时期为其发展的顶峰。1943 年毁于战火。第二次世界大战后重建，于 1946 年由托斯卡尼尼指挥的音乐会重新开演。除上演歌剧外，斯卡拉歌剧院管弦乐队也从 1879 年以来举行演奏活动。1913 年又成立了斯卡拉歌剧院博物馆，1955 年创立了为演出古代和现代作品的斯卡拉小剧场。

**斯克里亚宾** Alexander Skryabin(1872～1915) 俄罗斯作曲家。曾在莫斯科音乐学院学习钢琴和作曲。1894 年开始赴西欧旅行演出，并旅居瑞士、布鲁塞尔。所作以微妙的和声及神秘色彩为其特色。作有交响曲*《神圣之诗》

《狂喜之诗》(1904～1907，1908 年首演于纽约)《火之诗》(1909～1910，1911 年首演于莫斯科，有由键盘操作的放映色彩的装置，以音与色相结合的艺术特点著称)。尚作有十首钢琴奏鸣曲等。是 20 世纪现代派音乐的先驱者之一。

**斯拉夫舞曲集** Slavonic Dances[英] *德沃夏克所作两集管弦乐曲。第一集作于 1878 年作品 46；第二集作于 1886～1887 年，作品 72。各由八曲组成。

**斯美塔那** Bedrich Smetana(1824～1884) 近代捷克音乐之父。生于利托米什尔的一个小镇。父以酿酒为业。19 岁赴布拉格学习音乐。24 岁在布拉格创立音乐学校。曾积极参加了 1848 年革命运动。1856 年至瑞典从事指挥活动。1861 年回国，以创作、指挥、音乐评论、演奏活跃于捷克乐坛，积极推进了祖国民族音乐事业的发展。主要作有民族歌剧《被出卖的新嫁娘》(1866)、大型交响诗套曲*《我的祖国》等。

**斯塔克** Jάnos Starker(1924～ ) 美籍匈牙利大提琴家。7 岁入布达佩斯音乐学院，10 岁举行独奏音乐会。1946 年在法国演奏科达伊的无伴奏大提琴奏鸣曲一鸣惊人。1948 年移居美国。曾任匈牙利爱乐乐团、大都会歌剧院管弦乐团、芝加哥交响乐团大提琴首席。1958 年任印第安那州大学大提琴教授。以演奏 J. S. 巴赫的无伴奏大提琴组曲擅长，并拥有众多的大提琴独奏曲目。曾与小提琴家苏克、钢琴家卡钦组成的三重奏团名噪一时。

**斯特恩** Isaac Stern(1920～2001) 美籍俄罗斯小提琴家。是 20 世纪世界著名小提琴家。生于乌克兰，后随双亲迁居美国旧金山。初学钢琴，10 岁入旧金山音乐学院学习小提琴。15 岁在旧金山交响乐团举办的音乐会上首次登台独奏。1937 年在纽约举办个人音乐会。1943 年在卡内基大厅演出获得决定性的成功。40 岁与美国钢琴家伊斯托明和大提琴家罗斯组成钢琴三重奏团。演奏风格严谨，独具匠心，音色丰富艳丽，技巧全面，且具有深厚的音乐修养。其演奏用琴是 1737 年制作的意大利瓜尔内里小提琴。1979、1995、1999 年三次来华访问演出。所拍纪录片《从毛泽东到莫扎特》获奥斯卡奖。

**斯特凡诺** Giuseppe Di Stefano(1921～2008) 一译“斯苔芳诺”。意大利男高音歌唱家。曾学于米兰音乐学院。1946年首次在意大利艾米利亚雷焦登台。后演出于意大利各地。初多饰演轻声的男高音歌剧角色,歌声恬美,且具有绝妙的轻声(极弱地)。1954年在斯卡拉歌剧院饰演《卡门》中的唐·豪塞后,转而追求戏剧性的表现力。1948年开始巡演于世界各地,成为第二次世界大战后杰出的男高音之一。

**斯特拉文斯基** Igor Stravinsky(1882～1971) 俄罗斯作曲家。20世纪最杰出的作曲家之一。父为男低音歌剧演员。9岁学琴。后入圣彼得堡大学法律系学习。21岁方得里姆斯基-科萨科夫的指导。1905年从圣彼得堡大学毕业后,决意从事作曲。其所作为著名舞剧编导佳吉列夫赏识,遂约他为俄罗斯芭蕾舞团作曲。1910年在巴黎以芭蕾舞音乐*《火鸟》一举成名。翌年完成芭蕾音乐又一力作*《彼得鲁什卡》。1913年5月28日其最大杰作舞剧*《春之祭》在巴黎香榭丽舍大街剧院首演,因音乐新奇怪异引起观众骚乱,圣-桑斯当场拂袖而去。而一年后再演却赢得巴黎的一片喝彩。1914年5月26日歌剧《夜莺》首演巴黎。一战中避难瑞士,作有*《士兵的故事》。38岁时离开瑞士,定居法国,1934年入法国籍。创作上从表现主义、原始主义转向新古典主义。1925年起曾多次以钢琴家、指挥家身份访问美国造成轰动。1939年被哈佛大学聘为教授,后定居好莱坞,1945年入美国国籍。1951年作歌剧《浪子的历程》在威尼斯第14届现代音乐节首演大获成功。晚年曾以音列作曲技法创作宗教音乐。一生创作甚丰,风格多变,人称“变色龙”。另有著名作品舞台音乐《婚礼》(1923)《俄狄普斯王》(1927)《阿波罗》《仙女之吻》(1928)《牌戏》(1937)《阿冈》(1957)《洪水》(1962)等、管弦乐《烟火》(1908)《管乐交响曲》(1920)《C大调交响曲》(1940)《敦巴顿橡树园协奏曲》(1942)《三乐章交响曲》《乌木协奏曲》(1945)《乐队变奏曲》(1964)等、合唱作品《诗篇交响曲》(1930)《康塔塔》(1952)《丧歌》(1958)《安魂圣歌》(1966)等及《管乐八重奏》等其他作品。著有《音乐诗学》及多卷与克拉夫特的对话等理论著作。1962年重返阔别半个多世纪的故土受到英雄般的欢迎。1971年病逝于纽约,享年89岁,遵从他的遗愿,葬于威尼斯他的挚友佳吉列夫的墓边。

**斯托科夫斯基** Leopold Stokowski(1882～1977) 美国指挥家。生于英国。父为波兰人,母为英国人。先后学于牛津大学、皇家音乐学院和巴黎音乐学院。曾任教堂管风琴师。后任辛辛那提管弦乐队、费城管弦乐队、纽约爱乐乐团指挥。曾创建新颖的交响乐队舞台的排列法。

**死神与少女四重奏曲** Tod und Das Madchen, Der[德] *舒伯特于1824年所作d小调弦乐四重奏曲。因在第二乐章中采用其所作同名歌曲(1817),故名。其去世后于1833年首演于柏林。

**死与净化** Tod und Verklarung[德] 一译《死与变形》。理夏德·施特劳斯于1889年所作交响诗。翌年首演于爱森纳赫。作品24。由四个部分组成:入睡,得病,遐想;发高烧,垂死挣扎;梦境,童年回忆,气绝;净化。

**四部和声** quadruple harmony[英] 和声学中的基础训练之一。即由四个声部(高音部、中音部、次中音部、低音部)构成的和声结构。其中高音部、中音部、次中音部统称为"上声部",低音部则称"下声部";高音部和低音部又称"外声部",其他两个声部则称"内声部"。

**四重赋格** quadruple fugue[英] 有四个各具独立品格的主题的*赋格曲。极为罕见。

**四重奏** quartet[英] 见*重奏。

**四度和弦** fourth-chord[英] 又称"神秘和弦"。若干音按四度叠置而成的和弦。

S

**四度音程** fourth[英] 度数为四的*音程。

**四分之三音** 与十二平均律相较,指中国民族音乐中的略高的清角和略低的变宫音而言。常见于秦腔、同州梆子和西安鼓乐之中。又称"中立音程"(neutral intervals[英])。以西欧音乐的观念出发,视大音程和小音程之间的音程为中立音程。在阿拉伯艺术音乐中,则频繁使用中立三度和中立六度。

**四分之一音** quarter tone[英] *半音的一半。20世纪西方现代派音乐曾将其用于创作，自成体系。如*哈巴即采用完整的四分之一音音阶用之于其一些创作之中。

**四胡** 中国拉弦乐器。为胡琴类乐器之一。有四弦，竹弓马尾分两股，分别置于一、二弦和三、四弦之间。为蒙古族说唱音乐的伴奏乐器。小四胡亦可用于独奏、合奏。其定弦为一、三弦为 gg（大四胡）或 $d^1d^1$（小四胡）；二、四弦为 $d^1d^1$（大四胡）或 $a^1a^1$（小四胡）。

**四季** ①Jahreszeiten Die［德］ *海顿所作清唱剧。1801年首演。为英国诗人汤姆森（1700～1748）同名诗谱曲。德译者为施维滕。②*维瓦尔迪 1725 年所作一套四部联缀演奏的小提琴协奏曲。③Saisons Les［法］ *柴科夫斯基于 1876 年所作钢琴套曲。作品 37bis。应邀为一文艺副刊所作，每月一曲并附诗。共十二曲：一月——壁炉边、二月——狂欢节、三月——云雀之歌、四月——松雪草、五月——白夜、六月——船歌、七月——刈草者之歌、八月——收获、九月——行猎、十月——秋之歌、十一月——雪橇、十二月——圣诞节。

**四连音** quadruplet［英］ 节奏划分的特殊形式之一。将附点音符的时值等分为四部分来代替三部分，即形成四连音。见*连音符。参见*三连音。

**四六和弦** chord of the sixth and fourth［英］ 以五音作低音的转位三和弦。低音分别与上方的根音、三音构成四度和六度音程，故名。

**四拍子** 由两个两拍子组成的*复拍子。如 4/2、4/4、4/8 等均为四拍子。由强拍、弱拍、次强拍、弱拍组成。

**四音音列** tetrachord［英］ 又称“四声音阶”。古希腊音阶。在纯四度音程范围内构成的由四个音组成的音阶。

**松花江上** *张寒晖于 1936 年在西安所作歌曲（自作词）。抗日战争期间传遍全国。也是一首艺术性较高的独唱歌曲。

**苏格兰幻想曲** Scottish Fantasy［英］ 原名为“自由运用苏格兰民歌的幻想曲”。*布鲁赫读苏格兰诗人 W. 苏格的作品后有感于 1879～1880 年所作小提琴与管弦乐队曲。1880 年首演于汉堡。作品 46。

**苏格兰交响曲** Symphonie “Schottische”[德] *门德尔松于1842年所作《a小调第三交响曲》,同年首演于莱比锡。作品56。

**苏格兰舞曲** 即*埃科塞斯舞曲。

**苏佩** Franz von Suppe(1819～1895) 奥地利作曲家。祖籍比利时。学于帕多瓦大学和维也纳音乐学院。后在各地任指挥。1862年任维也纳剧院指挥,1865年任维也纳利奥波德施塔特剧院指挥。所作以维也纳轻歌剧著称,有*《诗人与农夫》《美丽的加拉蒂亚》(1865)*《轻骑兵》《薄伽丘》(1879)等。

**苏萨** Philip Sousa (1854～1932) 美国作曲家,曾任乐队小提琴手。1880年任美国海军陆战队乐队指挥。1892年自组“苏萨军乐队”演出于国内各地,深受群众欢迎。后于1910年率队演出于世界各地。所作多为典型的美国轻快、华丽的进行曲,被赞誉为“进行曲之王”。作有进行曲《华盛顿邮报》(1889年为华盛顿邮报所举办的征集儿童作文的入选式而作)*《星条旗永不落》等。尚作有轻歌剧、管弦乐曲、歌曲等。

**苏武牧羊** 20世纪20、30年代在中国盛行一时的学堂乐歌之一。词曲作者不详。歌颂汉武帝时苏武出使匈奴“留胡节不辱”的崇高气节。

**素歌** plainsong[英] 拉丁文为cantus olanus,意为平滑流畅的旋律。一般指*格里高利圣咏。即语言化的单旋律的圣咏,是对13世纪左右格里高利圣咏的称谓,以别于*有量记谱法通用后的有量歌曲(cantus mcnsuratus)。

S

**速度** tempo[意] 指乐曲全部或某一部分唱奏的快慢。音乐作品中有两种不同的速度:一种是基本速度,指拍子中各拍的基本的固定速度;一种是变化速度,指速度的临时变化,但也是在一定时间内的速度转变和不稳定速度。速度是用文字(通用意大利文)标在乐曲的开端或中间,写在五线谱的上面。记示基本速度的术语,只能大体相符。如力求精确地记示速度,可用*节拍器记号(如M. M. = 60,或写成♩= 60),即用数字记示一分钟内几分音符作一拍的拍数。速度在音乐中具有重大的表情意义。

**速度记号** temmpo mark[英] 见*速度。

**随想曲** cariccio[意] 没有严格形式的小型器乐曲。17、18世纪指为键盘乐器创作的自由赋格曲。19世纪以来,常指一种富于幻想性、即兴性的器乐曲,如*门德尔松、*布拉姆斯的钢琴随想曲。某些随想曲与幻想曲并无严格区别,如*柴科夫斯基的《意大利随想曲》。

**唢呐** 中国吹奏乐器。有大、小之分,后者称海笛。形似椎状,下为铜制喇叭口,上接木管,木管上端置有苇制哨子。是吹打乐中的重要乐器,亦可用于合奏或独奏。其历史悠久,明代即已有记载。

**索尔** soul[英] 一译“灵乐”。20世纪60年代后期,兴起于美国城市黑人社会中的一种黑人民间音乐。“索尔”一词意为“精神”“灵魂”“心灵”“热情”等。由节奏*布鲁斯、福音赞美歌(gospel,或称黑人宗教音乐福音歌)、城市波普乐、*摇摆乐和*爵士乐等各种音乐因素综合而成,既有世俗性,又有宗教因素。其特点为演唱(奏)者以强烈的热情与感觉,来唤起听众的热情与感觉。演唱(奏)方式具有强烈的戏剧性,可附加叹息声、哭泣声、假声、装饰音、道白、刺耳的喊叫、重复的插句等。与摇摆乐区别在演唱时很少用乐器伴奏。60、70年代最著名的黑人索尔音乐家有詹姆斯·布朗(James Brown)、艾里萨·富兰克林(Aretha Franklin)、雷·查尔斯(Ray Charles)等人,以及“诱惑演唱小组”。亦有白人演唱的索尔,通称“蓝眼睛索尔”(blue-eyed soul)。

**索尔蒂** Georg Solti(1912～1998) 匈牙利裔英国指挥家。生于布达佩斯。曾师从科达伊等人。1930年起任布达佩斯歌剧院副指挥,后升任指挥。其间曾于1936和1937年在萨尔茨堡音乐节任托斯卡尼尼的助理指挥。二战期间,在瑞士以演奏钢琴为生。战后,先后任慕尼黑歌剧院、法兰克福歌剧院、柯文特花园皇家歌剧院音乐指导。1969年起先后任芝加哥交响乐团、伦敦爱乐乐团音乐指导。以指挥瓦格纳的作品著称。1972年被授予爵士称号。

**索尔维格之歌** Solveigs Lied[德] *《培尔·金特》中的一首女声独唱曲。索尔维格是剧中人物培尔·金特的妻子。

**索罗钦集市** Fair at Sorochinsk[英] *穆索尔斯基所作未完成的三幕歌剧。根据果戈理(俄国作家,1809～1852)的小说《狄康卡返乡夜话》自编剧。始作于1874年。后由居伊完成全剧,首演于1917年。尚有其他各种版本。

**随机音乐** Stochastic Music[英] 一译“盖然性音乐”。日译“归纳统计学音乐”。20世纪50年代中期,*克塞纳基斯针对*序列音乐发表了一系列论文,提出了一种新的作曲技法,并自命名为“随机音乐”。即引进自然科学(数学、时值、音色、力度等)的音的空间的分布和运动,并根据“气体分子运动论”来确定*音块的密度和乐曲的结构的作曲技法。该技法需要借助计算机制成图表,然后再转译成传统的记谱法。不能将其与*偶然音乐相混淆。

# T

**他律论** Heteronomie[德] 又称“内容美学”。他律音乐哲学主张音乐艺术是受某种外在规律决定的,总是要反映人类的情感的。故而,音乐的内容就是情感,音乐的内容与形式是二元性的,音乐的内容决定音乐的形式。代表人物有德国哲学家黑格尔、*李斯特等。参见*自律论。

**塔兰泰拉舞曲** tarantella[意] 其名一说源于意大利南部的地名塔兰托;一说源于名为“塔兰图拉(tarantula)”的毒蜘蛛,被其咬伤后,只有跳起这种近于疯狂般的舞蹈才能得救,故名。舞曲速度极快。19世纪中叶,被李斯特、肖邦等作曲家所采用。

**塔马拉** Tamara[英] *巴拉基列夫于1867～1882年所作交响诗。1883年首演于圣彼得堡。取材于俄罗斯的古老传说。“塔马拉”为女王名。

**塔索** Tasso[意] *李斯特于1849年所作交响诗。副题为“悲哀与胜利”。“塔索”为文艺复兴时期意大利的诗人。

**踏板** pedal[英] 一作“踏瓣”。钢琴、风琴、管风琴、竖琴等乐器上用脚操纵的机械装置。其作用各不相同。用以延长或减弱音响以及改变音色者如钢琴踏板;用以改变音高者如竖琴、定音鼓踏板;用以鼓动风箱者如风琴踏板。管风琴的踏板实系脚踏的键盘,用以演奏乐曲的低声部。如何正确使用踏板,是重要演奏技巧之一。

**台湾舞曲** *江文也在日本于1934年所作管弦乐曲。获第11届奥林匹克运动会(柏林)文艺竞赛管弦乐作品银质奖,为中国作曲家的作品在国际上首次获奖。

**太平洋231** Pacifc231[英] *奥涅格于1923年所作管弦乐曲。“太平洋231”为自重300吨的大型火车头。为现代派音乐名作之一。

**太阳赞** Hymne au Soleil[法] *里姆斯基-科萨科夫于1907年所作歌剧《金鸡》第二幕中的咏叹调(花腔女高音)。

**谭盾**(1957～ ) 中国作曲家。生于湖南长沙。自幼酷好文学,并习二胡、笛子和小提琴等乐器。高中毕业后曾在长沙市郊务农，接触了大量湖南民间音乐和地方戏曲。1976 年任湖南京剧团乐队小提琴手。1978 年考入中央音乐学院作曲系，师从*黎英海、赵行道，1985 年获硕士学位。翌年赴美深造并于 1993 年获哥伦比亚大学博士学位。20 世纪 80 年代初，以交响曲《离骚》(1981)、第一弦乐四重奏《风、雅、颂》(1982)等富于探索性的创作与他人同开*新潮音乐之先，并率先举办个人作品音乐会。后活跃于国际乐坛。尚作有室内乐《道极》(1985)，为弦乐四重奏、琵琶、石头、水、纸、金属而作《鬼戏》(1994)，为大提琴、多媒体与管弦乐队而作《地图》(2002)等，歌剧作品有《九歌》(1991)《马可·波罗》(1995)《牡丹亭》(1998)《茶》(2002)，电影音乐《卧虎藏龙》获第 73 届奥斯卡最佳音乐奖。

**弹布尔** 中国维吾尔族弹拨乐器。呈瓢形，音箱较小，琴颈细长，有品，张钢丝弦五根。用于合奏或独奏。

**谭小麟**(1911～1948) 中国作曲家。广东开平人。幼即学习二胡、琵琶等民族乐器。1929 年入上海沪江大学音乐系学习。1932 年入上海国立音乐专科学校，师从朱英(琵琶)、*黄自(作曲)。1937 年赴美，先后入欧柏林大学音乐系、耶鲁大学音乐系学习，师从*欣德米特等大师。1946 年回国任教于上海国立音乐专科学校。作有《小提琴与中提琴二重奏》(1943)、《弦乐三重奏》、民族器乐改编曲《飞花点翠》、无伴奏合唱《正气歌》、艺术歌曲《小路》、民乐曲《湖上春光》等。

**探戈** tango[西] 源于西非。19 世纪后期成为阿根廷的首都布宜诺斯艾利斯近郊普拉塔河畔地区社会下层的一种民间舞蹈音乐。20 世纪初，始普及于当地一般社会。习称“阿根廷探戈”。2/4 拍子，中速。旋律与伴奏常形成交错节奏，似哈巴涅拉舞曲，以切分音为其特色。1920 年以来，欧洲作曲家根据欧洲人的审美情趣所写的探戈，习称“大陆探戈(continental tango)”。后作为一种双人交际舞而风靡世界。

**汤豪舍** Tannhauser[德] 全名为《汤豪舍与瓦尔特堡的歌手比赛》。*瓦格纳所作三幕歌剧(自编剧)。1845 年首演于德累斯顿。取材于中世纪的古老传说：瓦尔特堡*恋诗歌手汤豪舍沉溺于爱神维纳斯的情欲之中。一年后，他厌倦了这种生活，回到人间，却又在瓦尔特堡的唱歌比赛时竟忘乎所以地赞颂起邪恶的情欲，引起骑士们的盛怒，拔剑相向，在爱恋着他的伊丽莎白以身掩护下，才免遭一死。汤豪舍深感悔恨，前往罗马朝圣赎罪。其间，伊丽莎白忧思成疾而逝。未能得到宽赦的汤豪舍在归途中遇到伊丽莎白的出殡行列，他颓然倒在她的棺木上死去，其罪孽始得宽赦。

**汤应曾** 中国明末清初琵琶演奏家。世称“汤琵琶”。江苏邳州（今徐州市）人。以擅长演奏《楚汉》《胡笳十八拍》著称于世。

**唐璜** Don Juan（Don Giovanni）[英] 一译《唐乔瓦尼》。剧情取自14世纪西班牙民间传说：贵族唐璜放荡不羁，在调戏总督之女安娜时被发现，于是便刺死总督而逃。但他仍依然故我，毫不改悔。后在总督墓地戏邀其石像共进晚餐。届时，石像果真来临，并将唐璜拖入地狱。①*莫扎特于1787年所作二幕歌剧（蓬特根据G.贝尔塔蒂的戏剧《石客》编剧）。K.527。同年首演于布拉格。②*理夏德·施特劳斯于1887～1888年所作交响诗。1889年首演于魏玛。作品20。取材于N.莱瑙的诗作。

**唐璜序曲** Overtura “Don Giovanni”[意] *莫扎特所作同名歌剧的序曲。

**唐帕斯夸莱** Don Pasquale[意] *多尼采蒂所作三幕歌剧。曲作者与G.鲁菲尼根据A.阿内利的《马尔克·安东尼奥殿下》编剧。1843年首演于巴黎。剧情为：唐帕斯夸莱晚年独自一人，但不允许侄子埃内斯托与寡妇诺丽娜结婚，埃内斯托便与医生朋友合谋，使诺丽娜向唐帕斯夸莱骗婚并大把花其钱使其受不了，迫使其同意两个年轻人完婚，有情人终成眷属。

**唐吉诃德** Don Quixote[英] *理夏德·施特劳斯于1897年所作交响诗。翌年首演于科隆。作品35。取材于塞万提斯（1547～1616，西班牙文学家）的同名小说。是一首幻想曲式的变奏交响诗。

**唐玄宗** 即*李隆基。

**堂鼓** 中国打击乐器。鼓类乐器之一，较大，置于一架上演奏。主要用于民间器乐合奏。

**鼗** 中国古代打击乐器。鼓类乐器之一。即今之货郎鼓。摇击发声。

**套曲曲式** cyclic form[英] 又称"套曲"。由若干在曲式结构上各自独立、音乐性质上互相对比，而又由统一的构思所联系的多乐章组合而成的曲式。如贝多芬的《悲怆》钢琴奏鸣曲和《第五交响曲》，*埃尔加的《第一交响曲》等。

**特里斯坦和弦** Tristan Akkord[德] 指乐剧*《特里斯坦与伊索尔德》的前奏曲中所使用的具有主导动机意义的特殊和弦(f—b—♯$d^1$—♯$g^1$)。其产生标志着浪漫乐派和声的解体。

**特里斯坦与伊索尔德** Tristan und Isolde[德] *瓦格纳于1856～1859年所作三幕乐剧(自编剧)。取材于凯尔特族的古代传说。1865年首演于慕尼黑。剧情为：特里斯坦受国王所遣迎娶爱尔兰公主伊索尔德为后。归途中伊索尔德欲以毒酒与杀她原有情人的特里斯坦同归于尽。不料被侍女将毒药换成爱药，遂投入特里斯坦的怀抱。事发，国王侍卫刺死特里斯坦，伊索尔德亦在其身旁殉情。

**特性曲** characteristic piece[英] 无确切释义，指特定情趣的器乐曲(往往是钢琴曲)。

**梯尔·艾伦施皮格尔的恶作剧** Till Eulenspiegels Lustige Streiche[德] *理夏德·施特劳斯于1895年所作交响诗。同年首演于科隆。蒂尔·艾伦施皮格尔是中世纪德国专喜恶作剧的一村民，后被处以绞刑。

**天鹅** Cygne，Le[英] 圣-桑斯所作《动物狂欢节》之一首，大提琴与竖琴演奏，常作为音乐会独立演奏曲目。见*《动物狂欢节》。

T

**天鹅湖** Swan Lake，The[英] *柴科夫斯基于1875～1876年所作芭蕾舞剧音乐。别吉切夫和盖采尔编剧。作品20。1877年首演于莫斯科。剧情为：恶魔将公主奥杰塔及其侍女们变成一群白天鹅，只准其在夜间恢复人形。王子齐格弗里德夜游天鹅湖，与奥杰塔邂逅，一见钟情。但在为王子举办的挑选新娘的舞会上，王子为化装成白天鹅的恶魔的女儿黑天鹅所骗。觉醒后王子除掉恶魔，白天鹅各自恢复了原形，公主终与王子重逢。

**天鹅之歌** Schwanengesang[德] *舒伯特于1828年所作声乐套曲。标题意为“告别”。标题系出版商所加。共十四首。歌词取自德国诗人海涅、雷尔斯塔布(Rellstab)和塞德尔(J. G. Seidl)的诗作。出版于1829年。

**天方夜谭** 即*《舍赫拉查德》。

**天体的音乐** Spharenklange[德] 约瑟夫·施特劳斯(1827～1870，小施特劳斯之弟)于1868年所作管弦乐圆舞曲。作品235。

**田园交响曲** Pastoral Symphony[英] ①*贝多芬于1808年所作第六交响曲，作品68。由五乐章组成(均有标题)：来到乡间的愉悦心情、小溪景色、农民的欢聚、暴风雨、牧羊人之歌——暴风雨过后的喜悦和感恩的心情。②*沃恩·威廉斯于1921年所作第三交响曲(后于1955年修订)。1922年首演于伦敦。

**田园剧** pastorale[英] 16世纪欧洲的一种以传奇或乡村为题材的舞台剧。从中可看到许多歌剧的要素。

**田园曲** pastorale[英] 欧洲模仿古代牧羊时使用肖姆管和笛的音乐的一种器乐或声乐作品。即具有田园风的音乐，一般为中速、6/8拍子。

**调音器** 即*微调器。

**调音管** crook[英] 又称变调管。铜管乐器的号嘴和号管之间插入的、可改变乐器管长的一段补充的号管。呈U字形或圆形。利用调音管可使乐器变调。

**跳弓** spiccato, saltando, saltato[意] *弓法之一。演奏小提琴时，右手手腕放松，任弓上下跳跃的一种奏法。

**跳蚤之歌** Song of the Flea, The[英] *穆索尔斯基于1879年所作讽刺歌曲。为俄译歌德诗谱曲。诗中描述了国王所宠爱的一只大跳蚤，如何在宫廷为所欲为，作者则号召大家“一下子捏死它”。

**听松** *阿炳所作二胡独奏曲。

**通谱歌曲** durchko mponiert[德] 德文为“通体歌曲”之意。将多段歌词配以不同的旋律的歌曲。与*分节歌相对而言。

**通奏低音** basso continuo[意] 又称“数字低音”(figured bass)。欧洲*巴洛克音乐时期(1600～1750)伴随特殊的演奏习惯所广泛使用的数字低音。即为一种和弦简易标记法:未标数字的低音表示原位,在低音旋律上标以阿拉伯数字表示转位(如第一转位标记“6”等)、和弦性质(如七和弦标记“7”等),并以升降记号表示临时变化的和弦音等等。用于当时的键盘乐器演奏之中,如乐谱上行为小提琴独奏部分,下行则为键盘乐器伴奏部分。在伴奏部分只记低音旋律并标以阿拉伯数字即展示了上方和弦的音程构成。音乐史上亦称巴洛克音乐为“数字低音时期”。通奏低音的普遍使用,亦是主调音乐在器乐领域中得以巩固的重要标志。

**同度** unison[英] 即“纯一度”。音的度数为1、音数为0的*音程。

**同宫系统** 中国传统音乐术语。指主音虽不同,但宫音却为同一音级的调式的称谓。包括五声、六声、七声等调式。如五声调式中以C为宫的同宫系统有C宫调式、G徵调式、D商调式、A羽调式、E角调式。

**同声** 见*合唱。

**同速度** l'istesso tempo[意] 一译“等速”。速度术语。用于当乐曲进行中拍子变换时,作为单位拍的音符速度依然不变,与原先的速度相同。如乐曲中途2/4变为6/8,又标以“tempo”时,那么后者的附点四分音符的速度相当于前者的四分音符的速度,从而保持速度不变。

**同向进行** 见*进行。

**同音异名的转换** enharmonic chabge[英] 或称“等音转换”。在十二平均律中,同一个音可转换为一至三个不同的音名,具有不同的意义,往往用于转调。如♯C与♭D虽同音但名不同。又如♯D与♭E亦为同音异名。F—A—C—♯D与F—A—C—♭E两和弦虽为同音但意义不同,前者为增六和弦,后者则为属七和弦。

T

**同主音调** tonic keys[英] 通常属非近关系调。如C大调与c小调即为同主音调。宜于转调。

**同主音转调** *转调之一。只变*调式而主音不变的转调。如C大调转为c小调。即以同主音调进行转调的手法。

**铜鼓** 中国打击乐器。铜制。最早可追溯至春秋初期，盛行于汉代。至今仍为南方一些地区少数民族所喜爱的乐器，是铜鼓舞的主要伴奏乐器。

**铜管乐队** brass band[英] 以*铜管乐器和*打击乐器组成的乐队，不包括*木管乐器。其编制不一。

**铜管乐器** brass instruments[英] 西洋乐器分类名称之一。指管体用金属制成的管乐器。包括*长号、*小号、*法国号、*短号等。

**童年情景** Kinderszenen[德] *舒曼于1838年所作钢琴曲集。作品15。共十三曲。其中以第七首梦幻最著名。

**童声** children's voice[英] 指尚未变声的男女儿童的嗓音。与女声相似。可分为童高音、童低音。前者音域一般为 $c^1$—$g^2$。后者音域为 a—$e^2$。

**童声合唱** 声乐演唱形式之一。*合唱之一。歌者由儿童组成。见*合唱。

**头声** head voice[英] 人声三声区之一。指高声区。见*声区。

**突然转调** sudden modulation[英] 转调时直接转入远关系调、使之造成较大的色彩对比、使人感到相当突然。

**图画展览会** Pictures at An Exhibition[英] *穆索尔斯基于1874年所作钢琴组曲。取材于其挚友画家哈特曼遗作展的绘画作品。诸多管弦乐改编曲中以*拉威尔的最著名。由蹒跚的侏儒、古堡、图伊勒里宫的花园(游戏和吵闹的孩子)、波兰牛车、未出壳小鸡的舞蹈、一富一穷的两个犹太人、利莫日市场、墓穴、鸡脚上的小屋、基辅大门等十曲组成。各曲间则用漫步主题加以连接。

**图兰朵特** Turandot[意] *普契尼于1921～1924年所作三幕歌剧，阿达与西莫尼根据戈齐的寓言剧编剧。1926年首演于米兰。为中国题材，旋律具有一定的中国风格。传说塔塔尔的王子卡拉夫破解了貌美而心又冷酷的中国图兰朵特公主所出的三个谜语(猜不中即处死)后与她成婚的故事。

**图翁内拉的天鹅** The Swan of Tuonela[英] *西贝柳

斯于 1893 年所作交响诗。首演于 1896 年。"图翁内拉"系芬兰传说中的冥府。

**徒劳小夜曲** Vegebliches Standchen[德] * 布拉姆斯所作《浪漫曲和歌曲》(作品 84,约作于 1877～1881)中的第四首歌曲。词取自民歌。

**土耳其进行曲** Turkischer Marsch[德] ①* 莫扎特于 1778 年所作 A 大调钢琴奏鸣曲(K.331)中的第三乐章的别名。②* 贝多芬于 1811 年所作戏剧配乐《雅典的废墟》(作品 113,共八首)中的第四首。主题采自其 1809 年所作《钢琴变奏曲》(作品 70)。

**土耳其巡逻兵** Die Turkische Scharwache[德] 米夏埃利斯(Theodor Michaelis, 1831～1887,德国通俗音乐作曲家,尚作有管弦乐曲《森林中的铁匠》)所作管弦乐曲。

**土风舞曲** country dance[英] 流传于英国的一种乡村舞曲。16 世纪末即已见其记载。17、18 世纪盛行一时。音乐上以八小节不断反复为其特征。* 莫扎特(K.607、K.609、K.610)、贝多芬(《十二首管弦乐对舞曲》,1801)均作有土风舞曲。

**团结就是力量** * 卢肃于 1943 年所作歌曲(牧虹词)。原为同名小歌剧(牧虹编剧)中的主题歌(齐唱)。为团结抗日,晋察冀根据地开展"减租减息"运动,晋察冀边区的西北战地服务团组织创作演出了这部小歌剧。后在抗战胜利后国统区中的民主运动中广为流传。

**团伊玖磨**(1924～2001) 日本作曲家。生于东京。1945 年毕业于东京音乐学校作曲系。1947 年任教于母校。1951 年其所作独幕歌剧《夕鹤》成为第二次世界大战后日本歌剧创作的代表作,曾演出于世界各地,1979 年演出于北京。1953 年与 * 黛敏郎、* 芥川也寸志组成"三人会",活跃于日本乐坛。1973 年成为日本艺术院会员。1976 年任歌剧研究所所长。曾任日中文化交流协会会长,2001 年在率日中文化交流协会代表团访华期间,于 5 月 17 日突发心脏病逝于苏州。其音乐语言平易近人,表现力丰富,具有独特的抒情性。作有《杨贵妃》等五部歌剧、六部交响曲、管弦乐曲《丝绸之路》(1954)《万里长城》等。所作儿童歌曲《小象》为日本家喻户晓之作。

**托卡塔** toccata[意] 为炫耀键盘乐器演奏技巧的乐曲往往称之为托卡塔。形式自由,具有即兴性。16世纪时与键盘乐器一起发展起来。后指一种快速而又节奏清晰的乐曲,其中包含许多断续地(不用连音奏法)奏出的时值均等而又短小的音符。

**托赛利** Enrico Toselli(1883～1926) 意大利钢琴家。以所作歌曲《叹息小夜曲》(*Serenata rimpianto*,作品6之1,后被改编成小提琴曲等)著称,并作有歌剧、轻歌剧《变化无常的公主》(1913)、管弦乐曲、室内乐曲等。

**托斯卡** Tosca[意] *普契尼于1896～1900年所作三幕歌剧。伊利卡和贾科萨根据法国剧作家萨尔杜的同名剧编剧。1900年首演于罗马。剧情为:1800年共和派的罗马画家卡瓦拉多西被捕入狱。其恋人托斯卡向警察总监求情,总监乘其危既要霸占托斯卡,但却又置画家于死地。托斯卡在忍无可忍的情况下刺死总监,但此时画家也在刑场饮弹毙命。托斯卡则跳下城墙自尽,以死来抗争统治者的压迫。

**托斯卡尼尼** Arturo Toscanini(1867～1957) 意大利指挥家。是20世纪最杰出的指挥家之一。曾入帕尔马音乐学院学习大提琴。后任乐队大提琴手。1886年代理指挥演出《阿依达》(背谱)成功,展示其指挥才能。先后任米兰斯卡拉歌剧院、纽约大都会歌剧院、纽约爱乐乐团、拜罗伊特音乐节、萨尔茨堡音乐节指挥。他曾拒绝去法西斯统治下的德、奥、意演出,并于1937年赴美,担任纽约国家广播公司为其组建的交响乐团指挥。以指挥曲目丰富、手势清晰、生机勃勃、注重整体感著称,尤擅长指挥意大利歌剧,并对青年作曲家予以大力扶植。

**拖腔** 在中国戏曲、曲艺音乐中所特有的一字多音(多达数十音)的现象,增强了音乐的表现力。与汉字的四声有关。

# W

**瓦尔德托费尔** 见*溜冰圆舞曲。

**瓦尔特，布鲁诺** Bruno Walter（1876～1962） 德国指挥家。学于柏林斯特恩音乐学院。曾在各地歌剧院任指挥。后任维也纳歌剧院、柏林国家歌剧院、维也纳爱乐乐团指挥。纳粹上台后，离开祖国，后入美国籍。曾参与创建萨尔茨堡音乐节。亦曾任*马勒的助手。以指挥*莫扎特、马勒、*布鲁克纳的作品和歌剧擅长。

**瓦格纳** Richard Wagner（1813～1883） 德国作曲家。幼即丧父，8岁继父又去世。少年时即酷好戏剧和文学，并热衷于贝多芬的交响曲。很早就尝试创作交响曲、钢琴曲、管弦乐序曲、歌剧等。1833年任维尔茨堡合唱指挥。后任马格德堡等地剧院指挥。1839～1842年旅居巴黎，生活穷困，但却完成了歌剧*《黎恩济》和*《漂泊的荷兰人》。1842、1843年两剧先后在德累斯顿上演，大获成功，始得任德累斯顿宫廷乐长。后参与1848年革命而遭到通缉，流亡到瑞士的苏黎世，着手创作著名的政治性四联剧*《尼伯龙根的指环》。51岁转而与当局妥协，并信奉叔本华、尼采的哲学，方得到巴伐利亚国王路德维希二世的恩赦，召回并赞助他于巴伐利亚的拜罗伊特建造专供演出他的乐剧的剧院（于1876年建成），以实践其歌剧改革的主张。1883年因心脏病逝世于威尼斯。瓦格纳集浪漫派歌剧之大成，且将欧洲浪漫乐派推到顶峰。一生致力于歌剧的改革和创新，追求艺术的严肃性，崇尚高雅的情操。所作歌剧自称为“乐剧”。主张应将歌剧这种综合性艺术的功能全方位地体现出来，而不偏重于某一方面，反对音乐凌驾于戏剧之上。创造了连绵不断的“无终止旋律”，善于使用*主导动机，新颖的调式和声，出色的配器等，均丰富了歌剧艺术的表现力，扩大了交响音乐的表现领域，为现代音乐开拓了道路，成为欧洲音乐史上一个重要的转折点。除上述所作歌剧外，尚作有*《汤豪舍》*《罗恩格林》*《特里斯坦与伊索尔德》*《纽伦堡的工匠歌手》《帕西法尔》（1882）等乐剧。著有

《艺术与革命》(1849)《未来的艺术作品》(1850)《歌剧与戏剧》(1851)等专著。

**瓦雷兹** Edgar Varèse(1883～1965)　法国作曲家、指挥家。*具体音乐和*电子音乐的先驱者之一。曾学数学和工程学。1904年入巴黎圣歌学校学习,1905年入巴黎音乐学院学习作曲和指挥。1908年移居柏林,结识*布索尼、*理夏德·施特劳斯以及诗人霍夫曼斯塔尔等人。1915年赴美后,其创作从初期的浪漫主义、印象主义转为*未来主义,并采用最前卫的技法进行创作。1919年创设"新交响乐团",向听众介绍现代音乐。1921年组建"国际作曲家组合",在六年间共演奏了十四国五十六位现代作曲家的作品。1926年入美国籍。1928年返回巴黎,欲建立一个理想的电子音乐研究中心,未果,仍回美国从事教学工作,创作暂时中断,直至1950年代才又恢复创作。作有管弦乐曲《美国》(1918～1922),管乐器和打击乐器《超光谱》(1922～1923),管乐器《八瓣雌雄两性花》(1923),大管弦乐队《阿尔卡那》(1927,标题为有关中世纪炼金术的奥秘以及秘药之意。乐队中含二十九件打击乐器),为四十一件打击乐器和两个警笛而作的《电离》(1930～1933),无伴奏长笛曲《比重21.5》(1936,为法国长笛演奏家G.巴莱尔所用的白金长笛而作,"21.5"指白金的比重),木管、铜管、打击乐器和三种电子音响《荒漠》(1949～1953),电子音响《三声道录音带》(1957～1958,为布鲁塞尔国际博览会的菲利普馆而作,由馆中所置放的四百二十五个扩音器播放),为合唱队(女高音和男低音)、室内乐队和震荡器而作的《诺克塔那尔》(1960～1961,未完成,1968年由*周文中完成),电子音响《交响诗"夜"》(1965)等。

**外声部** outer voices[英]　多声部音乐中的最高和最低声部的统称。如在混声四部合唱中,女高音声部和男低音声部即为外声部,余均为内声部。

**完全和弦** perfect chord[英]　全部和弦音均在内的和弦。即没有和弦音被省略的和弦。与*不完全和弦相对而言。

**完全音程** perfect interva[英]　又称"纯音程"。作为构成音程的音的振动数成简单整数比的音程。有一度(1∶1)、四度(3∶4)、五度(2∶3)、八度(1∶2)等。

**完全终止** perfect cadence[英] *正格终止之一。指属和弦与主和弦均为原位,并结束在根音旋律位置的主三和弦上的*正格终止。其终止感最强,故名。

**玩具兵进行曲** Parade der Zinnsoldaten[德] 耶塞尔(Leon Jessel,1871~1942,德国轻歌剧和通俗音乐作曲家)约于1910年所作管弦乐曲。作品123。为描绘性通俗名曲。

**玩具交响曲** Toy Symphony[英] *海顿于1788年所作交响曲。其中使用了玩具乐器,故名。又称《儿童交响曲》《杜鹃交响曲》等。

**晚会** *贺绿汀于1935年所作钢琴曲,后由曲作者于1940年改编为管弦乐曲。

**万宝常**(约556~595) 中国隋代音乐家。听觉灵敏,精通音律,擅长各种乐器。倡导"八十四调"音乐理论。生不逢时,饥馁而死。

**汪立三**(1933~ ) 中国作曲家。四川犍为人。1948年就学于四川省立艺术专科学校音乐科。1951年入上海音乐学院作曲系学习,师从*丁善德。后任哈尔滨艺术学院教授、院长。所作多为钢琴曲,如钢琴改编曲《兰花花》(1953)、钢琴曲《小奏鸣曲》(1957)等,其中以钢琴组曲*《东山魁夷画意》(1979)最为著名。尚作钢琴曲《他山集》(1981,序曲与赋格五首)。

**汪昱庭**(1872~1951) 中国琵琶演奏家。安徽休宁人。曾习浦东、平湖两派之艺,独树一帜。

**王殿玉**(1899~1964) 中国雷琴演奏家。山东郓城人。自幼双目失明。创制雷琴,并以擅长模仿戏曲唱腔著称。

W

**王光祈**(1892~1936) 中国近代音乐学奠基者之一。四川温江人。26岁毕业于中国大学。同年,与人发起组织"少年中国学会"(是"五四"时期重要的社团之一)。翌年,该会成立后主持学会工作。后又组织"工读互助团",均以失败告终。遂赴德国学习政治经济学,以觅救国之道。31岁改学音乐,企图以乐教醇化民族性。44岁逝于德国波恩。发表有大量音乐论文及专著，有《东西乐制之研究》(1926)、《东方民族之音乐》(1929)、《中国音乐史》(1934)等。是中国比较音乐学的先驱者，创立“三大乐系说”。

**王贵与李香香** 梁寒光所作四幕歌剧（于村根据李季同名长诗编剧）。1950年首演于北京。剧情为：长工王贵与李香香相爱，地主却逼李香香与其成亲。在赤卫队的帮助下，王、李终成眷属。

**王西麟**（1937～ ） 中国作曲家。原籍山西稷山，生于河南开封，后随家迁往甘肃平凉。自幼喜爱文学。12岁加入人民解放军某师文工团，学习二胡、手风琴及各种吹管乐器，并为吹奏乐器编曲配器。1957年入上海音乐学院作曲系学习作曲，师从刘庄、丁善德、瞿维。1962年任中央广播乐团专职作曲。1964年下放到山西，1971年任长治晋东南歌舞团指挥、作曲。1977年任北京歌舞团专职作曲。1981年以交响曲《云南音诗》(1962)获全国第一届交响乐作品评奖优秀奖一举成名。所作具有鲜明的个性，构思恢弘，长于交响乐创作。尚作有交响组曲《太行山印象》(1991)、《交响壁画五首——海的传奇》(1998)、《第三交响曲》(1990)《第四交响曲》(2000)《第五交响曲》(2001)《第六交响曲》(2004)等。

**威尔第** Giuseppe Verdi(1813～1901) 意大利歌剧作曲家。出身贫寒。童年即热衷于聆听流浪艺人的演奏。12岁赴布塞托当店员，其经理酷爱音乐，常在家中演奏古典音乐，威尔第得以参加演奏，并任指挥。后得到赞助赴米兰投考音乐学院，却被拒之门外。后回到故乡。1839年在米兰斯卡拉歌剧院上演其所作第一部歌剧《奥贝尔托》，获得成功。1840年其所作第二部歌剧却以完全失败告终，又适值其妻与两个孩子相继病亡，他悲痛欲绝，发誓不再写作。在友人的劝说下，更被剧本《纳布科》中的爱国主义热忱所感动，于1842年上演了新写的这部歌剧；1845年又上演了其所作歌剧《阿尔济拉》，都激起观众的爱国热情，对当时意大利反抗奥地利统治的民族解放意识的觉醒起着巨大的作用，在意大利享有崇高的威望，当他去世时米兰数十万人为他送葬。19世纪的50、60年代是其歌剧创作的旺盛时期，作有世界歌剧名作《弄臣》(1851)《游吟诗人》(1853)*《茶花女》《假面舞会》(1858)《命运之力》(1862)《唐卡洛斯》(1867)*《阿依达》等。后停笔十六年于1887年发表其巨作《奥赛罗》。1893年发表其最后一部歌剧《法斯塔夫》。

**威尔金森,寇姆** Colm Wilkinson(1944～ ) 著名音乐剧男演员。戏路宽阔,风格激情遒劲,极富感染力。他随身携带小说《悲惨世界》时刻研读,以冉阿让一角雄称天下十几年。另饰演的*《歌剧魅影》里幽灵、*《艾维塔》里庇隆等角色亦令人称道。

**威廉·退尔** Guillaume Tell[法] *罗西尼所作最后一部四幕歌剧。E.德儒伊和比斯根据席勒的同名戏剧编剧。1929年首演于巴黎歌剧院。该剧序曲系管弦乐名曲。14世纪瑞士民族解放运动的斗士威廉·退尔不甘于异族统治者的暴政,率众推翻了奥地利的统治,实现了国家的独立。

**威廉密** August Wilhelmj(1845～1908) 德国小提琴家。8岁即登台演奏。后演出于欧美各地,并创办小提琴学校。以小提琴改编曲《G弦上的咏叹调》(根据巴赫的《第三管弦乐组曲》第二乐章改编)以及*《圣母颂》知名。

**威廉姆斯,约翰** John Williams(1932～ ) 美国电影音乐作曲家。20世纪50年代后半以爵士钢琴演奏者、编曲者、歌手开始活跃于乐坛。不久加盟好莱坞,后成为好莱坞最大的电影音乐作曲家,并广为人知。曾多次获格莱美奖、奥斯卡奖,如《拯救大兵瑞恩》《辛德勒的名单》《星球大战》等。尚作有1996年亚特兰大奥运会主题曲《呼唤英雄》等。

**威尼斯船歌** Venezianisches Gondellide[德] *门德尔松所作钢琴曲集《无言歌》第一集(作品19)中的第六首。

**威尼斯乐派** Venetian School[英] 16世纪至17世纪初欧洲以尼德兰音乐家维拉尔特(约1485～1562，1527年起至其逝世任威尼斯圣马可大教堂乐长)为首的活动于意大利威尼斯的作曲流派。以*复合唱曲(两个合唱队)为其特征。其代表作曲家尚有*A.加布里埃利和*G.加布里埃利等。

**微调器** 乐器附件之一。弦乐器用于微调音高的金属制装置。

**微分音** microtonal interval［英］　小于十二平均律半音的音程。微分音程古已有之，如古希腊的“微音四音音列”、阿拉伯的二十四平均律、印度的二十二律等。今则将十二平均律中的全音等分为三至十六个音，分别称作“三分音”“十六分音”等。其中常见者为“四分音”，即为 1/4 全音。

**韦伯** Carl Maria von Weber（1786～1826）　德国作曲家。德国浪漫主义歌剧的先驱，且具有鲜明的民族风格和独创精神，使德国歌剧得以摆脱意大利歌剧的束缚。父为小歌剧团领班，继母为歌手。幼即学习音乐。1803 年赴维也纳师从著名音乐教育家福格勒。翌年任布雷斯劳市立歌剧院乐长。后旅行演奏（钢琴）于各地，直至就任布拉格歌剧院（1813）和德累斯顿歌剧院（1817）指挥后，生活才得以安定。其创作以*《自由射手》《欧利安特》（1823）《奥伯龙》（1826）等三大歌剧以及钢琴曲*《邀舞》等著称于世。1826 年《奥伯龙》在英国首演后七个星期病逝于伦敦，时年仅 40 岁。

**韦伯，安德鲁·劳埃德** Andrew Lloyd Webber（1948～　）英国音乐剧大师。生于古典音乐世家，从小受到高雅音乐的熏陶，并有机会在剧院全方位地领略舞台艺术，但很快他又迷上了流行音乐。1960 年代在伦敦皇家音乐学院学习期间，即与词作家蒂姆·莱斯（Tim Rice，1944～　）合作创作音乐剧，崭露头角。1970 年代与莱斯合作创作了《耶稣基督巨星》，该剧获七项托尼奖，并与莱斯创作了*《艾薇塔》。1980 年代，作有*《猫》*《剧院魅影》《日落大道》（以好莱坞同名经典电影为素材，由唐·布莱克编剧，克里斯多弗·汉普顿作词，1992）等著名音乐剧。《耶稣基督巨星》《艾薇塔》《猫》同时上演于英国伦敦西区和美国百老汇这两大音乐剧中心，且久演不衰。以将古典歌剧与现代舞台剧的融合，将摇滚乐、爵士乐融入古典歌曲之中，创作了大量优美抒情的大段唱腔为其特点，成为音乐剧历史上有重大影响的作曲家之一。1996 年曾为巴塞罗那奥运会创作了奥运歌曲《生命之友》（由莎拉·布莱曼和卡雷拉斯演唱）。曾三次获格莱美奖，一次获奥斯卡奖等。2001 年曾在北京开作品专场音乐会。2002 年曾随《猫》剧来中国访问。

**韦伯恩** Anton Webern(1883～1945)　奥地利作曲家。父为矿山技师。幼从母学习钢琴。1902 年秋入维也纳大学学习音乐学。1904 年与挚友* 贝尔格一起师从* 勋伯格。后曾从事指挥活动。1918 年成为勋伯格创立的“私人演奏协会”的重要成员,指挥演奏了大量现代音乐作品。1927 年任维也纳广播乐团指挥。纳粹时期,被指责为“文化方面的布尔什维克主义”,只得在出版社当校对员。1945 年二战刚刚结束,于 9 月 15 日晚,在居所外点火吸烟,被美军哨兵误射身亡,时年仅 41 岁。与勋伯格、贝尔格一起创建十二音体系,成为 20 世纪表现主义、十二音音乐的三个重要代表人物之一。其创作以高度凝练、具有强烈的“点描法”而著称。在其有编号的作品中,最短的仅十余小节,演奏不满两分钟,长的最大限度也只不过为十几分钟。其代表作有《钢琴变奏曲》(1936,作品 27)、《九件乐器的协奏曲》(1934,作品 24)、管弦乐变奏曲(1940,作品 30),以及室内乐曲、合唱曲、室内声乐曲、歌曲等。

**维奥蒂** Giovanni Battista Viotti(1755～1824)　意大利小提琴家。父为铁匠,喜吹圆号。后师从普尼亚尼(Pugnani, 1731～1798)学习小提琴。1780 年随其师旅行演奏于德、俄等地。1782 年移居法国,曾任巴黎歌剧院院长,对法国小提琴学派的发展起着决定性的影响,亦是西欧 18 世纪最卓越的小提琴家之一。作有二十九首小提琴协奏曲及钢琴协奏曲、长笛四重奏曲、弦乐四重奏曲等。

**维奥尔琴** viol[英]　兴起于 15 世纪,16、17 世纪被欧洲广泛采用的弓弦乐器。弦数、定弦、大小不等,指板上有品,均为琴朝下夹于膝间演奏,并以手控制弓毛的松紧。一般有高音维奥尔、次中音维奥尔、低音维奥尔之分。后被小提琴族系乐器所代替。20 世纪为演奏欧洲早期音乐而又被复兴。

W

**维吉那琴** virginal[英]　拨弦古钢琴的一种。15 世纪末至 17 世纪盛行于英国的一种有键盘的拨弦乐器。特别受妇女的爱好。名称出自维吉那琴的爱好者英国女王伊丽莎白一世(16 世纪)的异名 Virgin Queen。初甚小,置桌上演奏,16 世纪末起,形制与一般拨弦古钢琴相似。

**维拉-洛勃斯** Heotor Villa Lobos(1887～1959) 巴西作曲家。其父为其音乐启蒙者。后任乐队大提琴手。曾深入研究巴西民间音乐。1923年赴欧,在巴黎接触各种现代艺术流派及其艺术家。1930年回国后任里约热内卢中小学音乐教育督学。1942年创办国立音乐教师进修学院。1945年任巴西音乐学院院长。晚年在欧美致力于介绍巴西音乐的工作。所作在20世纪音乐中独树一帜,具有巴西民间音乐肖罗(choro)的鲜明特色,擅长旋律写作,富于浪漫色彩,且多产,成为巴西民族主义音乐最杰出的作曲家。作有歌剧、芭蕾音乐、电影音乐、管弦乐曲、协奏曲、室内乐曲、钢琴曲、吉他曲、合唱曲、歌曲、民歌改编曲等。其中以为各种乐器而作的十四部《肖罗》和九首《巴西的巴赫风格曲》著称。

**维勒莱** virelai[法] 中世纪法国重要的诗与音乐的形式之一。属世俗复调歌曲体裁。通常为二或三声部。音乐结构与*巴拉塔相似。14世纪法国作曲家*马肖作有不少二或三声部的维勒莱。维勒莱这种形式在15～16世纪仍以不同名称延续存在。

**维纳** vina[印度] 印度拨弦乐器。历史悠久,琴头向下弯曲,指板上张七根金属弦(四根主奏弦,三根共鸣弦),附有两个共鸣箱,音色优美。

**维尼亚夫斯基** Henryk Wieniawski(1835～1880) 波兰小提琴家。1843年入巴黎音乐学院学习。1860年任俄罗斯宫廷小提琴师。1874年执教于布鲁塞尔音乐学院。是法国——比利时小提琴学派的代表人物之一。旅行演出于欧美各地。作有两部小提琴协奏曲、两首《华丽波兰舞曲》(大二重奏曲),以及小提琴独奏曲*《莫斯科的回忆》《两首马祖卡》(1853,作品12)等。

**维瓦尔迪** Antonio Vivaldi(1678～1741) 意大利作曲家、小提琴家。从其父学习小提琴。25岁受神职,并任威尼斯女孤儿院小提琴教师。他是一个多产的作曲家(所作多为女子孤儿院合奏团而写),为各地剧院写作歌剧,并常赴外地演出、指挥,驰名全欧。1741年离开孤儿院赴维也纳谋职,不幸客死他乡。是巴洛克协奏曲的奠基者,对巴赫的创作产生重要影响。作有歌剧五十余部(现存),数百部大协奏曲、独奏协奏曲、奏鸣曲,以及教会音乐等。其中以小提琴协奏曲*《四季》著称。

**维也纳歌剧院** Staatsoper Wien [德] 奥地利歌剧院。建于1869年,揭幕剧为莫扎特的《唐璜》。*马勒于1897～1907年任该院指挥兼艺术总监,使其达于巅峰。其历届艺术总监尚有*魏因加特纳、*布鲁诺·瓦尔特、*伯姆、*卡拉扬、*小泽征尔、*阿巴多等世界著名指挥家。该院以上演德、奥歌剧著称,并以原文版标准歌剧为原则,亦演出一些维也纳轻歌剧。第二次世界大战中曾被炸毁,战后重建并于1955年揭幕。

**维也纳古典乐派** Viennese Classical School[英] 18世纪后期至19世纪初,在欧洲启蒙运动的影响下于维也纳形成的作曲流派。该乐派创立了维也纳古典乐派器乐风格和深刻的哲理性与完美匀称的艺术形式相结合的创作原则,确立并规范了近代奏鸣曲式结构以及交响曲、协奏曲、弦乐四重奏等多乐章的体裁和快板乐章奏鸣曲形式,对欧洲音乐的发展产生深远的影响。其代表作曲家为*海顿、*莫扎特、*贝多芬。

**维也纳森林的故事** Geschichten aus dem Wiener Wals[德] *约翰·施特劳斯(小)于1868年所作管弦乐圆舞曲。

**维也纳随想曲** Caprice Viennois[法] *克莱斯勒所作小提琴独奏曲。作品2。

**伪终止** deceptive cadence[英] 即*阻碍终止。

**未来主义音乐** Futurism Music[英] 20世纪初在意大利"未来主义"思潮的影响下所产生的现代音乐流派之一。1913年作曲家兼画家卢索洛(1885～1947)发表未来派音乐宣言——《噪音艺术》,主张"必须跳出纯粹乐音这一狭小圈子,而征服噪音这一无限变化的王国"。其音乐不用乐音,着力于模仿生活中的噪音。这种音乐在第一次世界大战前即趋消失,但其方法论却对后来的电子音乐、具体音乐、偶然音乐所接受。

**未完成交响曲** Unfinished Symphony[英] *舒伯特于1822年所作《b小调第八交响曲》的通称。该作只完成了两个乐章，在舒伯特逝世后于1865年才被发现，并于同年首演于维也纳。2000年德国朔特（Schott）出版公司出版《舒伯特》，作者汉斯-根德·霍曼对此又有新解：经研究者指出，遗失的格蒙德-格施坦纳交响曲实为原列第九的C大调《伟大》交响曲，重新编排后，原先的第八《未完成》交响曲现应为第七。

**魏良辅** 生卒不详。中国明代戏曲音乐家。约活动于嘉靖、隆庆年间（1522～1572）。是*昆腔的确立者。他广为吸收其他声腔因素，在曲家、乐工、笛箫等乐器演奏家、弟子的协助下，将“平直无意致”的原昆山一带流行的南曲清唱小曲，变为细腻婉转、清柔舒缓、自成体系的新声腔，并创立了一个编制较完整的乐队用于清唱伴奏（后则用于戏曲舞台）。著有有关南北曲唱法的《曲律》传世。

**魏因加特纳** Felix Weingartner（1863～1942） 奥地利指挥家、作曲家。曾就学于莱比锡音乐学院和莱比锡大学（攻读哲学）。1883年在魏玛师从李斯特。后指挥于汉堡、维也纳、柏林等地歌剧院。1907年接任马勒任维也纳国家歌剧院指挥。1927年任瑞士巴塞尔音乐学院院长。是20世纪前半叶最杰出的指挥家之一，是贝多芬作品的权威解释者。尚作有交响曲等作品，并著有《论指挥艺术》（1895），编有《柏辽兹全集》（1899）等。

**文成公主** 石夫于1979年所作大型民族舞剧（章民新、孙天录等编导）。取材于7世纪唐太宗将文成公主远嫁吐蕃的故事。

**文艺复兴音乐** Music in the Renaissance［英］ 指1450～1600年之间（即中世纪至巴洛克音乐之间）的音乐。代表作曲家有*帕莱斯特里那、*拉索等。

**文字谱** letter notation［英］ 以文字表示音高的记谱法。如中国留存至今的唐代《碣石调·幽兰》手抄琴谱。

**问** *萧友梅所作歌曲（易韦斋词）。出版于1922年。是中国近代早期艺术歌曲之一。

**我的太阳** O Sole Mio［意］ 卡普阿（Eduardo di Capua，1864～1917，意大利那不勒斯民谣作曲家和歌手）所作歌曲。在1898年那不勒斯民歌节征集歌曲活动中获优胜。

与*《桑塔·露琪亚》齐名。

**我的祖国** ①*刘炽于1956年所作电影《上甘岭》插曲(乔羽词)。②*斯美塔那所作大型交响诗套曲,由六首交响诗组成:维谢拉特古堡(1874)、*沃尔塔瓦河(1874)、莎尔卡(1875)、波希米亚的森林和草原(1875)、塔波尔城(1878)、布朗尼克山(1879)。其中以第二首著名。

**我们是共产主义接班人** *寄明于1961年所作电影《英雄小八路》的插曲(周郁辉词)。1979年共青团中央将其颁定为《中国少年先锋队队歌》。

**我住长江头** *青主为宋代词人李之仪词《卜算子》所谱艺术歌曲。出版于1930年。

**沃采克** Wozzeck[英] *贝尔格所作三幕十五场歌剧。是20世纪最具代表性的歌剧作品之一。曲作者根据毕希纳尔(1813～1837)的同名话剧编剧。1925年首演于柏林。沃采克实有其人,因杀死情妇罪,于1824年处以极刑。剧情为:士兵沃采克为养活情妇玛丽及孩子甘心充当军医的实验品。玛丽被军乐队长勾引后,沃采克又遭军乐队长的殴打,在巨大的精神刺激下,沃采克在湖畔刺杀了玛丽,并自溺身亡。

**沃恩-威廉斯** Ralph Vaughan Williams(1872～1958) 英国作曲家。是20世纪英国民族主义音乐代表作曲家之一。学于剑桥大学和皇家音乐学院。曾师事*布鲁赫、*拉威尔等。1903年与*霍尔斯特开始采集英国民歌。1919～1940年任皇家音乐学院作曲教授,为其创作旺盛时期。其创作具有浓郁的民族风格和鲜明的个性,主张作曲家应"以其艺术反映整个社会的各个方面"。所作几乎涉及所有的音乐体裁。作有九部交响曲,其中以第二交响曲《伦敦》(1914年首演于伦敦)最著名,以及管弦乐曲《三首诺福克狂想曲》(1906～1907)。尚作有管弦乐曲《绿袖子主题幻想曲》(作于1908年,后用作其1928年所作歌剧《热恋中的约翰爵士》第四幕中的间奏曲。"绿袖子"系英国民谣,歌唱身着绿袖子衣裳的轻浮女郎)。



**沃尔顿** William Turner Walton(1902～1983) 是20世纪英国代表作曲家之一。其父为教堂唱诗班指挥及声乐教师。10岁成为唱诗班歌手。1919年始在希特韦尔宅邸埋头作曲。代表作有《第一交响曲》(1932～1935)、为*欣德米特写的《中提琴协奏曲》(1928～1929)、为*海菲兹写的《小提琴协奏曲》(1939)、为*皮亚蒂戈尔斯基写的《大提琴协奏曲》(1956)、管弦乐曲《欣德米特主题变奏曲》(1963)、《伯沙撒王的宴会》(男中音、合唱与乐队,1929～1931)以及歌剧《特罗伊罗斯与克瑞西达》(1954年首演于伦敦)等。

**沃尔夫,雨果** Hugo Wolf(1860～1903) 奥地利作曲家。1875年入维也纳音乐学院学习。两年后被迫离开该院,靠教钢琴和写音乐评论为生。后几乎专事歌曲创作。是瓦格纳的狂热崇拜者。1897年秋精神异常,1903年死于疯人院。作有《六首女声独唱歌曲》(1877～1882)、《莫里克歌曲》(共五十三首,1888)、《埃兴多夫歌曲》(二十首,1880～1888)、《歌德歌曲》(五十一首,1888～1889)、《西班牙歌曲集》(四十四首,1889～1890)、《意大利歌曲集》(两卷共四十六首,分别作于1890～1891和1896)等歌曲。尚作有管弦乐曲《意大利小夜曲》(1892)、歌剧两部、室内乐、无伴奏合唱、钢琴曲等。

**沃尔夫-费拉里** Ermanno Wolf Ferrari(1876～1948) 意大利作曲家。生于威尼斯。曾任威尼斯马切洛音乐学校校长、萨尔茨堡的莫扎特馆作曲教授。以歌剧著称于世,并以富于浪漫蒂克的旋律和精致的管弦乐法为其特色。代表作有歌剧《灰姑娘》(1900年首演于威尼斯)、《四个鲁莽汉子》(1906年首演于慕尼黑)、《苏姗娜的秘密》(1909年首演于慕尼黑)、《圣母的宝石》(1911年首演于慕尼黑)等。

**沃尔塔瓦河** The Moldau[英] 斯美塔那所作*《我的祖国》中的第二首。常于音乐会独立演奏。

**乌德** loud 流行于阿拉伯的拨弦乐器。木制,音箱似半梨形,无品,张五组双弦。约定型于6世纪末。用于独奏或伴奏。据说欧洲的琉特和中国的曲颈琵琶均源于乌德。

**无伴奏合唱** a cappella[英] 无乐器伴奏的合唱。

**无调性** atonality[英] 基于摈弃传统上将各音、各和弦从属于调性中心(主音)的观念,而将各音、各和弦赋予其各自独立意义的一种音乐创作手法。出现于20世纪初。易与*十二音技法相混淆。

**无调性音乐** atonal music[英] 与*调性音乐相对而言。采用无调性手法创作的音乐。易与调性模糊的音乐相混淆，亦非*十二音音乐。最早的无调性音乐为*勋伯格的《第二弦乐四重奏》(作品10，1907)。

**无穷动** perpetunm mobile[拉] 自始至终均为快速并重复一个音型(如十六分音符)的器乐曲。典范之作为帕格尼尼的《无穷动》(作品11)，最为风趣的则是*约翰·施特劳斯的《无穷动》。

**无言歌** Lieder ohne Worte[德] ①一译“无词歌”。主调音乐风格的富于歌唱性的器乐小曲。*门德尔松创用此名。②门德尔松的钢琴曲集。八卷。作于1830～1845年。

**无锡鸿山越国墓乐器** 2002至2005年间，考古工作者发掘了江苏无锡鸿山的战国时期越国贵族近百座墓葬中的七座，出土原始青瓷质乐器达五百多件。主要有编钟、编镈、编磬、勾鑃、錞于、丁宁(纽柄钲)和“悬铃”等。其数量之多，品种之全为以往考古发掘所罕见。另有一些不明器物，如这次出土的“悬铃”，其与编磬、錞于、勾鑃等同出于乐器坑，故可判定它们是一种乐器。此次出土的三件缶，当可确认“秦王为赵王击缶”(见《史记》)中作为乐器使用的缶究竟为何模样。出土的錞于、丁宁(纽柄钲)等军乐器，可与古文献中的有关的记载相印证。其中的几种錞于，可对以往出土的一些同类器物的文化属性有了清楚的判别。汉许慎《说文·蟲部》说：“南蛮，蛇种。”江南自古就是百越族的居住地，在出土的越族乐器上屡见不鲜的蛇纹，当是与古越族信仰蛇图腾有密切关系。无锡鸿山越国墓的考古发现，对于更深入地了解越人在春秋战国时期的音乐生活及其文化信仰，乃至对研究中国音乐史、乐器史都具有重大的意义。



**无射**(yi) 见*十二律。

**无终卡农** 见*卡农。

**吴伯超**(1903～1949) 中国音乐教育家。19岁入北京大学音乐传习所，师从*刘天华。28岁赴比利时南沙尔勒瓦音乐学院、皇家音乐学院学习作曲和指挥。返国后曾任内政部礼乐编订委员会主任委员、励志社管弦乐队指挥。

1942年起任国立音乐学院院长，兼该院实验管弦乐团指挥。在任期间创办幼年班。作有合唱曲《中国人》等。

**吴歌** 又称“吴声”。中国魏晋时期流传于长江下游的民间歌曲。原为*徒歌，后逐渐附有管弦伴奏。著名的《子夜歌》即为吴歌。

**吴祖强**(1927～ ) 中国作曲家、音乐教育家。江苏常州人。1947年入南京国立音乐院师从江定仙学作曲。1953年入莫斯科柴科夫斯基音乐学院学作曲，师从梅斯奈尔教授。1958年回国后长期在中央音乐学院任教，先后任教授、副院长、院长。主要作品有舞剧《鱼美人》(1959)《红色娘子军》(1964)，均与杜鸣心等合作。琵琶协奏曲《草原小姐妹》(1972，与王燕樵、刘德海合作)；另有《弦乐四重奏》、弦乐合奏《二泉映月》等。尚著有《曲式与作品分析》等。

**五度** fifth[英] quinta[拉]度数为五的*音程。

**五度和弦** 即按五度叠置的和弦(非传统的三度叠置的和弦)。属现代和声。

**五度相生法** 由某音开始依据纯五度关系，逐次向上推演一律，迭次相生而得之音律。如 c—g—d—a—e—b—♯f—♯c 等。

**五度循环** circle of fifths[英] 各调按纯五度上行、顺时针方向排列起来，理论上可无穷尽地进行下去，但事实上进行到十二次后又回到原调(按等音关系)。如从 C(下均为大调)—G—D—A—E—B—♯F—♯C—♯G—♯D—♯A—♯E(等于 F)—C。从中可见以等音关系，可构成一圆圈，故又称“五度圈”。

**五重奏** quintet[英] 见*重奏。

**五连音** quintus[拉] 节奏划分的特殊形式之一。将音的时值等分为五部分用以代替四部分，即形成五连音。见*连音符。参见*三连音。

**五六和弦** chord of the sixth and fifth[英] 以三音作低音的转位七和弦。低音分别与上方的七音和根音构成五度和六度音程，故名。

**五拍子** 混合复拍子之一。由单二拍子和单三拍子组合而成，可 2+3，亦可 3+2。

**五人团** The Five[英]　19世纪俄罗斯民族乐派中，由*巴拉基列夫、*居伊、*穆索尔斯基、*鲍罗丁、*里姆斯基-科萨科夫等五位作曲家结成的小组。又称“强力集团”。1867年由音乐评论家斯塔索夫(Stassov)首次使用该称。他们活动在圣彼得堡，有专业的，有业余的，但都具有强烈的民族意识，主张继承格林卡的传统，从俄罗斯的历史、现实和民间传说中选取题材，创作具有民族性的、人民性的作品，体现了当时的先进思潮。

**五声**　见*“五音”。

**五声音阶** pentatonic scale[英]　*音阶之一。由五个不同的音构成的音阶。各国的民歌大都是五声音阶，但其内部音与音的关系各异。中国的五声音阶，由do、re、mi、sol、la等五个音组成，无fa、si两个音。

**五线谱** staff notation[英]　*记谱法之一。以五条平行横线构成的谱式。是世界通用的一种记谱法。

**五音**　①见*三和弦。②又称“五声”。中国传统音乐中对宫、商、角、徵、羽的统称。

**五月的鲜花**　阎述诗于1935年“一二·九”学生运动中所作歌曲(光未然词)。

**伍德** Henry Joseph Wood(1869～1944)　英国指挥家。10岁任教堂管风琴师。后入皇家音乐学院学习。1888年开始从事歌剧指挥工作。1895年起任伦敦漫步音乐会的指挥直至逝世，并客演于国内及欧美各地。其指挥曲目中首演曲目之多，令人叹服，为20世纪上半叶西方音乐的发展作出重要贡献。著有《我的音乐生活》(1938)《论指挥》(1945)以及声乐练习曲《柔美的歌唱艺术》(四卷，1927～1928)等。

**武满彻**(1930～1996)　日本作曲家。生于东京，满月后即随家人迁居中国大连、沈阳。八年后返国，寄居于一日本筝人之家。曾师从清濑保二(1900～1981)学作曲。1950年以钢琴曲《缓板两首》崭露头角。1951年与画家北代省三、作曲家汤浅让二、钢琴家圆田高弘等人组成艺术社团“实验工房”。1955年开始*具体音乐创作。1957年以弦乐合奏《追思曲》(即《弦乐安魂曲》)登上世界乐坛。1959

年加入日本20世纪音乐研究所。1960、70年代他基于日本传统音调，兼用日本民族乐器和外来乐器，并采用西方现代音乐技法，采用西方中古调式，以及东方和西亚的音乐因素，成功地创作了不少既具有时代感而又具有鲜明的民族特色和个性的作品，从而享誉于国际乐坛。作有为尺八和琵琶而作的《蚀》(1966)、为十七件弦乐器而创作的《地平线上的多利亚》(1966)、琵琶与尺八二重协奏曲《十一月的阶梯》(1967)、钢琴与乐队《星群》(1968)、日本现代雅乐《秋庭乐》(1973)、管弦乐曲《鸟儿落到星形的庭院》(1977)、吉他协奏曲《梦的边缘》(1982)、大提琴与乐队《猎户座与七星团》(1984)、中提琴协奏曲《秋之弦》(1989)等。

**舞蹈组曲** dance suit[英] 由舞曲或舞曲性质的几首曲子组成的自由组曲。如古组曲。亦用于近代组曲中。

**舞剧** 以舞蹈为主表演的戏剧。音乐在其中占有很重要的地位，有人说音乐是舞蹈的灵魂。有民族舞剧、芭蕾舞剧等。

**舞曲** tanz[德]dance[英] 用于舞蹈的音乐。可为器乐曲，亦可为声乐曲。除伴舞用外，尚可以舞蹈节奏为基础而写成音乐会器乐曲或声乐曲。一般以器乐曲为多。

# X

**夕阳箫鼓** 又名《浔阳琵琶》《浔阳夜月》《浔阳曲》。中国传统著名琵琶文曲。传抄本在1875年前即已有之,共七段,但无标题。李芳园于1895年所编《南北派十三套大曲琵琶新谱》则为十段,并附有小标题:夕阳箫鼓、花蕊散回风、关山临却月、临水斜阳、枫荻秋声、巫峡千寻、箫声红树里、临江晚眺、渔舟唱晚、夕阳影里一归舟。

**西安鼓乐** 中国民间器乐种类之一。流行于陕西西安一带,由民间鼓乐社或僧、道鼓乐队演奏于庙会、夏收、秋收以及各种集会等场合。现存抄谱一百余部(达千余首),据其所注载最早为康熙二十八年(1689)之抄谱,推知明代当即已有之。其渊源可追溯至唐、宋。其抄谱谱式属宋代俗字谱体系。有套词、北词、南词等大型整套乐曲和鼓段、小曲等小型乐曲,亦有浪头子、法点等独立演奏的鼓曲。音乐采用七声音阶。是以笛、笙、管等吹奏乐和锣鼓乐相组合的大型合奏形式,分坐乐与行乐两种。前者为在室内围长桌演奏,吹奏乐以笛为主,配以笙、管,锣鼓乐中鼓的艺术表现力极为突出,故称"鼓乐";后者则用于行进之中或庙会的群众场面,较为简单。代表曲目有《尺调双云锣八拍坐乐全套》《花鼓段坐乐全套》《尺调坐乐全套》等。

**西班牙交响曲** Symphonie Espagnole[法] *拉罗于1873年所作小提琴协奏曲。首演于1875年。由五乐章组成。

**西班牙狂想曲** Rhapsodie Espagnol[法] ①*夏布里埃于1883年所作管弦乐曲。②拉威尔于1907年所作管弦乐曲共四个乐章(夜的前奏曲、马拉加舞曲、阿伐奈拉舞曲、市集)。

X

**西班牙随想曲** Caprice Espagnol[法] *里姆斯基-科萨科夫于1887年所作交响组曲。同年首演于圣彼得堡。作品34。由晨曲、变奏曲、晨曲、写景与吉卜赛之歌、凡丹戈舞曲组成。

**西班牙庭园之夜** Nights In the Gardens of Spain[英]

*法利亚于1916年为钢琴和管弦乐队而作的组曲。同年首演于马德里。副题为“交响的印象”。由在庶民中、远方之舞、在科尔多瓦省山峦的花园中三个乐章组成。

**西班牙小夜曲** Serenade Espagnol[法] *比才所作歌曲(路易·多拉托尔诗)。伴奏采用*波莱罗节奏。

**西贝柳斯** Jean(Johan Christian)Sibelius(1865～1957) 芬兰作曲家。自幼酷爱音乐。在赫尔辛基大学学习法律的同时,又在赫尔辛基音乐学院学习小提琴等。后专攻音乐。1889年毕业后,赴柏林、维也纳留学。1891年任母校教授。1900年以*《芬兰颂》赢得国际声誉。是民族乐派的代表作曲家之一。主要作品有七部交响曲,管弦乐组曲*《卡莱瓦拉四传奇》(即列敏凯宁与少女、列敏凯宁在图翁内拉、图翁内拉的天鹅、列敏凯宁归故乡)《卡累利亚组曲》(1893)《佩利亚斯与梅丽桑德》(1905)、交响诗《库勒沃》(1892)《塔皮奥拉》(1926)、小提琴协奏曲(1903)等,另有大量的戏剧音乐、室内乐、钢琴曲、歌曲等。曾与马勒就交响曲观念有一次著名的对话。

**西方文明中的音乐** Music in Western Civilization 匈裔美籍音乐学家保罗·亨利·朗所撰的西方音乐史专著,将自古希腊至20世纪初的音乐置于西方文明和宗教的背景中考察,展示了二者互为互动、相辅相成的历史演进。该书1941年在纽约出版后即获得极高的学术威望,迄今已公认为音乐史学领域中的经典。1982年有节选中译本出版(张洪岛译),2001年有全本中译本出版(顾连理、张洪岛、杨燕迪、汤亚汀译/杨燕迪校)。

**西盖蒂** Joseph Szigeti(1892～1973) 匈牙利小提琴家。是20世纪杰出的小提琴家之一。曾在布达佩斯音乐学院师从胡拜。13岁即演出于欧洲各国。后入美国籍。晚年从事教学工作。

**西区故事** *伯恩斯坦于1957年所作音乐剧。由舞蹈家杰洛姆·罗宾斯编导,亚瑟·劳伦斯编剧,桑德海姆作词。是“罗密欧与朱丽叶”式的现代都市爱情悲剧。故事发生在20世纪上半叶曼哈顿西部的贫民区,触及美国敏感的社会问题较多(诸如种族矛盾等)。白人组成“火箭帮”(头目里弗)，波多尼亚人组成“鲨鱼帮”(头目贝尔纳多)，在西区举办的一次舞会上，贝尔纳多的妹妹玛利亚与里弗的好友托尼一见钟情。为此两大帮派约定进行决斗。玛利亚希望托尼阻止这场决斗。当托尼劝阻里弗时，里弗竟被贝尔纳多刺死，托尼又将贝尔纳多刺死。贝尔纳多的好友也将托尼开枪打死，致使玛利亚陷入绝境。著名唱段为《玛利亚》《晚上再见》等。1961 年被搬上银幕，获第 34 届奥斯卡十项大奖，成为美国百部经典名片之一。

**西曲** 又称“荆楚西声”。中国魏晋时期流传于长江、汉江流域的民间歌曲。《古今乐录》(成书于南朝陈 557～589 年间)载有三十四首曲名，一部分属于舞蹈音乐，一部分属于“倚歌”(即以铃、鼓和管乐器伴奏而无弦乐器)。

**西西里舞曲** siciliano[意] 源于意大利西西里岛农民舞蹈音乐。盛行于 18 世纪。中速，6/8 或 12/8 拍子，伴奏用分解和弦。在*科莱利和*巴赫等人的奏鸣曲中用作徐缓乐章。尚用于歌剧或康塔塔中富于田园情趣的段子。

**西藏音诗** *马思聪于 1941 年所作小提琴曲。由三首组成:述异、喇嘛寺院、剑舞。曲作者从其于 1940 年为纪录影片《西藏巡礼》(影片也记录了有关印度的情景)所作的十几段配乐中选出三段改写而成。

**希伯来狂想曲** Rhapsodie Hebraique[法] *布鲁赫于 1915～1916 年所作管弦乐曲。1917 年首演于纽约。

**希曼诺夫斯基** Karol Szymanowski(1882～1937) 波兰作曲家。1901 年入华沙音乐学院学习作曲。1906 年在柏林与一些青年作曲家组成“青年波兰”，为创立既不失之于民族传统，而又不落后于西欧音乐的波兰新音乐而战。其创作初期受*理夏德·施特劳斯的影响较大，后又倾倒于*斯克里亚宾和印象主义音乐，第一次世界大战后其创作则进入新古典主义时期，音乐简洁、质朴而又富有鲜明的民族风格，从而开辟了现代波兰音乐之路。作有四部交响曲、两部小提琴协奏曲、歌剧《哈基特》(一幕，1912～1913)和《罗杰王》(三幕，1920～1924)、芭蕾舞音乐《哈尔纳西》(1923～1931)，以及室内乐、钢琴曲等。

**奚琴** 中国古代拉弦乐器。以竹片拉奏，一般认为是胡琴的前身。宋代陈旸《乐书》中载有奚琴图。“奚”为隋、唐中国东北部一部落名。

**悉尼歌剧院** Sydney Opera House　澳大利亚歌剧院。1973年建成，以*普罗科菲耶夫的歌剧《战争与和平》揭幕。该院以其新颖的造型著称（由丹麦建筑师乌特松设计）。所属剧团为澳大利亚歌剧团和澳大利亚芭蕾舞团。

**嬉游曲** divertimento[意]　18世纪后半盛行于欧洲的一种形式自由、由四至十个相当短的乐章组成的娱乐性的器乐组曲。通常用小乐队演奏，如海顿的六十六首嬉游曲，莫扎特的二十五首嬉游曲。

**豁山琴况**　一作《溪山琴况》。明末琴家徐上瀛所著琴论专著。其中提出著名的“二十四况”（和、静、清、远、古、淡、恬、逸、雅、丽、亮、采、洁、润、圆、坚、宏、细、溜、健、轻、重、迟、速）。是中国古代音乐表演美学的重要文献之一，系统而详尽地阐述了有关琴曲演奏的音乐美学理论。

**喜歌剧** opera comica[意]　①法国喜歌剧（opera comique）。由民间闹剧、讽刺剧等小型音乐戏剧发展而成。以抒情歌曲、道白、舞蹈和哑剧场面为其特征。1752年上演的第一部法国喜歌剧《乡村卜者》（*Le Devin du Village*，卢梭），推进了法国喜歌剧的形成。此后，菲里多尔（F. A. Danican Philidor，1762～1795）、孟西尼（P. Monsigny，1729～1817）、格雷特里（A. E. Modeste Gretry，1741～1813）等人在不同程度上进一步发展了这一歌剧体裁。法国大革命后，喜歌剧的题材大为扩展，往往不具有喜剧情节，仅保持说白传统，亦称喜歌剧。②意大利喜歌剧（opera buffa）为18世纪初在意大利那不勒斯兴起的喜剧性的歌剧。后流行于整个欧洲。由正歌剧中的幕间剧发展而成。以取材于日常生活、形式活泼、富于民族和地方色彩、剧情诙谐、演员人数不多等为其特征。《管家女仆》（佩戈莱西）、《温顺的女儿》（皮契尼）、《磨坊女》（帕伊西埃洛）、《秘密婚姻》（契玛罗萨）等均为著名意大利喜歌剧作品。

**喜洋洋**　板胡演奏家刘明源（1931～1996）于20世纪50年代所作民乐合奏曲。

**戏剧奏鸣曲**　即*贝多芬之《暴风雨奏鸣曲》。

**戏曲音乐** 中国戏曲艺术中的重要组成部分。戏曲艺术历史悠久，早在汉代即有其雏形，至宋元已有一定规模，明清时则发展成具有高度水平的艺术，形成四大声腔体系，拥有不同的流派、剧种、高超的技艺、众多的曲目以及优秀的演员。戏曲音乐主要包括*唱腔和文武场(即指管弦乐和打击乐)。其体式一般为*曲牌体和*板腔体。20世纪50年代后，由于新音乐工作者的参与，戏曲音乐得到长足的发展，发生了根本性的变化。

**下波音** 见*波音。

**下弓** down bow[英]herabstrich[德]tire[法] 弓弦乐器的*弓法之一。指向下拉奏而言。

**下西风** *十番锣鼓中的笛吹锣鼓曲。因其唱词第一句为“下西风黄叶纷飞”，故名。据说其某些曲牌源自王实甫的杂剧《西厢记》。

**下行导音** 大小调中的第二级音，即*上主音。

**下中音** submediant[英] 大、小调式中的第六音级。如C大调中的A音，a小调中的f音。由于位于主音至主音下方的下属音的中间，故名。

**下属调** subdominant key[英] 在调式中的下属音上构成的*调。

**下属功能** subdominant function[英] 见*功能和声。

**下属和声** subdominant harmony[英] *功能和声术语之一。指下属和弦Ⅳ的有力的代理者$\mathrm{II}_6$、$\mathrm{II}^6_5$、Ⅱ、$\mathrm{II}_7$和弦而言，往往在这些和弦标记前标以S，如SⅡ等。

**下属和弦** subdominant chord[英] *正三和弦之一。

**下属音** subdominant[英] 大、小调式中的第四音级。即主音上方的纯四度音。如C大调中的F音，a小调中的d音等。在确立调性中，其作用仅次于主音和属音。由于该音亦位于主音下方的纯五度音，与位于主音上方的纯五度音(属音)相对称，故称“下属音”。



**夏布里埃** Emmanuel Chabrier(1841～1894) 法国作曲家。曾习法律，并就职于内政部。聆听瓦格纳的乐剧之后，于1880年辞职专事作曲。其创作对19世纪末法国音乐创作具有较大的影响。较著名的有歌剧《格温多林》、喜歌剧

《星》(1877)《缺乏教养》(1979)、《西班牙狂想曲》(1883)以及钢琴曲、歌曲等。

**夏天里最后的一朵玫瑰** The Last Rose of Summer[英] 爱尔兰民歌。爱尔兰诗人托玛斯·莫尔(1779～1852)作词。

**先锋派音乐** Avant-garde[法] “先锋”又译“前卫”,原为法国军队用语,指位于最前线的精锐部队。第一次世界大战前后被转用于艺术领域,主要指以美术为主的,在形式、风格和题材诸方面各种激进和标新立异的艺术流派。常与“现代主义”一词相联系。音乐上则泛指第二次世界大战后,在德国的达姆施塔特夏季音乐讲习班为中心而兴起的一种反传统的音乐思潮,并在作曲技法和表现手法(音源、音响)上锐意探索、标新立异的各种新兴的音乐流派(*序列音乐、*具体音乐、*偶然音乐、*点描音乐、*电子音乐等)的统称,亦可包括在西方以外的采用西方这些作曲技法和表现手法,并符合其音乐理念的音乐和音乐家在内。又称“前卫音乐”,并常与“现代主义音乐”一词通用。

**先现音** anticipation[英] *和声外音之一。与*延留音相反,其作用是某一和弦的和弦音先于该和弦出现,而形成前一和弦的非和弦音。一般指在弱拍上预先出现的后一和弦的音。

**弦** 弦乐器部件之一。可振动发音。用蚕丝或金属、肠衣、皮、筋、尼龙等制成。

**弦乐队** string orchestra[英] 乐队形式之一。指以弦乐器组成的乐队。

**弦乐合奏** string orchestra[英] 器乐演奏形式之一。指只用弦乐器的合奏。其标准编制为第一小提琴、第二小提琴、中提琴、大提琴及低音提琴各若干。

**弦乐器** stringed instruments[英] 乐器分类之一。置有弦的乐器。又可分为拉弦乐器、拨弦乐器、击弦乐器。有弦键盘乐器亦可属此类。

**弦乐三重奏** string trio[英] 器乐演奏形式之一。由三件乐器组成的重奏。标准编制为小提琴、中提琴、大提琴各1。亦指其所奏的乐曲,此种乐曲系由复调风格的三声部奏鸣曲演变而成，通常用四个乐章的奏鸣套曲形式。

**弦乐四重奏** string quartet[英] 器乐演奏形式之一。18世纪初起，古典乐派室内乐的代表形式之一。由四件弦乐器组成的重奏。其标准编制为由小提琴2、中提琴1和大提琴1等四件乐器组成。亦指其所奏的乐曲，通常为四个乐章的奏鸣套曲形式。

**弦乐五重奏** string quintet[英] 器乐演奏形式之一。其标准编制为由小提琴2、中提琴2、大提琴1等五件弦乐器组成。亦指其所奏的乐曲。

**弦乐小夜曲** ①Eine Kleine Nacht musik[德] *莫扎特于1787年为弦乐队而作的四乐章的弦乐曲。G大调。作品525。②Serenade in C[英] *柴科夫斯基于1880年所作弦乐合奏曲。同年首演于莫斯科。作品48。

**弦索备考** 又称“弦索十三套”。19世纪初中国清代蒙古族文人荣斋所编的器乐合奏曲集。现存有1814年抄本，据荣斋自序所言其所辑均为古曲。是中国古代所存见最早的器乐合奏谱。辑有《合欢令》《将军令》《十六板》《琴音板》《清音串》《平韵串》《月儿高》《琴音月儿高》《普庵咒》《海青》《阳关三叠》《松青夜游》《舞名马》等十三套以弦乐为主的合奏曲(均有分谱)。其中有的乐曲还采用了对位手法。

**弦索十三套** 即*弦索备考。

**弦轴** 弦乐器上用以松紧琴弦的部件。供调音用。

**冼星海**(1905～1945) 中国作曲家。广东番禺人，生于澳门。1926年入北京国立艺术专门学校音乐系学习小提琴。1928年入上海国立音乐学院学习。1929年赴法国半工半读，后入巴黎音乐学院学习，师从丹第、杜卡斯。1935年返国后为东方百代唱片公司及新华影业公司作曲，不久即投入救亡歌咏运动，作有大量具有全国影响的抗日救亡歌曲。1938年受邀赴延安鲁迅艺术学院任教，翌年任该院音乐系主任。1940年赴苏联工作，由于苏德战争爆发未能回国，1945年逝于莫斯科。是继聂耳之后在民族危亡的时刻所产生的杰出的人民音乐家。所作大合唱*《黄河大合唱》蜚声中外。尚作有交响曲《民族解放》(1941)《神圣之战》(1943)、交响组曲《满江红》(约1943)、管弦乐曲《中国狂想曲》(约 1943)、交响诗《阿曼盖尔达》(1943)、小提琴曲《郭治尔——比戴》(1943),以及歌曲《救国军歌》(1936)《夜半歌声》(1936)《做棉衣》(1937)《在太行山上》(1938)等。

**现代音乐** Modern Music[英] 具有广泛意义的"现代音乐"一词,可以说是"20 世纪音乐"的同义语。一般主要是指艺术音乐而言。其最大的特点就是各种各样的主义或学说与各种形式的并存,展示了前所未有的多样性,并引起相互否定等分裂现象。如其前半叶出现的印象主义、原始主义、表现主义、民族主义、神秘主义、噪音主义、十二音主义、新古典主义、新即物主义、新浪漫主义、社会主义现实主义、打击乐器主义等等。其次为一人兼有多种主义和多种形式的创作,如*斯特拉文斯基既有原始主义,又有民族主义、新古典主义、十二音主义创作。20 世纪后半叶以来,这种现象则更趋强烈,主义繁多,观念更新的时间大为缩短,往往称之为"某某音乐"。如序列音乐、电子音乐、具体音乐、磁带音乐、偶然音乐、计算机音乐、随机音乐、密集音响音乐、骰子音乐、直观音乐、根据集团即兴演奏的音乐、反复音乐等等。

**线** line[英] 即组成*谱表的五条平行线。亦可用以记写没有固定音高的打击乐的节奏的一组横线,各线记写一种(件)乐器的节奏。如现代记谱的锣鼓经谱。

**献给爱丽丝** Fur Elise[德] *贝多芬所作钢琴小品。约作于 1810 年。

**乡村骑士间奏曲** Internrezzo "Cavalleria Rusticana"[意] *马斯卡尼所作同名独幕歌剧中的间奏曲。

**乡村音乐** country music[英] 美国流行音乐之一。源出于美国南部高原和森林地带的"山区音乐"和"西部音乐",20 世纪 20 年代随着南部产业社会化的到来,并在黑人音乐(*拉格泰姆和*布鲁斯)和北部流行音乐的影响下,而逐渐形成的商业化了的民间音乐。原乡村音乐是指居住在山区的村民所唱的民歌,其演唱原无伴奏,歌唱时多使用鼻音,具有南部发音的特色。20 年代,这种音乐也开始变无伴奏为用吉他或五弦班卓伴奏,此外,尚用自动竖琴、口琴等乐器伴奏,后则流行使用扁平的曼多林伴奏。很快,乡村音乐被广播电台和北部的唱片公司发现其商品价值，在一些广播电台开设了乡村音乐的专题节目，并造就了诸如“卡特家族”和吉米·罗杰斯等著名乡村音乐家。进入30年代后，职业化的程度加大，由于消费者的需求，音乐也起了较大的变化，增加了都市味道，并在*布鲁斯和*爵士乐的影响下，增加了电声乐器(电吉他等)用于新作的歌曲，涌现出不少动听的“牛仔歌”，成为乡村音乐的主流样式。其演唱形式一般为独唱或重唱，并由一小乐队伴奏。伴奏乐器有小提琴、吉他、班卓琴、曼陀林、钢琴、打击乐及电声乐器等。演唱者身着民间传统服装，不拘形式、色彩丰富。音乐上旋律简洁，音域不宽(一般多在中声区)，说唱结合，时弹时唱，多用真声。在音乐会上往往与听众同唱，随意而活泼。尽管70、80年代已逐渐为中、上层人士所接受，但仍保持其传统题材，歌唱的主题仍多是母亲、故乡、流浪、失恋、监狱、家庭、宗教以及繁重的劳动等，主要反映了“蓝领”阶层的思想感情、意志和理想。

**相对音高(感)** relative pitch[英]　与*绝对音高相对而言，指相互比较而言的音的高度。其辨别能力谓之相对音感。因其具有强烈的调性感，故在音乐实践中，比*绝对音感更为重要。

**相和歌**　中国汉代经过艺术加工的、附伴奏的世俗歌曲的统称。唱者执节而歌(《晋书·乐志》:“相和，汉旧歌也，丝竹更相和，执节者歌”)。

**香卡** Ravi Shankar(1920～　)　印度西塔尔(sitar，北印度的拨弦乐器)演奏家、作曲家。生于巴那拉斯。幼从其兄学习舞蹈和音乐。10岁随其兄赴巴黎，1936年回国，从西塔尔演奏大师学琴。1940年代在印度与欧美频繁举办西塔尔独奏音乐会，名闻遐迩。1967年曾与*梅纽因在纽约联袂演出二重奏。作有西塔尔协奏曲《拉格的花环》(1980)及多部舞剧音乐。尚作有电影音乐《流浪者》《甘地》及家喻户晓的歌曲《我们的印度是世界上最美好的国家》等。1983年曾来中国访问。

**响板** castagnette[意]　西班牙民间打击乐器。由两块用绳松松地系住的木片组成。演奏时，将其套在拇指和食指上，相击发响。用于舞蹈伴奏时，舞者两手各执一副，边舞边击。乐队用的响板则装有木柄，持柄而奏。

**象脚鼓** 中国云南傣、景颇族打击乐器。木制，形似象脚，故名。

**象脚鼓舞** 流行于中国西南德宏及西双版纳地区的傣族、布朗族、德昂族、佤族、阿昌族的民间舞蹈。表演于泼水节等节日或集会。伴奏音乐以象脚鼓为主，配以铓锣和钹，并多间有歌唱。

**肖邦** Fryderyk Franciszek Chopin（1810～1849） 波兰作曲家、钢琴家。其父原籍法国。母善弹钢琴，并熟悉波兰民歌。8岁登台演奏钢琴，一时成为华沙贵族沙龙中的宠儿。1826年入华沙音乐学院学习。肖邦的青少年时期是在波兰民族的文学艺术的熏陶中度过的，强烈的爱国情感教育，成为日后肖邦终生的精神支柱。1830年11月赴巴黎。华沙起义失败后，其思想逐渐成熟。19世纪30年代的巴黎，是刚刚兴起不久的浪漫主义文艺的中心，使其得以与聚集在巴黎的各国著名的文艺家如女作家乔治·桑等密切交往。他经常演奏于贵族沙龙之中。1837年拒绝接受沙俄授予他"俄罗斯皇帝陛下首席钢琴家"的职位。晚年生活孤寂，思想消极，自称是"远离母亲的波兰孤儿"，对1848年的资产阶级民主革命相当冷淡，但却始终坚持反沙俄的爱国主义立场。1849年10月病逝于巴黎，其心脏按其遗愿送回波兰。肖邦所作钢琴作品，在欧洲音乐史中占有举足轻重的地位，被后人誉为"钢琴诗人"。所作各种体裁无不涉猎，以感人至深的如歌旋律，色彩丰富而又极具表现力的和声，潇洒的节奏韵律，鲜明民族特色的音乐风格，成为浪漫主义音乐的力作。其中不少作品反映了他对被侵占的故国家园的怀念，对民族独立的期望和忧国伤时的悲愤心情。他的创作是将时代精神和爱国主义精神紧密结合的典范。主要作有四首叙事曲、四首谐谑曲、三首奏鸣曲、二十七首练习曲、十九首波兰舞曲、五十八首马祖卡、十七首圆舞曲、四首即兴曲、二首幻想曲、二十一首夜曲、二部协奏曲等钢琴作品，尚作有若干摇篮曲、船歌、回旋曲、室内乐曲和歌曲等。

**肖斯塔科维奇** Dmitry Shostakovich（1906～1975） 苏联作曲家。20世纪重要的交响曲作曲家。父原籍波兰。9岁从其母学习钢琴。1925年毕业于列宁格勒音乐学院，并以毕业作品《第一交响曲》引起国内外的关注。1927年获第1届肖邦国际钢琴比赛名誉奖。受先锋派音乐的影响，于1934年作歌剧《姆钦斯克县的麦克佩斯夫人》，国外亦争相上演。1936年该作被《真理报》点名批判。1937年作《第五交响曲》，并任母校教授。在卫国战争期间创作第七交响曲《列宁格勒》。1948年又遭批判，翌年创作清唱剧《森林之歌》。1953年所作《第十交响曲》引起争议。继之又创作了第十一交响曲《一九零五》（1957）、第十二交响曲（1961）、第十三交响曲（1962）、第十四交响曲（1969）、第十五交响曲（1971）等。晚年作品曾采用十二音技法。尚作有歌剧《鼻子》、芭蕾音乐《黄金时代》、管弦乐《室内交响曲》、钢琴曲《二十四首前奏曲》（1930）、十五部弦乐四重奏、二部钢琴协奏曲、二部小提琴协奏曲、二部大提琴协奏曲等，以及其他大量室内乐曲、芭蕾舞音乐、电影音乐、歌曲等。

**肖松** Ernest Chausson（1855～1899） 法国作曲家。原为律师。曾师从*马斯内、*弗朗克。作有女高音与管弦乐《爱与海之诗》（1890）、小提琴与管弦乐《音诗》（1896）、《钢琴四重奏曲》（1897）等。

**萧友梅**（1884～1940） 中国现代音乐奠基者之一。广东香山（今中山）人。1901年赴日本东京音乐学校学习音乐，1909年毕业于东京大学教育系。1912年任中华民国总统府秘书。翌年，赴德国莱比锡音乐学院学习。1916年以论文《中国古代乐器考》获莱比锡大学音乐学博士。1920年返抵上海。后任北京大学哲学系讲师兼音乐研究会导师。曾奉北洋政府之命作国歌《卿云歌》。不久，即任北京女子高等师范学校音乐体操专修科主任。1927年在上海创办国立音乐学院，并主持该院工作，为中国近代专业音乐的确立和发展做出了卓越的贡献。同时，率先进行专业音乐创作，作有歌曲*《问》（1922）《五四纪念爱国歌》（1924）以及大合唱、弦乐四重奏、钢琴曲、管弦乐曲、大提琴独奏曲等。

**潇湘水云** 中国南宋*郭楚望所作琴曲。

**箫** 中国吹奏乐器。竹制，竖吹。汉代即已有之。用于独奏或重奏。

**小白菜** 中国北方著名民歌。表现受后母虐待的幼女思念亲娘之情。

**小步舞曲** menuet[法] 曾译“米奴哀”。原为法国民间舞曲。因舞步较小而得名。17 世纪末小步舞几乎成为唯一的法国宫廷舞蹈。速度徐缓，风格典雅。3/4 拍子，三部曲式。常用于古钢琴组曲中。18 世纪后半叶在*海顿等人的创作中，将其用于奏鸣曲、交响曲等套曲的第三乐章，但风格已带有幽默感，速度也较快，后*贝多芬始以谐谑曲所取代。尚可用以写成独立器乐曲。

**小单簧管** clarinetto piccolo[意] 指♭E 调*单簧管。形体较小，音域较高。常用于军乐队。

**小调** ①中国民歌类别之一。②minor key[英] 即*小调式。

**小调式** minor mode[英] 简称“小调”。*调式之一。其二、三级音和五、六级音为半音，其余均为全音，并以在主音上形成小三和弦为其特征，称自然小调。和声小调则将自然小调的第七级音升高半音，以在六、七级音间形成增二度为其特征；旋律小调则将自然小调中的六、七级音升高半音，但下行时则应将这两个音还原。

**小二度** minor second[英] *音程之一。两音之间为半音的音程。

**小二黑结婚** 五场歌剧。根据赵树理同名小说集体编剧(执笔田川、杨兰春)，*马可、乔谷、贺飞、张佩衡作曲。1953 年首演于北京。故事发生在 1942 年的抗日根据地某村。小二黑与小芹相爱，为反对包办婚姻、争取婚姻自主，在抗日政府的支持下，说服愚昧落后的父母，并与坏人作坚决的斗争，终成眷属。

**小放牛** 中国河北民歌。流传全国。

**小赋格曲** fughetta[意] 指小型*赋格曲。

**小狗圆舞曲** Valse du Petit Chien[法] *肖邦于 1847 年所作钢琴曲。作品 64 之 1。其演奏约一分钟，故又名《一分钟圆舞曲》。

**小鼓** tamburo piccolo[意] 打击乐器。扁圆柱形，两面蒙以羊皮，底面皮外绷以响弦，体小。以两根鼓槌击奏。用于管弦乐队。

**小号** tromba[意]trumpet[英] 高音铜管乐器。分C调和♭B调两种，常用后者。初无活塞，与军号相似。19世纪30年代后装置了活塞，使其性能大增，能奏半音音阶，遂成为管弦乐队中的重要乐器。音色辉煌、嘹亮。实际音域为$e—c^3$。

**小和弦** 即*小三和弦。

**小回旋曲** rondino[意] 指小型*回旋曲。

**小伙子比利** Billy the Kid[英] *科普兰于1938年所作独幕芭蕾舞音乐。同年首演于芝加哥。后改编成管弦乐组曲。

**小节** bar[英] 在乐谱中，由一强拍至下一强拍前为止的部分，以小节线来界分。即节拍的单位，用以辨别乐曲的节拍的种类。小节的划分，是近代对称节奏规范化的产物。

**小节线** bar line[英] *谱表上用以区分小节的一根细纵线。小节线之前一拍为弱拍，之后一拍为强拍。

**小结尾** codetta[意] 即作品中较小的结尾。

**小军鼓** side drum[英] 打击乐器。鼓框两面蒙皮，直径约30～40 cm。下层鼓皮张有肠弦或钢丝弹数条，用两根木槌敲击发音。体比小鼓高。

**小开门** 中国民间广为流传的唢呐曲牌。常用于戏曲场景音乐之中。作为唢呐独奏的版本由于地区的不同而风格、名称各异。

**小六度** minor sixth[英] *音程之一。拥有四个全音的音程。大三度的转位音程即为小六度。

**小锣** 中国打击乐器。锣面较小的锣，以木片击之发声。

**小牧神进行曲** Marche des Petits Faunes[法] 法国作曲家皮尔纳(1863～1937)于1918年所作舞剧音乐《西达莉斯与牧神》中的一首管弦乐曲。

**小品曲** miniatura[意] 即小型乐曲。

**小七度** minor seventh[英] *音程之一。拥有五个全音的音程。大二度的转位音程即为小七度。

X

**小全音** minor tone[英] 见*全音。

**小三度** minor third[英] *音程之一。拥有一个半全音的三度音程。大六度的转位即小三度。

**小三和弦** minor triad[英] *根音距三音为小三度、距五音为纯五度的三和弦。

**小三弦** 即小型*三弦。

**小提琴** violino[意]violin[英] 是独奏、重奏、管弦乐中的重要弦乐器,在近代音乐中占有极重要的地位。木制,全长约 60 cm。琴颈部分附有指板,上张弦四根,分别定弦为 g、$d^1$、$a^1$、$e^2$。奏时,将琴身夹于颚与左锁骨之间,左手按弦,右手运弓。音色华丽明亮。

**小提琴族系** violin family[英] 指*小提琴类的乐器。有小提琴、中提琴、大提琴、低音提琴等。

**小小画家** *黎锦晖于 1928 年所作儿童歌舞剧(自作词)。批判旧教育,提倡发展个性。

**小小七和弦** 由小三和弦和小七度构成的小七和弦。

**小协奏曲** concertino[意] 单一乐章的协奏曲。通常无华彩段。

**小夜曲** serenade[法] ①夜晚,男士在恋人窗下弹唱的爱情歌曲。为西班牙、意大利等国的一种民间风尚,往往用吉他或曼陀林伴奏。②18 世纪以来亦指为晚间娱乐而作的多乐章的器乐曲,用室内乐队演奏。③即*《爱之夜曲》。

**小音程** minor interval[英] 比*大音程少一个"半音"的音程。有小二度、小三度、小六度、小七度等。如 A—C 为小三度音程。

**小音阶** minor scale[英] *七声音阶之一。有自然小音阶、和声小音阶、旋律小音阶之分。其音的结构均同*小调式。

**小宇宙** Mikrokosmos[英] *巴托克于 1926～1937 年所作六卷一百五十三首钢琴小曲集。为其次子学琴而作,亦为青少年学习现代音乐的基础。

**小泽征尔**(1935～ ) 日本指挥家。生于中国沈阳。6 岁入桐朋学园音乐大学儿童音乐教室学习钢琴,后因手指受伤遂转学指挥;1958 年于该院毕业后翌年,获法国贝桑松(Besancon)国际指挥比赛第一名。后赴美国、柏林学习指挥,在柏林期间曾得到*卡拉扬的指导。1961年任纽约爱乐乐团副指挥。1965年任多伦多交响乐团常任指挥。1968年任日本爱乐乐团首席指挥。1972年任新日本爱乐乐团首席指挥。1973年起任波士顿交响乐团指挥达二十九年之久。2002年任维也纳国家歌剧院、维也纳爱乐乐团艺术总监。曾多次来华访问演出、教学。

**小奏鸣曲** sonatina[意] 一般指技术浅易的小型奏鸣曲。库劳、克莱门蒂等人作有大量钢琴小奏鸣曲,至今仍被采用作钢琴教材。*拉威尔、布索尼等人均作有小奏鸣曲,但在技术上却很艰深,且内涵丰富。

**协和和弦** concord[英] 与*不协和和弦相对而言。指音响谐调丰满的和弦。在大小调式体系中一般指大小三和弦。

**协和音程** consonant interval[英] 在听觉上感觉很融洽的呈协和状态的音程,物理上则指振动数成简单整数比者。有三种:一为极完全协和音程:完全一度(1∶1)、完全八度(1∶2);二为完全协和音程(又称“纯音程”):纯五度(2∶3)、纯四度(3∶4);三为不完全协和音程:大三度(4∶5)、小三度(5∶6)、大六度(3∶5)、小六度(5∶8)。

**协奏曲** concerto[英] 音乐体裁之一。16、17世纪之交时协奏曲的含义尚不明确,往往指带有器乐伴奏的声乐曲,以区别于无伴奏的声乐曲,由声乐部分与器乐部分的竞奏而得名。后则指由一件或数件独奏乐器与管弦乐队协同演奏的大型器乐曲,有大协奏曲、复协奏曲等。如托列里、*维瓦尔迪以及*巴赫等人的大协奏曲。确立近代器乐协奏曲风格者为*莫扎特,是由一件独奏乐器与管弦乐队协同演奏的器乐套曲,其结构通常由快、慢、快三个乐章组成,第一乐章为奏鸣曲式并常殿以华彩段,第二、第三乐章间或也有较短的华彩段。因独奏乐器的不同,分别称作钢琴协奏曲、小提琴协奏曲、单簧管协奏曲等。此外,尚有人声与管弦乐队协同演奏的协奏曲,如格利埃尔的《声乐协奏曲》。

**斜向进行** 见*进行。

**谐谑曲** scherzo［意］ 又译“诙谐曲”。一种三拍子快速而活泼的器乐曲。巴洛克时代曾指一种轻松活泼的、娱乐性的声乐曲。贝多芬始用以取代小步舞曲，作为奏鸣曲、交响曲、四重奏曲甚至协奏曲中的第三乐章。通常为具有如歌中段的复三部曲式。其风格可为轻松活泼的，或诙谐性的，亦可具有较深刻的思想性。

**谢德林** Rodion Shchedrin(1932～ ) 苏联作曲家。父为音乐教师。1950年入莫斯科音乐学院学习作曲和钢琴。1962年起任苏联作曲家协会书记。1965年任教于母校。1973年任俄罗斯联邦作曲家协会主席。1981年获苏联人民艺术家称号，1982和1984年两度获得列宁奖金。是20世纪60年代后率先在创作之中吸收爵士风格、先锋派音乐技法，并巧妙地融进传统手法的苏联现代派作曲家。其音乐植根于俄罗斯古典和民间音乐的土壤之中，内涵丰富，构思宏大，手法新颖，雅俗共赏。主要作品有为管弦乐队而作的协奏曲《诙谐的对句歌》(1963，“对句歌”是19世纪俄罗斯城市的流行民谣)、为纪念列宁诞辰100周年而作的清唱剧《列宁在人民心中》(1969)、《第二交响曲——二十五首前奏曲》(1966)、钢琴曲《二十四首前奏曲与赋格》(1963～1971)、芭蕾舞音乐《安娜·卡列尼娜》(1972)《海鸥》(1980)、大协奏曲《音乐的奉献》(1984)等。

**谢洛夫** Alexander Nikolayevich Serov(1820～1871) 俄罗斯作曲家、音乐评论家。曾学法律，后任政府官员。1842年与*格林卡相识后，即探索创立民族音乐的思想基础，并于1850年代初开始音乐评论活动，撰有战斗性与科学性相结合的音乐论文，为确立俄罗斯民族音乐理论作出贡献。1858年赴德，遂成为*瓦格纳的热衷支持者，对新涌现的俄罗斯乐派却感到格格不入。曾与支持新生音乐的音乐评论家*斯塔索夫展开论战。作有歌剧《犹滴》(1862)《罗格涅达》(1865)《恶的力量》(1871，未完成)以及管弦乐曲等。

**欣德米特** Paul Hindemith(1895～1963) 德国作曲家。20世纪代表作曲家之一，也是指挥家、理论家、中提琴家。早年曾在咖啡馆拉琴为生。1915年任法兰克福歌剧院乐队首席。1927年任柏林国立音乐学院教授。纳粹上台后，作品被禁演，于1934年被迫离开祖国，任教于美国耶鲁大学、瑞士苏黎世大学，并指挥于欧美各地。1946年入美国籍。其创作道路曲折甚至互相矛盾，初为无调性，倡导结构主义与表现主义，后又提倡"实用音乐"，反对先锋派音乐。曾被先锋派视为极端保守主义者。作有大量作品。著名的有交响曲*《画家马蒂斯》、中提琴协奏曲《天鹅之舞》(1935)、歌剧《世界的谐和》(1936～1957)、管弦乐曲《韦伯主题交响变奏曲》(1940～1943)《匹兹堡交响曲》(1958)、声乐套曲《玛丽亚的一生》、管风琴协奏曲(1962)等。尚撰有《作曲技法》(有罗忠镕中译本)《传统和声学简编》《音乐家的基本训练》及在哈佛大学的讲稿《作曲家的天地：视野与局限》、在法兰克福的讲稿《J.S.巴赫，遗产与义务》等著作。

**新潮音乐** 20世纪80年代初新时期伊始，正在崛起的中国一代青年作曲家为冲决长期以来极左文艺思潮的桎梏，并在西方现代主义音乐思潮的影响下，兴起于北京的音乐流派。1985年夏，在《文艺研究》编辑蒋力的倡议下，中国音乐学院院长兼《人民音乐》主编李西安邀集*瞿小松、*叶小纲、*谭盾，进行了一次长时间的恳谈(时称"四人谈")，并于翌年6月以《现代音乐思潮对话录》为题发表在《人民音乐》上，形同新潮音乐的宣言。主张艺术家要超越时代、不与时代同步、创造出一种属于人类的东西；主张在借鉴西方现代主义音乐中，不仅要吸收其技法，而且还要吸收其音乐语言、观念、思想，并宣称"追求超脱，追求自我意识的完美、自省及自身的完美"。在音乐上锐意探索、标新立异，以大胆借鉴先锋派音乐技法，题材个性化、思古化，结合民族音乐特点积极开发新声源，采用新的表现方法等为其特征。



**新法密率** 为*朱载堉所创之等比数列计算原理，并运用此原理确立了*十二平均律。创于1581年前，朱对此的详尽阐述则成于其所著《律吕精义》(1596)，较之于1691年德国威克迈斯特(Andreas Werckmeister, 1645～1706)在其所著《音乐的调和律》书中所载十二平均律早百余年。该原理的提出彻底解决了历史上黄钟不能还原的难题。

**新歌剧** 泛指与传统戏曲相区别的、中国现代以来从黎锦晖的儿童歌舞剧、黄源洛的《秋子》、马可等人的《白毛女》,直至《小二黑结婚》等民族歌剧。

**新格罗夫音乐与音乐家辞典** The New Grove Dictionary of Music and Musicians 世界最著名的多卷本音乐辞书。初版(1852～1873)由英国音乐著述家乔治·格罗夫爵士主持编纂。第二版(1904～1910)由 J. A. 富勒-梅特兰主编。第三版(1927～1928)第四版(1940)由 H. C. 科利斯主编。第五版(1954)由 E. 布洛姆主编。第六版(1980)由 S. 萨迪主编,至此书名改为《新格罗夫音乐与音乐家辞典》。第七版(即新二版,2001)由 S. 萨迪和 J. 泰雷尔主编,共二十九卷。新二版中包括 S. 萨迪主编的歌剧辞典(四卷,伦敦,1992)及 B. 克菲尔德主编的爵士辞典(三卷,伦敦,2002)。

**新古典主义音乐** New Classicism[英] 20 世纪音乐流派之一。以"回到巴赫去"为其宗旨。是对晚期浪漫主义音乐的主情性、标题性的一种反动。第一次世界大战后为布佐尼所提倡,后*斯特拉文斯基所作芭蕾舞音乐《普尔钦奈拉》(1920)则向新古典主义音乐迈出了决定性的一步。*欣德米特、卡塞拉、*普罗科菲耶夫、马利皮耶罗、*辟斯顿等人也展示了同样的风格。其理念可见布佐尼的《音乐的一元性》(1922)、斯特拉文斯基的《自传》(1937)等著作。

**新即物主义音乐** New Objectivity Music[英] 20 世纪音乐流派之一。原为美术界与文学界反表现主义思潮的产物。与表现主义所谓纯粹主观的相对为客观的,特别表现在倾向于建筑艺术上的合乎目的性及彻底的实用性上。德国作曲家魏尔(Weill, Kurt, 1900～1950)以新即物主义文学为素材,创作了戏剧音乐和歌剧,如其所作独幕歌剧《三分钱的歌剧》(1928)即为新即物主义音乐的代表作。与此同时,*欣德米特也在倡导*实用音乐。在音乐上新即物主义更多地是表现在演奏领域之中。与 19 世纪的浪漫主义的主观、恣意地诠释相反,以排斥主观性,确立“忠实于作品”的演奏风格为目标。从1920～30 年代先后登上乐坛的著名演奏家们，都或多或少地受其影响，如*托斯卡尼尼、*海菲兹、*西盖蒂、*卡萨尔斯、施纳贝尔、巴克豪斯等。

**新浪漫主义** New Romanticism［英］ 是作为对比德迈尼(Bieder-meier，19 世纪中叶德国家具的一种式样)时期(约1816～1846 年以德国为中心而形成的小市民追求安稳的享乐风尚)音乐的反动而兴起的一种思潮，以瓦格纳所著《艺术与革命》(*Die Kunst und die Revolution*，1849)达到顶点。尚有多种含义：①与晚期浪漫主义同义；②20 世纪具有浪漫主义倾向的作品；③反新古典主义而动的一种思潮；④对过分理性化的*先锋音乐的一种否定——于 20 世纪 70 年代在*序列音乐之后出现的音乐流派，但却不排斥其技法和表现方法等。

**新木兰辞** 曲艺“苏州弹词”开篇。1959 年为苏州弹词女表演艺术家、“丽调”创始人徐丽仙(1928～1984)所谱唱，夏史根据汉乐府《木兰诗》编唱词。是“丽调”的代表性曲目之一。

**新事曲** Novellette［德］ 描绘性的器乐小品。为舒曼所始用(1838 年所作《八首新事曲》，作品 21。无小标题)。

**新维也纳乐派** Neu Wiener Klassike［德］ 20 世纪初兴起于维也纳的无调性、十二音音乐的音乐流派。其代表人物为*勋伯格及其学生*韦伯恩、*贝尔格。

**新艺术** ars nova［拉］ 与*古艺术相对而言。1320 年法国音乐理论家菲利浦·德·维特里著书题名为《新艺术》。不久，“新艺术”一词即流传开来，以新式技法作曲的音乐家自己称为“新艺术”派。后在音乐史上常泛指这个时期的音乐艺术为“新艺术”。以多变的节奏、富于旋律性为其特点，和声感也在逐步形成。其中最盛行的体裁是意大利牧歌。



**新音阶** 由宫、商、角、清角、徵、羽、变宫七音构成的音阶。早在出土的春秋时的编钟上既已存在，战国初期的曾侯乙钟铭上亦有记载。现代以来人称“新音阶”。参见*古音阶。

**星条旗永不落** The Stars and Stripes Forever[英] *苏萨于1897年所作军队用的管弦乐进行曲。“星条旗”即美国国旗。

**行街** 又称《行街四合》。江南丝竹八大名曲之一(尚有《欢乐歌》《云庆》《四合如意》《三六》《中花六板》《慢六板》和《慢三六》)。由数个曲牌联缀而成。

**行星** The Planets[英] *霍尔斯特于1914～1917年所作管弦乐组曲。为其成名作。作品33。非公开首演于1918年,公开首演于1919年(二、七乐章未演),全曲完整演出于1920年。由火星——战争发动者、金星——和平使者、水星——插翅信使、木星——欢乐使者、土星——老年使者、天王星——巫士、海王星——神秘使者(含女声合唱)等七个乐章组成。

**匈牙利进行曲** 即*拉科齐进行曲。

**匈牙利狂想曲** Ungarische Rhapsodie[德] *李斯特于1851～1886年所作共十九首吉卜赛风格的钢琴曲。其中第二首最为著名。

**匈牙利田园幻想曲** Fantaisie Pastorale Hongroise[法] 匈牙利长笛演奏家德普拉(Albert Franz Doppler，1821～1883)所作长笛独奏曲(附管弦乐队伴奏)。作品26。作曲年代不详。一说德普拉为奥地利人,指挥家、长笛家。作有歌剧六部、芭蕾音乐十五部,以长笛独奏曲著称。

**匈牙利舞曲** Hungarian Dances[英]Ungarische Tanze[德] *布拉姆斯所作四集二十一首钢琴四手联弹曲。分别出版于1852～1880年间。

**胸声** chest voice[英] 人声三声区之一。指低声区。见*声区。

**休止** pausis[希]pausa[意] 音乐进行中的无声部分。亦是音乐艺术表现的重要手段,万不可忽视。

**休止符** rest[英] 在乐谱中不表示音高只表示休止时值的符号。有与*音符分别相对应的各种长度和名称:*全休止符、二分休止符、四分休止符、八分休止符、十六分休止符、三十二分休止符、六十四分休止符等。尚有*二全休止符、附点休止符、复附点休止符等。

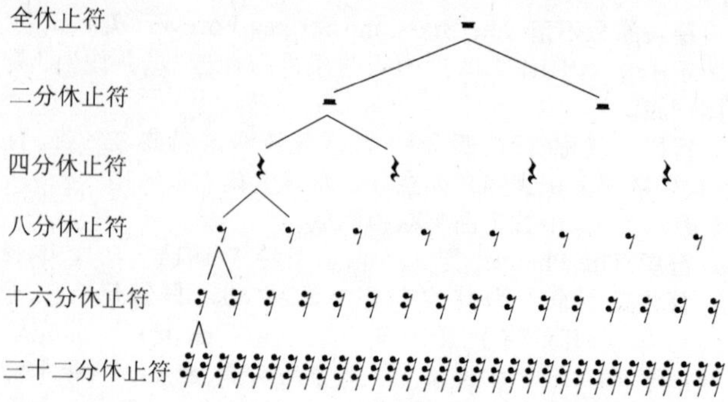


六十四分休止符（ ）、*二全休止符（ ）、*长休止记号等。

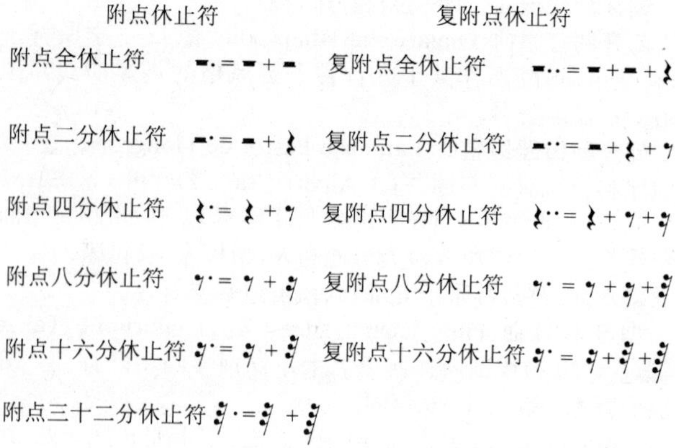


**绣花女** Bohème，La[法]　又译《波希米亚人》或《艺术家的生涯》。*普契尼所作三幕歌剧。贾科萨和伊利卡根据米尔热的小说《放荡儿的生活》编剧。作于1892～1895年，1896年首演于都灵。描写在巴黎拉丁区阁子间居住的穷艺术家的生活。欧洲当时将这些不拘旧习、无拘无束的诗人、画家和音乐家称作“波希米亚人”。诗人鲁道夫与邻居绣花女咪咪相爱，后因诗人的嫉妒猜疑而分手。等到二人言归于好之时，咪咪却因肺结核病发作而幸福安静地死去。

**许常惠**(1929～2001) 中国作曲家，音乐学家。台湾彰化人。1940年在日本学小提琴，1949年入台湾师范大学学小提琴和作曲。1954年赴法留学，先后入弗朗克音乐学院、巴黎大学音乐学研究所、巴黎音乐学院，曾师从作曲家迪蒂耶。1959年回到台湾发起并组织“制乐小集”，1967年同史惟亮发起台湾的“民谣运动”，均颇具影响。主要作品有清唱剧《兵车行》、歌剧《白蛇传》、舞剧《陈三五娘》、管弦乐《嫦娥奔月》及女声与乐队《葬花吟》。

**许茨** Heinrich Schutz(1585～1672) 是17世纪德国最杰出的作曲家。曾习法律。1609年赴意大利威尼斯，师从加布里埃利。后任德累斯顿选帝侯、哥本哈根宫廷乐长。逝于德累斯顿。在德国固有的复调音乐的传统上借鉴了意大利的主调音乐技巧，为德国新教创作了大量的宗教音乐，对其后巴赫等人的创作产生了重大的影响。尚作有德国第一部歌剧《达芙妮》(1627，已失传)。

**序列音乐** Musique Sérielle[法] 20世纪音乐流派之一。第二次世界大战后，一些青年作曲家从*韦伯恩的*点描音乐出发，以全面控制音乐的全部参数的计量序列化，运用数学原理来进行的音乐创作方法。即将音高、时值、力度、音色(触键、奏法等)、方向性等各参数，从以往附属于旋律的传统关系中独立出来，并加以序列化。以精密计算的、完全具有合理性的各个音的属性的客观固定化为其特色。如*梅西昂所作钢琴小曲《时值和力度的样式》(1949)、*布莱兹的《结构》(1952)、*施托克豪森的《群》(1957)等。但因其难于演奏，其混沌的、难以捉摸的音响，也使听众如坠五里雾中难以理解，不久不少作曲家就放弃了这种全面控制的作曲方法。虽如此，却对后来的电子音乐的作曲法以很大影响。

**序曲** overture[英] ①歌剧或清唱剧等的主要部分开始前，用器乐演奏的导入部分。如17、18世纪的歌剧序曲：法国序曲(复调风格，由慢、快、慢三段组成)和意大利序曲(主调风格。由快、慢、快三段组成)。②音乐会序曲。已不再处于导入地位，而是专门为音乐会而写的独立成章的音乐作品。如*门德尔松的序曲《芬格尔山洞》等。③亦为古典组曲的第一乐章的称谓。

**序奏** 即*前奏。

**叙事歌** ballade[法] ①14世纪法国流行的诗与音乐的形式之一。属世俗复调歌曲。通常为二或三声部。诗一般由相同结构的三节组成,每节为七至八行。音乐上第一、二行用 $a^1$,三、四行用 $a^2$,四行构成第一大部分;第二大部分第五、六、七或五、六、七、八行用b,其中第七和第八行均为叠句(即反复句)。*马肖创作的多声部叙事歌是14世纪叙事歌的代表作。②叙事性的歌曲。19世纪则指配有钢琴伴奏的叙事性的独唱曲,如*舒伯特的《魔王》。

**叙事曲** ballade[英] 具有抒情浪漫风格的器乐曲,篇幅有时相当长。*肖邦最早用此名,作有四首钢琴叙事曲。其内容富于叙事性、戏剧性。有的则取材于文学作品或民间传说。

**宣叙调** recitative[英] 又称"朗诵调"。与*咏叹调相对而言,指以语言音调为基础的、吟唱性质的一种歌唱格式。节奏自由,非正规结构。多用于歌剧、清唱剧等大型声乐作品之中(用于叙述性的或抒情性较弱的、主要用以交代情节的段落),往往置于咏叹调之前,使之相互形成对比。

**旋宫转调** 中国传统音乐术语。指*宫调的转换,即包括*调与*调式的转换:"调"的转换称"旋宫","调式"的转换称"转调"。

**旋律** melody[英] 又称"曲调"。若干不同音高的乐音有组织的连续进行。是音乐中最重要的表现手段。乐音一旦构成旋律,往往就赋予其一定的表情意义。即使在多声部音乐中,旋律总是判然若明的。一般具有可唱性和易记性。传统旋律是建构在调式体系中的,在现代音乐创作中,旋律则有所突破,有的尚需人的听觉去适应。

X

**旋律(F大调)**Melody in F[英] *安东·鲁宾斯坦于1852年所作的钢琴曲《两首旋律》中的第一首。曾被改编成各种器乐曲。

**旋律大调** *大调式之一。

**旋律连接法** melodic connection[英] 和弦连接的方式

之一。即在和弦连接时无一声部保持同一音。与*和声连接法相对而言。

**旋律小调** *小调式之一。

**旋律小音阶** melodic minor scale[英] *小音阶之一。参见*小调式。

**旋律学** 音乐学科之一。是研究旋律的性质、原理的一门学问。苏联音乐学家玛采尔著有《论旋律》(有中译本)一书。

**旋律音程** 两音依次出现的音程。与*和声音程相对而言。

**学堂乐歌** 19世纪末、20世纪初,在中国伴随着"新学"的兴起,出现了一种前所未有的中国音乐——学堂乐歌,即在新式学堂所设的"乐歌"课中所教唱的歌曲。其内容充满民主主义思想,从而产生巨大的社会作用,直至民国初年,史称"学堂乐歌运动",成为中国近代音乐文化的开端,并由此西方音乐在中国得以全面普及和应用。初为以欧、美、日的曲调填词而成,后渐由自己谱曲。代表人物有*沈心工、*李叔同。学堂乐歌代表作有《中国男儿》《男儿第一志气高》《送别》《春游》等。

**学院节日序曲** Akademische Fest Ouvertüre[德] *布拉姆斯于1880年所作管弦乐曲。为答谢布雷斯劳大学授予其名誉博士称号而作。1881年首演于布雷斯劳大学。作品80。

**勋伯格** Arnold Schonberg(1874～1951) 奥地利作曲家。犹太籍。20世纪音乐最具影响力作曲家之一。自幼喜爱音乐。8岁开始学习小提琴。9岁自作小提琴小曲。16岁任银行职员,业余任大提琴手。20岁才从作曲家策姆林斯基学习对位。1899年创作弦乐六重奏曲《升华之夜》。1901年赴柏林,后经*理夏德·施特劳斯推荐任施特恩音乐学院作曲教师。1903年返回维也纳,其间贝尔格和韦伯恩从其学习作曲。1909年开始完全进入无调性创作阶段。第一次世界大战爆发后,曾应征入伍。1918年与*贝尔格、*韦伯恩创立"私立演奏协会",从事现代音乐作品演奏活动,并探索在无调性音乐中如何获得音乐的统一和形式的完整这一课题，最终确立了十二音技法。1925 年执教于普鲁士艺术科学院。1933 年在纳粹统治下，被迫亡命法国，后赴美国，并于 1941 年加入美籍。后定居洛杉矶专事创作。主要作品有《五首管弦乐曲》(1909)、弦乐合奏*《升华之夜》(1917)、人声与乐队《古雷之歌》(1911)《月光下的彼埃罗》(1912)*《华沙幸存者》(1947)、歌剧《摩西与亚伦》(1930～1932)、《小提琴协奏曲》(1934～1936)、《第四弦乐四重奏》(1936)、《钢琴协奏曲》(1942)等。著有《和声学教程》(1911)、《作曲入门范本》(1942)、《和声的结构功能》(1954，有中译本)、《对位法初级练习》(出版于 1963)、《作曲基本原理》(出版于 1967，有中译本)等。

**勋伯格，克劳德-米歇尔** Claude-Michel Schonberg (1944～ ) 法国著名音乐剧作曲家，父母都是匈牙利人，学经济出身，以歌手的身份开始其音乐生涯。1973 年与阿兰·鲍伯利合作他们的第一部音乐剧《法国大革命》，在巴黎体育馆连演三个月极获成功，他不仅作曲还亲任监制的有音乐剧《悲惨世界》《西贡小姐》等。另有《马丁·盖尔》。

**埙** 中国古代吹奏乐器。现存距今七千年浙江河姆渡遗址出土的一孔埙。多为陶制，呈卵状，中空，上开一至五孔不等。20 世纪 80 年代埙得以复兴，往往作为特性乐器，用于乐队，或独奏。

**浔阳琵琶** 即*《夕阳箫鼓》。

**浔阳曲** 即*《夕阳箫鼓》。

**浔阳夜月** 即*《夕阳箫鼓》。

X

# Y

**雅纳切克** Leoš Janacěk(1854～1928) 捷克民族乐派代表作曲家。自幼喜爱音乐。曾入布拉格管风琴学校、莱比锡音乐学院学习。1874年任布尔诺修道院合唱团指挥,后任布拉格音乐学院布尔诺分院高级作曲教授。50岁后始专注于创作。对摩拉维亚民间音乐有深入研究,受俄罗斯民族乐派(特别是*穆索尔斯基)的现实主义艺术影响亦甚深,并在摩拉维亚民歌和朗诵样式的基础上,继承*斯美塔那以来捷克民族乐派的传统,以强烈的创新意识,在歌剧和合唱艺术方面取得令人瞩目的成就。晚期创作则又不断地探索现代作曲技法。作有《叶努法——养女》(1894～1903,在音乐中大量使用了不协和和声)等十部歌剧,为管弦乐与十二支小号而作的五乐章《小交响曲》(1926,为捷克和斯拉夫国家体育协会"鹰"的第8届全国大会开幕式的乐队而作),清唱剧《阿玛鲁斯》(约1897,修订于1901～1906年,题名意为"悲痛",是一部充满了爱国主义情思之作),合唱曲《哈拉恰尼之歌》(1916,由无伴奏女声合唱黄金之道,女高音、女声合唱和一支长笛喷泉之泣,女高音、女声合唱和一架竖琴贝维德尔宫殿等三首组成),合唱曲《童谣》(1924～1927,编制为女高音2、女低音2、男高音3、男低音2、陶土制鸠笛"埙"1、木管10、低音提琴1、儿童用鼓以及钢琴。歌词为民谣。由序奏和十八曲组成,结构短小,且均附标题),以及根据民谣改编的钢琴曲《摩拉维亚民族舞曲集》(1891～1893,共二十一曲,包括独奏、联弹并附独唱的曲子)等。

**雅乐** 指中国古代宫廷音乐。与俗乐相对而言。《诗经》即有风、雅、颂之分。

**轧琴** 中国戏曲"武安平调落子"的拉弦伴奏乐器。形似筝,持之于左胸前,以竹片或高粱秆拉奏。不可与*轧筝相混淆。

**轧筝** 中国见于最早记载的拉弦乐器。见于《旧唐书·音乐志》:"轧筝,以竹片润其端而轧之。"

**亚当** Adolphe (Charles) Adam(1803～1856) 法国作曲家。曾学于巴黎音乐学院,1849 年任该院作曲教授。所作以芭蕾舞剧音乐《吉赛尔》最著名。

**亚历山大·涅夫斯基** Alexander Nevsky[英] *普罗科菲耶夫于 1938～1939 年所作康塔塔。鲁郭夫斯基与曲作者作词。作品 78。以其所作同名电影的配乐改编而成。亚历山大·涅夫斯基是 13 世纪俄罗斯抗击外族侵略的民族英雄。

**亚麻色头发的少女** Fille Aux Cheveux de Lin La[法] *德彪西于 1910 年所作钢琴前奏曲第一集中的第八首。有多种器乐改编曲。

**阉人歌手** castrato[意] 男子发育前即被阉割的男唱女声的歌手。其嗓音既具有女高音的特色,又保持了男子的胸腔和呼吸以拥有女声所不具备的力量。16 世纪时演唱于教堂之中,17～18 世纪又成为意大利正歌剧的演唱者。以法里内利(Farinelli)、契奈西诺(Cenesino)、贝尔那基(Bernacchi)、曼佐里(Manzuoli)等为其代表。后这种做法被视为一种罪行,最先遭到法国的反对。

**延安颂** *郑律成在延安于 1938 年所作歌曲(莫耶词)。

**延长记号** fermata[意] 标记为$\frown$。记在音符或休止符的上方时,表示延长该音符或休止符的音值。延长多少由演奏(唱)者决定。如记在复纵线上方时,则称"终止记号"($\overset{\frown}{\|}$),同*曲终,即 fine,反复至此终止。

**延留和弦** suspended chord[英] 二或三个音同时延留的和弦。参见*延留音。

**延留音** suspension note[英] *和声外音之一。与*先现音相反,其作用是延迟解决和声中某一声部,即前一和弦中某音延留出现在后一和弦,形成延留音。传统和声中延留音作上行或下行解决。

**延音连接线** 即*连线。



**严格对位** strict counterpoint[英] 遵守严格规则的对位法。是在 15、16 世纪功能和声尚未确立之前所使用的对位法。

**严格赋格** strict fugue[英] 指*巴洛克音乐达于顶峰时期的遵从严格规则的赋格。

**严格卡农** strict canon[英] 见*卡农。

**严良堃**(1923～ ) 中国指挥家。湖北武昌人。曾在*抗日救亡歌咏运动中从事指挥活动。1942年入重庆国立音乐学院学习作曲、指挥。1949年任中央音乐学院音乐工作团合唱指挥。1954年入莫斯科柴科夫斯基音乐学院学习乐队与合唱指挥。1958年回国后任中央乐团指挥,后任团长。1959年在北京指挥贝多芬《第九交响曲》在中国的首演。指挥的*《黄河大合唱》影响深远。尤以指挥合唱著称。

**焰火音乐** Fireworks Music[英] *亨德尔于1749年所作管弦乐曲。同年4月27日首演于伦敦格林公园举行的焰火晚会(为庆祝争夺奥地利王位的战争的结束和各参战国签订亚琛和约)。后由曲作者改编为由六曲组成的管弦乐曲。

**燕乐** 中国古代宴享宾客之乐。隋、唐、宋时的"燕乐"系指宫廷中与雅乐相对而言的俗乐。

**燕乐二十八调** 指中国唐代*燕乐常用的二十八个*宫调。其解释历代不一。据《新唐书·礼乐志》载其名称为七宫(正宫、高宫、中吕宫、道调宫、南吕宫、仙吕宫、黄钟宫)、七商(越调、大石调、高大石调、双调、小食调、歇指调、林钟商)、七角(大食角、高大食角、双角、小食角、歇指角、林钟角、越角)、七羽(中吕调、正平调、高平调、仙吕调、黄钟羽、般涉调、高般涉调)。

**演艺船** Show Boat 又译《画舫艳史》。音乐剧。哈默斯坦(Oscar Hammerstein II, 1885～1960)编剧,美国作曲家科恩(Jerome David Kern, 1885～1945)作曲。1927年首演于纽约百老汇。剧情为:棉花号演艺船船主的女儿玛格诺莉和青年盖洛在纳齐兹码头演出时相遇旋即相爱而结合。但盖洛嗜赌如命,竟因负债弃妻别女而去,数十年后方破镜重圆。剧中穿插的混血儿朱莉与男演员斯蒂夫的恋情,是音乐剧舞台上反映黑人与白人相恋的先例。剧中的《老人河》一歌,反映黑人码头工人的悲惨生活,流传甚广。

**秧歌** 中国北方由来已久的民间歌舞。习俗之一，每年春节等喜庆节日即表演秧歌。

**秧歌剧** 见*秧歌运动。

**秧歌运动** 1942毛泽东发表《在延安文艺座谈会上的讲话》后兴起于延安的群众文艺运动。在旧有的秧歌的基础上，延安鲁迅艺术学院率先推出新秧歌《拥军花鼓》，迅即受到广泛欢迎，出现众多的秧歌队上街"闹秧歌"，后迅即扩展到各抗日根据地，遂形成秧歌运动。在秧歌运动中涌现出《兄妹开荒》等新秧歌剧，而后的新歌剧则是其实践基础上的直接产物。

**扬琴** ①又称"洋琴"。中国击弦乐器。传为在明末由波斯等地传入中国东南沿海一带。后扬琴艺术得到长足发展，遂成为民族管弦乐队中的重要组成乐器。形制似梯形，琴面置二至五排桥马，上张钢丝弦，以两个琴笕击弦发声。②流行与世界各地的击弦乐器。源于古代中亚波斯（今伊朗）、阿拉伯一带的击弦乐器。约12世纪传入欧洲。

**扬州慢** *姜白石于1176年（淳熙三年）在扬州所作的歌曲，词亦自作。是其自度曲中最著名的一首。

**阳春古曲** 琵琶套曲。载于*《南北派十三套大曲琵琶新谱》。版本有七、十、十二段之别。七段称《小阳春》，余则称《大阳春》。亦可独奏其中的一段。

**阳关三叠** 现存中国古代著名琴歌之一。据唐代诗人王维《送元二之安西》诗写成。版本众多。曾被改编为合唱曲。

**阳性终止** masculine ending, masculine cadence［英］ *终止之一。乐曲在结束时的主和弦落在强拍的终止。系*终止从节奏上的分类之一。与*阴性终止相对而言。

**杨嘉仁**（1912～1966） 中国指挥家。广东中山人。曾就学于南京金陵女子文理学院音乐系（该系唯一男生）。28岁获美国密执安大学音乐学院研究部硕士学位，并成功地指挥了该大学的管弦乐队的演出。回国后任教于上海国立音乐专科学校等校。1953年在罗马尼亚第4届世界青年与学生和平友谊联欢节上指挥中国青年艺术团合唱队，演出了其改编的无伴奏混声合唱《半个月亮爬上来》并获合唱银质奖。44 岁任上海音乐学院指挥系主任。后任中央乐团、上海交响乐团特邀指挥。

**杨荫浏**(1899～1984)　中国音乐学家。江苏无锡人。幼即熟读经史诗词,学习多种民族乐器。后又随一美国传教士学习英文、钢琴和作曲。曾任中学教员。1936 年任北平哈佛燕京学社音乐研究员,开始在燕京大学讲授中国音乐史。1941 年任国立音乐学院教授,其间曾兼任国立礼乐馆编纂和乐典组主任。20 世纪 50 年代初任中央音乐学院研究员,后出任中国艺术研究院音乐研究所副所长、所长,中国艺术研究院顾问。长期致力于中国音乐史学、民族音乐的研究,精通多种民族乐器,亲自对民间音乐进行实地考察,重视方法论,贯通中西,卓有建树。著有《中国音乐史纲》(1944)《中国古代音乐史稿》(1981),享誉国内外。曾整理出版多种民间音乐曲集,破译宋代姜白石乐谱,研究中国古代乐律,在中国创立语言音乐学等诸方面均有所建树。另为民间音乐家阿炳的演奏录音传世并整理曲谱,功不可没。

**杨元亨**(1893～1959)　中国民间管子演奏家。元亨为其道名。河北安平人。师从永兴、老莲,精通多种民间乐器,尤擅长演奏管子。1950～1958 年任教于中央音乐学院。其演奏曲目达数百首,为民间管子艺术的重要传人。

**养正轩琵琶谱**　见*月儿高。

**妖精之舞** Ronde des Lutins La[法]　意大利作曲家、小提琴家巴齐尼(1818～1897)所作小提琴曲。作品 25。题献给捷克小提琴家恩斯特(1814～1865)。

**腰鼓**　中国打击乐器。圆筒形,两面蒙皮,系于腰间,以二木槌击奏。

**邀舞** Invitation To the Dance[英]　*C. M. 韦伯于 1819 年所作钢琴曲。是为其妻生日所作。作品 65。是欧洲浪漫主义音乐的先驱作品之一,开标题音乐之先河,亦为音乐会圆舞曲的奠基之作。1841 年由*柏辽兹将其改编为著名管弦乐曲。

**摇摆乐** swing[英]　一译"摇曳乐"。swing 一词原为描绘爵士乐演奏的基本特征——摇曳感(表示很难根据记谱演奏而通常加以变换形成跳动的节奏感)，使用于黑人社会。20世纪30年代中期，美国经济的复苏使举办舞蹈晚会风气盛行起来，纷纷聘请大型爵士乐队为之伴舞。一些乐师尝试制作有别于“热爵士”的另一种风格的爵士乐，即摒弃黑人爵士乐队演奏中的忧郁因素，强调音乐的规整性，要求乐师们根据乐谱统一排练，但又在要求与整体演奏风格大致统一下，亦给予独奏者以充分发挥其即兴演奏的余地，强调爵士乐的摇曳感，从而形成了当时最流行的爵士乐风格之一。1935年8月班尼·古德曼(Benny Goodman，1909～1972)的乐队在洛杉矶的帕勒玛大舞厅演出大获成功，致使此种音乐风行一时。后人称30年代后半期至40年代前半期约十年间为“摇曳爵士乐时代”。但随其在广大白人听众中变得愈加流行和商业化，其真正的爵士乐韵味就愈加淡化。

**摇板** 戏曲板式之一。即唱腔为散板、伴奏为流水板的紧打慢唱。如京剧中的二黄摇板、西皮摇板，梆子中的紧流水等。

**摇滚乐** rock[英] 为“rock and rell”的缩写。美国的流行音乐之一。20世纪50年代中期，将黑人的“节奏布鲁斯”和白人的*“乡村音乐”相结合而成的一种强调在拍子后面击节并伴有舞蹈动作的音乐。当时美国各大城市虽仍流行“叮呼巷”的传统风格的歌曲和爵士乐，但社会流行音乐趣味多样化的新趋势已隐约可见。如白人歌手弗兰基·莱恩等人，汲取了黑人声乐体裁，形成粗犷、刺耳(如带哽咽声、喘息声、破裂声、不寻常的高音等)、感情奔放不羁和节奏灵活的演唱风格，给予当时流行音乐占主流地位的那种有控制的、圆润的欧洲式的唱法以巨大的冲击。1951年电台音乐节目主持人艾伦·弗里德(1922～1965)将这种音乐杜撰称为“摇滚乐”(源自一首淫秽的黑人歌曲《我的宝贝以固定的滚动摇曳我》)。1955年白人歌星比尔·哈利及“彗星乐队”为影片《黑板丛林》(指美国秩序混乱、无法无天的市区学校)录制了以此种风格演唱的歌曲《昼夜摇摆》轰动一时，并迅即风行欧洲，掀起了“摇滚”热潮，标志着“摇滚乐”的成型。1956年，摇滚乐最著名歌星埃尔维斯·普雷斯利

(即猫王)以《心碎旅馆》一曲获巨大成功。50年代末,这种音乐似乎自生自灭了,但1962年*“披头士”在美国的轰动,标志着摇滚乐在音乐史上的飞跃发展。各种风格的摇滚乐开始相互渗透、相互影响,音响也随着录音技术的大发展而日趋复杂、精美。当“披头士”演唱于美国后,很快就与美国侵略越南战争背景下的反越战的青年人的叛逆精神相结合,取得流行音乐的主流地位。由以电吉他为中心的以及各种键盘乐器、电贝司、一套打击乐器所组成的小编制的乐队,依仗功率强大的扩音装置,往往能以强大的音响笼罩着数万听众;在音乐上则广泛汲取了各种音乐的手法和风格,扩大了其音乐表现力。

**摇篮曲** lullaby[英] 以使婴儿安静入睡的一种音乐体裁。如*肖邦和*贺绿汀的钢琴曲,*莫扎特、*舒伯特、*布拉姆斯等人的歌曲。

**椰胡** 中国拉弦乐器。形似板胡,但音筒为椰子壳所制。主要用于潮州音乐。

**野玫瑰** Heidenroeslein[德] *舒伯特于1815年所作歌曲(歌德诗)。作品3之3。

**叶甫根尼·奥涅金** Evgeny Onegin[英] *柴科夫斯基所作三幕歌剧。由曲作者与希洛夫斯基根据普希金(1799～1837)的同名小说编剧。1878年首演于意大利。故事发生在19世纪20年代的俄罗斯。塔吉雅娜爱上其妹奥尔加的未婚夫连斯基的朋友奥涅金,但却遭到冷遇。在塔吉雅娜的生日舞会上,玩世不恭的奥涅金却故意向奥尔加献殷勤,不料,连斯基出于贵族社会的荣誉感,愤然向奥涅金提出决斗,以致丧生。数年后,浪迹国外归来的奥涅金与塔吉雅娜重逢,爱情之火虽已点燃,但却遭到已出嫁的塔吉雅娜的拒绝,遂绝望而去。

**夜曲** Nocturne[英] ①18世纪指夜间在露天演奏的多乐章器乐曲。19世纪在浪漫派作曲家的创作里,夜曲成为一种篇幅不大的单一乐章的乐曲,具有宁静沉思的抒情特色。初始的钢琴夜曲的作者为爱尔兰作曲家约翰·菲尔德(John Field, 1782～1837)。其后,肖邦将其发展为具有高度艺术性的音乐体裁之一,共作夜曲二十一首。其篇幅较小,风格宁静,旋律往往饰以精致的装饰音,伴奏织体则多采用分解和弦。②* 德彪西的管弦乐曲。完成于 1899 年。由云雾、节日、海妖等三个乐章组成。拉威尔曾将其改编为两架钢琴四手联弹曲。

**夜深沉** 著名中国京剧曲牌。京胡曲。

**夜莺** Rossignol Le[法] 19 世纪初俄罗斯歌曲作曲家阿里亚比耶夫(1787～1851)于 1926 年所作歌曲(捷尔维格词)。阿为俄罗斯民族主义歌曲创作的先驱者之一。

**一八一二序曲** Ouverture Solennelle"1812"[法] * 柴科夫斯基于 1880～1882 年所作管弦乐曲。作品 49。1812 年拿破仑军队攻入莫斯科,旋即俄军将其击溃而取得决定性的胜利。

**一板三眼** 中国传统音乐术语。相当于 4/4 拍子。见 * 板眼。

**一板一眼** 中国传统音乐术语。相当于 2/4 拍子。见 * 板眼。

**一部曲式** 即 * 乐段。

**一度音程** 即 * 同度。见 * 音程。

**一段体** 即 * 一部曲式。

**一个美国人在巴黎** An American in Paris[英] * 格什温于 1928 年采用爵士乐手法所作的交响诗。同年首演于纽约。

**一枝花** 山东鲁西南鼓吹乐唢呐曲。旋律源自山东梆子音乐。由散板、中板和快板组成。

**伊奥尼亚调式** Ionian Mode[英] * 教会调式之一。由相邻两音除三、四音间和七、八音间为半音外,其余各音均为全音的自然音列构成。同 * 大调式。副伊奥尼亚调式的构成方法见 * 正调式。

**伊贝尔** Jacques Ibert(1890～1962) 法国作曲家。学于巴黎音乐学院,并于 1919 年获该院罗马大奖,赴罗马进修期间作有成名作交响组曲《港口》(1922)。音乐上熔印象主义与新古典主义于一炉,并具有现代音乐中所不可多得的通俗性。尚作有独幕歌剧《昂热利克》(1927)、交响曲《海之交响曲》(1940)、长笛协奏曲(1932～1933)等。

**伊贝里亚** Iberia *阿尔贝尼斯作于1905～1909年的钢琴曲。由四集十二首组成。以印象主义的笔触描绘了安达鲁西亚地方的风景和风俗。该曲以西班牙小提琴家、指挥家阿尔沃斯(F. Arbós 1863～1939年)的管弦乐改编曲著称。

**伊波利托夫-伊万诺夫** Ippolitov-Ivanov(1859～1935) 俄罗斯作曲家。曾师从里姆斯基-科萨科夫。1882年任第比利斯音乐学院院长。1893年任莫斯科音乐学院教授,1904年任该院院长。其创作具有强烈的民族主义倾向。作有管弦乐组曲《高加索素描》(1894)、歌剧《阿霞》(1899)、弦乐四重奏曲、为竖琴和木管乐器所作的《格鲁吉亚的黄昏》等。

**伊凡·苏萨宁** Ivan Sussanin[英] *格林卡于1834～1836年所作四幕歌剧。原名为《为沙皇献身》。是俄罗斯歌剧的奠基之作。剧情描写的是在1612年波兰乘罗曼诺夫王朝初立之际,派军入侵。波军逼迫俄罗斯农民伊凡·苏萨宁为其带路。伊凡·苏萨宁将波军引进森林绝境,并与波军同归于尽。

**伊凡诺维奇** Ion Ivanovici(1845～1902) 罗马尼亚作曲家。曾任军乐队队长。作有铜管乐合奏曲、进行曲、圆舞曲等作品。以《多瑙河之波圆舞曲》著称于世。

**伊戈尔王** Prince Igor *鲍罗丁的四幕歌剧。1890年初演于圣彼得堡。鲍罗丁去世后,未完成部分由*里姆斯基-科萨科夫和*格拉祖诺夫续成。以第二幕中的鞑靼人的舞蹈最著名,可作为独立的芭蕾舞上演。剧情为:12世纪时,伊戈尔王在抵御游牧民族波罗维茨人的入侵中被俘,为拯救祖国的信念使他坚贞不屈,在正教徒奥弗路尔的帮助下,设法逃脱。剧中穿插着王子与波罗维茨公主的相爱,以及描写贞洁的俄罗斯女性的典型——王后雅洛斯拉芙娜等故事。

**伊拉迪尔** Sebastian Yradier(1809～1865) 西班牙歌曲作曲家。曾任拿破仑三世皇后的声乐教师。后赴古巴,其间所作歌曲《鸽子》著称于世。尚作有歌曲《埃尔·阿雷格利托》(1840,曾被比才用于歌剧《卡门》第一幕中——《哈巴涅拉》)。

**伊莲·佩姬** Elaine Paige(1948～ ) 著名音乐剧女演员。生于英格兰,早年在伦敦的阿依达·福斯特表演学校习声乐。1969 年担任《长发》的一个角色始走向音乐剧舞台,后因在《耶稣基督超级巨星》中的出色表现而一路走红,以《猫》中格里泽贝拉、《艾薇塔》中艾薇塔、《日落大道》中诺玛、《国王与我》中女教师等角色最终使她获得了"英国音乐剧第一夫人"的盛誉。曾做 BBC 电视主持人、音乐剧制作人,除获英国演艺俱乐部杰出艺人奖等各类音乐和终身成就奖而外,录制的唱片中有八张金唱片、四张白金唱片。

**伊萨依** Eugene Ysaye(1858～1931) 比利时小提琴家。曾师从*维尼亚夫斯基、马萨尔、维厄当等人。曾任教于布鲁塞尔音乐学院。后演奏于世界各地。尚作有协奏曲及小提琴曲等作品。1918～1922 年任辛辛那提交响乐团指挥。

**伊斯拉美** Islamey[英] *巴拉基列夫于 1869 年所作钢琴幻想曲。同年由*尼古拉·鲁宾斯坦首演。后意大利作曲家卡塞拉将其改编为管弦乐曲(1908)。

**移调** transposition[英] 只将乐曲从某调移到另一较高或较低的调,而其他各种结构关系均不变。如将 D 大调的乐曲变成 E 大调。通常多用于歌唱,以适于不同演唱者的音域。

**移调乐器** transposing instruments[英] 指实际发出的音比乐谱所记之音低或高(二至五度,或八度)的乐器。如单簧管、圆号等乐器。D 调圆号应降低二度记谱,♭B 调单簧管则应升高二度记谱。此种乐器并非 C 调,但记谱时须按 C 调为标准,升高或降低,始得到实际音高。铜管乐器多为移调乐器。短笛、木琴、钢片琴等均为移低八度记谱。

**移动八度记号** 省略记号之一。标记为:

*8va*·····························

用以移高(记在音符上方)或移低一个八度(记在音符下方)。

**以色列人在埃及** Israel In Egypt[英] *亨德尔于 1738 年所作清唱剧。翌年首演于伦敦。以《圣经·旧约·出埃及记》为题材。即受埃及法老奴役的以色列人在摩西的率领下逃离埃及,到达西奈山区的故事。

**倚音** appoggiatura[英] 装饰音之一。分*长倚音、*短倚音、*复倚音、*后倚音等。倚音音符的符干永远向上,并与主要音的音符用连线联结起来。

**义勇军进行曲** 1935年*聂耳为影片《风云儿女》所作主题歌(田汉词)。此歌一出现迅即唱遍全国,至今仍葆有强大的生命力。现为*《中华人民共和国国歌》。

**艺术歌曲** lied[德] 德文为"歌曲"之意,主要指*舒伯特、*舒曼、*布拉姆斯、*沃尔夫等作曲家所创作的德国抒情歌曲。在浪漫乐派时期所形成并得到发展。其钢琴部分为整体不可分割的一部分,在塑造音乐形象中占有重要位置。后泛指为音乐会所创作的、具有较高演唱技巧与艺术性的歌曲。

**艺术家的生涯** Kunstler Leben[德] ①即歌剧*《绣花女》。②*约翰·施特劳斯(小)于1867年所作圆舞曲。作品316。

**译配** 将外国歌词翻译之后,尚需将译词与旋律作有机地结合(配歌)。亦为一种艺术创作。

**意大利交响曲** Italian Symphony[英] *门德尔松于1833年所作《A大调第四交响曲》。翌年首演于伦敦。作品90。因第四乐章采用意大利的萨尔塔雷罗舞曲,故名。

**意大利六和弦** Italian sixth[英] *增六和弦之一。一般指小调的根音升高半音的下属六和弦,其三音与上方根音构成增六度,如F—A—♯D有时亦指大调的根音升高半音的$\mathrm{II}_6$和弦。与*德国六和弦、法国六和弦等的称谓为习称而已。使用最多的是*德国六和弦。

**意大利随想曲** Italian Caprice[英] *柴科夫斯基于1880年所作管弦乐曲。同年首演于莫斯科。作品45。以在意大利旅行时所获素材创作而成。

**意大利喜歌剧** opera buffa[意] 见*喜歌剧。

**意大利协奏曲** Italian Concerto[英] *J.S.巴赫于1735年所作古钢琴曲。无乐队伴奏。虽以意大利古小提琴协奏曲的形式创作的所谓的钢琴协奏曲，但确立了钢琴协奏曲“快、慢、快”三乐章的格局。

**意大利心影录** 即*意大利印象。

**意大利印象** Impressions d'Italie[法] 一译《意大利心影录》。夏庞蒂埃(Gustave Charpentier，1860～1956，法国作曲家，曾就学于巴黎音乐学院，师从*马斯内。1913年后停止创作，是法国浪漫派音乐的最后一人)于1890年在罗马所作管弦乐组曲。翌年首演于巴黎。由五曲组成：小夜曲、在泉水旁、骑驴郊游、登高远望、那不勒斯。

**阴性终止** feminine cadence[英] *终止之一。乐曲在结束时的主和弦落在弱拍的终止型。是终止从节奏上的分类之一。较*阳性终止柔和。

**音** note[英] 由发音体振动而产生的声音。具有高低、长短、强弱、音色等四种属性。根据振动的形态，可分为纯音、乐音、噪音三类。在音乐中主要使用的是乐音。

**音叉** tuning fork[英] 测音器具。钢制，呈U字形，并在下方有柄。持柄，叩其顶端即产生一个具有一定振动数的纯音。音乐用音叉所发之音的频率为440赫兹，为国际通用的标准音($a^1=440$)，一般据此进行调律。

**音程** interval[英] 指两音之间的音高关系。计算音程的单位为*度，如二度、六度等。八度以内的音程称*单音程，八度以上的音程称*复音程。依其性质上的不同，分为*大音程、*小音程、*纯音程、*增音程、*减音程、*倍增音程、*倍减音程等。顺次发声的两个音称*旋律音程；同时发声的两个音称*和声音程。如其发生在*自然音阶，称*自然音程；反之，发生在音阶的变化音级上则称*变化音程。构成音程的两音，视其融合程度的不同。又分为*协和音程与*不协和音程。前者又有完全与不完全之分。

**音符** note[英] 表示音的长度的符号。由符头、符尾、符干组成。有全音符、二分音符、四分音符、八分音符、十六分音符、三十二分音符、六十四分音符等。将其记入谱表中则又可表示音高。尚有*二全音符、附点音符、复附点音符等。

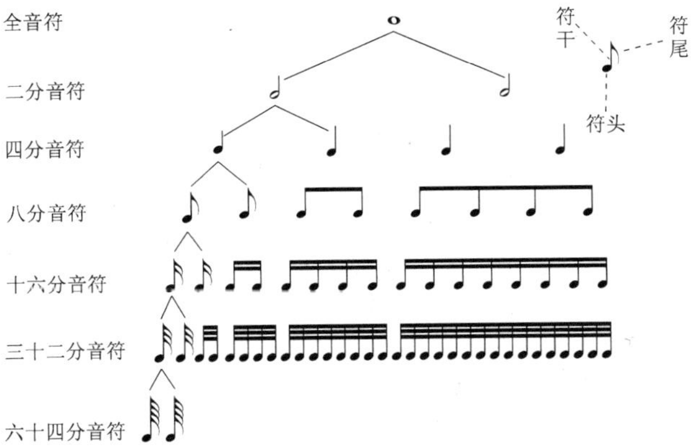

**音高** pitch[英]　音的主要属性之一。音的高度,因发音体振动的频率的不同而有高低之分:振动次数越多,音越高;振动次数越少,音越低。分*绝对音高(感)、*相对音高(感)。

**音级** degree[英]　音阶或调式中各*自然音级数的称谓(以罗马数字标记)。其七个音分别称作第一音级(Ⅰ)、第二音级(Ⅱ)、第三音级(Ⅲ)、第四音级(Ⅳ)、第五音级(Ⅴ)、第六音级(Ⅵ)、第七音级(Ⅶ)。七个音级顺序又分别称作:主音、上主音、上中音、下属音、属音、下中音和导音。又称"基本音级",相对于变化音级而言。

**音阶** scale[英] 在一个八度范围内将乐曲全部或其中一部分所使用的音,按照音的高低顺序排列而呈阶梯式的一系列音。其中有一相对稳定的中心音(主音),故又含有调式的意义(此时与调式通用,如大音阶即相当于大调式)。音阶是历史的产物。不同时代、不同民族、不同地域以及不同作曲家所采用的音阶种类繁多,基于其而构成的音乐效果也各异。欧洲在古希腊时即有了有关音阶的理论,初是在纯四度范围内按照二度排列的四声音列,后才形成在一个八度内进行分割的中世纪教会调式和近代的大、小音阶。从组成音的数量而言,音阶可分为五声音阶、六声音阶、七声音阶、八声音阶、九声音阶等;从其组成音之间的音程关系而言,可分为大音阶、小音阶、全音音阶、半音音阶、微分音阶等;此外,尚有人为音阶,如谜式音阶等。中国早于欧洲一百四十余年即有了五声音阶的理论(见《管子》一书),并在悠久的历史中,形成了丰富多彩的音阶。苏格兰、匈牙利、日本、阿拉伯等地区或国家尚有各自不同的特殊音阶。

**音孔** sound hole[英] 指乐器的出音口。其形状不一。可使振动气流通畅,有助于共鸣。

**音块** tone cluster[英] 又译"音群"。在一音程内密集着一群由半音、微分音程而形成的组合。特点是不突出个别音,而是寻求一群音的整块音响效果。1912 年为美国作曲家 H. 考威尔首先有意识地将音块用于创作之中,后 * 彭德雷茨基将其用于其所作 *《广岛死难者的悼歌》(1960)之中。

**音量** volume[英、法] 即音的强度。其大小由振幅的大小所决定。参见 * 力度。

**音列** note row[英] 一般为现代钢琴所拥有的八十八个音,称之为"自然音列"。或将乐器、乐曲(或片段)中所使用的全部的音按照高低顺序排列的一系列音,亦称音列。由复合音中的 * 基音(第一分音)与上方泛音组成的音列,谓之 * 泛音列。反之为"沉音列"。

**音名** pitch names[英] 音的固定高度的名称。应与 * 唱名相区分。各国用以标记七个基本音级所用的音名有所不同。通用的英、美音名为:C D E F G A B 。德国音名为:C D E F G A H(B则为♭B ,不可与英、美音名相混淆);意、法为:Do(ut)、Re、Mi、Fa、Sol、La、Si。* 变化音则在上述音名前标以升或降记号即可。中国古代* 十二律的名称,亦为音名。

**音区** register[英] * 音域中的一部分。在声乐中则称"声区"。

**音诗** tondichtung[德] 见* 交响诗。

**音色** timbre[英] 又称"音质"。音的主要特性之一。由于音的成分的不同,即其中所包含的泛音在数量、质量和强度各方面的差异而产生的音响上的特色。泛音之所以在数量、质量等方面有所不同,是因为发音体和共鸣体等的不同而产生的。据此,可分辨不同的乐器或声种,以及不同的音区或声区。一般说,泛音分布越广泛,音色就越美。在演奏中对其声音的辨别往往使用"音质"一词。

**音色旋律** klangfarbenmelodie[德] 该用语出自* 勋伯格所著《和声学》(1911),认为旋律不仅由音高、节奏的变化构成,而且音色的变化也是其带有本质性的构成要素。即所谓"音色旋律"指没有音高的变化,只有乐器的交替变化,而一个接一个地形成音色的变化的音乐技法。其范例为勋伯格的《五首管弦乐曲》(1909,作品 16)中的第三首湖边夏晨:色彩,相同和弦按比率以各异的乐器演奏所得到的微波般的音色变化,以音色效果淡化了和声的效果,描绘的夏晨溟濛的湖光水色令人神往。韦伯恩在其所作《为管弦乐而作的五首小品》中亦采用此法。

**音数** 音程中所含半音或全音的数目。用于辨别* 音程的种类。如音数为 1½(即一个半"半音")的三度音程称作"小三度"。

**音响生理学** tonphysiologie[德] 音乐学的分支之一。是研究音乐对人的身体诸机能(脑中枢、听觉神经、演奏运动、遗传)的关系的一门学科。

**音型** figure[英] 具有一定特征的、反复出现的并与主要乐思相关联的音的形态。有旋律音型的或节奏音型的、和声音型的数种。与* 动机不同之处在于动机往往指的是主要乐思的组成部分，音型则不受此限。音型对器乐曲来说具有特殊重要的地位。

**音型法** figuration[英]　持续使用一个特定的旋律或和声音型。

**音型说** figurenlehre[德]　17、18世纪欧洲有关作曲理论之一。在音乐上类似修辞学的位置。

**音域** compass[英]　指某一乐器或声种全部音高的范围。其中又可分成高音区（high register 英）、中音区（middle register 英）、低音区（low register 英）。参见*声域。

**音乐** music[英]musik[德]musica[意]musique[法]　艺术门类之一。汉语"音乐"一词首见于公元前239年成书的《吕氏春秋》。作为艺术之一，音乐与其他姊妹艺术既有共同性，但又有特殊性。音乐是以"声音"为材料，产生了独特的构成方法，从而决定了音乐艺术的表现和对它的感受的特殊性。因此，从时空上看，音乐是"时间艺术"；从感受方式上看，则是"听觉艺术"，具有较大的"不确定性"（特别是器乐）。只有转化为人的听觉所能感受的东西，才能成为音乐艺术的对象。从乐谱到欣赏者之间，还需要有一个中间环节——演奏（唱）者的表演，并需要欣赏者的再创造，从而达到音乐形象的最后形成。音乐具有娱乐、教育和审美等功能，但更多的是具有美感作用。音乐分为声乐和器乐两大类。其表现手段有旋律、节奏、和声、曲式、音色、力度、速度、织体等等。在不同的时代、不同的民族、不同的地区，历史地形成了众多的风格和体裁，形成了众多的演奏（唱）流派，发明了众多的乐器，随着高科技手段的不断介入，音乐越来越成为人类生活（特别是精神生活）中不可或缺的一部分。

**音乐的瞬间** Moments Musicaux[法]　*舒伯特于1824年所作钢琴曲。由六首即兴性的抒情小曲组成。

**音乐观** musikanschauung[德]　由于时代或阶级的不同而对音乐所持的不同的观念。如中国的儒家音乐观，欧洲中世纪的宗教音乐观等等。



**音乐教育** musikerziehung[德]　是人类教育中的重要组成部分，是传递音乐文化的基本手段。有普通音乐教育

（即中小学校音乐教育）、专业音乐教育、民间音乐教育、师范音乐教育等。

**音乐教育学** pedagogy of music［英］ 音乐学分支之一。是研究有关音乐教育活动的学科。亦为教育学分支之一。其任务是揭示音乐教育的客观规律，用以指导音乐教育实践。其研究对象往往以学校音乐教育为主。研究的问题主要有音乐教育的本质、目的、方针、制度，教学的任务、过程、内容、方法和组织形式，学生身心发展的特征和教师的职责任务以及学校管理等，阐述其共同性的原理，组成科学的体系，以有助于音乐教育的实践。至于音乐教育工作的各个方面，各种关系，教育的历史和现状，以及各级各类音乐教育，乃是音乐教育学各门分支学科的研究对象。诸如音乐教育哲学、音乐教育史、比较音乐教育学、音乐教育心理学、音乐教育社会学、音乐教育工程学、音乐教育课程、音乐教学法、幼儿音乐教育学、社会音乐教育学、特种儿童音乐教育学、普通音乐教育学、专业音乐教育学、音乐教育管理学等分支学科。

**音乐剧** musical［美］ 是“音乐喜剧”（musical comedy）、“音乐戏剧”（musical play）以及“含有小型歌舞的时事讽刺剧”（revue）等大众音乐剧的总称。19 世纪末兴起于英国，20 世纪初以来盛行于美国纽约的百老汇，故习称“百老汇音乐剧”（Broadway musical）。是基于* 轻歌剧的风格形式、美国的“短剧”（即游吟诗人、轻松喜剧、滑稽剧等要素的混合体）以及赋予其美国人的乐天的、实用主义的国民性的一种戏剧形式；是 19 世纪末以来与大众紧密相连的美国发达的舞台演艺业的产物。音乐上则为古典音乐与美国流行歌曲的交融。为含有歌曲、说白、合唱、舞蹈、杂项技艺等的轻松歌剧；内容幽默风趣，富于喜剧色彩，剧情发展较快，音乐轻松愉快，深受大众欢迎。据音乐史学家称，最早的音乐剧是 1866 年在纽约百老汇大剧院上演的《黑衣盗贼》（*The Black Crook*）。后在美国有爱尔兰籍的作曲家赫伯特（Victor Herbert，1859～1924）的《轻佻的玛莉艾塔》（*Naughty Marietta*，1910），捷克籍的作曲家弗里姆尔（Rudolf Friml，1879～1972）的《罗斯·玛丽》（*Rose Marie*，1924）。出生于美国的作曲家克恩(Jerome Kern, 1885～1945)所作的*《演艺船》(*Show Boat*, 1927)则采用了美国的题材和音乐素材,确立了美国音乐剧的风格和手法。20 世纪 30 年代后涌现出不少著名的音乐剧及其作曲家,如*格什温的《我为你歌唱》(1931)、*罗杰斯的《南太平洋》(*South Paific*, 1949)和*《音乐之声》(1959)、*伯恩斯坦的《西区故事》(*West Side Story*, 1957)、博克(Jerry Bock, 1928～ )的《屋顶上的提琴手》(*Fiddler on the Roof*, 1964)、麦克德莫特(Galt MacdDermot, 1928～ )为抗议越南战争而作的《嗨》(*Hair*, 1967)等。尚有 C. M. 勋伯格作曲的*《悲惨世界》(*Les Miserables*, 1980 年首演于巴黎)和《西贡小姐》(*Miss Saigon*, 1989 年首演于伦敦),* A. L. 韦伯作曲的《猫》(*Cats*, 1982)和《剧院魅影》(*The Phantom of the Opera*, 1986)等。许多著名的音乐剧被拍摄成电影,上演于世界各地,遂使音乐剧成为一种国际性的、娱乐性的大众演剧艺术。

**音乐美学** esthetics of music[英] 又称"音乐哲学"。属带有哲学性质的音乐基础理论学科。其研究对象为音乐艺术的本质(包含音乐美)、其独特的内在规律性以及与此相关的一系列带有根本性的理论问题,即对音乐艺术从更高层次上高度抽象、高度概括的考察。该学科与其他精神文化领域(哲学、美学、音乐技术理论、音乐史学、音乐批评、释义学等学科)有着密切的内在联系。狭义的音乐美学则以音乐审美为其研究对象,主要是探讨音乐美的问题。作为音乐美学思想早已存在于各个民族的历史文献之中。作为一门独立的学科则在 19 世纪后半叶才在欧洲逐步形成。该概念最早见于 1806 年出版的德国音乐家舒巴特(D. Schubart, 1739～1791)所著《论音乐美学的思想》。后在西方出版了*汉斯利克《论音乐的美》(1854)、*安布罗斯的《音乐与诗的界限》(1856)、*豪塞格的《作为表现的音乐》、*里曼的《音乐美学纲要》(1890)等音乐美学专著。中国有关音乐美学思想的专著有战国时期的《乐记》、*嵇康的《声无哀乐论》、徐上瀛的*《溪山琴况》、*青主的《乐话》等。20 世纪音乐哲学不仅有自律论音乐哲学在音乐实践中的演进，而且也引进了现象学（波兰音乐学家茵加尔顿的《音乐作品及其同一性的问题》、奥地利哲学家舒茨的《音乐现象学片断》、法国美学家杜夫海纳的《审美经验现象学》）、释义学（德国音乐学家克莱茨施玛尔的《关于促进音乐释义学的建议》）、语义符号学（美国艺术理论家苏姗·朗格）、心理学（美国音乐学家迈尔）、社会学（德国音乐学家阿多诺的《新音乐的哲学》）以及马克思主义（苏联音乐学家克列姆辽夫的《音乐美学问题概论》、波兰音乐学家丽萨的《音乐美学新稿》）等原理，呈向纵深发展的趋势。

**音乐民族学** musikalische volkerkunde[德]　原称“比较音乐学”，又称“音乐人类学”。是以民族学、民俗学或人类学的角度研究民族音乐的一门学科。重视田野工作，强调民族音乐与社会背景、文化背景及其他艺术的联系，并采用高科技手段确保所采集的资料的科学性。如民族音乐志、地区音乐志、比较乐器学、比较音乐史等。作为现代意义上的音乐民族学，是以 1885 年英国学者 A. J. 埃利斯（1814～1890）所撰论文《论各民族的音阶》为其开端。代表学者有德国音乐学家 C. 施通普夫（1848～1936）、E. M. Von 霍恩博斯特尔、C. 萨克斯（1881～1959）等。中国的* 王光祈则是东方音乐民族学的奠基者。

**音乐批评** music criticism[英]　或称“音乐评论”。以具体的音乐现象为对象而进行分析和评价的一种社会行为。包括音乐作品、音乐表演、音乐家、音乐文献以及各种因音乐而引发的社会现象。其评论标准因时代、民族、阶级、审美观念等的不同而各异，并在不同程度上受当时社会意识形态的影响，受当时主流音乐思潮的影响，从而形成一定历史时期的批评的基本标准。对音乐的评论标准最首要的应是音乐艺术本身，但其评论也应成为推进音乐文化健康发展的积极因素，成为音乐家及音乐爱好者的良师益友。

**音乐社会学** musiksoziologie[德]　艺术社会学、音乐学分支之一。是从社会学的角度研究音乐现象的一门学科。作为现代意义上的音乐社会学，是以 20 世纪 20 年代德国学者 M. 韦伯(Max Weber)所撰写的《音乐的理性基础与社会学基础》为其开端。其后代表学者有德国的阿多诺(Theodor W. Adorno，1903～1969)、苏联音乐学家索霍尔(A. Sochor，1924～1977)、奥地利音乐学家布劳考普夫(Kurt Blaukopf，1914～ )等。

**音乐史** music history[英] 音乐学分支之一，亦为人类文化史的一个分支。因其记述的对象和方法的不同而分为通观音乐起源与发展的通史、某个时代的断代史、某个国家或地区的音乐史、音乐的体裁(如歌剧、交响曲、宗教音乐等)史、乐器史、记谱法史、音乐理论史、钢琴音乐(或小提琴等)艺术史等等；有列传，形式史，风格史，将与其关联的文化、社会、时代精神作为背景的音乐文化史，将世界各国家或地区的音乐置于统一的视野中的世界音乐史等。

**音乐小品** bagatelle[法] 又译“小品曲”。小型的器乐曲。一般指钢琴曲。初为18世纪的性格小曲，如库普兰的古钢琴曲，贝多芬的钢琴小品曲*《献给爱丽丝》、舒伯特的《梦幻》等，均为著名音乐小品。

**音乐心理学** psycholigy of music[英] musikpsychologie[德] 音乐学分支之一。是从心理学的角度研究音乐作用于人的各种心理现象的一门学科。作为一门独立的学科始于20世纪初。诸如音响与心理的关系、音乐才能的测试、音乐创作的心理过程、音乐表演再创造的过程、创作灵感的生成、音乐思维的特殊性等均为其研究对象。

**音乐欣赏** appreciation of music[英] 是以音乐艺术(音乐作品和演奏、演唱)为对象的、欣赏者(主体)在理解音乐作品的形式和内容的过程中的一种能动的审美享受，并参与音乐的再创造。其根本问题就是“怎样听”和“听什么”。一般均经历三个阶段：官能的、感情的和理智的阶段。即从被动的官能上的快感，进入情感的共鸣，再进而主动地去意识音乐作品的内涵、结构美、风格流派、创作技巧以及作曲家的创作背景、个性等。其主体应具有“音乐的耳朵”。其感受亦受欣赏者本身的经历、修养以及对生活的理解所左右。在欣赏过程中，亦可偏重形式美或内容美，但最终应获得从形式到内容的完整的审美享受。

**音乐学** musikwissenschaft[德] 是研究有关音乐领域诸问题的一门学科。即以音乐为其研究对象，研究其本质及其规律，以及音乐与社会生活的关系的学问。有音乐美学、音乐社会学、音乐心理学、音乐治疗学、音乐史学、比较音乐学、音乐教育学、音乐形态学等分支。

**音乐哲学** 见*音乐美学。

**音乐之声** The Sound of Music *罗杰斯于1959年所作音乐剧(汉默斯坦编剧)。后于1965年拍成电影，遂在世界广泛流传。音乐剧取材于玛利亚·奥古斯都·特拉普的同名自传体小说。故事发生在1938年的奥地利。修道院院长为避免开朗、热情的见习修女玛利亚过与世隔绝的生活，介绍她到萨尔茨堡一退役军官冯·特拉普上校家任七个孩子的家庭教师。上校因其职业特点，妻子早逝后以军事化的办法管教孩子。玛利亚来后则使家庭充满了温馨、歌声，在大自然中孩子们生气盎然，也唤起了上校对玛利亚的爱情。在萨尔茨堡举行奥地利民谣音乐节的时候，德国纳粹竟命令上校到纳粹海军报到。上校全家借民谣音乐节之机，用歌声向奥地利同胞唱出他们的心声后，遂即在修女们和朋友们的帮助下，跨过阿尔卑斯山，奔赴自由之地。著名唱段有《孤独的牧羊人》(以*约得尔唱法写成)《雪绒花》《多来咪》《我心爱的一切》等。

**音乐治疗学** music therapy[英] 属应用音乐心理学的范畴。是研究音乐如何作用于人的身心健康，以及以音乐治疗病患的一门学科。即意味着以音乐进行心理治疗的方法。虽古已有之，但作为一门科学，却始自第二次世界大战期间以音乐治疗伤病员身体复原的临床实践。战后即迅速发展成一门学科，西方各国纷纷成立音乐治疗学会，出版专著，并与医学界合作，取得大量临床经验。20世纪80年代以来也在中国兴起。

**音乐作品分析** analysis analyse[德] 作曲技术理论学科之一，即对音乐作品构成形式的分析。为了深刻理解乐曲的内容，应在感性听赏的基础上，以一定的方法和观点，对音乐作品中的曲式结构、主题、旋律、配器、和声、节奏、主题发展、风格，乃至创作背景、体裁，以及作曲者的世界观、风格、创作方法、创作特征等进行分析。分析者必须具备多方面的知识，特别是音乐史及必要的文艺知识，熟悉音乐特有的表现手段，掌握一定的专业作曲理论的知识和技能。

**音值** note values[英]　*音的主要特性之一。即音的时值或长度。在乐谱上以全音符、二分音符、四分音符、八分音符、十六分音符、三十二分音符、六十四分音符，以及各种附点音符标记。见*音符。

**音质**　见*音色。

**音柱** sound post[英]　指弦乐器共鸣箱内起支撑面板与背板作用的小木柱。用以将面板的振动传递至背板，取得最佳音质。

**音准** intonation[英]　在演奏(唱)时所奏(唱)之音应达到高度准确，即与一定律制的音高相符。亦为检验演奏(唱)者具备判断和解决音高正确与否的能力。

**音组**　根据分组的方法，用大写字母和小写字母，并加数字来标明一定的组名，用以区分平均律音列中各部分的音。钢琴的音列从低到高按七个自然音一组分为大字二组、大字一组、大字组、小字组、小字一组、小字二组、小字三组、小字四组、小字五组。标准音A和中央C均属小字一组。

(图例见下页)

**吟音** vivrato[英]　在声乐或弦乐器的唱奏中，高度极微的颤动所产生的音。如弦乐器上由按弦指在原位作迅速颤动而产生的音。一般由演奏(唱)者自己掌握，无硬性规定。

**引子**　即*前奏。

**隐伏八度** hidden octaves[英]　在*声部进行中，潜在的平行八度。即两个声部从八度以外的任何一个音程作同向进行至完全八度的现象。在传统和声中严禁使用。



**隐伏五度** hidden fifths[英]　在声部进行中，潜在的平行五度。即两个声部从五度以外的任何一个音程作同向进行至纯五度的现象。在传统和声中严禁使用。

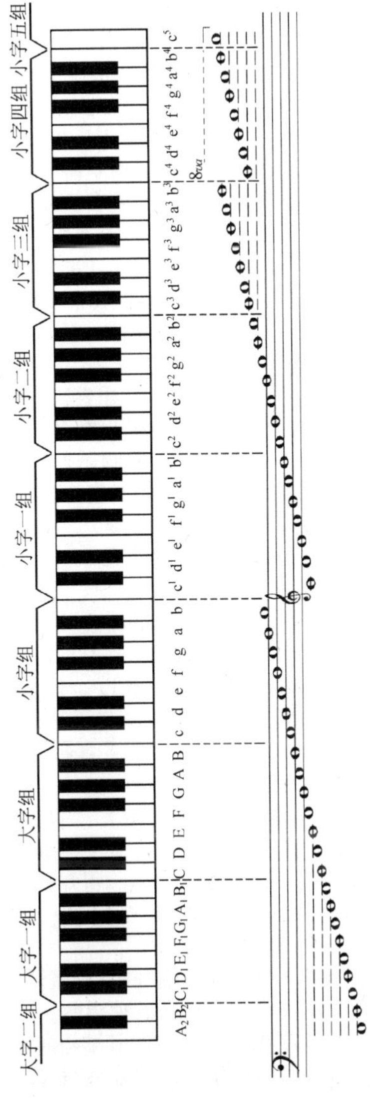
大字二组
大字一组
大字组
小字组
小字一组
小字二组
小字三组
小字四组
小字五组
A₂ B₂ C₁ D₁ E₁ F₁ G₁ A₁ B₁ C D E F G A B c d e f g a b c¹ d¹ e¹ f¹ g¹ a¹ b¹ c² d² e² f² g² a² b² c³ d³ e³ f³ g³ a³ b³ c⁴ d⁴ e⁴ f⁴ g⁴ a⁴ b⁴ c⁵
8va

**印象主义音乐** Impressionism Music[英]　19 世纪末在印象主义美术和象征主义文学的影响下产生的一种音乐流派，亦是对后期浪漫主义的反动。与浪漫主义音乐相反，印象主义音乐是客观的，强调捕捉主观对外部世界的瞬间印象，将其用绝妙的音色、和声等手段表现出来。固有的音乐秩序在印象主义音乐中被解体了，而且降低了旋律的突出地位，以采用全音音阶、五声音阶、教会调式、平行和弦、自由节奏以及被细分的管弦乐法等等为其特色，从而削弱了调性结构和节拍结构，动摇了传统的功能和声。该流派对 20 世纪音乐产生了极为深远的影响，开 20 世纪音乐之先河。其音乐有如雾里看花，意境朦胧。代表作曲家有*德彪西、*拉威尔等。

**英国管** corno inglese[意]　木管乐器。双簧。结构、奏法同双簧管，但形状稍有不同(喇叭口梨球形，管身较双簧管长，嘴子呈弯曲状)。为 F 调*移调乐器，比双簧管低五度，实际音高比乐谱上所记的音低五度。音色甜美。用于管弦乐队。由第二双簧管演奏员兼奏。音域为 e—♭b²。

**英国组曲** Englische Suiten[德]　J. S. *巴赫于 1717～1723 年所作古钢琴组曲。共六曲。

**英雄波洛奈兹** Polonaise Heroique[法]　即《英雄波兰舞曲》。*肖邦于 1842 年所作钢琴曲。作品 53。♭A 大调。

**英雄的生涯** Heldenleben Ein[德]　*理夏德·施特劳斯于 1898 年所作交响诗。翌年首演于法兰克福。作品 40。由英雄、英雄的敌手(评论家)、英雄的伴侣、英雄的战场、英雄的和平业绩、英雄的遁世(结尾)等六部分组成。

**英雄交响曲** Eroica Symphony[英]　*贝多芬于 1804 年所作第三交响曲。作品 55。翌年首演于维也纳。是交响曲史上划时代的杰作。原题献给拿破仑，得知其称帝后即愤而撕掉题页，改题为“英雄交响曲——为纪念一位伟人而作”。

**瀛州古调**　见*月儿高。

**咏叹调** aria[意]　歌剧或清唱剧中，篇幅较大、极富抒情性或戏剧性并具有高度歌唱技巧的独唱曲。往往与其前面的*宣叙调构成一体。17、18 世纪时其结构通常为对称的三部曲式(称返始咏叹调，返始后的重复可即兴装饰演唱)，后则多为自由曲式。

**咏叙调** arioso[意] 比正规*宣叙调的朗诵风格更富于歌唱性的宣叙调。

**幽默曲** humoresque[法] 19 世纪时西洋器乐曲的一种。如*舒曼、*德沃夏克的钢琴作品。

**尤克里里** ukelele[英] 夏威夷民间拨弦乐器。小型吉他,装有四根肠弦,专奏和弦。伴奏流行歌曲,或在夏威夷风的轻音乐中使用。

**犹大·马加比** Judas Maccabaeus[英] *亨德尔于 1746 年所作清唱剧(T.摩列尔词),翌年首演于伦敦。犹大·马加比是公元前 2 世纪的犹太民族英雄。其中的合唱《英雄凯旋歌》常独立演出。

**游击队歌** *贺绿汀于 1937 年所作歌曲(自作词)。当时影响波及全国,在抗日战争中发挥了强大的武器作用,并一直流传至今。

**游吟诗人** minstrel[英] 欧洲中世纪在法国出现的职业民间歌手。在十字军东征中骑士文化得以盛行。骑士既是中世纪统治阶级中的最低阶层,又是东征中的主要力量。在骑士文学中,常可演唱,从而形成游吟诗人的艺术。游吟诗人发源于法国南部,后发展到北部。特别是法国南部的普罗旺斯成为游吟诗人的汇集地,故又称作"普罗旺斯艺术"。使用方言演唱。游吟诗人既是诗人,又是音乐家,一般为骑士,亦有贵族、国王,间或有一些出色的艺术家加盟。他们填词、作曲,然后交由流浪艺人们去演唱,但也有自作词曲并演唱的。大多为爱情题材,也有战争、宗教或世俗生活等题材。所抒发的爱情带有神秘和崇高的色彩,被教会视为邪恶化身的妇女成为颂扬的对象。音乐乐句清晰;又因歌词采用游吟诗体,故具有诗韵的节奏;调式虽采用教会调式,但却运用了变化音,而近似于近代的大小调。其代表人物为阿拉斯城的阿当(1238~1286)。

**有簧乐器** reed instruments[英] 有簧乐器的统称。用以区别无簧的乐器和铜管乐器。

**有量记谱法** mensural notation[英] 约 1260 年科隆的

弗朗科发表了《有量歌曲艺术》，制定了有量音乐的记谱体系，即音符和休止符具有明确相对时值的记谱法。该体系一直沿用至16世纪末。后才逐渐采用有小节线的节拍节奏以取代有量记谱法。

**有量音乐** mensural music[英] 欧洲中世纪对每个音具有明确的相对时值的音乐的一种称谓，用以区别无明确相对时值的*素歌。其记谱称之为有量记谱法（mensural notation[英]），音的长短有严格规定，采用了代表各种时值的音符、休止符以及各种记号等。

**鱼美人** *吴祖强、*杜鸣心所作芭蕾舞剧音乐。于1959年首演于北京。后将其中的珊瑚舞、水草舞、婚礼舞等音乐片段改编成钢琴独奏曲。剧情为：鱼美人与猎人真诚相爱，却遭到山妖的破坏。后在人参老人的帮助下，战胜山妖，终成眷属。

**竽** 中国古代吹奏乐器。盛行于战国至汉代期间。后失传。形似笙。

**渔舟唱晚** 娄树华根据民间八板所编筝曲。标题出自唐·王勃《滕王阁序》中的"渔舟唱晚，响穷彭蠡之滨"。由两部分组成。另有各种乐器的改编曲。

**羽** 中国五声之一。见*五声。

**羽管键琴** harpsichord[英] 为拨弦键盘乐器。16～18世纪末在欧洲占有重要地位的具有双层（或三层）键盘的拨弦乐器。为钢琴出现之前的代表性键盘乐器。形似平台式钢琴。以羽管或皮片拨弦发音。音域约五个八度。为现代钢琴的前身。20世纪为演奏巴洛克时期的音乐又得以复兴，一些作曲家也创作了羽管键琴协奏曲，同时出现了一些羽管键琴制作者。

**雨打芭蕉** 广东音乐。由两部分构成，以高胡主奏。

**雨滴前奏曲** Raindrop Prelure[英] *肖邦所作钢琴曲集《二十四首前奏曲》（1838～1839，作品28）中的第十五首。其伴奏声部似淅淅雨滴，故名。



**敔** 中国古代打击乐器。木制。刮奏发声。

**预备音** preparation[英] 七和弦的七音提前出现在前一和弦的同一声部，形成预备音。可冲淡七度等较大的不协和感。

**元曲** 即*北曲。

**原板** 戏曲音乐中的一种基本*板式，为二拍子或四拍子。

**原始主义音乐** Primitivism Music[英] 20世纪初、第一次世界大战前在欧洲兴起的一种音乐流派。是憧憬原始生命力的思潮的产物，亦是19世纪民族主义音乐异国情调的更激进的表现。其代表作曲家为*斯特拉文斯基。

**原速** a tempo[意] 乐曲进行中速度有所变化，而后要求恢复原来的速度时，标以a tempo(缩写为a tem)即可。有时加此标记，意为严格按规定速度演奏(唱)。

**原位** root position[英] 与转位相对而言。即指音程或和弦中各音处于原有的位置。

**原位和弦** common chord[英] 低音为根音的和弦。根音位于最低声部形态的和弦，是和弦的基本形态。处于上方的其他和弦音可自由调换位置，均称原位和弦。与*转位和弦相对而言。

**原位音程** 相对转位音程而言。见*转位音程。

**圆号** 即*法国号。

**圆舞曲** waltz[英] 音译为"华尔兹"。一般认为源于奥地利的连德勒舞曲。"圆舞"舞时男女各一相拥快速旋转而舞，时而优雅、轻松，时而兴奋、热烈。其音乐为三拍子，旋律优美并富于变化，往往一小节使用一个和弦伴奏。19世纪初兰纳与约翰·施特劳斯(老)成功地使圆舞曲兼备娱乐性及艺术性，创立了著名的"维也纳圆舞曲"，成为近现代流行最广的社交舞曲。其结构是将几个二部曲式的小圆舞曲有机地结合在一起，并附以引子和尾声。这种音乐体裁后被作曲家发展为音乐会圆舞曲，亦被用于交响曲等大型曲式中的一个乐章。

**远关系调** remote keys[英] 相对*近关系调而言。即与原调为非近关系调的各个调。有二、三、四级关系调之分。



**约阿希姆** Joseph Joachim(1831～1907) 匈牙利小提琴家。19世纪后半叶最著名的小提琴家之一。7岁登台演出。1838年入维也纳音乐学院师从彪姆。1849年任魏玛宫廷管弦乐团首席小提琴。1853年任汉诺威宫廷首席演奏家。1868年任柏林高等音乐学校校长。奥尔、胡拜均出自门下。编有《小提琴教程》(合编),并曾将*布拉姆斯的《匈牙利舞曲》改编成小提琴曲。

**约得尔唱法** Yodel[英]Jodel[德] 指阿尔卑斯地区(瑞士和奥地利蒂罗尔州)的山歌唱法。以轮流使用真声和假声为其特征。

**约翰福音受难曲** Johannespassion[德] *J.S.巴赫于1723年所作受难曲(独唱、合唱与乐队)。同年首演于莱比锡。布罗凯斯以《圣经·新约·约翰福音》中耶稣受难的故事编词。由两部分六十八曲组成。

**约纳松** Johann Emanuel Jonasson(1886～1956) 瑞典作曲家。曾任军乐队小号演奏员,亦曾在斯德哥尔摩的电影院弹奏钢琴为无声电影配乐。所作以《杜鹃圆舞曲》著称。

**月儿高** 中国传统琵琶曲。同名异曲有三首,分别载于华秋苹(1784～1859)《琵琶谱》(中国最早的琵琶谱,刊于1818年,十段)、《养正轩琵琶谱》(刊于1929,八段)和《瀛州古调》(刊于1916年,为*六十八板体,俗称《小月儿高》)。

**月光** Clair de Lune[法] *德彪西于1890年所作钢琴组曲《贝加莫组曲》中的第三首。

**月光下的彼埃罗** Pireeot Lunaire[法] *勋伯格于1912年为朗诵和钢琴、长笛、单簧管、小提琴、大提琴所写的作品。共三部分,每部分配以诗七首,共计二十一曲。所用原诗为比利时象征派诗人A.吉罗(1860～1929)所作的十二首小诗,采用的是德译本。该诗是典型的颓废主义之作。

**月光奏鸣曲** Moonlight Sonata[英] *贝多芬于1801年所作♯c小调钢琴曲。作品27之二。

**月琴** 中国弹拨乐器。由阮演变而成,琴颈变短。为京剧乐队三大件之一。

Y

**乐** 中国先秦典籍中对诗歌、音乐、舞蹈三位一体综合艺术的统称(如《葛天氏之乐》等)。后亦可单指"音乐"而言。

**乐长** kapellmeister[德] 欧洲宫廷、教堂音乐总监的称谓。

**乐长音乐** kapellmeistermusik[德] 对坚持正统而缺乏创造性的音乐的蔑称。*舒曼和*瓦格纳等对19世纪某些地方乐长们所滥发作品成风而使用的称谓。

**乐段** one part form[英]period[英] 又称一部曲式。是最小规模的完整的曲式结构。在一般情况下,结束于完全终止,可以表达一个完整或相对完整的乐思。可构成独立的乐曲,亦可用作某一曲式的一部分。由若干乐句构成。其基本形式由各为四小节的两个乐句组成。分单乐段、复乐段和开放乐段、收拢性乐段、转调乐段、平行乐段、对比乐段等。在歌曲中常见此曲式结构。

**乐队首席** concert master[英] 即首席小提琴。可代理指挥行使指挥职责。

**乐记** 中国古代音乐美学专著。其成书时间一说为战国(前476～前221)中期公孙尼子著,一说为汉武帝时河间献王刘德(公元前?～前130)与毛生等人将先秦乐论编辑而成。是儒家音乐美学经典之作,在中国封建社会音乐思想上长期居于主导地位,影响深远。

**乐府** 中国古代著名音乐机构。始于秦,扩建于汉武帝(前140～前87年在位)时期,鼎盛于汉成帝(前33～前5年在位),罢于汉哀帝(前6年～前2年在位),长达百余年。该机构曾大规模地、大范围地(除华夏广大地区外尚包括北狄、西域等地)采集民间歌谣,保存了很多卓越的作品,并对其进行整理编辑、加工提高,进行创作及演奏(唱)。拥有*李延年、司马相如等一流音乐家和文学家数十人,人员编制曾达千人之多。

**乐句** phrase[英] 乐段的基本组成部分,可表达一定的思想感情。通常由两个乐句构成一个乐段。乐句长度一般为二小节或四小节,也可较之长些或短些。

**乐剧** musikdrama[德]music drama[英] 歌剧种类之一。为*瓦格纳所创用,他自称其所作歌剧为"乐剧",以区别"分曲结构"形式的歌剧(即宣叙调、咏叹调、重唱、合唱或乐队各自独立编号,也就是说各自具有相对完整独立的声乐或器乐部分)。一反以歌唱为中心的旧歌剧,主张应将诗歌、音乐、表演、舞台灯光美术和戏剧等融为一体，形成一种高度的综合艺术。在一幕之中，采用“无终旋律”将声乐与器乐融为一体，直至幕终才有清晰的终止式。在其所作乐剧中，往往管弦乐的表现力得到大力充实，并要求具有高超的演技和庞大的舞台装置。

**乐理** theory of music[英]　通常指有关音、音高、节拍、音程、音阶、调式、力度、速度、记谱法、表情记号以及有关和声、曲式、声学的基本知识。与“音乐通论”难以区分。在一定意义上说，是指读谱法而言。

**乐谱** musical note [英]　音乐载体之一。是用*记谱法记录下来的、呈书面、电子文档或其他形式的音乐作品(包括手写本)，以供演奏(唱)用。

**乐器** musical instrument[英]　供演奏音乐使用的器具。如钢琴、二胡、双簧管、鼓等。其分类有多种，一般分为弦乐器、管乐器、打击乐器三类。

**乐器法** instrumentation[英]　见*管弦乐法。

**乐器学** musikinstrumentenkunde[德]　是对不同时代、不同地域的乐器的构造、产生与演变以及对其进行比较、综合研究的学问。其代表学者为霍恩鲍斯特(von Hornbostel)和萨克斯(Kurt Sachs, 1881～1959)。

**乐音** musical tone[英]　发音体有规则的持续振动而产生的音。有明显的音高，一般均含有泛音。音乐中所使用的音主要是乐音。与*噪音相对而言。

**乐章** movement[英]　指交响曲、奏鸣曲、协奏曲、大合唱等大型乐曲的有机组成部分之一。乐章有其相对的独立性，亦可单独演奏。“组曲”的各个组成部分，亦称乐章。

**云锣**　中国打击乐器。元代即已有之。由若干大小、音高不一的铜制小锣列置于木架上的木框中，锣数一般为十面，多达近四十面不等。以小槌击奏。现多用于合奏。

# Z

**再现部** recapitulation[英] 指带再现的三部曲式(特别是奏鸣曲式)中的第三部分。为第一部分音乐的基本重复(完整再现)或变化重复(动力再现)。

**在太行山上** 1938 年* 冼星海在武汉所作二部合唱(桂涛声词)。

**在中亚细亚草原上** Dans Les Steppes l'Asie * 鲍罗丁的交响音画。作于 1880 年。作品 7。描写俄罗斯商队在俄罗斯士兵护卫下,行进在中亚细亚草原时的情景,旋律迷人,绘声绘影,并具有浓郁的东方色彩。

**噪音** noise[英] 发音体作不规则振动时所产生的音。其音高不明确,特别是在非常短的时间内难以辨认。如没有固定音高的打击乐器所发的音,钢琴击弦时瞬间所发的音,以及人声的子音等均为噪音。相对于* 乐音而言。

**曾侯乙编钟** 中国战国初期的出土乐器。1978 年出土于湖北随县擂鼓墩一号墓(约公元前 433 年),墓主为曾侯乙,故名。总重达 2.5 吨以上,由六十五枚钟组成,分三层悬挂在曲尺形钟架上。有两根粗长的木棒和六个丁字形钟槌。每钟可发两个音,音域宽达五个八度($A_1$—$c^4$)。使用七声音列,中部音区($G$—$g^3$)* 十二律齐备,演奏中可用以* 旋宫转调。其钟体刻有错金铭文约 2800 字,载有当时乐律学的有关术语,用以标明所属之钟属于何律的阶名。其精美的制作、良好的音质、准确的发音、稀世的古代乐律记载,不仅反映了当时高度发达的音乐文化和乐器制造工艺水平,而且具有重要史料价值。号称世界奇迹之一。

**曾志忞** 生卒不详。中国近代音乐教育家。上海人。于 1904 年出版《教育唱歌集》和译著《乐典教科书》,在《新民丛报》发表《音乐教育论》一文。主张"音乐之于学校改良儿童性质尚小,音乐之于社会改良一般人民性质更大""欲改良中国社会者,盍(何不)特造一种 20 世纪之新中国歌",因此大力提倡"学堂乐歌"。1908 年与高寿田、冯亚雄创办中国贫儿院,在该院设音乐部及管弦乐队。

**增二度** *增音程之一。比大二度多一个“半音”。

**增和弦** augmented chord[英] 含有*增音程的和弦的总称。有增三和弦、增六和弦、增五六和弦、增三四和弦等。属不协和和弦。

**增六和弦** chord of the augmented sixth[英] *变化和弦之一。含有增六度的和弦。通常以构成增六度音程的下方音作为下行导音,而上方音作为上行导音解决到大调的主音或小调的属音,其解决非常自然。往往用于*等和弦转调。

**增三和弦** augmented triad[英] *增和弦之一。大三和弦的五音升高半音的和弦,即由两个大三度叠置而成的和弦。如和声小调第Ⅲ音级上构成的三和弦。其转位后仍是两个大三度的关系,故可用作*等和弦转调,每一个增三和弦可解决到八个调(大、小调各四)。

**增音程** augmented interval[英] *不协和音程之一。比完全音程或大音程多一个“半音”的音程。如,比纯四度多一个“半音”的音程系增四度。

**赠板** *板眼之一。指八拍子中的第五拍。

**查八十** 生卒不详。中国明代琵琶演奏家。安徽休宁人。约活动于16世纪中叶。时人黄姬水在《听查八十弹琵琶歌》一诗中称其为“抑扬按捻擅奇妙,从此人称第一声”。

**查阜西**(1898～1976) 中国琴家。江西修水人。自幼学琴。后曾组织“今虞琴社”。20世纪50年代起先后任中央音乐学院民族器乐系主任、北京古琴研究会会长。主持调查采访整理编纂了《存见古琴曲谱辑览》(1958)《琴曲集成》(1963)。后人编有《查阜西琴学文萃》(1995)。

**展开部** development[英] 乐曲中将先前已呈示的主题和素材,从各种角度和技法进行发展的部分。特别是奏鸣曲式中的展开部是基本乐思进行发展的最重要的部分。

**张寒晖**(1902～1946) 中国作曲家。河北定县人。早年学习戏剧。1929年毕业于北京艺术专门学校。后从事戏剧演出,任中学教师、编辑等。1941年赴延安,任陕甘宁边区文化协会秘书长。以所作歌曲*《松花江上》和根据陇东民歌改编的歌曲《军民大生产》(1945)著称。

**张昊**(1912～2002) 作曲家。湖南长沙人。1930年代在上海国立音专学习理论作曲及声乐。1937年曾跟法国大文豪罗曼·罗兰通信受到精神指引,1947年入巴黎音乐学院师从*布朗热和*梅西昂,1955年入意大利契吉那音乐学院大师班,1968年获那不勒斯大学东方学院博士学位并于该校任教。1979年回台湾曾任文化大学音乐系主任、艺术学院院长等职。主要作品有小歌剧《上海之歌》(1940)、合唱《民主胜利》(1945)、交响诗《大理石花》《东海渔帆》及《草山交响曲》等。1990年5月曾在上海音乐厅亲自指挥演出《大理石花》。

**张曙**(1909～1938) 中国作曲家。安徽歙县人。曾入上海国立音乐学院学习声乐。1938年在武汉曾参与领导抗日歌咏活动。同年9月在敌机轰炸中牺牲于桂林。以所作歌曲《丈夫去当兵》《壮丁上前线》《日落西山》(均作于1938)著称。

**昭君出塞** 曲艺"四川清音"传统曲目。其结构为曲牌联缀体。题材取自王昭君和番的故事,描写她到了塞外时的心境。

**赵元任**(1892～1982) 中国著名语言学家、作曲家。江苏常州人,生于天津。曾赴美学习,获康乃尔大学物理学学士和哈佛大学哲学博士。回国后曾任清华学校国学研究院教授、中央研究院历史语言研究所语言组主任。1938年赴美,入美国籍,任哈佛等大学教授。后曾任美国语言学会主席、美国东方学会主席。所作歌曲鲜明地反映了"五四"精神,尤擅长写作抒情性的艺术歌曲。作有歌曲《卖布谣》(1922)《织布》(1925)《教我如何不想他》(1926)《老天爷》(1942)等,合唱曲《海韵》(1927)。尚撰有音乐论文多篇。

**鹧鸪飞** 原为流传于湖南的民间乐曲。20世纪50年代曲笛演奏家陆春龄和赵松庭分别将其改编为曲笛独奏曲。

**珍珠塔** 曲艺"苏州弹词"长篇传统曲目。以"马调"珍珠塔著称。穷书生方卿向姑母借贷遭冷眼,但其表姐陈翠娥却暗中赠其珍珠塔。后塔被劫,历尽磨难,方才中举。后任巡按,与翠娥成婚。



**真实主义歌剧** verismo[意] 19世纪末、20世纪初在意大利“真实主义”思潮影响下而兴起于意大利的歌剧乐派。由于民族解放运动并未给人们带来幸福，现实使人的思想发生了变化，以往那些为了祖国的利益而牺牲的英雄所支撑的爱国主义、英雄主义等已失去往日的光辉，因此产生了反对浪漫主义的“真实主义”思潮。真实主义歌剧则是对盲目崇拜和模仿瓦格纳的歌剧模式的一种反动，不再以英雄传奇或神话故事为题材，转而以人们的日常生活为题材，描写生活中的偶然事件，取得细腻地刻画人的情感的戏剧效应，但并不涉及社会的重大问题。在艺术上，则借鉴了法国歌剧的成就，并坚定地继承意大利古典歌剧的传统，发扬光大民族音乐，从而成为 19 世纪末、20 世纪初世界歌剧艺术的高峰，为人类留下了不少歌剧珍品。在*威尔第的晚期歌剧创作中就已有了萌芽，在其后的代表作曲家为*马斯卡尼、*莱翁卡瓦洛和*普契尼。代表作有《乡村骑士》《丑角》《绣花女》《托斯卡》和《蝴蝶夫人》等。

**震音** tremolo[意]　即同音或同一和弦快速反复而形成的音，可使同高度的音在延续中产生力度上的变化，获取戏剧性的效果。亦可以两个音或两个和弦快速交替，其时值为其中一个音或一个和弦的时值。其演奏称之为“震奏”。其震音记号为数目不等的斜线。

**震奏** 见*震音。

**筝** 中国弹拨乐器。先秦时即已在秦地流行。呈长方形,上张二十一或二十五弦,以弦柱支撑。用于独奏、合奏。

**正(格)调式** authentic mode[英] *教会调式中分正调式和副调式两种。各调式是由其所构成的音域、终止音和支配音的位置决定的。正调式由在一个八度内两端为终止音(finalis[拉])的自然音列构成,有多利亚、弗利几亚、利第亚、混合利第亚、爱奥利亚、伊奥尼亚等六种调式;副调式由正调式的终止音的下方四度及上方五度间的自然音列构成,即终止音位于调式的中央,而正调式中的支配音(一译"属音")则作为第一音。所谓支配音原则上正调式是在终止音的上方五度音,副调式则在终止音的上方三度音。后有所变化,弗利几亚调式的支配音在终止音的上方六度上,副弗利几亚调式和副混合利第亚调式的支配音在终止音的上方四度上。

(画○者为终止音;画□者为支配音)

**正歌剧** opera seria[意] 歌剧种类之一。与*喜歌剧相对而言。指17、18世纪以希腊神话或传奇故事为题材的意大利歌剧。

**正格半终止** 见*半终止。

**正格进行** authentic progression[英] 由属和弦向主和弦的运动。相对于*变格进行而言。

**正格终止** authentic cadence[英] *终止之一。由属和弦进行到主和弦的和声终止。相对变格终止。

**正三和弦** main triads, fundamental chords[英] 又称主要三和弦。在调式的主音、属音、下属音上构成的三和弦的总称,分别称为主和弦、属和弦、下属和弦。在自然大调式中均为大三和弦,在自然小调式中均为小三和弦,在和声小调中其属三和弦则为大三和弦。

**正声** 一称"正音"。指以五声音阶为基础的各种调式中的宫、商、角、徵、羽五声。五声之外的音(如变宫、变徵、闰、清角)则称"变声"(或称"偏音")。

**正音** 即*正声。

**正音级** 大小调式中的第Ⅰ、Ⅳ、Ⅴ级音。其他各音级统称"副音级"。

**正主题** principal theme[英] 又称主要主题。多主题的乐曲中,具有核心功能的主题。如奏鸣曲式中的第一主题。

**郑律成**(1918～1976) 中国作曲家。原籍朝鲜。1933年来华参加抗日活动,同时学习声乐。1937年入延安鲁迅艺术学院音乐系学习。后任该院声乐教师。1945年后回朝鲜任朝鲜人民军俱乐部部长兼人民军协奏团团长、朝鲜音乐大学作曲部部长等。1950年定居中国,专事创作。作有歌曲《延安颂》(1938)《八路军进行曲》(即*《中国人民解放军军歌》,1939)《延水谣》(1939)《采伐歌》、儿童歌曲《我们多么幸福》、歌剧《望夫云》(1962)等。

**郑志声**(1903～1941) 中国作曲家。广东中山人。1932年毕业于法国里昂音乐戏剧学院,1937毕业于巴黎音乐戏剧学院,并获金质奖。1940年回国,任重庆国立实验剧院训练部主任、中华交响乐团指挥。病逝于重庆。作有合唱曲《满江红》、歌剧《郑成功》(未完成)等。

**支声** 又称“衬腔”“包腔”。复调音乐手法之一。由一旋律及其变奏分支旋律而成的多声部陈述的方式。即所有的声部均为同一旋律的不同变体。

**芝加哥** Chicago 约翰·坎德所作音乐剧。舞蹈编导为鲍伯·福斯(Bob Fosse)。音乐大量运用爵士乐(特别是拉格泰姆),载歌载舞,注重表现人物的心理活动(现实世界与人物独白的转换)。1975 年上演于百老汇,赢得了巨大成功。该剧取材于 1924 年发生在芝加哥的两起真实案件。音乐剧以 20 世纪 20 年代充溢着浮华氛围的芝加哥为背景,讲述了两名女凶手(罗克茜和维尔玛)在善于颠倒黑白的律师(比利)的宣传造势下,利用媒体制造舆论博取同情,最终逃脱法律制裁的故事,讽刺了由公众趣味主导的“媒体时代”,鞭笞了现代人的利欲熏心以及沉沦堕落。主题曲为《他只在乎爱》,著名唱段为《我们都伸手去拿枪》《女囚合唱》等。1997 年获托尼奖六个奖项,2002 年被搬上银幕,并于 2003 年获第 75 届奥斯卡七项大奖。

**织体** texture factura[英]tonsystem[德] 音乐表现手段之一。在多声部音乐作品中,根据特定的表现需求将各声部有机地编织成一体。一般有复调音乐织体、主调音乐织体以及兼有两者的混合织体。织体千变万化,适需要而成。秋林[苏]著有《论音乐织体与旋律华彩》,徐源著有《音乐织体学纲要》(1994)。

**只读光压缩盘** CD-ROM 见*光盘。

**指板** griffbrett[德] finger board[英] 乐器部件之一。指某些弦乐器上供手指按弦时所用细长的薄板。

**指法** fingering[英] 即运指的方法。在演奏乐器时,一定的音需要选择特定的手指以适应特定的乐器。以数字或特定记号标记在音符的上面或下面。

**指法谱** 中国以*指法表示音的高度的传统记谱法。

**指挥** conducting[英] 音乐表演艺术之一。以手势、形体动作、呼吸、表情等手段操纵乐队、合唱队、歌剧的表演的艺术,同时亦为乐队、合唱队的组织者。担当此任者称“指挥”。指挥者不仅要带动表演者正确演释作曲家的音乐作品,而且应具有自己的风格特点。

**徵**（zhǐ）*五声之一。

**中段** 指三部曲式中的第二段。

**中国花鼓** Tambourin Chinois[法] *克莱斯勒所作小提琴独奏曲。

**中国狂想曲** *冼星海于1945年所作管弦乐曲。取材于五首民歌：古情歌、五月鲜（山西）、下山虎（广东）、观灯（陕西）、秧歌（陕北）。

**中国人民解放军军歌** 即《八路军进行曲》。*郑律成于1939年冬作于延安（公木词）。原为其所作《八路军大合唱》中的一首歌曲。曾改名为《中国人民解放军进行曲》。1951年被颁为《中国人民解放军军歌》。

**中国少年儿童队队歌** *马思聪于1950年为中国少年儿童队所作队歌（郭沫若词）。同年4月经"中国新民主主义青年团第一次全国少年儿童工作干部大会"所确认。1953年6月改称《中国少年先锋队队歌》。

**中国少年先锋队队歌** ①见*中国少年儿童队队歌。②见*我们是共产主义接班人。

**中胡** 中国拉弦乐器。20世纪40年代创制的中音*二胡。用以填补民族管弦乐队中弦乐器欠缺中音区乐器的空白。

**中花六板** 是江南丝竹《五代同堂》中的一首，从《老六板》派生而来。以运用扩充加花手法著称。参见*《行街》。

**中华人民共和国国歌** 1949年9月27日中国人民政治协商会议第一届全体会议决议暂以《义勇军进行曲》为中华人民共和国国歌。1978年第五届全国人民代表大会第一次会议通过改定的国歌歌词（旋律未变）；同届第五次会议又决定恢复原*《义勇军进行曲》为中华人民共和国国歌。

**中强唱法** messa di voce[意] 又译"渐强渐弱唱法"。演唱长音时，从 *pp* 渐强至 *ff* 再渐弱。

**中世纪调式** 即*教会调式。

**中提琴** viola[意] 小提琴族系的中音乐器。形体比小提琴稍大，全长约66cm。上张四弦。定弦比小提琴低五度，为 c、g、$d^1$、$a^1$。奏法亦同小提琴。用于管弦乐队或室内乐，亦可用于独奏。音色柔和。

**中央C** middle C[英] “中央C音”的简称。即指小字一组的c。由于其位于钢琴、风琴等键盘位置的中央而得名。

**中音** mediant[英] 又称“上中音”。大、小调式中的第三级音。因位于主音与属音中间而得名。如C大调中的E音,a小调中的C音。

**中音单簧管** alto clarinet[英] 属*单簧管族系的中音。♭E调或F调移调乐器。用于吹奏乐。

**中音谱表** alto staff[英] 简称“中音谱”。即标以*中音谱号的谱表。

**中音谱号** alto clef[英] 又称“C谱号”(c-clef[英])。指定小字一组c音位置的记号。标在五线谱的第三线或其他各线上。一般称之为*女高音谱号、*女低音谱号、男高音谱号(或称“次中音谱号”)。

**中音区** medium[拉] 见*音域。

**中音笙** 中国吹奏乐器。*笙类改革乐器之一。属民族管弦乐队中的中音管乐器。

**终止** cadence[英] 乐曲的一部分或结束时所使用的和声进行。起着确立乐曲全部或部分的调性或不同的终止感、分明句段等作用,并赋予全曲以稳定性。是调性音乐的重大特征之一。按其稳定程度可分为阳性终止(终止和弦在强拍)、阴性终止(终止和弦在弱拍)。进一步分为正格终止(D—T)、半终止(终止在D或S)、变格终止(S—T)、阻碍终止(D—Ⅵ)等。

**终止四六和弦** chord of six four in cadence[英] 在终止中所使用的主和弦的第二转位(即四六和弦)。其标记为$K_4^6$。一般用于强拍或次强拍,上接下属功能的和弦,下接属功能的和弦。其低音具有属功能的特性,上三个声部则具有主功能的特性。

**终止线** 乐曲终结时所用的记号,为左细右粗的两条纵线。

**钟** 中国古代打击乐器。新石器晚期即已出现(出土有约公元前3000年陕西龙山文化遗址的陶钟)。先为陶制,商以后为铜制。盛行于商、周时期。其形制不一,大小不一,有甬钟、钮钟、编钟等种类。春秋末期编钟(将几个不同音高的钟依一定音列组成的旋律乐器)趋于发达,组编钟数增多,有三、九、十三枚组成,多至六十四枚。

**钟鼓乐** 即中国古代所谓的"钟鼓之乐"。兴起于西周,盛行于春秋战国时期。是以编钟、编磬与建鼓(起指挥作用)为主要乐器的大型管弦乐队所奏的音乐(含乐舞)。往往用于宫廷或祭祀之中。曾侯乙墓中的钟鼓乐队即为典型实例,管弦打击乐器齐备多达一百二十四件,声部齐全,可谓编制之大而有完整。参见*曾侯乙编钟。

**钟琴** campanelli[英] 似木琴状的由大小不一的钢片组成的打击乐器。拥有完整的半音音阶。以木槌击奏发音。音域为两个八度至三个八度不等。实际音高比记谱高两个八度。

**仲夏夜之梦** Sommernachtstraum[德] *门德尔松于1842年为英国大剧作家莎士比亚的同名剧(1595)所作的配乐,共十二曲。作品61。

**仲夏夜之梦序曲** Ouvertüre"Ein Sommernachtstraum"[德] *门德尔松于1826年(时年17岁)所作的钢琴四手联弹曲。作品21。后改编成管弦乐,成为其所作同名配乐中的序曲。

**众赞歌** choral[德] 指16世纪风行一时的德国新教圣咏。是16世纪德国宗教改革运动的直接产物,为其领袖马丁·路德(1483～1546)所倡导。代表作为著名的《上帝是我们的坚固堡垒》。歌词译自圣经,或自编赞美诗,用德文演唱;曲调来自德国古老的宗教歌曲或民间歌曲。以达到新教徒易懂、易唱,从而推动宗教改革的目的。

**众赞歌前奏曲** chorale prelude[英]choralvorspiel[德] 在新教徒所唱*众赞歌前以管风琴演奏的前奏曲,后渐形成一种器乐体裁。因其主题往往出自为人们所熟悉的众赞歌,故深受欢迎。

**重音** accent[英] 乐曲中重而有力地发出的音。有节拍重音和非节拍重音两种。前者出现在小节的强拍上,后者出现在非强拍上(标以>、sf等记号)。

**周少梅**(1885～1938) 中国二胡演奏家。江苏江阴人。幼即从其父学习多种民族乐器。1930年创办"香山丝竹社”。在二胡演奏上,创用三个把位。* 刘天华曾从其学习二胡、琵琶。

**周淑安**(1894～1974) 中国女音乐教育家。福建厦门人。1914 年赴美留学,就读于哈佛大学、新英格兰音乐学院、纽约音乐学院,学习音乐艺术理论、声乐。1928 年回国,任上海国立音乐专科学校教授、声乐组主任。20 世纪 50 年代起任沈阳音乐学院教授。撰有《我的声乐教学经验》,作有歌曲《抗日歌》《不卖日货》等,其中以《纺纱歌》传世。其所作歌曲编有《恋歌集》《抒情歌曲集》(均为 1935)。

**周文中** Chou Wen-chung(1923～ ) 美籍华裔作曲家。生于山东烟台。先学建筑,1946 年移居美国后,入波士顿新英格兰音乐学院学习作曲,毕业于哥伦比亚大学。1949 年师从 * 瓦雷兹,后被聘为瓦雷兹音乐遗产管理人(负责续作、校订和出版瓦氏作品)。后教授于各大学,1982 年被选为美国文学艺术研究院院士。是现代音乐的推进者。1978 年创建“美中艺术交流中心”,并出任主任,致力于中美艺术交流工作。20 世纪 40 年代末,开始探寻一条运用中国传统文化思想与西方现代作曲技法相结合的新路,其成名作《山水三品》(1949)在东西方音乐的沟壑上架起了一座桥梁。尚作有管弦乐曲《花落知多少》(1954,取意于孟浩然的五言绝句《春晓》),为铜管和三组打击乐器而作的《尼姑独白》(1958),为长笛与钢琴而作的《草书》(1963),为小提琴、低音长笛、英国管、低音单簧管、长号、低音长号、钢琴与两组打击乐器而作的《渔歌》(1965,据同名琴曲改编),打击乐四重奏《谷应》(1989,由引子和十二段组成:调意、竹之雨、谷应、秋潭、月洁、深壑、老树寒泉、响如金石、涧之滴、行云流水、珠之走盘、万谷争流、崩崖飞瀑)等。

**周小燕**(1918～ ) 花腔女高音歌唱家、声乐教育家。早年在上海国立音乐专科学校学声乐,1938 年入巴黎俄罗斯音乐学院师从意大利贝纳尔迪教授及佩鲁嘉、玛尼夫人,并以演出歌剧《蚌壳》、独唱音乐会的欧洲巡演大获成功被誉为“中国之莺”。1947 年返国。曾任上海音乐学院声乐系系主任、副院长,桃李满天下,学生张建一、高曼华、杨小勇、廖昌永等均获国际大奖。

**朱践耳** 即*践耳。

**朱利尼** Carlo Maria Giulini(1914～2005) 意大利指挥家。生于意大利维罗纳近郊。1950年任意大利广播交响乐团音乐总监，深得托斯卡尼尼赏识并纳为助理，后任米兰斯卡拉歌剧院首席指挥、柯文特花园皇家歌剧院常任指挥、芝加哥交响乐团首席客座指挥、维也纳交响乐团常任指挥、洛杉矶爱乐乐团音乐总监等。除擅长指挥贝多芬、布鲁克纳等德奥作曲家作品而外，是20世纪的歌剧指挥大师，指挥风格严谨细腻并极富表现力。

**朱庇特交响曲** Symphonie"Jupiter"[德] *莫扎特于1788年所作《C大调第四十一交响曲》。K.551。朱庇特是希腊神话中主宰诸神和人类的宙斯。

**朱载堉**(1536～约1610) 中国明代乐律学家、历数学家。明宗室郑恭王朱厚烷之子。其科研成果颇富，在乐律学上首创"新法密律"(即十二平均律)。著有科学巨著《乐律全书》四十七卷(1584～1606)。

**诸神的黄昏** Gotterdammerung[德] *《尼伯龙根的指环》系列乐剧之四。三幕。剧情为：阿格弗里德将指环交给其妻布伦希尔德后即外出探险。途中喝下阿尔贝里希之子哈根和基比希族首领贡特尔的药酒，遂答应与贡特尔之妹结婚，并从爱妻手中夺回指环，又令爱妻与贡特尔结婚。悲愤中，布伦希尔德杀死其夫与贡特尔，后才探知哈根的阴谋，遂为其夫举行火葬，并手戴指环，纵马跃入火中。于是，莱茵河水泛滥，哈根死于洪流之中，神殿与诸神亦被烈火焚毁，尼伯龙根指环重又沉入莱茵河底。

**烛影摇红** *刘天华于1932年所作二胡独奏曲。

**主部** *呈示部中的第一部分。与*副部相对而言。

**主导动机** leitmotiv[德] 在标题音乐、戏剧音乐中，象征某一特定人物或事物、境界、概念的具有特征的动机(或主题)，并将其作种种变化、反复出现而使乐曲达到统一、具象化。如瓦格纳后期的乐剧创作中就广泛采用了这种手法。



**主调** 乐曲的主要调性。往往乐曲结束时的调即为主调。

**主调音乐** homophony[英] 相对于*复调音乐而言。一声部为主旋律,其他声部起烘托作用的一种多声部音乐。

**主功能** tonic function[英] *功能和声术语之一。指具有相对稳定性的主和弦及其替代和弦——Ⅵ和弦、Ⅲ和弦。

**主和弦** tonic chord[英] *正三和弦之一。

**主题** theme[英] 音乐作品中的主要乐思。即具有鲜明音乐形象的、意义较完整的一段旋律(乐句或乐段),并构成乐曲发展的基础部分。一般位于乐曲的开头。一部作品中可有一个或数个主题(第一主题、第二主题等)。参见*奏鸣曲式、*赋格。

**主要三和弦** 即*正三和弦。

**主要音** 相对*辅助音而言,即指和弦音。

**主要主题** 即*正主题。

**主音** tonic[英] 音阶或调式中的中心音,即音阶或调式中的第一音级。在调式中为最稳定的核心之所在。其音名即为其调高的名称,如主音为C音的大调式,称为C大调式。中国古代称之为"调头"。

**助奏** obbligato[意] 在一般演唱(奏)形式中,除伴奏外,另有一二件独奏乐器作陪衬演奏,称"助奏"。如*马斯内的独唱曲《悲歌》中的大提琴助奏。

**柷** 中国古代打击乐器。最早载于《尚书·益稷》郑玄注。木制,形似量具木升,以一木棒击其内壁发声。用于宫廷雅乐的起始。

**筑** 中国古代击弦乐器。已失传。《战国策》中载有高渐离击筑的故事。据文献记载其形似琴、瑟,弦数不等,以竹击弦。

**转调** modulation[英] 在调性音乐中,从一调转换到另一调。在古典乐派时其范围还囿于近关系调,浪漫乐派起扩大至远关系调,至现代则更加自由。转调时两个调有共通媒介和弦时,称自然转调;新调的和弦为原调的变化和弦时,称变化转调;以同音异名转换进行转调时,称等和弦转调(enharmonic modulation)。此外,过渡性的调的变化,称经过转调。

**转位** inversion[英] 指音的上下位置的换位。有*转位音程、*转位和弦、*转位旋律之分。

**转位对位** 即*复对位。

**转位和弦** Inverted chord[英] 除根音以外的和弦音为低音的和弦。三音为低音时称第一转位,五音为低音时称第二转位,七音为低音时称第三转位。

**转位旋律** 以相同的音程数将上行旋律换位为下行旋律,或反之。

**转位音程** inversion[英] 将音程上方的音移低一个八度,或使下方的音移高一个八度的音程。原来的音程称"原位音程",转位后的音程,称"转位音程"。

**装饰音** grace[英] 为了表情的需要,在乐曲中用以润色旋律的附加音。其种类繁多,有*倚音、*波音、*回音、*颤音、*吟音、*滑音、*琶音等,以记号或小音符标记。

**追思曲** 即*安魂曲。

**坠胡** 中国拉弦乐器。形似二胡,琴杆兼作指板。系吕剧、山东琴书的主要伴奏乐器。

**坠子** 中国拉弦乐器。由小三弦演变而成。为河南坠子的主要伴奏乐器。又称"坠琴"。

**字母记谱法** letter notation[英] 欧洲以拉丁字母(A、B、C……)记录音高的一种记谱法,为记示节奏则需要其他必要的辅助手段。用于中世纪的格里高利圣咏、拜占庭圣咏以及初期的多声部乐曲等。

**自律论** Autonomie[德] 又称"形式美学"。希腊语"自律"意为自己的规律,"他律"意为他的规律。德国古典哲学奠基者康德(1724～1804)首先将"自律"(内在原因,主体内在的观念)和"他律"(不依赖于主体意志的外在原因,诸如上帝意志、社会法规或先天感觉)引进其伦理学说之中,用以引申出其道德原则。德国音乐美学家卡茨(F. M. Gatz)率先在其所著《音乐美学的主要流派》(1929)借用康德哲学中的这两个概念运用到音乐美学研究中,作为划分音乐美学流派的理论基准。自律音乐哲学即音乐艺术是不依赖于音乐之外的现象的艺术,其本质只能在音响结构自身中去理解和把握(音响结构就是一切);其内容不是情感、语言、映像、譬喻、象征、符号，什么也不意味，故而制约着音乐的法则和规律是在音乐自身当中，内容和形式是同一的。代表人物有*汉斯利克、奥地利美学家齐默尔曼(R. Zimmermann，1824～1898)等。参见*他律论。

**自然半音** diatonic semi-tone[英] 十二平均律体系中相邻音级所构成的*半音。一说为*自然音阶中所含的两个半音。

**自然大调** *大调式之一。

**自然大音阶** 见*自然音阶。

**自然泛音** natural harmonics[英] 在弦乐器上，根据*泛音的原理，用手指轻触空弦的 1/2 或 1/3 或 1/4 等处，并轻轻用弓奏出的没有基音的上方泛音。其音高而透明，具有特殊的音色。参见*人工泛音。

**自然全音** diatonic whole-tone[英] *自然音阶中所含的*全音。

**自然小调** *小调式之一。

**自然小音阶** natural minor scale[英] 见*小音阶。见*自然音阶。

**自然音** natural tone[英] 指构成调式或音阶的各音，即调式内所固有的音。反之，则为*变化音。

**自然音程** diatonic intervals[英] 指自然音阶中所包含的十四种音程：完全音程一、四、五、八度；大音程二、三、六、七度；小音程二、三、六、七度；增四度；减五度。反之，则为变化音程。

**自然音阶** diatonic scale[英] 在一个八度中含有五个全音和两个半音的音阶。根据其半音的位置的不同，而又有自然大音阶和自然小音阶之分。相对于*变化音阶(和声小音阶、旋律小音阶)而言。

**自然音列** 见*音列。

**自由段** 见*赋格。

**自由对位** free counterpoint[英] 近代以来发展起来的一种不严格的、不受和声法则、节奏限制的*对位形式。与*严格对位相对而言。

**自由赋格** free fugue[英] 与*严格赋格相对而言。指对间奏的插入等等可进行比较自由的处理。在贝多芬后期的钢琴奏鸣曲以及布拉姆斯、弗朗克等人的作品中均可看到。

**自由曲式** free form[英] 即非典型*曲式。

**自由射手** 即*《魔弹射手》。

**自由速度** 即*伸缩速度。

**总谱** score[英] 与*分谱相对而言。一般是指管弦乐总谱，即展示管弦乐作品全貌的乐谱，由上而下分别为木管乐器组(短笛、长笛、双簧管、单簧管、大管)、铜管乐器组(圆号、小号、长号、大号)、打击乐器组(定音鼓、没有固定音高的三角铁等、有固定音高的木琴等)、编入乐器(如钢琴、竖琴、管风琴)、声乐、弦乐器组，并以一纵线将各行分谱连接在一起。尚有民族管弦乐、管乐队、室内乐、合唱、重唱(奏)所用总谱。

**总休止** generalpause[德] 在管弦乐曲进行中，指全部乐器一起同时休止。标以其缩写“G. P.”即可。

**奏鸣曲** sonata[英、意] 西洋器乐体裁之一。源于拉丁语 sonare，意为“鸣响”。16、17 世纪时泛指各种器乐曲，以与声乐曲相区别。17 世纪后半，即指与舞曲组成的器乐组曲互为影响而形成的新型器乐套曲。如室内奏鸣曲、教会奏鸣曲、三重奏奏鸣曲，均为由缓急对比的多乐章组成的套曲。D. 斯卡拉蒂即采用古奏鸣曲式创作了单一乐章的古钢琴奏鸣曲。18 世纪 J. S. 巴赫的儿子们和曼海姆乐派在完成奏鸣曲式的基础上，称第一乐章为奏鸣曲式的独奏套曲为奏鸣曲，并确立了近代奏鸣曲的四乐章套曲结构。如钢琴奏鸣曲、小提琴奏鸣曲、长笛奏鸣曲等。通常第一乐章为快板、奏鸣曲式；第二乐章为慢板、三部曲式或变奏曲式；第三乐章受传统舞曲组曲的影响安排为小步舞曲；第四乐章为急板、回旋曲式。*海顿、*莫扎特喜作三乐章的奏鸣曲，*贝多芬又以谐谑曲取代了小步舞曲，并对奏鸣曲这种体裁的发展作出了重要的贡献。

**奏鸣曲式** sonata form[英] 作为古典音乐体裁之一的*奏鸣曲的第一乐章而发展起来的西方近代音乐中的重要曲式之一。早在*D. 斯卡拉蒂(1685～1757)的钢琴奏鸣曲中，已出现了奏鸣曲式的雏形。此后由*巴赫的儿子们和*曼海姆乐派予以完成，而由*维也纳古典乐派将其发展到一个完美的顶峰。奏鸣曲式是由三部曲式进一步演变而成的，分呈示部、展开部、再现部等三大主要部分，可加引子或结尾。呈示部包括主部（第一主题，主调）、连接部、副部（第二主题，多为属调）、结束部，两个主题多为对比性的；展开部是将呈示部的材料，主要是两个（或一个）主题展开处理使之达到最高潮；再现部是呈示部的再现，一般两个主题再现时均为主调。在运用中，亦可没有展开部或再现部只再现一个主题等变化的奏鸣曲式。浪漫派以后，多为自由的奏鸣曲式，不再严格遵循上述奏鸣曲式各原则。

**阻碍进行** interrupted progression[英]　指Ⅴ至Ⅵ的和声进行。以Ⅵ替代主功能。

**阻碍终止** deceptive cadence[英]　又称伪终止。属和弦进至除主和弦以外的任何其他和弦的和声进行。通常进至Ⅵ。

**组歌**　将若干首内容有紧密联系的歌曲联缀而成的大型声乐曲。如*《淮海战役组歌》*《长征组歌》。

**组曲** suite[英]　由一组数目不等的器乐曲组成的器乐套曲。有古典组曲和近代组曲之别。古典组曲由调性相同的几首不同速度、不同节奏、不同风格的舞曲组成。通常包含阿勒芒德舞曲（慢四拍子）、库朗特舞曲（快三拍子）、萨拉班德舞曲（慢三拍子）、吉格舞曲（快三拍子或复拍子）。在萨拉班德舞曲和吉格舞曲之间，往往插入小步舞曲或布列、加沃特、帕斯比叶、波洛奈兹等舞曲。乐章数目不定。多数组曲冠有前奏曲。珀塞尔、科雷利、库普兰、亨德尔、巴赫都曾作有不少这种组曲。近代组曲确立于浪漫乐派时期，不一定用舞曲组成，形式自由。有根据特定标题内容写成的，如里姆斯基-科萨科夫的交响组曲《舍赫拉查德》；有从舞剧、歌剧、戏剧音乐或电影音乐中选出若干段乐曲辑成的，如格里格的《培尔·金特组曲》；亦有采用民族历史文化为素材写成的，如德沃夏克的《捷克组曲》等。

**鳟鱼** Forelle, Die[德]　*舒伯特于1817年所作艺术歌曲（舒巴尔特词）。作品32。

**鳟鱼五重奏曲** Forellenquintett［德］ *舒伯特于1819年所作A大调钢琴五重奏曲。作品114。共五乐章。其中第四乐章以自作歌曲《鳟鱼》为主题加以变奏而成，故名。

**作品分析** compositon analysis［英］ 见*音乐作品分析。

**作曲法** school of composition［英］ 广义来说包括与旋律学、和声学、对位法、曲式学、节奏论、织体学乃至样式（风格）论、乐器法、管弦乐法（配器法）等有关的一切作曲技法。

# 外 文 索 引

a cappella[英] 无伴奏合唱
a tempo[意] 原速
Abbado, Claudio 阿巴多
abbreviation[英] 简记法
abbreviation[英] 省略法(记号)
Abegg Variationen[德] 阿贝格变奏曲
absolute hearing[英] 绝对音感
absolute music[英] 绝对音乐
absolute pitch[英] 绝对音高
Abt, Franz Wilhelm 阿布特
accent[英] 重音
accessory theme[英] 副主题
acciaccatura[意] 短倚音
accidental[英] 临时记号
accompaniment[英] 伴奏
accordion[英] 手风琴
Adam, Adolphe 亚当
added sixth[英] 附加六度
Adieux Les[法] 告别奏鸣曲
Aeolian Mode[英] 爱奥利亚调式
after note[英] 后倚音
agogic[英] 缓急法
Aida[意] 阿依达
Air de Fleur"Votre Toast, Je Peux Vous Le Rendre" 斗牛士之歌
Akademische Fest Ouvertüre[德] 学院节日序曲
akkordbezeichnung[德] 和弦标记
Albeniz, Isaac 阿尔贝尼斯
Alberti Basses[英] 阿尔贝蒂低音
alborada[西] 晨歌

aleatory music[英] 偶然音乐
Alexander Nevsky[英] 亚历山大·涅夫斯基
all'ottava[意] 八度记号
alla breve[意] 二二拍子
allegro[意] 快板
allemande[法] 阿勒芒德
Alpensinfonie Eine[德] 阿尔卑斯山交响曲
Also Sprach Zarathustra[德] 查拉图斯特拉如是说
alteration[英] 变化音
altered chord[英] 变化和弦
alternative mode[英] 交替调式
alto clef[英] 女低音谱号
alto clarinet[英] 中音单簧管
alto clef[英] 中音谱号
alto staff[英] 中音谱表
alto[英] 女低音
Amati Family[英] 阿马蒂家族
Ambros，August Wilhelm 安布罗斯
Ambrosian Chant[英] 安布罗斯圣咏
amen cadence[英] 阿门终止
Amor Brujo El[西] 魔法师之恋
An American in Paris[英] 一个美国人在巴黎
An der Schonen Blauen Donall[德] 蓝色多瑙河
analysis analyse[德] 音乐作品分析
anschlag[德] 双倚音
Ansermet，Ernest 昂塞尔梅
anticipation[英] 先现音
antiphon[英] 对唱
antiphon[英] 交替圣歌
Appalachian Spring[英] 阿巴拉契亚山区的春天
Appassionata[意] 热情奏鸣曲
appoggiatura lunga[意] 长倚音
appoggiatura[英] 倚音
appreciation of music[英] 音乐欣赏

Apprenti Sorcier, L'[法] 魔法师的弟子
Arabesque[英] 阿拉伯风格曲
Argerich, Martha 阿赫里奇
aria[意] 咏叹调
arioso[意] 咏叙调
Armstrong, Louis 阿姆斯特朗
arpeggio[意] 琶音
Arrau, Claudio 阿劳
ars antiqua[拉] 古艺术
ars nova[拉] 新艺术
artificial harmonics[英] 人工泛音
Asafiev, Boris 阿萨菲耶夫
atonal music[英] 无调性音乐
atonality[英] 无调性
aubade[法] 晨歌
Auber, Daniel-Francois-Esprit 奥伯
audio recorder[英] 录音机
Auer, Leopold 奥尔
Auf Flugeln des Gesanges[德] 乘着歌声的翅膀
augmented chord[英] 增和弦
augmented interval[英] 增音程
augmented triad[英] 增三和弦
authentic cadence[英] 正格终止
authentic mode[英] 正(格)调式
authentic progression[英] 正格进行
Autonomie[德] 自律论
auxiliary tone[英] 辅助音
Avant-garde[法] 先锋派音乐
Ave Maria[拉] 圣母颂
Awan of Tuonela, The[英] 图翁内拉的天鹅
Babbitt, Milton 巴比特
Bach, Carl Philipp Emanuel 巴赫,卡尔·菲利普·埃曼纽尔
Bach, Johann Christian 巴赫,约翰·克里斯蒂安

Bach, Johann Sebastian　巴赫,约翰·塞巴斯蒂安
Bach, Wilhelm Friedemann　巴赫,威廉·弗里德曼
bagatelle[法]　音乐小品
bagpipe[英]　风笛
Balakirev, Mily Alexeyevich　巴拉基列夫
balalaika[俄]　巴拉莱卡琴
ballade[法]　叙事歌
ballade[法]　叙事曲
ballata[意]　巴拉塔
Ballet des Sylphes[法]　精灵之舞
bandoneon[西]　南美式手风琴
banjo[美]　班卓
bar line[英]　小节线
bar[英]　小节
Barber, Samuel　巴伯
Barbiere di Siviglia, Il[意]　塞维利亚的理发师
Barbirolli, John　巴比罗利
Barcarole from"The Tales of Hoffman"[英]　霍夫曼的船歌
barcarolle[法]　船歌
baritone[英]　男中音
Baroque Music[英]　巴洛克音乐
Bartok, Bela　巴托克
Bartoli, Cecilia　芭托莉
bass clef[英]　低音谱号
bass drum[英]　大军鼓
bass staff[英]　低音谱表
Bass[英]　男低音
bassethorn[德]　巴塞特管
basso continuo[意]　通奏低音
basson[英]　大管
basso ostinato[意]　固定低音
Bauernkantate[德]　农民康塔塔
Bayan[俄]　巴扬

Bayreuther Festspielhaus 拜罗伊特节日剧院
Bazzini，Antonio 巴齐尼
beat[英] 拍
Beatles，The[英] 披头士
Beecham，Thomas 比彻姆
Beethoven，Ludwig Van 贝多芬
Beiden Grenadiere，Die[德] 两个掷弹兵
bel canto[意] 美声唱法
Bellini，Vincenzo 贝里尼
Benjamin，George 本杰明，乔治
Berio，Luciano 贝里奥
Berg，Alban 贝尔格
bergamasca[意] 贝加莫斯卡
Berlioz，Louis Hector 柏辽兹
Bernstein，Leonard 伯恩斯坦
Beyer，Ferdinand 拜厄
Billy the kid[英] 小伙子比利
binary form[英] 二部曲式
Binchois，Gilles 班舒瓦
Bishop，Henry 毕肖普
Bizet，Georges 比才
Blasorchester[德] 吹奏乐
blues[英] 布鲁斯
Bohème，La[法] 绣花女
Bohm，Karl 伯姆
Bocelli Andrea 波切利
bolero[法] 波莱罗
bolero[西] 包列罗
Borodin，Aleksandr 鲍罗丁
Boulanger，Nadia Juliette 布朗热
Boulez，Pierre 布莱兹
bourrée[法] 布列舞曲
bow instruments[英] 弓弦乐器
bow[英] 弓

bowing[英] 弓法
brace[英] 连谱号
Brahms, Johannes 布拉姆斯
Brandenburgische Konzerte[德] 勃兰登堡协奏曲
brass band[英] 铜管乐队
brass instruments[英] 铜管乐器
Brendel, Alfred 布伦德尔
breve[英] 二全音符
bridge[英] 连接部
bridge[英] 琴马
Brightman Sarah[英] 布莱曼,莎拉
Britten, Benjamin 布里顿
broken chord[英] 分解和弦
Bruch, Max 布鲁赫
Bruckner, Anton 布鲁克纳
Bülow, Hans Guido Von[德] 比洛
Burgundian School[英] 勃艮第乐派
Busnois, Antoine 比斯努瓦
caccia[意] 猎歌
Caccini, Giulio 卡奇尼
cadence[英] 终止
cadenza[英][意] 华彩段
Caenaval romain, Le[法] 罗马狂欢节序曲
Cage, John 凯奇,约翰
Callas, Maria 卡拉斯
campane[意] 排钟
Campanelli[英] 钟琴
cancan[法] 康康
canon[英] 卡农
cantata[意] 康塔塔
cantus firmus[拉] 定旋律
canzone[意] 坎佐纳
Caprice Espagnol[法] 西班牙随想曲
Caprice Viennois[法] 维也纳随想曲

cariccio[意] 随想曲
Carmen ouverture[法] 卡门序曲
Carmen[英] 卡门
Carnaval des Animaux，Le[法] 动物狂欢节
Carnaval[法] 狂欢节
carol[英] 圣诞颂歌
Carter，Elliott Cook 卡特
Caruso，Enrico 卡鲁索
Casals，Pablo 卡萨尔斯
Casella，Alfredo 卡塞拉
Casse-noisette[法] 胡桃夹子
castagnette[意] 响板
castrato[意] 阉人歌手
Caucasian Sketches[英] 高加索素描
cavatina[意] 卡伐蒂那
CD-ROM 只读光压缩盘
celesta[意] 钢片琴
Celibidache，Sergiu 切利比达克
Chabrier，Emmanuel 夏布里埃
chaconne[法] 恰空
chamber music[英] 室内乐
Chanson de Ladieu[法] 离别练习曲
chanson[法] 尚松
characteristic piece[英] 特性曲
Chausson，Ernest 肖松
Cherubini，Luigi 凯鲁比尼
chest voice[英] 胸声
chevé system[法] 简谱
Chicago[英] 芝加哥
children's voice[英] 童声
Children's Corner[英] 儿童乐园
chin rest[英] 腮托
choir[英] 唱诗班
Chopin，Fryderyk Franciszek 肖邦

Choral Symphony[英]　合唱交响曲
choral[德]　众赞歌
choralvorspiel[德]　众赞歌前奏曲
chord of dominant seventh[英]　属七和弦
chord of six four in cadence[英]　终止四六和弦
chord of the augmented sixth[英]　增六和弦
chord of the dominant ninth[英]　属九和弦
chord of the second[英]　二和弦
chord of sixth and fifth[英]　五六和弦
chord of the sixth and fourth[英]　四六和弦
chord[英]　和弦
chordal position[英]　和弦位置
chord-tones[英]　和声音
chorus[英]　合唱
Chou Wen-chung　周文中
Chromatic Fantasia and Fugue　半音阶幻想曲与赋格
chromatic interval[英]　变化音程
chromatic scale[英]　半音音阶
church modes[英]　教会调式
Cimarosa，Domenico　奇马罗萨
Cinderella[英]　灰姑娘
Cinquantaine，La[法]　金婚式
circle of fifths[英]　五度循环
Clair de lune[法]　月光
clarinetto basso[意]　低音单簧管
clarinetto piccolo[意]　小单簧管
collage　拼贴音乐
clarinetto[意]　单簧管
clausula[拉]　克劳苏拉
clavichord[英、德]　击弦古钢琴
clef[英]　谱号
Clementi，Clementi　克莱门蒂
Cliburn，Van　克莱本
close harmony[英]　密集和声

close position[英] 密集排列
codetta[意] 结束部
codetta[意] 小结尾
collage[法] 拼贴音乐
common chord[英] 原位和弦
compass of voice[英] 声域
compass[英] 音域
compositon analysis[英] 作品分析
compound binary form[英] 复二部曲式
compound intervals[英] 复音程
compound temary form[英] 复三部曲式
compound time[英] 复拍子
compound tone[英] 复合音
computer music[英] 计算机音乐
concert master[英] 乐队首席
concertino[意] 小协奏曲
concerto grosso[意] 大协奏曲
concerto[英] 协奏曲
concord[英] 协和和弦
concrete music[英] 具体音乐
conducting[英] 指挥
conductus[拉] 孔杜克图斯
consecutive fifths[英] 平行五度
consecutive octaves[英] 平行八度
consonant interval[英] 协和音程
contrafagotto[意] 低音大管
contralto[意] 女中音
contrary motion[英] 反向进行
contredanse[法] 对舞
Copland, Aaron 科普兰
Coppelia[法] 葛蓓莉娅
Corelli, Arcangelo 科雷利
cornetto[意] 短号
corno inglese[意] 英国管

Cortot，Alfred　科尔托
counter subject[英]　对题
counterpoint[英]　对位法
country dance[英]　土风舞曲
country music[英]　乡村音乐
Couperin，Francois　库普兰
courante[法]　库朗特舞曲
Creation du Monde，La[法]　世界之创造
crook[英]　调音管
csárdás[匈]　恰尔达什
Cui，Cesar　居伊
Cygne，Le[英]　天鹅
Czerny，Karl　车尔尼
da capo aria[意]　返始咏叹调
da capo[意]　返始
dance suit[英]　舞蹈组曲
dance[英]　舞曲
Dans Les Steppes l'Asie　在中亚细亚草原上
Danza del Terror[法]　恐怖之舞
Daphnis et Chloe[法]　达夫尼斯与克罗埃
Dargomizhsky，Alexand Sergeyevich　达尔戈梅日斯基
Davidsbundler Tanze[德]　大卫同盟舞曲集
Davies，Peter Maxwell　戴维斯
Debussy，Claude Achille　德彪西
deceptive cadence[英]　阻碍终止
deceptive cadence[英]　伪终止
Degeyter，Pierre　狄盖特
degree[英]　音级
degree[英]　度
Delibés，Clemént Philibert Leo　德利布
Delius，Frederick　戴留斯
detache[法]　分弓
development[英]　展开部
Diabelli Variations[英]　迪亚贝利变奏曲

diatonic intervals[英] 自然音程
diatonic scale[英] 自然音阶
diatonic whole-tone[英] 自然全音
diatonic semi-tone[英] 自然半音
Dichter und Bauer[德] 诗人与农夫
Dichterliebe[德] 诗人之恋
digital sound recording[英] 数码录音机
diminished interval[英] 减音程
diminished seventh chord[英] 减七和弦
diminished triad[英] 减三和弦
D'lndy, Vincent 丹第
discantus[拉] 第斯康特
disco[英] 迪斯科
dissonant chord[英] 不协和和弦
dissonant interval[英] 不协和音程
divertimento[意] 嬉游曲
Divine Poem, The[英] 神圣之诗
divisi[意] 分奏
divisions[英] 加花变奏
dominant chord[英] 属和弦
dominant function[英] 属功能
dominant[英] 属音
Domingo, Placido 多明戈
Don Juan(Don Giovanni)[英] 唐璜
Don Pasquale[意] 唐帕斯夸莱
Don Quixote[英] 唐吉诃德
Dont, Jokob 顿特
Donizetti, Gaetano 多尼采蒂
doppio movimento 快一倍
Doppler, Albert Franz 德普拉
Dorian Mode[英] 多利亚调式
Dorian Sixth[英] 多利亚六度
dot[英] 附点
double appoggiatura[英] 复倚音

double bar[英]　复小节线
double chorus[英]　二重合唱
double concerto[英]　复协奏曲
double concerto[英]　二重协奏曲
double counterpoint[英]　二重对位
double dot[英]　复附点
double dotted note[英]　复附点音符
double dotted rest[英]　复附点休止符
double flat[英]　重降记号
double fugue[英]　二重赋格
double horn[英]　双调圆号
double sharp[英]　重升记号
double timesignature[英]　复拍号
down beat[英]　强拍
down bow[英]　下弓
drone bass[英]　持续低音
duet[英]　二重奏
duet[英]　二重唱
Dufay, Guillaume　迪费
Dukas, Paul　杜卡斯,保罗
Dunstable, Jon　邓斯泰布尔
Duparc, Henri　迪帕克
duplet[英]　二连音
duple time[英]　二拍子
durchko mponiert[德]　通谱歌曲
DVD　数字视频盘
Dvorak, Antonin　德沃夏克
dynamik[德]　力度
dynamics[英]　力度
écossaise[法]　埃科塞斯舞曲
Egmont Ouvertüre[德]　爱格蒙特序曲
eighth-note[英]　八分音符
Eilenberg, Richard　艾伦贝格
Eine Kleine Nacht Musik[德]　弦乐小夜曲

Einem，Gottfried von 艾内姆
Einstein，Alred 爱因斯坦
Eisler，Hanns 艾斯勒
Electronic Music[英] 电子音乐
electronic organ[英] 电子琴
elegy[英] 悲歌
eleventh[英] 十一度音程
Elgar，Edward William 埃尔加
Elisir D'amore，L[意] 爱的甘醇
Elman，Mischa 埃尔曼
Emperor Concerto[英] 皇帝协奏曲
Enesco，Georges 埃内斯库
Englische Suiten[德] 英国组曲
enharmonic chabge[英] 同音异名的转换
enharmonic chord[英] 等和弦
Enharmonic modulation[英] 等和弦转调
enharmonic[英] 等音
ensemble[法] 合奏
environmental music[英] 环境音乐
episode[英] 插部
Erlkönig Der[德] 魔王
Eroica Symphony[英] 英雄交响曲
Escales[法] 港口
Estampes[法] 版画
esthetics of music[英] 音乐美学
Estudiantina[法] 女大学生圆舞曲
Evgeny Onegin[英] 叶甫根尼·奥涅金
Evita 艾薇塔
expression marks[英] 表情记号
Expressionism Music[英] 表现主义音乐
faburden[英] 法伯顿
fagotto[意] 大管
Fair at Sorochinsk[英] 索罗钦集市
Falla，Manuel de 法利亚

false relation[英] 对斜
falsetto[英] 假声
fandango[西] 凡丹戈舞曲
Fantaisie Impromptu[法] 幻想即兴曲
Fantaisie Pastorale Hongroise[法] 匈牙利田园幻想曲
Fantaisie Sur Carmen de Bizet[法] 卡门主题幻想曲
fantasy[英] 幻想曲
farandole[法] 法朗多尔舞曲
Fate Symphony[英] 命运交响曲
Fauré，Gabriel 福雷
Faust Symphony[英] 浮士德交响曲
fauxbourdon[法] 福布尔东
feminine cadence[英] 阴性终止
fermata[意] 延长记号
Feste Romane[意] 罗马的节日
Fidelio Dieeheliche Liebe[德] 费岱里奥
fifth[英] 五度
Figlia del Reggimento La[意] 军中女郎
figuration[英] 音型法
figure[英] 音型
figured bass[英] 数字低音
figurenlehre[德] 音型说
Fille Aux Cheveux de Lin La[法] 亚麻色头发的少女
fine[意] 曲终
finger board[英] 指板
fingering[英] 指法
Finlandia[英] 芬兰颂
Fireworks Music[英] 焰火音乐
Fischer-Dieskau 菲舍尔-迪斯科
first theme[英] 第一主题
firstinversion[英] 第一转位
Five，The[英] 五人团
fixed Doh[英] 固定唱名法
flat[英] 降号

Fleming, Renée 弗莱明
Flemish School[英] 佛兰芒乐派
Fliegende Hollander, Der[德] 漂泊的荷兰人
flute[英] 长笛
folia[意] 福利亚
Fontane di Roma[意] 罗马的喷泉
Forelle, Die[德] 鳟鱼
Forellenquintett[德] 鳟鱼五重奏曲
Foster, Stephen 福斯特
fourth[英] 四度音程
fourth-chord[英] 四度和弦
four-three chord[英] 三四和弦
Francesca da Rimini[意] 里米尼的弗兰切斯卡
Franck, Cesar 弗朗克
Franzosische Suiten[德] 法国组曲
Frauenliebe und Leben[德] 妇女的爱情与生活
free counterpoint[英] 自由对位
free form[英] 自由曲式
free fugue[英] 自由赋格
Freischutz, Der[德] 魔弹射手
French horn[英] 法国号
French Sixth[英] 法国六和弦
Fruhlingslied[德] 春之歌
Fruhlingsstimmen[德] 春之声
fugato[意] 赋格段
fughetta[意] 小赋格曲
Fugue[英] 赋格
functional harmony[英] 功能和声
functional mark[英] 功能标记
fundamental tone[英] 基音
fundamental note[英] 根音
Fur Elise[德] 献给爱丽丝
Furtwangler, Wilhelm 富特文格勒
Futurism Music[英] 未来主义音乐

Gabrieli Andrea　加布里埃利
Gabrieli Giovanni　加布里埃利
gagliarda[意]　加利亚德舞曲
galop[法、英]　加洛普舞曲
Gamelan[印尼]　加美兰音乐
gavotte[法]　加沃特舞曲
Gebrauchsmusik[德]　实用音乐
Generalpause[德]　总休止
German Sixth[英]　德国六和弦
Gershwin，George　格什温
Geschichten aus dem Wiener Wals[德]　维也纳森林的故事
gigue[法]　吉格舞曲
Giulini，Carlo Maria　朱利尼
Glass，Philip　格拉斯，菲利普
Glazunov，Alexander　格拉祖诺夫
Gliere，Reinhold　格利埃尔
Glinka，Mikhail(Ivanovich)　格林卡
glissando[意]　滑奏
Gluck，Christoph Willibald　格鲁克
Godunov，Boris　戈杜诺夫，鲍里斯
Golodberg Variationen　戈尔德堡变奏曲
Gorecki，Henryk　古雷斯基
Gossec，Francois　戈塞克
Gotterdammerung[德]　诸神的黄昏
Gould，Glenn　古尔德，格伦
Gounod，Charies　古诺
Goyescas[西]　戈雅之画
grace[英]　装饰音
Granados，Enrique　格拉纳多斯
grand opera[英]　大歌剧
Grand Canyon Suite[英]　大峡谷组曲
grand piano[英]　平台式钢琴
Grando Valse Brillante[法]　华丽大圆舞曲

great staff[英] 大谱表
Gregorian Chant[英] 格里高利圣咏
Grieg, Edvard Hagerup 格里格
Grofe, Ferde 格罗菲
Grove, Sir George 格罗夫
Grove Dictionary of Music and Musicians 格罗夫音乐与音乐家词典
Gruberova, Edita 格鲁贝洛娃
Grumiaux, Arthur 格吕米欧
Gubaidulina, Sofia 古拜杜丽娜
Guido D'Arezzo 圭多
Guillaume Tell[法] 威廉·退尔
guitar[英] 吉他
Haba, Alois 哈巴
habanera[西] 哈巴涅拉
Haffner Serenade[英] 哈夫那小夜曲
Hahm, Reynaldo 阿恩
Haitink, Bernard 海廷克
half note[英] 二分音符
half rest[英] 二分休止符
half(imperfect) cadence[英] 半终止
Handel, Georg Friedrich 亨德尔
Hanslick, Eduard 汉斯利克
harmonic connection[英] 和声连接法
harmonic function[英] 和声功能
harmonic major scale[英] 和声大音阶
harmonic minor scale[英] 和声小音阶
harmonic progression[英] 和声进行
harmonic rhythm[英] 和声节奏
harmonic sequence[英] 和声模进
harmonic overtone[英] 泛音
harmonic series[英] 泛音列
harmonica[英] 口琴
harmonium[英] 风琴

harmony[英] 和声
Harold en Italie[法] 哈罗尔德在意大利
harp[英] 竖琴
harpsichord[英] 羽管键琴
Hary Janos[匈] 哈里·雅诺什
Hausegger，Friedrich 豪塞格
Haydn，Franz Joseph 海顿
head voice[英] 头声
head[英] 符头
Heidenroeslein[德] 野玫瑰
Heifetz，Jascha 海菲兹
Heldenleben Ein[德] 英雄的生涯
Henze，Hans Werner 亨策
heptatomic scale[英] 七声音阶
Heteronomie[德] 他律论
hexachord[英] 六声音阶
hidden fifths[英] 隐伏五度
hidden octaves[英] 隐伏八度
Hindemith，Paul 欣德米特
Histoire du Soldat[法] 士兵的故事
Holberg Suite[英] 霍尔堡组曲
Holst，Gustav Theodore 霍尔斯特
homophony[英] 主调音乐
Honegger，Arthur 奥涅格
hook[英] 符尾
Hora Staccato[意] 霍拉舞曲
hornpipe[英] 角笛舞
Horowitz，Vladimir 霍罗维茨
Hubay，Jeno 胡鲍伊
humming[英] 哼鸣
humoresque[法] 幽默曲
Hungarian Dances[英] 匈牙利舞曲
Hymne au Soleil[法] 太阳赞
hypo mode[英] 副调式

Hypoaeolian Mode[英] 副爱奥利亚调式
Hypodorian Mode[英] 副多里亚调式
Hypoionian Mode[英] 副伊奥利亚调式
Hypolocrian Mode[英] 副罗克里斯调式
Hypolydian Mode[英] 副利第亚调式
Hypomixolydisich Tonart[德] 副混合利第亚调式
Hypophrygian Mode[英] 副弗里吉亚调式
Iberia 伊贝里亚
Ibert, Jacques 伊贝尔
Ideale, Die[德] 理想
idée fixe[法] 固定乐思
imitation[英] 模仿
imperfect cadence[英] 不完全终止
imperfect chord[英] 不完全和弦
imperfect interval[英] 不完全音程
imporovisation[英] 即兴演奏
Impressionism Music[英] 印象主义音乐
Impressions d'Italie[法] 意大利印象
impromptu[法] 即兴曲
In a Pevsian Market[英] 波斯的市集
incomplete bar[英] 不完全小节
inner voices[英] 内声部
instrumental music[英] 器乐
instrumentation[英] 乐器法
interlude[英] 间奏
interlude[英]intermezzo[意] 间奏曲
Internrezzo"Cavalleria Rusticana"[意] 乡村骑士间奏曲
interrupted progression[英] 阻碍进行
interval[英] 音程
intonation[英] 音准
introduction[英] 前奏
invention[英] 创意曲
inversion[英] 转位
inversion[英] 转位音程

inverted chord[英] 转位和弦
inverted turn[英] 逆回音
invertible counterpoint[英] 复对位
Invitation to the dance[英] 邀舞
Ionian Mode[英] 伊奥尼亚调式
Ippolitov-Ivanov 伊波利托夫-伊万诺夫
Islamey[英] 伊斯拉美
isorhythm[英] 等节奏
Israel In Egypt[英] 以色列人在埃及
Italian Caprice[英] 意大利随想曲
Italian Concerto[英] 意大利协奏曲
Italian Sixth[英] 意大利六和弦
Italian Symphony[英] 意大利交响曲
Ivan Sussanin[英] 伊凡·苏萨宁
Ivanovici，Ion 伊凡诺维奇
Ives，Charles Edward 艾夫斯
Jagerschor[德] 猎人合唱
Jahreszeiten Die[德] 四季
Janacěk，Leoš 雅纳切克
jazz[英] 爵士乐
Joachim，Joseph 约阿希姆
Jodel[德] 约得尔唱法
Johannespassion[德] 约翰福音受难曲
Jonasson，Johann Emanuel 约纳松
jota[西] 霍塔舞曲
Judas Maccabaeus[英] 犹大·马加比
Kabalevsky，Dmitry Borisovich 卡巴列夫斯基
Kaffee kantate 咖啡康塔塔
Kaiserwalzer[德] 皇帝圆舞曲
Kamarinskaya[英] 卡玛琳斯卡亚
kapellmeister[德] 乐长
kapellmeistermusik[德] 乐长音乐
Karajan，Herbert von 卡拉扬
Kempff，Wilhelm 肯普夫

Ketelbey, Albert William　凯特尔贝
key relationship[英]　调关系
key signature[英]　调号
key[英]　调
key[英]　键
keyboard instruments[英]　键盘乐器
keyboard hamony[英]　键盘和声
keyboard[英]　键盘
Khachaturian, Aram　哈恰图良
Khovanshchina[英]　霍凡希那序曲
kikimora[英]　基基莫拉
Kinderszenen[德]　童年情景
klangfarbenmelodie[德]　音色旋律
klavierauszug[德]　钢琴缩编谱
Klemperer, Otto　克勒姆佩雷尔
Kodaly, Zoltan　科达伊
Kontrabass[德]　低音提琴
Kondrashin, Kiril　康德拉什
Koussevitzky, Sergey　库塞维茨基
Krakowiak[英]　克拉科维亚克舞曲
Kreisler, Fritz　克莱斯勒
Kreisleriana[德]　克莱斯勒偶记
Kreutzer, Rodolphe　克莱采尔
kronungs Konzert[德]　加冕协奏曲
kuckuckswalzer[德]　杜鹃圆舞曲
Kuhlau, Friedrich　库劳
Kujawiak[波兰]　库亚维亚克舞曲
Kunstler Leben[德]　艺术家的生涯
L'Arlésienne[法]　阿莱城姑娘
L'Abeille[法]　蜜蜂
l'istesso tempo[意]　同速度
Lalo, Edouard　拉罗
Landini Cadence[英]　兰迪尼终止
Landini, Francesco　兰迪尼

Ländler[德] 连德勒舞曲
Landowska, Wanda 兰多芙斯卡
Lanner, Joseph 兰纳
Largo[意] 广板
Lasso, Orlando di 拉索
Last Rose of Summer, The[英] 夏天里最后的一朵玫瑰
leading tone[英] 导音
ledger line[英] 加线
legato[意] 连音
legato[意] 连奏(唱)
legato[意] 连弓
legende[法] 传奇曲
leggio[意] 谱架
Lehar, Franz 莱哈尔
Leichte Kavallerie[德] 轻骑兵
leitmotiv[德] 主导动机
Lemminkainen 莱明凯宁
Lennon, John Winston 列侬,约翰
Lento[意] 慢板
Leonora Overtures[英] 莱奥诺拉序曲
Les Six[法] 六人团
Les Misérables 悲惨世界
letter notation[英] 字母记谱法
letter notation[英] 文字谱
Liadov, Anatoly 利亚多夫
Liebesfreud[德] 爱之欢乐
Liebesleid[德] 爱之悲愁
Liebestraume[德] 爱之梦
Lied von der Erde Das[德] 大地之歌
Lied[德] 艺术歌曲
Lieder ohne Worte[德] 无言歌
liederkreis[德] 声乐套曲
Ligeti, György Sándor 利盖蒂
Lincoln Portrait[英] 林肯肖像

line[英]　线
Lipatti，Dinu　利帕蒂
Liszt，Franz　李斯特
liuto[意]　诗琴
Locrian Mode[英]　罗克里安调式
Lohengrin[德]　罗恩格林
L'Oiseau de Feu[法]　火鸟
loud　乌德
loure[法]　路尔
Lucia di Lammermoor[意]　拉美莫尔的露契亚
luftpause[德]　换气记号
lullaby[英]　摇篮曲
Lully，Jean Baptiste　吕利
lunga pausa[意]　长休止记号
Lustige Witwe Die[德]　风流寡妇
lute[英]　琉特
Lutoslawski，Witold　卢托斯拉夫斯基
Lydian Fourth[英]　利第亚四度
Lydian Mode[英]　利第亚调式
lyra[拉]lyre[希腊]　里拉
Ma Mère L'oye[法]　鹅妈妈组曲
Maazel，Lorin　马泽尔
Macbeth[英]　麦克白斯
Machaut，Guillaume de　马肖
Mackintosh，Cameron　麦金托什
Madama Butterfly[英]　蝴蝶夫人
madrigale[意]　牧歌
Mahler，Gustav　马勒
main triads，fundamental chords[英]　正三和弦
major[英]　大调
major interva[英]　大音程
major mode[英]　大调式
major scale[英]　大音阶
major second[英]　大二度

major triad[英] 大三和弦
major whole tone[英] 大全音
mancando[意] 渐消失
mandola[意] 曼多拉
mandolin[英] 曼多林
Manfred[德] 曼弗雷德
maraca[英] 沙槌
march[英] 进行曲
Marche des Petits Faunes[法] 小牧神进行曲
Marche Militaire[法] 军队进行曲
marimba 马林巴
martelé[法] 顿弓
Mascagni，Pietro 马斯卡尼
masculine ending，masculine cadence[英] 阳性终止
Masquerade[英] 假面舞会组曲
mass[英] 弥撒曲
Massenet，Jules 马斯内
massenlied[德] 群众歌曲
Mathis der Maler[德] 画家马蒂斯
Matthauspassion[德] 马太福音受难曲
Mazeppa[英] 玛捷帕
mazur[波兰]mazuka[法] 马祖卡
mediant[英] 中音
meditation[英] 冥想曲
medium[拉] 中音区
meistersinger[德] 名歌手
Meistersinger Sonate[德] 名歌手奏鸣曲
Meistersinger Von Nurnberg，Die[德] 纽伦堡的工匠歌手
melodic connection[英] 旋律连接法
melodic minor scale[英] 旋律小音阶
Melody in F[英] 旋律(F 大调)
melody[英] 旋律
Memdelssohn，Felix 门德尔松

Menotti，Gian Carlo　梅诺蒂
mensural music[英]　有量音乐
mensural notation[英]　有量记谱法
Menuet des Feux Follets[法]　鬼火小步舞曲
menuet[法]　小步舞曲
Menuhin，Yehudi　梅纽因
Mephistos Walze[德]　梅菲斯特圆舞曲
Mcr，La[法]　大海
messa di voce[意]　中强唱法
Messiaen，Olivier　梅西昂
Messiah[英]　弥赛亚
metronome[英]　拍节器
Metropolitan Opera House　大都会歌剧院
Meyerbeer，Giacomo　迈耶贝尔
mezza voce[意]　半声
mezzo soprano[意]　次女高音
Michelangeli，Arturo Benedetti　米凯兰基利
microtonal interval[英]　微分音
middle C[英]　中央 C
MIDI　迷笛
Mikrokosmos[英]　小宇宙
Milhaud，Darius　米约
military band[英]　军乐队
military music[英]　军乐
Miniatura[意]　小品曲
Minimal Music[英]　简约派音乐
Minnesänger[德]　恋诗歌手
minor interval[英]　小音程
minor key[英]　小调
minor mode[英]　小调式
minor scale[英]　小音阶
minor second[英]　小二度
minor seventh[英]　小七度
minor sixth[英]　小六度

minor third[英] 小三度
minor tone[英] 小全音
minor triad[英] 小三和弦
minstrel[英] 游吟诗人
mixed time[英] 混合拍子
Mixolydian Mode[英] 混合利第亚调式
mode[英] 调式
Modern Music[英] 现代音乐
modulation[英] 转调
Moldau，The 沃尔塔瓦河
Molotwa Dziewicy[波] 少女的祈祷
moment musical[法] 瞬想曲
Moments Musicaux[法] 音乐的瞬间
Moniuszko，Stanislaw 莫纽什科
Monteverdi，Claudio 蒙泰威尔第
Moonlight Sonata[英] 月光奏鸣曲
mordent[英] 波音
mordente a rovesoio[意] 逆波音
Moszkowski，Moritz 莫什科夫斯基
motet[英] 经文歌
motion[英] 进行
motive[英] 动机
mouthpiece[英] 号嘴
Movable Do[英] 首调唱名法
Movement[英] 乐章
Mozart Fifths[英] 莫扎特五度
Mozart，Walfgang Amadeus 莫扎特
Mravinsky，Evgeni 姆拉文斯基
muette de Portici La[法] 波尔蒂契的哑女
Munch，Charles 明希
musette[法] 风笛舞曲
Music of the Rococo[英] 洛可可音乐
Music Box，The[英] 八音盒
music criticism[英] 音乐批评

music history[英] 音乐史
Music in The Renaissance[英] 文艺复兴音乐
Music in Western Civilization 西方文明中的音乐
music therapy[英] 音乐治疗学
music[英] 音乐
musical form[英] 曲式
musical instrument 乐器
musical note[英] 乐谱
musical tone[英] 乐音
musical[英] 音乐剧
musikalische Formenlehre[德] 曲式学
musikalische volkerkunde[德] 音乐民族学
musikanschauung[德] 音乐观
musikdrama[德] 乐剧
musikerziehung[德] 音乐教育
musikinstrumentenkunde[德] 乐器学
musiksoziologie[德] 音乐社会学
musikwissenschaft[德] 音乐学
Musique Sérielle[法] 序列音乐
Musorgsky，Modest Petrovich 穆索尔斯基
mutation[英] 变声
mute[英] 弱音器
Myaskovsky，Nicolas Yakorlevich 米亚斯科夫斯基
Mystic Chord[英] 神秘和弦
naked(open)fifth[英] 空五度
national anthems[英] 国歌
nationalism[英] 民族乐派
natura[英] 本位号
natural[英] 还原记号
natural harmonics[英] 自然泛音
natural minor scale[英] 自然小音阶
natural tone[英] 自然音
Neapolitan School[英] 那不勒斯乐派
Neapolitan Sixth[英] 那不勒斯六和弦

Negro Spirituals[英]　黑人灵歌
New Classicism[英]　新古典主义音乐
New Romanticism[英]　新浪漫主义
Netherlands School[英]　尼德兰乐派
Netrebko, Anna　涅特布科,安娜
Neu Wiener Klassike[德]　新维也纳乐派
New Objectivity Music[英]　新即物主义音乐
Nielsen, Carl August　尼尔森
Night On the Bald Mountain[英]　荒山之夜
Nights In the Gardens of Spain[英]　西班牙庭园之夜
ninth chord[英]　九和弦
ninth[英]　九度
Nocturne[英]　夜曲
noise[英]　噪音
nonet[英]　九重奏
non-harmonic note[英]　和声外音
Nono, Luigi　诺诺
nonolet[英]　九连音
Norman, Jessy　诺曼,杰茜
Norwegische Tanze[德]　挪威舞曲
nota cambiata[意]　骈枝音
notation[英]　记谱法
note row[英]　音列
note values[英]　音值
note[英]　音符
note[英]　音
Notturno D'amore[意]　爱之夜曲
Novellette[德]　新事曲
Nozze di Figaro, Le[法]　费加罗的婚礼
Nutcrackes Suite[英]　胡桃夹子组曲
O sole mio[意]　我的太阳
obbligato[意]　助奏
oboe[英]　双簧管
Oborin, Lev Nikolayevich　奥博林

ocarina[意] 奥卡利那
Ockeghem，Johannes 奥克赫姆
octave[英] 八度
Offenbach，Jacques 奥芬巴赫
Oistrakh，David 奥伊斯特拉赫
oktett[德] 八重奏
Ol’man River[英] 老人河
Old Black Joe[英] 老黑奴
one part form[英] 乐段
open string[英] 空弦
open harmony[英] 开放和声
open position[英] 开放排列
opera buffa[意] 意大利喜歌剧
opera comica[意] 喜歌剧
opera comique[法] 法国喜歌剧
opera seria[意] 正歌剧
opera[意] 歌剧
operetta[意] 轻歌剧
ophicleide[英] 奥菲克莱德号
oratorio[英] 清唱剧
orchestra[英] 管弦乐队
orchestration[英] 管弦乐法
Orff，Carl 奥尔夫，卡尔
organ[英] 管风琴
organum[拉] 奥尔加农
Ormandy，Eugene 奥曼蒂
outer voices[英] 外声部
Ouverture Carnaval[法] 狂欢节序曲
Ouverture Le Nozze di Figaro[法] 费加罗的婚礼序曲
Ouvertüre “Prometheus”[德] 普罗米修斯序曲
Ouvertüre “Die Zauberflote”[德] 魔笛序曲
Ouverture Solennelle“1812”[法] 一八一二序曲
Ouvertüre“Coriolan”[德] 科里奥兰序曲
Ouvertüre“Die Fledermaus”[德] 蝙蝠序曲

Ouvertüre"Ein Sommernachtstraum"[德] 仲夏夜之梦序曲
Ouvevtüre"Der Freischutz"[德] 魔弹射手序曲
overblowing[英] 超吹
Overtura"Don Giovanni"[意] 唐璜序曲
overture[英] 序曲
Pacifc231[英] 太平洋 231
Paganini, Nicolo 帕格尼尼
Paige, Elaine 佩姬
Paisiello, Giovanni 帕伊谢洛
Palestrina, Giovanni 帕莱斯特里那
Paloma La[西] 鸽子
Pandean pipe[英] 排箫
pantonality[英] 泛调性
Papillons[法] 蝴蝶
Parade der Zinnsoldaten[德] 玩具兵进行曲
parallel intervals[英] 平行音程
parallel motion[英] 平行进行
part[英] 分谱
part[英] 声部
partial tone[英] 分音
passacaglia[意] 帕萨卡利亚舞曲
passage[英] 经过句
passing chord[英] 经过和弦
passing modulation[英] 经过转调
passing note[英] 经过音
passion[德] 受难曲
pasticcio[意] 集成曲
Pastoral Symphony[英] 田园交响曲
pastorale[英] 田园曲
pastorale[英] 田园剧
Pathetique Sonate[法] 悲怆奏鸣曲
Pathetique Symphonie[法] 悲怆交响曲
Patineurs Les[法] 溜冰圆舞曲

pausa[意] 休止
Pavane Pour une Infante Defunte[法] 悼念公主的帕凡舞曲
pavane[法] 帕凡舞曲
Pavarotti, Luciano 帕瓦罗蒂
pedagogy of music[英] 音乐教育学
pedal[英] 踏板
Peer Gynt[英] 培尔·金特
Peerce, Jan 皮尔斯
pears, Peter 皮尔斯,皮特
Pelleas et Melisande[法] 佩利亚斯与梅丽桑德
Penderecki, Krzysztof 彭德雷茨基
pentatonic scale[英] 五声音阶
percussion instrument[英] 打击乐器
perfect cadence[英] 完全终止
perfect chord[英] 完全和弦
perfect interva[英] 完全音程
perpetunm mobile[拉] 无穷动
Peter and The Wolf[英] 彼得与狼
Petrushka[英] 彼得鲁什卡
Phantom of Opera 剧院魅影
phrase[英] 乐句
phrasing[英] 分句法
Phrygian Mode[英] 弗利几亚调式
Phrygian Second[英] 弗利几亚二度
piano[意] 钢琴
piano score[英] 钢琴改编曲
Piatigorsky, Gregor 皮亚蒂戈尔斯基
piatti[意] 钹
Piccinni, Niccolo 皮契尼
piccolo[英] 短笛
Pictures at an exhibition[英] 图画展览会
Pierne, Gabriel 皮尔纳
Pini di Roma[意] 罗马的松树

Pireeot Lunaire[法]　月光下的彼埃罗
Piston, Walter　辟斯顿
piston[英]　活塞
pitch names[英]　音名
pitch[英]　音高
pizzicato[意]　拨奏
plagal cadence[英]　变格终止
plainsong[英]　素歌
Planets, The[英]　行星
plectrum[英]　拨子
plucked string instuments[英]　拨弦乐器
polka[捷]　波尔卡
Polonaise Brillante[法]　华丽波兰舞曲
Polonaise Heroique[法]　英雄波洛奈兹
Polonaise Militaire[法]　军队波兰舞曲
polonaise[法]　波洛奈兹(波兰舞曲)
polyrhythm[英]　复节奏
polyvhoral[英]　复合唱
Ponchielli, Amilcare　蓬基耶利
popular music[英]　流行音乐
Porgy and Bess[英]　波吉与贝丝
portamento[意]　滑音
position of a chord[英]　和弦的排列
position[英]　把位
Pottier, Eugene　鲍狄埃
Prelude a L'apresmidi D'un Faune[法]　牧神午后前奏曲
prelude[英]　前奏曲
Préludes, 24[法]　二十四首前奏曲
preparation[英]　预备音
Primitivism Music[英]　原始主义音乐
Prince Igor　伊戈尔王
principal theme[英]　正主题
Printemps[法]　春
programme music[英]　标题音乐

Prokofiev, Sergey　普罗科菲耶夫
psycholigy of music[英]　音乐心理学
Puccini, Giacomo　普契尼
Punktuelle Musik[德]　点描音乐
Purcell, Henry　珀塞尔
pure tone[英]　纯音
quadrille[法]　方阵舞
quadruple harmony[英]　四部和声
quadruple fugue[英]　四重赋格
quadruplet[英]　四连音
quarter note[英]　四分音符
quarter tone[英]　四分之一音
quartet[英]　四重奏
Queen of Spades The[英]　黑桃皇后
quinta[拉]　五度
quintet[英]　五重奏
quintus[拉]　五连音
ragtime[英]　拉格泰姆
Raindrop Prelure[英]　雨滴前奏曲
Rakhmaninov, Sergei　拉赫玛尼诺夫
Rakoczy March[英]　拉科齐进行曲
Rameau, Jeam Philipp　拉莫
Rameaus Quintsextakkord[德]　拉莫五六和弦
rapertory[英]　保留曲目
Rattle, Simon　莱托,塞蒙
Ravel, Maurice Joseph　拉威尔
recapitulation[英]　再现部
recitative[英]　宣叙调
recorder[英]　竖笛
reed instrument[英]　簧乐器
reed instruments[英]　有簧乐器
reed[英]　簧
refrain[英]　副歌
register[英]　音区

related keys[英] 近关系调
relative key[英] 关系调
relative key[英] 平行调
relative major key[英] 关系大调
relative minor key[英] 关系小调
relative pitch[英] 相对音高(感)
remote keys[英] 远关系调
repeat mark[英] 反复记号
repetition[英] 反复
requies[拉] 安魂曲
resolution[英] 解决
resonace[英] 共鸣
Respighi, Ottorino 雷斯皮基
rest[英] 休止符
Revolutionary Etude[英] 革命练习曲
Rhapsodie Espagnol[法] 西班牙狂想曲
Rhapsodie Hebraique[法] 希伯来狂想曲
Rhapsody in Blue[英] 蓝色狂想曲
rhapsody[英] 狂想曲
Rheingold, Das[德] 莱茵河的黄金
rhythm[英] 节奏
rhythmic pattern[英] 节奏型
rhythmic modes[英] 节奏模式
Ricci, Ruggiero 里奇
ricercare[意] 利切卡尔
Richter, Sviatoslav 里赫特
Riemann, Hugo 里曼
Rienzi[德] 黎恩济
rigaudon[法] 利戈东舞曲
Rigoletto Paraphrase[英] 利哥莱托改编曲
Rigoletto[意] 利哥莱托
Rimsky-Korsakov 里姆斯基-科萨科夫
Ring des Nibelungen, Der[德] 尼伯龙根的指环
risposta[意] 答题

Robeson，Paul 罗伯逊
rock[英] 摇滚乐
Rode，Pierre 罗德
Rodgers，Richard 罗杰斯
roll[英] 滚奏
Roman School[英] 罗马乐派
Romance[英] 浪漫曲
Romeo et Juliette[法] 罗密欧与朱丽叶
Ronde des Lutins La[法] 妖精之舞
rondeau[法] 回旋歌
rondino[意] 小回旋曲
rondo form[英] 回旋曲式
rondo[英] 回旋曲
rondo sonata form[英] 回旋奏鸣曲式
root position[英] 原位
roque music[英] 巴洛克音乐
Rosen aus den Suden[德] 南国玫瑰圆舞曲
Rosenkavalier，Der[德] 玫瑰骑士
Rossignol Le[法] 夜莺
Rossini，Gioachino 罗西尼
Rostropovitch，Mstislav 罗斯特罗波维奇
roulade[法] 华彩经过句
round[英] 轮唱
Rouslan and Ludmila[英] 鲁斯兰与柳德米拉
Rousseau，Jean Jacques 卢梭
Royal Opera House The，Covent Garde 柯文特花园皇家歌剧院
Rozhdestvensky，Gennady 罗日杰斯特文斯基
rubato[意] 伸缩速度
Rubinstein，Anton 鲁宾斯坦,安东
Rubinstein，Nikolai 鲁宾斯坦,尼古拉
Rubinstein，Arthur 鲁宾斯坦,阿图尔
rumba[西] 伦巴
Ruy Blas[德] 吕伊·布拉斯

Sacre du Printemps Le[法] 春之祭
Saint-Saens, Charles 圣-桑斯
Saisons Les[法] 四季
Salon Mexico El[西] 墨西哥沙龙
Salonga, Lea[法] 莎隆佳,莉雅
samba[葡] 桑巴
Santa Lucia[意] 桑塔·露其亚
sarabande[法] 萨拉班德舞曲
Sarasate, Pablo de 萨拉萨蒂
sarrusophone[法] 萨路管
Satie, Erik 萨蒂
saxhorn[法] 萨克斯号
saxophone[英] 萨克斯管
scale[英] 音阶
Scarlatti 斯卡拉蒂
Scheherazade[英] 舍赫拉查德
scherzo[意] 谐谑曲
Schnittke, Alfred 施尼特凯
Schöpfung, Die[德] 创世纪
Schon Rosmarin[德] 美丽的罗丝玛琳
Schonberg, Arnold 勋伯格
Schonberg, Claude-Michel 勋伯格,克劳德-米歇尔
Schöne Müllerin Die[德] 美丽的磨坊女
school of composition[英] 作曲法
School of Notre Dame[英] 巴黎圣母院乐派
Schubert, Franz Peter 舒伯特
Schuman, William 舒曼,威廉
Schumann, Robert 舒曼
Schutz, Heinrich 许茨
Schwanengesang[德] 天鹅之歌
score[英] 总谱
scotch catch[英] 逆置附点
Scottish Fantasy[英] 苏格兰幻想曲
second inversion[英] 第二转位

second theme[英] 第二主题
second[英] 二度音程
secondary harmony[英] 副属和声
secondary triad[英] 副三和弦
Secular music[英] 世俗音乐
seguidilla[西] 塞吉迪亚舞曲
semibreve[英] 全音符
semitone[英] 半音
septet[英] 七重奏
septuplet[英] 七连音
sequence[英] 模进
Serenade Espagnol[法] 西班牙小夜曲
Serenade in C[英] 弦乐小夜曲
serenade[法] 小夜曲
Serkin，Rudolf 塞金
Serov，Alexander Nikolayevich 谢洛夫
Serial music 序列音乐
seventh[英] 七度
seventh chord[英] 七和弦
sextet[英] 六重奏
sextuplet[英] 六连音
Shankar，Ravi 香卡
sharp[英] 升号
Shchedrin，Rodion 谢德林
Show Boat[英] 演艺船
Shostakovich，Dmitry 肖斯塔科维奇
Sibelius，Jean(Johan Christian) 西贝柳斯
siciliano[意] 西西里舞曲
side drum[英] 小军鼓
Siegfried Idyll[德] 齐格弗里德牧歌
Siegfried[德] 齐格弗里德
sight-reading[英] 视奏
sight-singing[英] 视唱
simple binary form[英] 单二部曲式

simple counterpoint[英] 单对位
simple interval[英] 单音程
simple ternary form[英] 单三部曲式
simple time[英] 单拍子
Sinfonie "Rheinische"[德] 莱茵交响曲
singspiel[德] 歌唱剧
sixth[英] 六度音程
sixth chord[英] 六和弦
Skryabin，Alexander 斯克里亚宾
Slavonic Dances[英] 斯拉夫舞曲集
Slavonic Rhapsody[英] 三首斯拉夫狂想曲
Sleeping Beauty The[英] 睡美人
slide[英] 伸缩管
slur[英] 连线
Smetana，Bedrich 斯美塔那
Socialist Realism Music[英] 社会主义现实主义音乐
solfeggio[意] 视唱练耳
solmization[英] 唱名法
solo[意] 独唱
solo[意] 独奏
Solti，Georg 索尔蒂
Solveigs Lied[德] 索尔维格之歌
Sommernachtstraum[德] 仲夏夜之梦
sonata da camera[意] 室内奏鸣曲
sonata da chiesa[意] 教会奏鸣曲
sonata form[英] 奏鸣曲式
sonata[英、意] 奏鸣曲
Sonate für Violine und Klavier No. 9 "Kreutzer" 克莱采尔奏鸣曲
sonatina[意] 小奏鸣曲
song form[英] 歌谣体
Song My Mother Taught Me[英] 母亲教我的歌
Song of the Flea，The[英] 跳蚤之歌
song[英] 歌曲

soprano clef[英] 女高音谱号
soprano[意] 女高音
soul[英] 索尔
sound hole[英] 音孔
Sound of Music, The[英] 音乐之声
sound post[英] 音柱
Sousa, Philip 苏萨
Souvenir de Moscou[法] 莫斯科的回忆
Souvewir[法] 回忆
space[英] 间
Space Music[英] 空间音乐
Spharenklange[德] 天体的音乐
spiccato, saltando, saltato[意] 跳弓
spiccato[意] 击跳弓
spinet[英] 斯比耐琴
Spinnlied[德] 纺织歌
spiritual[英] 灵歌
Spring Sonata[英] 春天奏鸣曲
Staatsoper Wien[德] 维也纳歌剧院
staccatissimo[意] 短断音
staccato[意] 断音
staff notation[英] 五线谱
staff[英] 谱表
standard pitch[英] 标准音
Starker, Jάnos 斯塔克
Stars and Stripes Forever, The[英] 星条旗永不落
steel drum[英] 钢鼓
Stefano, Giuseppe Di 斯特凡诺
stem[英] 符干
Stern, Isaac 斯特恩
Stochastic Music[英] 随机音乐
Stockhausen, Karlheinz 施托科豪森
Stokowski, Leopold 斯托科夫斯基
Strauss, Johann 施特劳斯,约翰(小)

Strauss, Johann 施特劳斯,约翰(老)
Strauss, Richard 施特劳斯,理夏德
Stravinsky, Igor 斯特拉文斯基
stretto[意] 密接和应
strict canon[英] 严格卡农
strict counterpoint[英] 严格对位
strict fugue[英] 严格赋格
String Quartets "Razumovsky"[英] 拉祖莫夫斯基四重奏曲
string orchestra[英] 弦乐队
string orchestra[英] 弦乐合奏
string quartet[英] 弦乐四重奏
string quintet[英] 弦乐五重奏
string trio[英] 弦乐三重奏
stringed instruments[英] 弦乐器
strophenlied[德] 分节歌
study[英] 练习曲
subdominant chord[英] 下属和弦
subdominant function[英] 下属功能
subdominant harmony[英] 下属和声
subdominant key[英] 下属调
subdominant[英] 下属音
submediant[英] 下中音
sudden modulation[英] 突然转调
Suite "Carmen"[法] 卡门组曲
Suite Bergamasque[英] 贝加莫斯卡组曲
suite[英] 组曲
Suite "The Sleeping Beauty"[英] 睡美人组曲
supertonic[英] 上主音
Suppe, Franz von 苏佩
Surprise Symphony[英] 惊愕交响曲
Survivor From Warsaw A[英] 华沙幸存者
suspended chord[英] 延留和弦
suspension note[英] 延留音

Swan Lake, The[英] 天鹅湖
Swan of Tuonela, The[英] 图翁内拉的天鹅
swing[英] 摇摆乐
Sabre Dance[英] 马刀舞曲
Sydney Opera House 悉尼歌剧院
syllable names[英] 唱名
Symphonia Domestica[拉] 家庭交响曲
symphonic poem[英] 交响诗
Symphonie Fantastique[法] 幻想交响曲
Symphonie "Romantische"[德] 浪漫交响曲
Symphonie "Uhr"[德] 时钟交响曲
symphonie concertante[法] 交响协奏曲
Symphonie Espagnole[法] 西班牙交响曲
Symphonie Sur Un Chant Montagnard Francais[法] 法国山歌交响曲
Symphonie "Jupiter"[德] 朱庇特交响曲
Symphonie "Linz"[德] 林茨交响曲
Symphonie "Manfred"[德] 曼弗雷德交响曲
Symphonie "Schottische"[德] 苏格兰交响曲
symphony[英] 交响曲
syncopation[英] 切分音
Szigeti, Joseph 西盖蒂
Szymanowski, Karol 希曼诺夫斯基
Tales of Hoffmann, The 霍夫曼的故事
Tamara[英] 塔马拉
Tambourin Chinois[法] 中国花鼓
tambourine[英] 铃鼓
tamburo piccolo[意] 小鼓
tango[西] 探戈
tanz[德] 舞曲
Tannhauser[德] 汤豪舍
tape recorder[英] 磁带录音机
tarantella[意] 塔兰泰拉舞曲
Tasso[意] 塔索

Tchaikovsky，Peter Ilitch 柴科夫斯基
Tcherepnin，Aleksandr Nikolaevich 齐尔品
Teatro Alla Scala[意] 斯卡拉歌剧院
telegrephone[英] 钢丝录音机
Temmpo mark[英] 速度记号
Tempest The[英] 暴风雨奏鸣曲
tempo[意] 速度
tenor clef[英] 次中音谱号
tenor staff[英] 次中音谱表
tenor[英] 男高音
tenth[英] 十度
tenuto[意] 保持音
ternary form[英] 三部曲式
tetrachord[英] 四音音列
texture factura[英] 织体
Théâtre National de l'Opéra de Paris 巴黎国家歌剧院
theme[英] 主题
theory of music[英] 乐理
theory of harmony[英] 和声学
third[英] 三度音程
third inversion[英] 第三转位
Third Stream Music[英] 第三潮流音乐
tie[英] 连线
Till Eulenspiegels Lustige Streiche[德] 梯尔·艾伦施皮格尔的恶作剧
time signature[英] 拍号
timbre[英] 音色
time[英] 拍子
timpani[意] 定音鼓
Tippett，Michael 蒂皮特
toccata[意] 托卡塔
Tod und Das Madchen，Der[德] 死神与少女四重奏曲
Tod und Verklarung[德] 死与净化
Tombeau de Couperin Le[法] 库普兰之墓

tonality[英] 调性
tondichtung[德] 音诗
tone cluster[英] 音块
tonic chord[英] 主和弦
Tonic function[英] 主功能
tonic keys[英] 同主音调
tonic[英] 主音
tonphysiologie[德] 音响生理学
Torna a Surrierto[意] 重归苏莲托
Tosca[意] 托斯卡
Toscanini，Arturo 托斯卡尼尼
Toselli，Enrico 托赛利
touch[英] 触键
Toy Symphony[英] 玩具交响曲
Tragische Ouverture[德] 悲剧序曲
transition[英] 离调
transposing instruments[英] 移调乐器
transposition[英] 移调
traps[英] 架子鼓
Traumerei[德] 梦幻曲
Traviata，La[意] 茶花女
treble clef[英] 高音谱号
treble staff[英] 高音谱表
tremolo[意] 震音
triad[英] 三和弦
triangle[英] 三角铁
trillo[意] 颤音
trio[英] 三重奏
trio[意] 三声中部
trio sonata[意] 三重奏鸣曲
triple counterpoint[英] 三重对位
triple fugue[英] 三重赋格
triplet[英] 三连音
Tristan Akkord[德] 特里斯坦和弦

Tristan und Isolde[德] 特里斯坦与伊索尔德
tritonus[拉] 三全音
tromba[意] 小号
trombone[英、法] 长号
tuba[英] 大号
tuning fork[英] 音叉
Turandot[意] 图兰朵特
Turkische Scharwache, Die[德] 土耳其巡逻兵
Turkischer Marsch[德] 土耳其进行曲
turn[英] 回音
twelve notes scale[英] 十二音音阶
twelve tone technique[英] 十二音技法
twelve tone music[英] 十二音音乐
twelve-tone equal temperament[英] 十二平均律
überblasen 超吹
ukelele[英] 尤克里里
unfinished symphony[英] 未完成交响曲
Ungarische Rhapsodie[德] 匈牙利狂想曲
unison[英] 同度
unisono[意] 齐奏
Unter Donner und Blitz[德] 雷鸣电闪波尔卡
up beat[英] 弱拍
up bow[英] 上弓
uppere dominant[英] 上属音
Vals "Sobre lds Olas"[西] 乘风破浪圆舞曲
Valse du Petit Chien[法] 小狗圆舞曲
Valses Noble et Sentimentales[法] 高贵而伤感的圆舞曲
Valurile Dunarii[罗] 多瑙河之波
vamping[英] 即兴伴奏
Varèse, Edgar 瓦雷兹
variation form[英] 变奏曲式
variation[英] 变奏曲
variation[英] 变奏
Variationen Uber ein Thema von Paganini[德] 帕格尼

尼主题变奏曲
Variations and Fugure on a Theme by Handel[英] 亨德尔主题变奏与赋格曲
Vaughan Williams, Ralph 沃恩-威廉斯
Vegebliches Standchen[德] 徒劳小夜曲
Venetian School[英] 威尼斯乐派
Venezianisches Gondellide[德] 威尼斯船歌
Verdi, Giuseppe 威尔第
Verismo[意] 真实主义歌剧
Verklarte Nacht[德] 升华之夜
vibraphone[英] 颤音琴
Viennese Classical School[英] 维也纳古典乐派
Villa Lobos, Heotor 维拉-洛勃斯
vina[印度] 维纳
viol[英] 维奥尔琴
viola da gamba[意] 低音古提琴
viola[意] 中提琴
violin family[英] 小提琴族系
violino[意]violin[英] 小提琴
violoncello[英] 大提琴
Viotti, Giovanni Battista 维奥蒂
virelai[法] 维勒莱
virginal[英] 维吉那琴
Vivaldi, Antonio 维瓦尔迪
vivrato[英] 吟音
vocal music[英] 声乐
vocal register[英] 声区
vocalise[法] 练声曲
Voice leading[英] 声部进行
volume[英、法] 音量
Wagner, Richard 瓦格纳
Waldstein sonate[德] 华尔斯坦奏鸣曲
Walkure, Die[德] 女武神
Walter, Bruno 瓦尔特,布鲁诺

Walton，William Turner 沃尔顿
waltz[英] 圆舞曲
Walzer "Gold und Silver"[德] 金与银圆舞曲
Wanderer Fantasie[德] 流浪者幻想曲
Water Music[英] 水上音乐
Webber，Andrew Lloyd 韦伯,安德鲁·劳埃德
Weber，Carl Maria von 韦伯
Webern，Anton 韦伯恩
wechseldominanye[德] 重属和弦
wedding march[英] 婚礼进行曲
Weingartner，Felix 魏因加特纳
whole rest[美] 全休止符
whole tone scale[英] 全音音阶
whole tone[英] 全音
Wieniawski，Henryk 维尼亚夫斯基
Wilhelmj，August 威廉密
Wilkinson，Colm[英] 威尔金森,寇姆
Williams，John 威廉姆斯
wind instruments[英] 管乐器
wind orchestra[英] 管乐合奏
wind-band[英] 管乐队
Winter Wind The[英] 冬风练习曲
Winterreise Die[德] 冬之旅
Wohltemperiertes Klavier Das[德] 平均律钢琴曲集
Wolf Ferrari，Ermanno 沃尔夫-费拉里
Wolf，Hugo 沃尔夫,雨果
wood wind instruments[英] 木管乐器
Wood，Henry Joseph 伍德
Wozzeck[英] 沃采克
wxposion[英] 呈示部
Xenakis，Iannis 克塞纳基斯
xylophone[英] 木琴
Young Person's Guide to the Orchestra，The[英] 青少年管弦乐队指南

Yo-Yo Ma　马友友
Yradier，Sebastian　伊拉迪尔
Ysaye，Eugene　伊萨依
Zauberflote，Die[德]　魔笛
Zigeunerweisen[德]　吉卜赛之歌
zither[德]　齐特琴

# 附录一:

## 常用外来音乐表演术语

accelerando[意] 渐快
adagietto[意] 小柔板
adagio[意] 柔板
agitato[意] 激动地、相当快地
al fine[意] 反复到 fine 止
alla[意] 在、到、向
allargando[意] 在渐慢中渐强(逐渐宽广地)
alla marcia[意] 进行曲风格
allegramente[意] 急速地
allegretto[意] 小快板
allegretto animato[意] 活跃的小快板
allegretto scherzando[意] 诙谐的小快板
allegretto vivace[意] 活泼的小快板
allegrissimo[意] 极快地
allegro[意] 快板
allegro agitato[意] 激动的快板
allegro assai[意] 很快的快板
allegro comodo[意] 轻松的快板
allegro con brio[意] 有活力的快板
allegro en galop[意] 加洛普舞曲风格(轻快、活泼)的快板
allegro leggiero[意] 轻巧的快板
allegro ma non troppo[意] 不太快的快板
allegro molto[意] 很快的快板
allegro moderato[意] 中庸的快板
allegro non troppo[意] 不太快的快板
allegro piacevole[意] 愉悦的快板
allegro risoluto[意] 有力的快板

allegro scherzando[意] 谐谑的快板
allegro veloce[意] 轻捷的快板
allegro vivace[意] 活泼的快板
allegro vivace energico[意] 活泼有力的快板
allegro vivo[意] 活跃的快板
andante[意] 行板
andante tres expressif[意] 极有表情的行板
andante quasi allgretto[意] 似小快板的行板
andantino[意] 小行板
animato[意] 生气勃勃地
armonioso[意] 和谐、一致的
assai[意] 很
a tempo[意] 恢复原速
ben[意] 充分地,非常
brillante[意] 辉煌地
calando[意] 渐慢中渐柔
calmato[意] 平静地
cantabile[意] 如歌地
capriccioso[意] 狂想地、随想地、自由地
commodo[意] 舒适地
comodo[意] 从容地
con allegrezza[意] 欢快地
con anima[意] 充满活力地
con bravura[意] 非常熟练地
con brio[意] 充满活力地
con energia[意] 精力充沛地
con espressione[意] 有表情地
con fuoco[意] 热情地
con grazia[意] 优雅地
con moto[意] 运动起来
con moto e poco stretto[意] 运动起来并加速
con sordina[意] 用弱音器
crescendo[意] 渐强
cresc. al fine[意] 渐强至曲终

Da Capo al Fine[意]　从头反复至“fine”处(或“𝄐”处)
D. C. al Fine.[意]　从头反复至“fine”处
deciso[意]　坚定地,果断地
decrescendo[意]　渐弱
delicatamente[意]　精致地、纤细地、娇柔地
delicatamente veloce[意]　细致而敏捷地
delicatissimo[意]　极其精致、纤细、娇柔地
delicato[意]　精致地、纤细地、娇柔地
diminuendo[意]　渐弱
dolce[意]　柔和地
dolce cantabile[意]　甜美如歌
dolce e leggiero[意]　柔和轻巧地
dolce legato[意]　柔和而连贯地
dolce lusingando[意]　温柔妩媚地
dolcissimo[意]　极其柔和地
dolente[意]　哀伤地
doloroso[意]　悲痛地
e[意]　然后、而且、及
ed[意]　然后、而且、及
elegante[意]　优雅地
elegiaco[意]　悲哀地
emporté[法]　情绪热烈地、兴奋地
ému[法]　感动地
en[法]　在、按照、……的、……风格
en animant[意]　充满活力地
energico[意]　精神饱满地
entschieden[德]　坚定地、果断地
espressivo[意]　有表情地
Fine[意]　曲终
forte[意]　强
fortissimo[意]　很强
ganz[德]　全部的
gehalten[德]　持续保持音的时值

geschwind[德] 急速地
giocoso[意] 诙谐地、快乐地
giustamente[意] 速度准确地、清晰地
gradito[意] 令人愉悦地
graduellement[法] 渐渐地
grazioso[意] 雅致的
gut[德] 好地、充分地
innocentemente[意] 天真地，不做作地
intime[法] 内在地、亲密地
jouer[德] 演奏
joyously[意] 欢乐地
lamentoso[意] 悲伤地
langsam[德] 慢速
largamente. [意] 宽广地，庄重地
laut[德] 强声
legato[意] 连奏
leggiero[意] 轻快地
legg. Stacc[意] 轻轻断奏
legg. staccato[意] 轻轻断奏
leise[德] 轻弱地
lightly[英] 轻
maestoso[意] 庄严地
maggiore[意] 大调的
main droit[法] 右手
main gauche[法] 左手
ma non troppo[意] 但不过分
marcato[意] 突出地
marcato la melodia[意] 强调旋律
meno[意] 少一些
meno mosso[意] 稍慢
mezzo piano[意] 中弱
minore. [意] 小调的
misterioso[意] 神秘地
mit[德] ……地

moderato[意] 中速、中板
molto[意] 很
molto agitato[意] 十分激动地
molto Allegro[意] 很快速
molto espress.[意] 十分有表情地
molto rit.[意] 渐慢地
molto vivace[意] 很活泼
molto vivace e leggiero[意] 很活泼而轻巧地
molto vivace energico[意] 十分活跃地、精力充沛地
morendo[意] 逐渐慢、弱下来
morendo jusqua la fin[意] 逐渐减弱至减慢,直到曲终
morendo si poco a poco[意] 一点一点地消失
nobilmente[意] 高雅地
noch[德] 还
non legato[意] 不是连奏(唱)
non presto[意] 不是急板
non tanto[意] 不过分地
non troppo allegro[意] 不太快地
not bound[英] 不太连
or[英] 或
pas[法] 不要
perdendosi[意] 渐渐消失
peu u peu cresc. et anime[意] 逐渐加强并活泼起来
pianissimo[意] 很弱
piano[意] 弱
piu[意] 更加
piu animato[意] 更快,更活跃
piu forte[意] 更强
piu lento[意] 更慢
piu mosso 转快
pochissimo cresc.[意] 略为渐强
poco[意] 稍,略
poco a poco crescendo[意] 一点一点地渐强
poco a poco cresc[意] 逐渐地加强

poco cresc[意] 稍渐强
poco marcato[意] 逐渐清晰,略突出
poco meno moso 稍稍放慢一点
poco piu[意] 稍稍再……一点
poco rinf 稍稍加强(“rinf”为“rinforzando”的缩写)
poco rit.[意] 稍稍渐慢
poco stretto[意] 稍稍加速
prestissimo[意] 最急板
presto[意] 急板
quasi presto[意] 似急板
rallentando[意] 渐慢
rinforzando[意] (缩写为 rinf.)加强某些音的力度
risoluto[意] 果断地、坚决地
ritardando[意] 渐慢
riten. e cresc.[意] 突慢及渐强
ritenuto[意] 突慢
rubato[意] 伸缩速度
rudement[法] 剧烈地
ruhig[德] 静静地
scherzando[意] 诙谐地
segue[意] 不停顿地继续下去
semplice[意] 单纯地
sempre[意] 始终如此,一直保持
sempre legato[意] 始终用连奏(唱)
sempre staccato al fine[意] 始终用断奏至“fine”处
sempre staccato it basso[意] 低音部始终用断奏
sempre stacc.[意] 始终用断奏
sentimeto[意] 感伤地
senza[意] 没有
senza cresc.[意] 没有渐强
senza pedale[意] 不用踏板
sforzando[意] 突出某些音
slargando[意] 逐渐地扩大幅度
slentando[意] 渐慢地

smorzando[意] 逐渐消失
sostenuto[意] 充分保持某些音的时值
spiritoso[意] 精神饱满地、生气勃勃地
staccato[意] 断奏、跳音
stark[德] 强
steso[意] 延缓地展开
stesso[意] 相同的
string.[意] 渐快同时渐强(为 stringendo 的缩写)
subito[意] 突然地、立即地
tanr[法] 如此、非常地
tempestoso[意] 似暴风骤雨
tempo [意] 恢复原速
tempo di minuetto[意] 小步舞曲速度
tempo giusto[意] 准确的速度
tempo primo[意] 恢复原速
tendre[法] 温柔地、充满爱情地
tenuto[意] 充分保持音符的时值
tout, tous[法] 全部的、整体的
tranquillo[意] 平静地
traurig[德] 郁闷地
tre corda[意] 停用弱音踏板
troppo[意] 过于、太
un poco[意] 稍稍
un poco agitato[意] 稍稍激动地
un poco mosso[意] 稍慢
un poco rit.[意] 稍稍渐慢
un poco stretto[意] 稍稍加速
veloce e leggiero[意] 快速轻巧地
vite[法] 快、迅速
vivace.[意] 充满活力地
vivace giocoso[意] 愉快活泼地
vivo[意] 充满活力地
vivo e delicato[意] 充满活力及精致地、娇柔地
weich[德] 柔和地

weinend[德] 哭泣地
wie[德] 如
wieser[德] 再
zart[德] 优美地、温和地
ziemlich[德] 相当地、中庸

# 附录二:

## 常 用 略 语

A(alto[意]) 女低音
accel.(accelerando[意]) 渐快
accomp.(accompaniment[英]) 伴奏部分
ad lib.(ad libiyum[意、拉]) 任意速度
all' ovd.(all, ottava[意]) 高八度或低八度
al seg.(al segno[意]) 到记号
arc.(coll' arco[意]) 用弓
a tem.(a tempo[意]) 恢复原速
a temp(a tempo[意]) 恢复原速
att.(attack[英]) 果断开始演奏
B.(bass[英]) 男低音
Bar.(baritone[英]) 男中音
C.B.(contrabasso[意]) 低音提琴
C.D.(colla destra[意]) 用右手
Cel.(Celesta[德]) 钢片琴
C.F.(cantus firmus[拉]) 定旋律
Cl.(clarinetto[意]) 单簧管
cresc.(crescendo[意]) 渐强
C.S.(colla sinistra[意]) 用左手
ctto.(cornetto[意]) 短号
D.C.(Da Capo[意]) 从头反复
D.C. al Fine 从头反复至"fine"处
D.S.(dal segno[意]) 从记号处反复
Dal S. (同上)
decres.(decrescendo[意]) 渐弱
decresc. (同上)
dim.(diminuendo[意]) 渐弱
dimin (同上)

dol.(dolce[意]) 柔和地
espr.(espressivo[意]) 有表情地
f(forte[意]) 强
Fag.(Fagotto[意]) 大管
ff(fortissimo[意]) 很强
fff 比 ff 还强
Fl.(Flauto[意]) 长笛
Fl. p.(Flauto piccolo[意]) 短笛
forz.(forzando[意]) 特别强
fp.(foute piano[意]) 强后即弱
fr.(frosch[德]) 弓根
fz.(forzato[意]) 特别强
fzp 特强后立即弱下来
G.(gauche[法]) 左侧、左手
gliss.(glissando) 滑奏
G. P.(general pause[英]) 总休止
Haut.(hautbois[意]) 双簧管
Hr.(horn[英]) 圆号
Hrn.(Horn[德]) 圆号
Hrp.(harpe[法]) 竖琴
K. B.(kontrabass[德]) 低音提琴
K. F.(kleine Flote[德]) 短笛
leg.(legato[意]) 连贯圆滑
legg.(leggero[意]) 轻巧地
L. H.(left hand[英]) 左手
lntro.(Introduction[英]) 序奏、引子
Lo.(loco[意]) 恢复原位
m.(main[法]mano[意]) 手
Maj.(major[英]) 大调
marc.(marcato[意]) 强调每个音
M. d.(mano destra[意]) 右手
mf.(mezzoforte[意]) 中强
M. G.(main gauche[法]) 左手
M. D.(main droite[法]) 右手

M. M. 梅策尔节拍器的缩写
mp.（mezzopiano[意]） 中弱
Ms.（mezzo soprano[意]） 次女高音
M. S.（mano sinistra[意]） 左手
M. V.（mezza voce[意]） 半声
Ob.（oboe[德]） 双簧管
obb.（obbligato[意]） 助奏
obbl.（obbligato[意]） 助奏
op.（Opus[拉]） 作品
ott.（ottava[意]） 八度
ova.（ottava[意]） 八度
8va.（ottava[意]） 八度
p.（piano[意]） 弱
ped.（pedal[英]） 使用踏板
Pf.（pianoforte[意]） 钢琴
picc.（piccolo[意]） 短笛
pizz.（pizzicato[意]） 拨奏
pp.（pianissimo[意]） 很弱
ppp 比 pp 还弱
prim.（prima 或 primo[意]） 第一或缩写为 ima.、imo.
qtte.（quartet[意]） 四重奏(唱)
rall.（rallentando[意]） 渐慢
reicit.（recitativo[意]） 宣叙调
rec.（recitativo[意]） 宣叙调
fz.（rinforzando[意]） 特强
rfz.（rinforzando[意]） 特强
rinf.（rinforzando[意]） 特强
riz.（rinforzando[意]） 特强
R. H.（right hand[英]） 右手
rit.（ritardando[意]） 渐慢
riten.（ritenuto[意]） 突慢
2da. 2do.（seconda，secondo[意]） 第二
S（soprano[意]） 女高音
Saxf.（saxofono[意]） 萨克斯

seg.(segue[意]) 继续
sf(sforzando[意]) 突强
sfz.(sforzando[意]) 突强
sim.(simile[意]) 下同
smorz.(smorzando[意]) 逐渐消失
sord.(con sordino[意]) 用弱音器
sost.(sostenuto[意]) 保持音
sosten.(sostenuto[意]) 保持音
S.S.(senza sordino[意]) 不用弱音器
S.sord.(senza sordino[意]) 不用弱音器
sp(spitze[德]) 弓尖
S.P.(senza pedale[意]) 不用踏板
S.T.(senza tempo[意]) 不按严格的速度、自由拍子
stacc.(staccato[意]) 断音、断奏
S.V.(sotto voce[意]) 抑制发声
T(tenor[意]) 男高音
Tb.(Tuba[意]) 大号
Tba.(Tuba[德]) 大号
Tem.(Tempo[意]) 速度
Temp.(Tempo[意]) 速度
Temp.l(Tempo primo[意]) 按初速
Temp.prim(Tempo primo[意]) 按初速
ten.(tenuto[意]) 保持音
Timb.(timbale[法]) 定音鼓
Tpt.(trumpet[英]) 小号
Tr.(triangolo[意]) 三角铁
Trb.(trombone[意]) 长号
Va.(viola[意]) 中提琴
Vc.(violoncello[意]) 大提琴
Vl.(violino[意]) 小提琴

# 后　　记

音乐辞书对提升国民音乐素质无疑有着重要的意义。凡发达国家无一例外极为重视音乐辞书的编撰工作，19世纪以来已出版按不同性质以及各种规模、作用、学科而编撰的各类音乐辞书。

中国的音乐辞书编撰工作虽然早在宋代(1100)就出版有陈旸二百卷本的《乐书》，但自此之后，直至近代起才有所发展这也是事实。如由良友图书印刷公司出版的梁得所编辑的《音乐辞典》(1932)、商务印书馆出版的刘诚甫编辑的《音乐辞典》(1935)、桂林立体出版社出版的林路编辑的《袖珍音乐辞典》(1943)，以及东南音乐馆出版的胡江非编辑的《音乐字典》等音乐词典。尽管囿于当时的音乐科研水平和物质条件，这些辞书的编撰水平尚差强人意，但终究率先以工具书的形式向国人提供了不少的音乐信息。台湾文艺书屋出版的王沛纶所编撰的《音乐辞典》(1968)则是中国近现代第一部较成功的音乐辞书。1957年上海文艺出版社出版了由上海音乐学院编译室翻译的苏联多尔然斯基编撰的《简明音乐辞典》(一共印刷了三次，印数达12000册)。

1978年我调入人民音乐出版社辞书编辑室后，才知道早在1960年代初，中国音乐家协会、中国音乐研究所、中央音乐学院、音乐出版社(即现在的人民音乐出版社)等单位就着手进行音乐辞书的编撰工作，并已进入了音乐出版社的出版计划。音乐家何士德同志在音乐出版社就曾负责这个工作多年，并曾请专家学者制订过词目框架，翻译过大量的外国音乐辞典中的释文，进行译名统一的工作等。调入后，我曾协助音乐辞书编辑室主任邬析零同志(《黄河大合唱》首演指挥)进一步制订了出版大、中、小型音乐词典的计划。鉴于上述三单位的编撰工作进展不顺，我与郭乃安同志商定效仿日本的邦乐词典，单独出一本全是中国音乐词语的词典，这就是日后于1984年出版的《中国音乐词典》。

同时，在郭析零同志的主持下我又约请张洪岛先生另编一本，后因其出国未完成，遂即约请缪天瑞先生主持编纂一部中型的综合性《音乐词典》。

为此，作为责任编辑还不甚了解辞书是何物的我，开始对有关辞书进行大量的分析研究。适时正巧收到一本日本音乐之友社于1977年底出版的《音乐小词典》(第23次印刷)，为“解剖一个麻雀”我就将其全书翻译了一遍，以备编辑工作之参考。从此我与音乐小词典结下了不解之缘。后经二十余年之努力，终于为上海音乐出版社所出版(20世纪90年代初曾有两家出版社考虑予以出版，尽管未成，但却给了我信心)，在此特向王秦雁、费维耀同志致谢！

说这些话还有两层含意：一是特别要指出何士德、郭析零、张洪岛、郭乃安、缪天瑞、王沛纶、吉联抗等老一代的音乐家为中国当代音乐辞书的建设所作出的贡献；二是特别要说明我这本还不成熟的小词典是在前辈的谆谆教导下，在国内外出版的种种音乐辞书的基础上，并尽量援引有关音乐各学科的研究成果而成，我只不过是有选择地将其汇集在一起而已。

限于编者的学识，本词典的初版必然存在很多不足之处，恭请读者不吝指教(来函寄中央音乐学院即可，邮编100031)，以便予以订正、补删，力求使其不断完善，以飨读者，并在此先向诸位致以最诚挚的敬礼！

王凤岐

2005年5月28日于中央音乐学院

**图书在版编目（CIP）数据**
简明音乐小词典 / 王凤岐编 --上海：上海音乐出版社，2012.8 重印
ISBN 978-7-80667-487-1
Ⅰ. 简… Ⅱ. 王… Ⅲ. 音乐 – 词典 Ⅳ. J6-61
中国版本图书馆 CIP 数据核字（2005）第 103663 号

书　　名：简明音乐小词典
编　　者：王凤岐

---

出 品 人：费维耀
责任编辑：李　章
装帧设计：陆震伟
印务总监：李霄云

---

上海音乐出版社出版、发行
地址：上海市绍兴路 7 号　邮编：200020
上海文艺出版（集团）有限公司：www.shwenyi.com
上海音乐出版社网址：www.smph.cn
上海音乐出版社论坛：BBS.smph.cn
上海音乐出版社电子信箱：editor_book@smph.cn
上海文艺音像电子出版社邮箱：editor_cd@smph.cn
印刷：上海书刊印刷有限公司
开本：889 × 1194　1/48　印张：8.75　字数：340,000
2005 年 11 月第 1 版　2012 年 8 月第 8 次印刷
印数：15,301 – 17,300 册
ISBN　978-7-80667-487-1/J · 459
定价：25.00 元
读者服务热线：（021）64375066　印装质量热线：（021）64310542
反盗版热线：（021）64734302　（021）64375066-241
郑重声明：版权所有　翻印必究